卑鄙的聖人

曹操10

王曉磊 著

大結局，梟雄的宿命

目錄

【特殊觀點】

夢中殺人——曹操的睡眠障礙

蔡宇哲

不少關於三國故事的描繪，都會提到曹操因為害怕睡覺時被刺殺，一向不准其他人在他睡覺時靠近。雖有這樣的規定，卻還是發生了近侍為了幫他蓋被而靠近，卻被他持劍殺死的悲劇。而他的聰明幕僚楊修知道後，說了一些酸言酸語，更慘的是被曹操知道了，也成了楊修被殺的稻草之一。

在睡眠當中確實有些人會起身離開床鋪，做一些清醒時才會有的行為，就是一般所說的夢遊（sleep walking）。夢遊一般是離開床鋪遊走一段時間後再回到床上睡，確實也有案例會有起身吃東西、找異性發生關係、發電子郵件等行為。

像曹操這樣在睡覺時殺人真的是不可能的嗎？如果你覺得這樣已經很誇張了，那來聽聽一下這個真實案例吧。

一九八七年的某一天，二十三歲的帕克（Kenneth Parks）半夜睡到一半突然起身離開床鋪，走著走著離開了家，開車開了二十三公里遠，開到他岳家，用凶器把他岳母給殺了，也把隨著叫聲而來的岳父給扼昏了。

這樁案件當時引起軒然大波，因為帕克就是以這是夢遊中的行為來為自己辯護。當然大部分人都不接受這樣的說法，不過最後法官依然採信了帕克以及睡眠科學家的說法，認定他當時是在夢遊當中所犯下的殺人行為，因獲得無罪釋放。爾後也有不少殺人事件是以夢遊中來抗辯，但不見得每件都獲判無罪，主要會根據夢遊的一些條件來推測。台灣亦曾發生過在國光客運上對鄰座的異性伸手觸摸而被告性騷擾，最後法院認為是因為夢遊的關係而判無罪。

那可以根據哪些原則來判定是不是在夢遊當中呢？大抵會有幾個因素可用來參考，而曹操還真的符合夢遊的幾個重要條件！就在此來試著為他翻案一下吧！

第一是睡眠不足與作息不規律，這兩種情況容易誘發夢遊的發生。曹操當時正在戰爭中，身為主帥的他勢必睡不好也睡得少，而且也不知道什麼時候他會需要起來指揮，因此睡得少又不規律是可以想像的。

第二點就是壓力，在壓力比較大的情況下也會容易誘發夢遊的發生。曹操當時不僅作戰中而且還戰況不佳，這仗又輸不得面子丟不起，他肯定是壓力非常的大啊！

第三是會有病史，一般而言會夢遊會有這種複雜行為通常不是第一次，而是從小就會有，甚至家族成員也會有。曹操也說過之前就曾經發生過夢中傷人的情況，顯然以前就發生過類似的行為。

四、夢遊當中的行為不會產生記憶，因此醒來後也都不會對發生過的行為有任何印象。曹操確實並沒有夢中殺人的記憶，起床還驚呼是誰殺了他。

五、夢遊行為其實並不會主動攻擊人，多半是在遭受搖晃或者疑似被攻擊時，才會有反擊的行為。因此一般醫師都會建議如果有遇到夢遊的人不要試著搖醒或給予過大的刺激，以免遭到反擊。曹操當時是有近侍接近要幫他蓋被，這接近身體的動作被誤以為是要傷害他，因而有反擊行為這也是有可能的。

六、夢遊行為多半是一個循環，離開床鋪之後產生行為結束後會再回到床鋪櫃繼續睡覺，在這點上曹操一樣非常符合。

綜合以上六點，曹操完全符合夢遊的條件，就讓我們試著為曹操翻案，他可能只是個有睡眠困擾的可憐人啊！

（本文作者為高雄醫學大學心理學系助理教授）

決戰，在瘟疫蔓延時

生老病死是人生必經的階段，就連帝王將相、英雄豪傑也不例外，有些人坦然，但更多人不願面對而無謂掙扎，便會尋訪靈丹妙藥、聽信方士之言練氣修神，期盼延年益壽甚至長生不老的大有人在。而權傾天下之人的晚年就更令人畏懼了，因為自己時日無多，必須為自己的接班人著想，難免又掀起一陣腥風血雨（如漢高祖劉邦和明太祖朱元璋都為了能鞏固自家政權在晚年大殺開國功臣）。曹操自然不例外，只是他雖聽信左慈、郤儉、甘始等方士所言「養身練氣之法」卻不迷，且是因他們的說法與神醫張機、華陀之言有相似之處，才姑且信之（曹操多疑的毛病也讓他不敢服什麼「仙丹」之類的東西，就連平常吃藥都還要讓幾個親信的御醫看過方子沒問題才敢入口）。在世子之爭明朗化後，他逐漸把資源收回來給曹丕，畢竟天無二日，國無二主，為避免重蹈袁紹的覆轍，他下了很多苦心（關於曹丕勝出的原因，絕對不只是最後重臣賈詡的一番話，而是曹昂戰死後，曹丕為長，名分上天經地義，省去許多麻煩；再者，曹丕的應援軍大多是傳統的世族、老文臣武將，而支持曹植的多是新生代的幕僚，影響力多寡一目了然。且兩人的性格差異，曹丕個性還是比較像曹操，在最後抉擇時，自然會大大加分）。

曹操赤壁之敗後，幾次南征都失敗告終，除了南船北馬的技術和戰術差異外，重要的是幾次瘟疫的影響。特別是最後一次南征，戰前整備就因為多位重臣去世而一再延後出征日期，不但曹操心情受到重挫，連士氣都無法提振（此時曹操身居魏王，可以自行分封軍侯了，許多將士應該要摩拳擦掌、躍躍欲試想建功封爵才是，但實際上卻因接連幾次喪報和幾次南征皆敗的陰影，士氣受到影響）。況且大軍出發後不久，就意外受到瘟疫的襲擾，未戰先折損許多將士，加上孫權早有準備，在濡須口擊潰曹軍先鋒，又補上一計重拳。原本曹操戰略是先打一次勝仗嚇阻孫權北進，再回過頭和劉備一決雌雄；然而戰線遲遲無法推進，兩軍又同受瘟疫之苦，於是有默契的簽了和議，各自休兵（這裡可以觀察曹操和孫權如何各取所需達成雙贏的談判手段，為日後兩國共討關羽的合作埋下伏筆）。

我們將和曹操一同經歷人生晚年的時光，看一代梟雄如何在僅剩的少許時光為鞏固自己和家族的地位，恩威並用。其實死亡並不可怕，可怕的是它逐漸逼近的過程：和曹操共同打拚的老臣、重臣，甚至年輕一代，都在無情的歲月或一再發生的瘟疫中逝去，而老邁、慢性病纏身的他又該如何自處？世子之位敲定，他又該如何幫助接班人曹丕成長茁壯，然後交班？身居魏王，距離權力頂峰只有一步之遙，他是否有勇氣前進這最後一步？切莫錯過精彩的大結局！

第一章

包藏禍心，關中舊勢力謀叛曹操

新人舊人

建安二十一年（西元二一六年）是個邪門年頭，正月伊始，中原之地就被旱災困擾著，驕陽似火，河流乾涸，土地龜裂大得能伸進隻手，灌溉不利莊稼枯萎，不少州郡還鬧起了蝗災。百姓苦不堪言，朝廷也想盡辦法祭祀求神，直熬到六月才迎來第一場雨。哪知雨一來又收不住了，老天爺好像要把存了大半年的甘霖一口氣都傾倒下來，豆大的雨點滂沱而墜，似要把大地砸出坑來。狂風捲地，時而拔樹倒屋；電神雷鳴，難辨白晝黑夜。短短半個月連下九場大雨，乾裂的田地被暴雨又砸又泡，沒幾日光景就成了黃泥湯子，低窪處積水及膝，莫說百姓田地，連朝廷屯田也沒指望了。亂世征戰剛理出些頭緒，天災接踵而至，萬千黎庶何時才能安享太平？

七月初的一個清晨，許都城郊分外蕭索。雨雖然不下了，卻冷得厲害；天色灰濛濛，不見太陽，萬物籠罩在一片混沌蒼茫中；風不甚大，但涼颼颼潮乎乎的，鑽人骨頭縫。本該豐收的田野如今卻成了大大小小的水坑，時而落下幾隻寒鴉，在坑邊啄著積水。遠方荒原有幾棵孤零零的老樹，早被暴雨折磨得枝椏零落，僅剩的幾片葉子在淒風中簌簌顫動，彷彿凍得打哆嗦。未出三伏竟冷成這樣，實在不正常。

即便這種鬼天氣，許都以東的十里驛亭還是勝友如雲。錦衣繡袍香車寶馬，峨冠博帶揖動如雲，驛道兩旁擠滿官員，你言我語嘰嘰喳喳，還不斷有車馬趕來，朝廷百官來了一大半——他們都是來給調任鄴城的治書侍御史陳群、侍郎仲長統餞行的。

陳群字長文，許都人士。潁川陳氏是響噹噹的名門，陳群的祖父陳寔仕宦不過縣令，卻以清靜修德、仁信篤誠著稱，與同鄉鍾繇之父鍾皓、荀彧祖父荀淑以及著名循吏韓韶並稱「潁川四長」。陳寔病逝時，天下衣冠之士三萬餘人趕來送葬，披麻戴孝者五百有餘，文壇魁首蔡邕親撰碑文，連大將軍何進都派使者弔唁，傳為士林佳話。陳群之父陳紀也大有賢名，董卓亂國之際險被逼著擔任三公，僥倖逃亡徐州，輾轉落入呂布之手。曹操水淹下邳擒殺呂布，見陳紀如逢至寶，軟磨硬泡將老人家請回許都，授以大鴻臚之職，多年前也已去世。

陳群身為潁川陳氏第三代自然也頗風光，被曹操辟為掾屬，又被荀彧招為女婿，仕途一帆風順，沒幾年光景就當上了治書侍御史。與他岳丈荀彧相比，陳群不但擁有光鮮的家世背景，而且「通情達理」，對曹氏裂土分茅的行徑，他毫無抗拒積極配合，尤其令曹操滿意。在士林輿論中陳群更無可挑剔，這也得益於他的年紀，雖是陳紀之子，卻比同輩人年長幾歲，曾與孔融同輩論交，故而鍾繇、王朗、華歆等名臣都把他當作老弟；而在荀惲、鮑勳、司馬懿等一干後生眼中，他又是可親可敬的兄長。頭頂名士光環，聯姻高門大族，才智名聲俱佳，溝通上下兩代，又深諳和光同塵之道，焉能不被曹氏看重？

與陳群相較，仲長統則是另一個世界的人。出身兗州寒門，全憑讀書勤學、遊歷四方闖出些名氣，傾十餘年心血寫成一部《昌言》，自詡字字珠玉，卻少有人拜讀。曾被曹操辟為參軍，但除了訾議時政少有建樹，又調回朝廷任尚書郎，熬資歷升為侍郎。仕途不是很順，而且他在許都任職十年卻沒一個朋友，平素獨來獨往。

其實問題恰恰在於他引以為傲的《昌言》。仲長統分析古今歷朝成敗，鞭辟入裡發人深省，卻大肆質疑天命、君權，抨擊世家大族，甚至批判天下仕宦皆有三俗：選士而論族姓閥閱，交遊趨富貴之門，畏服不接於貴尊——如此激烈言論怎能不招怨？朝中官員大多視其為異類，敬而遠之。但曹操之心實難揣測，竟把他這等「窮凶極惡」之人也調去鄴城，惹得許都百官既氣憤又欣羡。

但嫉妒歸嫉妒，送行之人還是來了不少，尤其侍郎、議郎一類的散官幾乎盡數到齊。固然陳群有些名望，也不至於這麼勞師動眾，仲長統更不值一提，其實大夥巴結的都是魏王——無利不起早，如今的政局很清楚，魏國掌握實權，漢室朝廷就是擺設，曹氏代漢只是時間問題。在許都為官不但沒前途，甚至眼前富貴都隨時可能失去。所以人人削尖腦袋要往鄴城鑽，每逢有人調往魏廷，滿朝不得志之徒都來餞行，殷殷切切，噓寒問暖，甚至不惜溜鬚拍馬行賄獻媚，只求那人到任後向魏王美言幾句，能把自己也調過去，脫胎換骨報效新朝。

今天也一樣，即便雨後道路難行，車陷輪，馬陷蹄，眾官員還是風雨無阻百折不撓，就算弄得滿身汙泥形狀狼狽，依舊滿面春風大獻諂媚——並非天下之士盡皆猥瑣，只因有才識的多被網羅到魏國，有節操的不是被逼死就是隱遁了，有異志的也投奔孫、劉去了，許都自然只剩一幫庸庸碌碌、死皮賴臉的傢伙。

飲過餞行酒陳群便欲啟程，無奈被眾人簇擁著，礙於情面不得不搪塞。仲長統卻「蝨子多了不愁」，揣手望著這幫憑空冒出來的「朋友」，不住冷笑——人情冷暖世態炎涼，三俗之論豈是虛言？二人正疲於應付，驛道上又徐徐行來兩輛安車，皆駟馬黑輪，列卿規制——中尉邢貞、司直韋晃兩位朝廷大員竟也到了。這就不能等閒視之了，陳群忙撥開眾人上前施禮：「卑職何德何等，敢勞二公相送？罪過罪過！」

司直原本只是丞相屬官，負責督察京師百官、檢舉不法，不能與列卿相提並論。但建安九年荀或向朝廷推薦了一位名喚杜畿的能吏，此人深受曹操器重，被任命為司直，曹操又修改官制，把司直的地位提高到與司隸校尉平起平坐，以示榮寵。但杜畿卻沒在這位子上坐滿一年，不久就被派去接替割據河東的王邑擔任太守；他到任後懲治豪強，深受黎民愛戴，使得河東郡政績天下第一。曹操要給百官樹一榜樣，不忍打破他「天下第一郡守」的完美形象，故而只給他加俸祿不遷其官，竟連任了十二年。杜畿風光了，但他留下的司直之職一直空缺，最近兩年才落到韋晃身上。

京兆韋氏乃一方豪族，韋晃這支卻不興旺，他本人才幹更平庸，當初是因曹操經營關中的需要才被辟入幕府的，十餘年間他在祭酒、令史的位置上轉來轉去，默默無聞低頭做事，倒也安分，直至兩年前雍州刺史韋康被馬超攻殺，他的命運才發生轉變。韋氏固然不是曹操心腹，畢竟韋端、韋康兩代刺史為朝廷守邊，也不能薄待；所以曹操從官場角落拎出他這個不起眼的小人物，擺到司直的位置上，以示對關中名門的重視。

高官厚祿從天而降，韋晃大喜過望，可赴任之後才知這是個受氣的官——司直的職責是監察百官檢舉不法，但這些差事如今已被趙達、盧洪、劉肇等校事染指，韋晃又是老實平庸之人，不願與他們為伍，久而久之便成了無所事事的閒人。做個閒人倒也罷了，問題是同僚不理解，許都官員大多把他與校事視為一類人物，表面恭敬客套，背後暗暗咒罵。沒幹缺德事卻要陪著挨罵，這是什麼滋味？更倒霉的是從鄴城調至許都，官是升上去了，卻脫離了魏國朝廷，前途沒指望了。韋晃苦惱不已，與其當這受氣的大官，還不如回鄴城當小小掾吏呢！他抱定心思回鄴城，但幾度上書皆被曹操駁回，萬般無奈也屈尊前來，想求陳群幫忙進言。

來的路上韋晃已把想說的話默默醞釀了好幾遍，可這會兒真見到陳群又有些猶豫。他畢竟是二千石俸祿的高官，以列卿身分當眾懇求下僚，是不是太沒體面？他還在猶豫，哪知一旁車上的中尉邢貞先開了口：「長文無須客套，同殿多年情誼深厚，何必見外？」說著跳下車，三兩步迎上前，緊緊拉住陳群的手——年近六旬鬚髮斑白的老臣不惜以列卿之身討好魏國之臣，令人歎為觀止！

「邢公折殺卑職。」陳群誠惶誠恐。

邢貞緊攥著他手：「長文得魏王看重，擔當魏國御史中丞，前途無可限量。」

「邢公過譽。御史大夫袁公近來多病，魏王調卑職充任中丞不過代理一時。卑職勉力為之猶恐不及，何敢指望高升？」其實憑陳群的名望資歷到鄴城必受重用，這都是客套話。

邢貞越發惺惺作態，對身邊眾人道：「你們聽聽！這才是不驕不躁謙謙君子，長文若不成一代名臣，豈有天理？」

「是是是……」全是求人來的，大夥自然順著說。

陳群懶得再繞圈子，索性把話挑明：「邢公不必謬讚，有何驅使但言無妨。」

邢貞這才鬆開手，撚著鬍鬚笑呵呵道：「何敢勞長文辦事？我來不過是餞行，最近忽冷忽熱時令不佳，你一路上要保重身體……」說到這兒他稍稍頓了刻，繼而才道，「到鄴城之後如能單獨覲見，還請代我向魏王問安……」說了半天這才入正題。列卿又如何？漢家之卿不及魏國之吏，說穿了他也想琵琶別抱。

聰明人一點就透，陳群不待他說完就應承下來：「明公無須掛心，卑職一定將您這份心意轉達大王。」

「多謝多謝。」邢貞喜笑顏開連連拱手。

正難以啟齒的韋晃一旁瞧得分明，有邢貞示範，該怎麼開口他也清楚了，終於把牙一咬，剛要起身下車，卻見眾官員左右閃避，揖讓一位文質彬彬的青年文士走進人群——原來是陳群的內弟荀惲。

荀惲不僅是荀彧之子、陳群的內弟，更是曹操的女婿。自從曹操晉位王爵，所有女兒都被晉封公主，荀惲之妻如今是安陽公主，荀惲本人繼承父親萬歲亭侯的爵位，如此身分誰敢怠慢？眾官員見他都恭恭敬敬，韋晃也不便過去攪擾，又坐下等候。

陳群素來與這位內弟關係親厚，一見他來格外欣喜：「原以為你不來了，我還道公主治家甚嚴，不讓你出門呢！」

荀惲微微一笑，從懷裡掏出只錦囊交與陳群：「這是小弟寫給臨淄侯的書信，勞煩姐夫捎去。」荀惲與其父不同，身為曹門之婿怎會反對曹氏代漢？況且他自小與曹家子姪一處玩耍，有總角之誼；尤其與臨淄侯曹植志同道合，常有書信往來。

陳群剛把信收好，荀惲又湊到他耳畔，神神祕祕道：「姐夫為官多年才智出眾，無須小弟杞人憂天，但眼下有樁大事格外要緊，處置不慎只恐種禍。」

「莫非魏王立儲之事？」陳群早揣摩到了——如果說曹魏擅權是漢室之憂，那立儲不明就是曹魏之憂。曹操年事已高，身體又不好，國本未定，倘若有個三長兩短，又會引出多少亂子？曹丕、曹植明爭暗鬥將近十載，至今也沒個明確說法，這事已成為百官心中隱憂。可大家敢想不敢言，連毛玠、崔琰、徐奕那等元老都因捲入爭儲之事紛紛落馬，誰還敢公然提及？

眾官員已退得很遠，荀惲還是不禁壓低聲音：「大王立儲不明，朝野之士各擁其主多有爭執。大王若徵詢立嗣之事，您千萬三思而言。」

「三思而言……」陳群凝視荀惲，細細咂摸這四字的弦外之音，似乎感覺到舅爺在跟自己玩心眼，於是順水推舟道：「若依賢弟之見，五官將與臨淄侯誰更適合繼統？」

荀惲一怔，躊躇片刻才道：「並非小弟與臨淄侯相厚有意偏袒。若論德才實是臨淄侯更勝一籌，文章詩賦流布天下，朝野何人不知？況坊間傳言，魏王蓄廢長立幼之意，前番崔琰、毛玠二公相繼遇害，實因二人力保五官將所致……不過大王處事一向深不可測，即便至親亦難忖度，傳言也未必確鑿。」他也不敢把弓拉滿，「咱們荀、陳兩家素為潁川之士影從，我父亡故，如今姐夫之榮辱不但關乎兩家興衰，也關乎門生故吏、眾同鄉的前程，以小弟之見還是不要弄險為妙。」荀惲聲稱不偏袒，卻說崔、毛二老因保曹丕而死，又主張「不要弄險」，繞來繞去還是挺曹植的意思。

「嗯，有道理……」陳群嘴上這麼說，心中卻不以為然——荀惲並不知曉，他這位姐夫數年前就已暗中投效五官中郎將。

非但許都、鄴城百官不知，連曹丕其他心腹也未必知曉，近幾年陳群與其說為曹操效力，還不如說是替曹丕觀望朝局，連尚書令華歆、光祿大夫董昭也在他窺伺之下，早已是曹丕不可或缺的重要幫手。按理說他與荀惲既是姻親又是同鄉，重要立場應向其坦言，不過處在當今這世道，萬事都要慎之又慎。荀惲與曹植關係太好了，又娶魏王之女，就算荀惲不透露給曹植，臥帳之內對妻子說起，也非同小可。既然如此，陳群索性連這個素來親睦的小舅子也一併隱瞞，在自己妻子面前更是隻字不提。

荀惲全然不知姐夫跟自己不在一條船上，還替他出謀劃策：「如此最好，不過你也別怠慢五官將。倘若事不可解，我幫你周旋，畢竟我是曹門之婿。」

陳群望著懵懂的內弟，心裡有點兒不是滋味——一場儲位之爭從宮闈鬧到朝堂，從鄴城鬧到許都，鬧得手足同朝異心、夫妻同床異夢，真是可悲可笑！好兄弟，有朝一日你明白實情可別埋怨姐夫。我也是一番苦心，你乃曹門之婿，我又是你荀門之婿，絕不能一棵樹上吊死。若曹丕為尊，陳興荀衰，我提攜你；倘曹植得立，荀興陳衰，那時你再幫襯我。荀、陳兩家攸關潁川士人之興衰，無論如何也要屹立不倒，此中奧妙你慢慢就會懂了。不是姐夫信不過你，只是你還年輕，仕途如戰場，有真刀真槍，還有冷箭暗算，倘若避匿不及中了暗箭，一人落馬就能絆倒一大片，焉能不慎？

「姐夫，怎麼了？」荀惲覺出他有點兒心不在焉。

「沒什麼。」陳群擠出一絲苦笑，目光轉向遠處群臣，喃喃道：「我在想……這些許都遺臣爭相來送我，看似恭順，可誰知他們心裡究竟有何算計？世間最難知者——人心也！」

煽風點火

陳群、荀惲郎舅之間說體己話，來送行的群臣不便聆聽，都退得甚遠，各自盤算心事。已跟陳群說上話的暗暗禱告，希冀他言出必行幫忙美言；還未逮到機會的人不錯眼珠盯著陳群，只待他們敘完家常再湊過去。唯獨韋晃心下矛盾，剛才他已下決心開口求人，讓荀惲拖了一陣又開始動搖，名聲重要還是實惠重要，實在難以取捨。

就在他自己跟自己較勁之時，忽聽耳畔傳來一聲呼喚：「這不是韋兄麼，你怎也來湊熱鬧？」這聲音韋晃再熟悉不過了，是近兩年與他走動甚近的少府耿紀。

同一個地方的名門大族往往多有深交，在朝為官就會結成鄉黨，攻守同盟互相扶持，而且越不得志就越抱團。曹氏為政也依賴鄉黨，核心智囊為潁川人，地方幹吏多兗州人，掌握兵馬的多是沛國同鄉，這三個地方的人更易得到重用，其他州郡就不免有些吃虧。關中士人勢力較弱，特別是韋端、段熲那代老臣死後，許都之官唯少府耿紀、太醫令吉本算得上人物，一個扶風人、一個馮翊人，卻都不太得曹操信任，所以韋晃調任許都，立刻被他們拉進這小圈子；而韋晃在許都人生地不熟，有同鄉照顧也覺方便，與耿、吉二人越走越近。

耿紀相貌頗為不俗，生得淨面長鬚、目若朗星、鼻直口正、大耳朝懷，加之身材魁偉白髮不多，很難想像他已年逾五旬。少府乃九卿重臣，但他今日不穿深服，不乘馬車，只一身青緞便服，頭戴武弁，足蹬單靴，獨自騎馬而來。韋晃詫異：「耿公為何如此裝扮？」

耿紀捋鬍而笑：「我並非給姓陳的送行，只是出來逛景。」

「曠濕之地有何景致可逛？」

「誰說無有？」耿紀舉馬鞭往人群一指，「這幫厚顏無恥、吮癰舐痔的官難道還稱算不上奇景？」

這話正戳韋晃軟肋，心頭一陣狂跳：「耿公之言未免刻薄，為了功名前程又有何辦法？多多體諒吧！」

耿紀卻不接受這論調：「大漢乃威嚴之邦，以往什麼時候士大夫似如今這般下作？上之所好，下必甚焉，此皆為政者之失。」話雖未挑明，矛頭卻已指向曹家。

「冰凍三尺非一日之寒，宦官外戚亂政已久，不能都歸咎於現今世道。」韋晃畢竟是相府掾吏出身，不得不對曹氏有所回護。

耿紀並不辯駁，轉而道：「韋兄官居司直，肅清風紀乃你職責，可不該來湊這熱鬧。」

韋晃更感羞愧，忙遮掩道：「我與長文同為相府掾屬出身，總得有點兒同僚之誼吧，來送送有何打緊？」

耿紀早知他心裡撥什麼算盤，卻故意裝出一副恍然大悟的樣子：「倒是我誤會了。我還以為韋兄與邢貞那等無恥之徒同流合汙，打算諂媚曹氏另謀高就呢！哈哈哈……我以小人之心度君子之腹了。」

韋晃變顏變色：「怎、怎麼可能啊！我身為司直豈會屈媚下僚？真是笑談。」說罷極不自然地乾笑兩聲。

耿紀也笑了：「我想也不會。韋兄出身名門，先祖韋賢、韋玄成兩代名相，忠心耿耿輔保大漢，怎會自甘墮落諂侍權臣？似你我這等家世的人可要守住良心啊！」

韋晃是名門之後，耿紀的家世更了不得。扶風耿氏乃漢室功臣，耿紀的先祖是中興名將耿弇，跟隨光武帝打天下，破銅馬、討赤眉、征張步、戰隗囂，平定四十六郡、攻克三百餘城，官拜建威大將軍、爵封好畤侯；兄弟子姪六人封侯，婚配皇室榮寵無比。但物極必反，至孝安帝年間，大將軍耿寶與車騎將軍閻顯兩家外戚爭權，耿氏落敗，族人多遭貶謫；後來又因得罪「跋扈將軍」梁冀，被誅滅十餘家。耿氏一蹶不振，如今在朝為官的只剩耿紀與其族叔世襲好畤侯耿援。

不過耿紀絕非如他自己所言，是忠直冥頑、謹守良心之人，為了重振家族雄風，他早年間也曾心甘情願協助曹氏，尚書令荀彧卻偏偏瞧不上他，嫌他品性陰損，共事多年始終不洽。荀彧死後耿紀竊喜，以為將有出頭之日，哪知身邊之人一個個調往鄴城，唯獨他原地踏步，身為九卿職位倒不低，卻毫無實權。天長日久耿紀漸漸明白了，耿氏雖已沒落終是漢室功臣，而他那位族叔耿援之妻又是孝桓帝之妹長社長公主，皇親國戚難被曹氏接納；況且曹魏臣僚多潁川、沛國之黨，他這八竿子打不著的關中人士哪摸得到？想清楚這些，耿紀索性不抱期望了，進而對曹氏萌生恨意，只是藏而不露。而韋晃這兩年雖與他來往甚密，皆屬同鄉之誼，並不真瞭解他心中所想。

他倆說話這會兒工夫，陳群、仲長統已與其他人告別，上馬登程。韋晃急得直跺腳，想追過去說話，無奈耿紀一邊瞧著，方才被他捧得這麼高，怎好食言而肥當面出醜？耿紀早把韋晃急切神情看個滿眼，嘴上卻道：「該走的都走吧，省得玷汙朝堂。清者自清，濁者自濁，我與韋兄甘守臣節不屈權貴，千載之後必有公論。」

他這麼說韋晃更不能追了，只能坐看良機錯失，不禁嗟歎一聲：「唉……回去吧！」

「難得出來一趟，一同逛逛如何？」

「連日暴雨遍地泥濘，許下屯田顆粒無收，這鬼天氣有何可逛？」韋晃沒好氣道。

耿紀手指天際道：「天人乃為一體。水旱不調，陰陽失和，此乃為臣僭越，上天示警……」

韋晃身子一顫——朝野早有議論，說天象不佳乃曹氏稱王所致，曹操對此深惡痛絕，抓了不少造謠傳謠之人，耿紀這種言論若傳揚開可不得了，他趕緊打斷：「耿公切莫聲張。」

「難道不對嗎？」耿紀壓低了聲音，口氣卻沒變，「孝章帝章和初年大旱，乃因外戚竇憲亂政；孝桓帝元嘉年間大旱，皆因梁冀禍國所致。《五行傳》有云：『貌之不恭，是謂不肅，厥咎狂，厥罰恆雨。簡宗廟，不禱祠，廢祭祀，逆天時，則水不潤下。』乾旱乃暴政之兆，洪澇因僭逆而起，如今兩災交替而至，曹氏是上欺君、下壓民，獲罪天地、人神共憤了。」

韋晃聽得心驚肉跳，按理說以他的身分就該檢舉耿紀，但一來他品性忠厚不願害人，再者又視耿紀為同鄉摯友，故而只是苦勸：「這話萬不可對外人道。」

「防人之口甚於防川，天災明擺著，難道沒人說就沒有了？韋兄捫心自問，覺不覺得曹氏逆天而為惡忒多？」

曹操篡奪大權、誅除異己不擇手段，這無可否認。韋晃只是低頭喘著粗氣，沒有答覆。

耿紀見他默然不語，越發放膽道：「天下有道，則禮樂征伐自天子出；天下無道，則禮樂征伐自諸侯出。臣當君尊，上下乃昏；君當臣處，上下失序。漢室社稷四百載，公道自在人心，強橫悖逆之徒不得長久。獲罪於天，無可禱也，人世不容，天亦不容！前幾天尚書右丞潘勖暴病身亡，曹營之人皆道可惜，我卻以為痛快：若非他諂媚曹氏，矯詔草擬冊封魏公之文，豈能盛年暴亡？足見天不佑曹！」

韋晃無奈歎息：「是非人人皆知，然世風如此孰能奈何？人貴有自知之明，我雖出身名門，自忖才智平庸，雖不求攀龍附鳳，也想謀條出路，上不辱沒祖宗、下對得起兒孫也就是了。」

「哼！」耿紀一聲冷笑，「韋兄所言倒也有理，惜乎見識忒短。戰慄戒慎，不能避禍。你以為不違拗曹操就有出路？當今曹氏所親皆潁川之黨，又以兗州之士典民政、沛國之人掌兵戎，我關中士人有何希冀？況關中諸將兩度謀叛，素為曹氏所慮，若有一日改朝換代，只怕咱們都要被排擠還鄉啦！」

「也不至於吧？」韋晃嘴上這麼說，但聯想自己從鄴城調到許都坐冷板凳，不免猶疑。

二人還欲再言，忽聽後方馬蹄聲響大作，回頭望去，見一隊騎兵疾馳而來。眾武士盔甲鮮明氣勢洶洶，為首有一將官，年近五旬花白虬髯，虎背熊腰相貌威嚴，一邊縱馬馳騁一邊高聲喊嚷。在許都無人不識此公，乃相府長史王必——他早年隨曹操起家，披荊斬棘廣有功勳。十二年前曹氏移居鄴城，建立冀州府，後又改造為魏廷，許都的丞相府便只剩空殼。曹操恐再有昔日「玉帶詔」之事，任命王必為留府長史，明為處理雜務，實是統領一支兵馬威懾百官，應對不測。

韋晃剛說了兩句犯忌諱的話，正心中不安，一見王必馳騁而來，以為是來抓自己的，險些跌落馬車。哪知王必轉瞬即到，卻從他車邊一閃而過，口中大呼：「長文、公理！慢行一步，愚兄來送你們啦！」原來也是餞行的。

這才是無所圖謀、真憑交情來送別的，陳群、仲長統聽到呼喚立刻撥馬回迎，三騎湊在一處有說有笑。韋晃鬆了口氣，耿紀卻又在他耳邊嘀咕道：「你瞧瞧，他們才是一路人。姓王的是曹氏爪牙，陳群乃潁川鄉黨，仲長統再沒人緣也是兗州山陽郡出身，如今就他們這幫人得志。你不違拗人家，可人家自有心腹，哪把你當自己人？」

韋晃胸中鬱悶，竟覺得這話有道理，卻見王必身邊除了士兵還有個三十出頭的皂衣士人，身軀矯健相貌英俊，甚是眼熟，卻又想不起：「王必身邊那年輕人是誰？」

「韋兄貴人多忘，那是咱關中同鄉子弟，已故武陵太守金旋之子，議郎金禕金德偉。」

「哦。」韋晃想起來了，他常去太醫令吉本府上做客，金禕卻與吉本的兩個兒子吉邈、吉穆是好友，曾經見過一面，但年齡地位頗為懸殊，沒說什麼話。

耿紀撇嘴搖頭：「這小子也算好樣的，文韜武略樣樣精通，而且極善騎射，惜乎處世糊塗，整日與王必廝混。」

說來甚是可歎，金氏也是京兆名門，乃孝武帝託孤重臣金日磾之後。金禕的伯父金尚品行高潔，與同郡韋端、第五巡並譽為「三休」（金尚，字元休；韋端，字休甫；第五巡，字文休，東漢名臣第五倫之後）。當年曹操舉兵，靠袁紹矯詔成為兗州刺史，而西京朝廷任命的真正刺史就是金尚。曹操不肯讓權，便派兵把金尚逐出兗州，輾轉流落袁術帳下；袁術僭越稱帝，金尚拒不擔任偽職，終於遇害。後來曹操奉迎天子重建漢都，對當初之事頗感遺憾，提拔金尚之弟金旋，也就是金禕的父親。建安十三年征討荊州劉琮投降，曹操委任金旋為武陵太守，想要予以重用；哪料赤壁戰敗江南不保，劉備爭奪四郡，金旋兵敗葬身疆場。曹操本想補金家個人情，不想又害一條性命，無可奈何又讓金禕入仕，任命為郎官。只是金禕年紀尚輕，留於許都未及升遷；王必瞭解內情，又欣賞金禕武藝出眾，便時常帶在身邊，與他談文論武，天長日久竟結成了忘年交。

韋晃遙望滿面笑靨的金禕，甚感失落：「人家年紀輕輕卻比咱這幫老傢伙吃得開，慚愧啊……」

「慚愧什麼？他的前程是靠父輩兩條性命換的，我都替他害臊！」耿紀拍著自己臉頰，「他若真明理，就該與曹家為仇作對。」

韋晃不禁蹙眉：「何必計較以往，年輕人以前程為上。再說曹金兩家之事乃天意造就，也談不上仇怨。」

「人活一世爭口氣，況乎身有才智豈能荒廢？金禕若有氣節就當自謀前程，即便依仗別人也不能靠曹氏。我也是一片好心，怕這孩子少不更事，受世人唾罵。」

跟著曹家就受世人恥笑？韋晃越發不安：「耿兄說話一定小心，你我之間也罷了，這話傳揚出去禍及滿門哪！」

「有何可懼？我還有好多心裡話沒說呢！」耿紀四顧，見送行的官員都已離去，便躍上韋晃馬車，湊到他耳邊，「曹氏閹豎之後為臣不正，我關中雄傑焉能輔保此家？實言相告，我早有反曹之意，惜乎未逢其時。」

「啊！」韋晃驚得呆若木雞。

「怕什麼？」耿紀攥住他手腕，「新人笑舊人哭，一朝天子一朝臣。倘若敗亡不過一死，曹氏稱帝又能給咱什麼好處？與其庸庸碌碌，不如放手一搏。我早就設想過，曹氏惺惺作態自稱漢室之臣，若扶持天子登高一呼，必能撼動九州瓦解賊黨。韋兄雖非曹氏一夥，畢竟是丞相司直，曹操千防萬防也防不到你身上，正好遮人耳目居中聯絡；吉本掌管御醫出入宮禁，臨事之際控制天子亦非不能；金禕深得王必信任，倘能把他也拉進來，除王必易如反掌，許都不就在咱掌握了？那時詔告天下討伐曹氏，必能……」

「我不聽，我不聽！」韋晃掙開他手，哆哆嗦嗦捂住耳朵。

「你已經聽見了。」

「我不知道……我什麼都沒聽見。」韋晃戰戰兢兢，瞪著恐懼的眼睛，卻不敢再看耿紀。

耿紀見他這般失態，唯恐招人起疑，忙跨回自己馬上，嘴裡嘀咕著：「大丈夫快意恩仇，豈可怯懦畏縮？」

「我不幹……我不幹……」韋晃不住顫抖著。

耿紀眼珠一轉，反倒笑了：「都說你韋晃乃一無用之人，想巴結曹操都巴結不上，我原先不信，今日才知不假。也罷，反正肺腑之言都對你說了，你不妨向曹賊告發我，說不定還能換來富貴呢！只盼你日後高官得坐、駿馬得騎，榮歸故里時好好向關中父老誇誇口，說說你是如何出賣同鄉博取功名的！」

再窩囊的人也有三分氣概，這話韋晃聽來如刀子扎心，擺手道：「你也忒小覷韋某了。罷罷罷，你要如何我一概不問，只莫對我言。」

耿紀暗甩一把冷汗，但要掩曹氏耳目必須有韋晃參與，無論如何都要拉他下水：「痴人，目光放遠些。曹賊年邁久不立儲，其實危險得緊。去年遠征漢中半途而廢，空留夏侯淵一莽夫坐守；前不久張郃又被張飛擊退，長此以往漢中焉能保全？況馬超已投蜀中，此人素得雍涼羌氐之心。咱只要抓準時機控制許都，傳檄關中豪傑一併舉兵，那時劉備興師漢中，馬超招舊部於西涼，加上羌氐群起響應，關西之地立時非曹氏所有。青徐沿海臧霸、孫觀等將擁城自治，本非曹營嫡系，西南諸郡蒯祺、申耽之輩也未嘗甘於順服。再說江東還有孫權，眾志成城何愁曹賊不敗？」說到這兒耿紀手托鬚髯，閃過一絲得意之色，「莫看你我現在無權，那時不一樣了。進可征討河北誅滅曹氏，退可遷都長安保守鄉土；成可執掌朝綱號令天下，敗亦可將天子轉獻劉備，不失功勳封侯之位。這並非險途，乃是康莊大道，韋兄不動心嗎？」耿紀這番算計不可謂不深，分析時局不可謂不精，但也暴露了真實嘴臉──曹操欺君篡國固然有悖綱常，耿紀又何嘗是善類？方才那些君臣大義的話都是虛言，他反曹其實是出於仇恨和野心！

「不、不……」也不知韋晃聽進去沒有，只一個勁擺手。

耿紀還欲再言，卻見王必已帶著金禕轉回，忙囑咐道：「我突然告知，你心中難免恐懼，沒關係，你回去想想，咱改日再談……」說話至此王必已不甚遠，耿紀倏然變作笑臉，提高嗓門拱手道：「王長史，一向未會別來無恙？」

王必雖與耿紀無甚話說，但面子上總需過得去，抱拳還禮：「耿公客套了。」

耿紀故作關切之態：「長史方才帶的兵呢？怎只剩這四五人？」

「我派給陳群二十小卒，護衛他們以防不測。」

「長史真是熱心人。不過您肩負國都安危，倘有不逞之徒行刺可非小事，您身邊得多帶兵啊！」

王必回頭一指金禕，笑道：「有德偉在旁，料也無妨。」

「最近時氣不佳，王長史身體可好？」耿紀指了指呆坐的韋晃，「韋公這會兒就有些不適。」

王必兵脅百官自非粗疏之人，早察覺韋晃神色不正，聽耿紀一說信以為真：「難怪臉色蒼白，受寒了吧？」

韋晃心內慌張，強掙著點點頭。耿紀豈容他說一個字，忙插話：「最近時令不佳多人染病，前日潘右丞病逝，今日韋公又受風寒，王長史也要注意身體，魏王還依仗您呢！」他說這話時誠惶誠恐，真似發自內心一般。

「蒙您關照。」王必還挺領情，「野外陰濕，二位不宜久留，在下還有差事，先行一步。」說罷回頭招呼親兵。

「送大人。」耿紀又施一禮，卻瞟向金禕，擠眉弄眼輕輕招手。

別人招呼金禕未必肯應，但耿紀是同鄉長輩，焉能不理？向王必請示：「既然韋公不適，我留下照顧他老人家回府吧？」

王必也沒在意，只點點頭，帶兵先走了。金禕這才詢問：「耿公有何賜教？」

「唉！」耿紀未開言先歎氣，「你這年輕人，叫我說什麼好呢？方才許多人背後議論你，說你……說你……唉，不提也罷！」

金禕年輕氣盛，怎受得了這一套？忙追問：「他們說我什麼？耿公但言無妨。」

耿紀故意吊他胃口：「是非只因多開口，還是不提為妙。」

背後議論必非良言，金禕急得摩拳擦掌：「您倒是說啊！咱都是關中之人，若從先父那裡論起，我還得叫您一聲叔父，有什麼話不能對小姪明言？」

耿紀緊緊蹙眉，好似下了多大決心一般，良久才道：「有人說你不忠不孝認賊作父啊！」

「可惱！」金禕焉能不怒，「何人如此辱我？我宰了他！」

「你看你看，不願告訴你，就怕你毛毛躁躁。說這話的人多了，你殺得完嗎？身正不怕影子歪，踏踏實實走自己的路。」

「忒氣人啦！」金禕眼睛都瞪圓了，拳頭攥得咯咯直響。

「傻小子，世上爛人太多，與他們生氣不值得。」耿紀撫著金禕臂膀，「你這孩子有出息，依我說比曹家荀家諸子都強，惜乎就是少點兒城府，慮事不周全。」

金禕拍著胸口聲嘶力竭道：「小姪自問生平無愧，焉能被無恥之徒這般詆毀？決不能善罷甘休！」

耿紀連連搖頭：「你既認我這個叔父，我可得教訓你兩句：救寒莫如重裘，止謗莫如自修，既然有人議論你，必是你尚有不當之處。想來昔日你伯父受任兗州刺史，若非被魏王驅逐怎會死於袁術之手？你父若不是被魏王派去江南，何至於遭劉備屠害？固然這都是機緣造就的，但常言道『殺父之仇不共戴天』，你如今與王必關係這麼近，難免遭人詬病……」

伯父、父親之死金禕當然不會忘，但那些事不是曹操有意為之，況且他在王必照顧下仕途順利，想到前途光明，陳年舊怨就拋開了。但今日被耿紀這麼一挑，金禕心頭那塊傷疤又揭開了，尤其那句「殺父之仇不共戴天」，更是讓他五內俱焚。

耿紀臉上綻出一縷微笑，越發軟語溫存：「你還年輕，切忌意氣用事，誰是幫你的，誰是害你的，一定要分清。官場險惡人心難測，以後遇到難處只管來找我，老夫雖無權，畢竟為官三十載，給年輕人指指路還不成問題的。唉！可歎你伯父、父親不幸早亡，留下你無依無靠怪可憐的。」

金禕望著耿紀慈祥悲憫的眼神，心裡熱乎乎的：「多謝叔父照顧。」說罷低頭暗忖——殺父之仇不共戴天，堂堂男兒不可負惡名於天下！

耿紀見他如此神情心頭暗喜，又重重地拍了拍他肩膀，囑咐道：「年輕人不可忘本，名聲很重要，千萬不要忘記曹孟德對你金氏一門所作所為啊！」

「當然不會。」金禕被他激得滿面緋紅、咬牙切齒，半晌才穩住心神，抬頭再望，耿紀已撥馬而去；只剩韋晃頹然呆坐，臉色蒼白、二目空洞，不知想些什麼……

第二章

問策賈詡，曹操定儲

問策賈詡

夜晚的銅雀臺燈火璀璨，如明珠鑲嵌在黝黑的夜幕之中。

雖然水旱失調接連鬧災，雖然百姓困苦備受煎熬，雖然孫劉未滅隱患重重，但朦朧的夜色掩蓋了一切。蕭索的田野被月光披上一層薄紗，枝葉零落的樹木被臺上燈火映得紅彤彤，連呼嘯而過的涼風都彷彿成了悠揚樂曲的伴奏。高臺之上所有人都說著、笑著、唱著，今晚不提災害，不提百姓，不提戰爭，大家似乎都沉醉在虛幻的太平中，都醉心於銅雀臺的光華美豔——或許這世上所有光輝燦爛的東西，其實都是黑暗襯托出來的吧！

舉行這場宴會有兩個目的，一是慶祝匈奴單于呼廚泉臣服曹魏，二是恭賀鍾繇正式出任魏國國相。

匈奴昔日是稱雄塞外的惡狼，自從日逐王比內附漢室逐漸衰落，如今又成了蜷縮於曹魏腳下的綿羊。當初呼廚泉的兄王於夫羅曾與曹操為敵，呼廚泉更與高幹有過勾結，在曹操看來匈奴雖已式微，終是塊心病；因而趁晉升王爵之機向匈奴暗示，請呼廚泉到鄴城朝覲。匈奴名義上算是漢室藩國，若朝覲魏王豈不轉而稱臣於魏？呼廚泉明知此中利害，但人在矮簷下不得不低頭；原以為給曹魏個面子，讓曹操擺足外族臣服的虛榮就夠了，哪知到鄴城才發現，人家連大單于府都給他建好了，這一來就甭打算走了。

曹操早有安排，自今以後并州舊地的匈奴分為五部。左部居茲氏（山西臨汾南）、右部居祁縣、南部居蒲子（今山西隰縣）、北部居新興（今山西忻縣）、中部居大陵（今山西文水縣），各由一位匈奴王侯管轄，還要由魏廷任命一名漢人官員擔任司馬，五部互不統屬，不得無故遷徙。為表達曹魏對匈奴的「關照」，單于呼廚泉今後居於鄴城，待以上賓之禮，就不必回平陽勞心「俗務」了——匈奴國中國的地位名存實亡，此後當真只是漢人子民了。

呼廚泉把傳承四百餘年的疆土徹底丟了，但現在匈奴遠非曹魏敵手，何況身入虎口反抗無益。想來漢室天子尚為傀儡，小國之主算得了什麼？人為刀俎我為魚肉，只好接受安排，在鄴城無欲無求度過餘生了。

鍾繇出任國相也是一件大事。中興以來諸侯國相都由朝廷任命，明為輔佐國王，實是地方長官。曹魏當然與其他封國不同，鍾繇這個相國不但是曹操自己封的，而且可以開府建牙，辟錄掾屬，如同昔日漢室三公。曹氏由公爵晉位王爵不僅爵位提升，更是整個曹魏封國的飛躍，與其說曹魏是漢室封國，還不如說是漢室的「國上之國」。

銅雀臺上推杯換盞鶯歌燕舞，人人都說著蜜一般的甜話。大單于呼廚泉身披裘衣，頭頂雉尾王帽，與屬下右賢王、谷蠡王、日逐王等坐於西首，儀容瀟灑甚是英武；相國鍾繇身穿紫袍，頭戴五梁冠，與魏國列卿坐於東首，舉止雍容彬彬有禮；但居於正中的那位大魏之主卻有點兒煞風景——曹操身量本就不高，如今年逾花甲略有些駝背，越發顯得矮小。近年他外征西南，內憂國事，鬚髮盡已蒼白，左頰又多了幾點褐斑，臉龐也瘦削許多，比實際年齡更顯老邁；若非身穿王袍，頭戴冕旒，誰能相信這個相貌委頓的老人竟是堂堂魏王？又有誰知這瘦削的外表下隱藏著一顆野獸般好鬥的心？

匈奴右賢王去卑昔年曾護衛天子東歸，久沾王化精通漢俗，酒宴一開始他便時時留心曹操一舉一動；可說來也怪，這大喜的日子曹操興致卻不高，除了時而敬敬酒，始終沒說什麼，顯得心事重重。去卑察言觀色搞不清曹操為何愁煩，故決意試探，恰見眾歌伎一曲舞罷，便起身笑道：「今日盛會，我等大開眼界，中原之風雅非我邊塞小邑所能比及。鄴下人才濟濟，詩文歌詠更是享譽四方，此皆因大王文華冠於天下，故風騷之士樂於影從。小臣曾聽聞，開漢以來司馬相如、揚子雲、張平子、蔡伯喈都以詩賦著稱，但他們不過自身文采甚高，卻不似大王能開一代風雅之世，大王乃古今詩文第一人也！」

「言之有理……」

「不錯不錯……」

去卑所言明顯言過其實，但在場群臣誰肯掃興？大家紛紛附和，心下卻暗笑這匈奴王爺油滑，拍起馬屁來不輸「中原正朔」。曹操卻連連擺手，一笑謙辭。去卑的話卻沒講完：「大王一代人傑，文華冠世倒也不奇怪，奇的是諸位王子也都文采斐然。尤其臨淄侯，非但中原馳名，連我邊塞之民都萬分景仰，昔年臨淄侯隨大王西征韓遂，一路歌詠無數，那些詩而今在匈奴之地廣為傳唱，堪稱文苑佳話。」去卑不愧為與曹魏打交道的匈奴第一人，早私下把曹家的事打聽清，得聞曹操不惜逼死兩位重臣，便認定早晚要換太子，故而借這番話投其所好。

去卑話音未落，對面列卿中站起一人，五旬左右，淨面長鬚舉止瀟灑，乃是中尉楊俊——鍾繇晉位相國，由王朗補大理卿之缺、曹營老臣萬潛任少府，征南軍師楊俊也升任為中尉，掌管宮禁宿衛，躋身列卿之一。楊俊無論政績、品性、學識都無可挑剔，但是他極力推崇文學教化，因而也對曹植別有一番情愫。這會兒他見去卑盛讚曹植，當然不會放過良機，馬上迎合道：「右賢王所言甚善，臨淄侯之才略曠世少有，此不唯文苑之幸，更是我曹魏社稷之幸。」這話可比去卑之言意味深多了！

此刻諸王子就在廊下列席，身為五官中郎將的大王子曹丕已如坐針氈。去卑是藩國外臣，倒還情有可原，楊俊的話卻深深刺痛了他，但曹丕白皙溫婉的臉上並未流露出半分不悅，依舊低頭喝酒——爭儲多年屢屢受挫，除了無奈隱忍，還能怎麼辦？

但這一唱一和並未打動曹操，他只是禮貌性地一笑，便又恢復了那副高深莫測的表情，說了聲：「子建，賢王誇你，還不快給賢王和諸位大臣敬酒。」

「諾。」曹植輕輕應了一聲，趨步上前，向單于、右賢王施禮。兩位匈奴貴王公竟不敢受其禮，趕緊抱胸鞠躬，早有侍從捧過酒罇，為彼此滿上。

曹操出了會兒神，又道：「賢王昔年護衛天子，於中原社稷有功。今大單于客居我國，雖有五部胡漢官員，還缺一賢能之人監國。寡人度之，擔此重任者需精通胡漢兩邦之制，非賢王不可。」此言一出，在場官員倒比右賢王本人更驚詫——代單于監國乃是莫大榮幸，為何如此簡簡單單交託去卑？莫非他盛讚臨淄侯之故？

曹植本就喜好杯中之物，又奉父王之命，一概來者不拒，由西面開始，向胡漢群臣逐席敬酒。列卿、侍中等重臣倒也罷了，那些新近提拔起來的郎官、掾吏無不聞風而動，向臨淄侯說著恭維之辭。

唯樞要之臣知道內情，新近調入中台的尚書傅巽、薛悌、武周等坐於東南犄角，傅巽見群僚奉承曹植，忍不住向身邊坐的何夔嘀咕：「去卑監國乃是大王早就籌劃好的，與臨淄侯相干？這幫阿諛之徒真是瞎揣摩。」

何夔既是尚書又兼相府東曹掾，沉穩而寡言，聞聽傅巽之言雖然心中贊同，卻只微微點頭，沒說什麼。轉眼間曹植已敬過不少臣僚，不知什麼時候起身邊又跟上一人——西曹掾丁儀，也跟著舉酒相敬。群臣皆知除楊修之外，丁儀是曹植最親密之人，而且是大王舊友丁沖之子，近兩年大紅大紫，誰也不敢開罪；故而避席回敬曹植之後，也順便回敬丁儀一盞。更有諂媚者如掾吏胡修、李覃之輩，與丁儀撫手而笑，顯得甚是親熱。

漸漸地，二人走到東南諸席。薛悌、武周連忙避席施禮，回敬了臨淄侯，飲下之後又與丁儀對飲。何夔、傅巽不等曹植來到面前，也起身禮讓；曹植見到中台重臣，不免要另外寒暄兩句：「何公與傅公是我大魏股肱，參謀政務多有辛勞。」

「侯爺過獎。」傅巽還禮，把酒飲了，又見丁儀隨之近前，未及說話，卻見何夔一撩衣襟坐回榻上——這不明擺著不給丁儀面子麼？

丁儀手捧酒盞僵在當場，倒是曹植扭過身來為他解圍：「正禮，你掌西曹，何公掌東曹。但何公是長輩，又是德高老臣，你要多向老人家習學請教啊！」

「是是是。」丁儀諾諾連聲，忙把一臉尷尬化作笑靨，屈身作揖，「小可若有不是之處，還請何公多多賜教。」

張手不打笑臉人，又礙著曹植面子，何夔也只能笑而拱手：「您客套了。」勉強與其對飲一盞。丁儀趕緊跟著曹植往下一席去了。

傅巽在旁觀看，早替何夔捏把汗，見二人走遠，耳語道：「固然丁儀稟性不良，但如今春風得意，您又何必拒之千里？您本與毛玠、徐奕相善，今毛公已遭其害，徐公因之失位，縱然您不齒丁儀為人，為了仕宦穩妥也不該開罪他啊！」

「猖獗小人，心佞行險，老夫恥與之為伍。」何夔悻悻扭頭，望了一眼坐在遠處末席的徐奕——雖然他因為丁儀攻劾而免官，但這樣的老臣終究不能偏廢，時隔兩月曹操又將其任命為魏郡太守；

不過從參與機要、掌管選官的樞機重臣轉為地方官，無異於被排擠出了朝廷核心，因而徐奕神情委頓，坐在那裡自斟自飲，不發一言。

越看徐奕的可憐相，何夔心中越氣，又想起慘死的毛玠、崔琰，不禁咒罵：「多行不義必自斃！丁儀懷奸佞之心立於明堂，豈得久乎？」

正在這時，熱鬧的場面漸漸安靜，原來魏王忽然由宦官攙扶著站了起來：「寡人還有事處置，大單于遠道而來，勞煩諸公代寡人招待。」

這麼晚了還有何公務？群臣誰也不敢問，盡數起身施禮：「恭送大王。」

曹操慢吞吞走了兩步，眼光瞄向一人：「賈文和，你隨寡人來。」大家更是不解——賈詡早就不理事，在漢廷掛個太中大夫的名，今天來此純粹是湊個熱鬧，大王召他作甚？不過誰也沒考慮太多，見君臣二人走了，便又簇擁著臨淄侯美言。

今日聚宴的銅雀臺居中，南北是金虎臺、冰井臺，三臺之間修造飛閣便橋，連為一體；曹操引著賈詡離了酒宴，走北邊飛閣，往冰井臺而去。賈詡年紀雖高身體卻不錯，雖身處晚風，行於便橋，絲毫不覺吃力，但始終裝作一副慢吞吞的樣子，低頭跟在曹操之後——就在不久前曹操又生了場大病，痲痹之症愈烈，雖然此事未對群臣公開，可宮內宮外無人不知。腿腳不便可以慢走掩飾，但他右肩高左肩低，誰瞧不出來？只是沒人敢說破罷了。

小宦官嚴峻小心翼翼攙扶著曹操，好半天才走過北邊臺上，但見一間偏閣點著燈燭，幾個侍女在紗簾外驅趕蚊蟲——看來這裡早準備好接駕了。賈詡不敢多言，隨著曹操低頭而入，又見一位皂衣的中年士人捧著碗湯藥侍立門邊，乃是醫官李璫之。

「大王今晚沒有飲酒吧？」

曹操神色木然：「寡人喝的是水。」說著接過湯藥，一口灌下。

李瓚之欣然笑道：「不飲酒便好，如此微臣才好用藥。」

賈詡這才知曹操遵從醫囑以水代酒——想來曹操一生好飲，作詩尚不離「對酒當歌」，如今因身體緣故戒酒，倒也有些慘然。正思忖間又見他擱開藥碗，從袖中抽出一張帛書遞與李瓚之：「寡人今早見了那個方士郤儉，他進獻兩張藥方，說能延年益壽，你看看……嚴峻，給賈公端碗酸梅湯來。」

賈詡連忙道謝。李瓚之接過方子略掃了兩眼，便笑了：「茯苓、當歸等物是有益，大王用之無妨，不過指望這等方子除病是萬萬不能的。」

「這便好，寡人就怕他心懷不軌以毒藥謀逆，既然方子沒毛病，他又精通辟穀之術，正式征他入宮吧！」說著話曹操已在榻邊坐了，「沒事了，你去吧。所有人都出去。」嚴峻、李瓚之趕緊遵令而退，連閣門外的侍女也不見了。

「文和兄請坐。」

賈詡聽他呼自己為兄，連忙作揖：「臣不敢……」

「叫你坐你就坐。」曹操抿抿嘴唇，似乎在回味剛才那碗藥的苦澀，「寡人如今體弱，這般模樣叫你們笑話了。」

賈詡輕輕入座：「大王有福之人，小恙不足為慮，會好起來的。」

「你今年多大年紀？」

賈詡微微一笑：「虛度七十春秋。」

「嗯，你比孤還大八歲，身體卻更硬朗。」

「不行了，胸悶之症始終不見瘉，牙也掉了快一半了。」

曹操也笑了：「洪範五福壽為先，咱這等年紀，硬硬朗朗活著最重要，也好享受兒孫繞膝之樂……喝水喝水，這梅湯是新熬的，正好解酒。」
這梅湯確實甘冽清爽，不過在賈詡卻沒心思咂摸滋味——他叫我來究竟想問什麼？總不會是拉家常吧？
果然，曹操口風一轉：「寡人記不起來了，你膝下幾個兒子？」
「三個犬子。」
「過謙了，他們都入仕沒有？」
「大兒賈穆、二兒賈璣都在外任官，小子賈訪現在臣身邊侍奉。」
「好啊，我給你那小兒子一個官如何？」
天上掉餡餅，賈詡可不敢隨便接，只道：「多謝大王恩賜，不過臣年老，身邊若沒有兒子照顧總覺得不踏實。兒孫自有兒孫福，還是叫他們自己努力的好。」
「也對……」曹操深知賈詡滑頭，本想給他點兒好處再說正事，使其不能回避，哪知他竟不接招。可這件事困擾曹操太久，實在心中憂慮，即便賈詡推諉也得說：「不過咱們王侯之家總得有個撐起門面的繼承者才行。寡人現在就為這事兒發愁呢！文和兄耳聰目明、洞察深遠，以你所見，寡人哪個兒子最適合繼統？」
賈詡聽他剛才的話，早隱約猜到是這事，雖說心裡已有明確人選，卻不敢直言，只道：「此乃大王家事，非臣所能言。」
「立嗣關乎社稷，何言家事？」曹操的笑容已慢慢褪去，「對你沒什麼隱晦的，如今子桓、子建各負盛名，又皆有人擁護，寡人晝夜思忖不能決斷，你看他倆誰合適，子桓還是子建？」這算是把話徹底說透了。
賈詡卻仍不作答，默默低下了頭。

「唉……」曹操見他不語，歎了口氣，「這等事確乎不該問你，但寡人實是無奈。昔日本有嫡長子曹昂，文武兼備，德行亦佳，惜乎早夭；若此子在世，豈有今日愁煩？今嫡子不在，可造就者便只子桓、子建，難辨高下故而問你。你豈能不替寡人分憂？」這話似乎輕描淡寫，其實甚是犀利——曹昂為何死在宛城？還不是因張繡突襲。張繡何以突襲得手？還不是賈詡謀劃。所以曹昂之死賈詡是幫凶！曹操言下之意明確，你把我那接班的好兒子害死了，如今得幫我再挑一個。別人能裝聾作啞，你躲得開嗎？

料想賈詡絕頂聰明，此言一出勢必表態。哪知他充耳不聞，兀自耷拉著腦袋，手中緩緩轉動著水碗。若在數年前曹操早就惱了，如今謹遵醫囑儘量不動怒，便輕輕敲著几案，提高聲音道：「沒聽見寡人之言嗎？為何不答？」

「唔？」賈詡滿臉呆滯地抬起頭，「適才臣想起件往事來，故而未能答覆，請大王恕罪。」

曹操才不信這鬼話，卻也不點破，揶揄道：「是何往事令你這般思索，連寡人問話都不答？」

賈詡放下水碗微微欠身：「臣思袁本初、劉景升父子之事耳。」

「嗯？」曹操聞聽此言不禁打個寒戰——袁本初、劉景升父子之事？昔日袁紹廢長子袁譚，立幼子袁尚，導致兄弟相爭國分為二，曹操坐守漁人之利遂平定河北；劉表也是廢長子劉琦，立次子劉琮，結果少子不能壓眾，荊州獻土而降。這兩家都是曹操親手打敗的，又都因廢長立幼而敗，賈詡的意思還不夠明確嗎？

「哈哈哈……」曹操撫掌而笑，「公真乃智謀深長之士也！」

「大王過譽。」賈詡鬆了口氣。

曹操心裡的大石頭也落了地。他雖詢問賈詡，但並非全無主見，近來每每思忖立嗣之事，還是覺得曹丕更為妥當，今日聽了賈詡建議越發篤定。不過一愁方消、一愁又起，只笑了片刻曹操便笑不出來了——五官將府與臨淄侯府並立的局面已經形成，他們各有一幫掾屬，朝廷官員暗中依附的也不在少數，現在這種情勢下突然立太子，無異於在朝廷掀起一場風暴，所有人都要跳出來各為其主，那可就亂了！這件事還得慢慢來……

「啟稟大王。」簾外傳來嚴峻清脆的聲音，打斷了曹操思緒。

「何事？」

未得准允嚴峻不敢進來，在外面稟道：「校事趙達、盧洪請見。」

賈詡趕緊起身：「既然大王有事，微臣……」

「慢著，這就想脫身？」曹操狡黠一笑，朝外道：「傳孤命令，今晚不見任何外臣。」略一躊躇又補充道：「問問盧趙二人何事請見，你代為轉奏便是。」

「諾。」嚴峻領命而退。

曹操的目光又轉回賈詡身上：「立子桓也是孤近來所願，但子建聲勢頗隆，二子皆有追隨之人。如何壓制子建，以絕士人之望呢？」這難處其實是他自找的，當初誰叫他非得二府並立，事情的發展不是想控制就控制得了的，即便君王也有許多無奈。

賈詡更不敢回答了——都是曹操兒子，父子情焉能割斷？雖說此時壓制曹植是為了太子穩固，但是給他出這種主意無疑要得罪曹植。得罪個王子倒也未必緊要，萬一哪天曹操又可憐起兒子，翻臉追究出主意的人，豈不冤到家了？

賈詡搪塞道：「知子莫若父，此非微臣所能謀劃。」

「你呀……走到樹下都怕樹葉沾身。」曹操顯得甚是坦誠，「但言無妨，為了半生辛勞創下的社稷，你說什麼寡人都不怪罪。」

賈詡俯身叩拜：「非臣不敢言，實是並無良策。」莫看曹操這會兒信誓旦旦，誰知以後反不反悔？一失足成千古恨，萬萬不能管。

「你仍對寡人有戒心，非純臣也……」曹操還是不肯罷手，口氣漸漸嚴厲。賈詡趴在地上，額頭已滲出一滴冷汗，正無脫身之計，又聽簾外傳來腳步聲——嚴峻又回來了。

「啟稟大王，二校事告見乃為今晚酒宴失儀之事。」

「又是這等不要緊的事。」校事時刻瞪大眼睛糾群臣的錯，但凡過失無論大小都來報告，有時連曹操都感厭煩，「何人失儀？」

嚴峻似乎難以啟齒，支吾片刻才道：「是臨淄侯……臨淄侯飲酒過量，離宮時擅命公車司馬令打開宮門使其通過。」（公車司馬令，直接負責宮廷正門守備的官員）宮門開閉自有制度，王子也不能為所欲為，何況王宮正門司馬門只有魏王才能通行，曹植的行為不但違法而且僭越，看來真是醉得不輕。

「唉……」曹操蹙眉搖頭，「這孩子實在疏少心機，酒後荒唐。」他疲憊煩惱已極，便倚在臥榻上歇息，可脊背未碰到靠枕忽然腦海中靈光一閃，猛地坐起。他本有風疾，這猛然一動只覺頭昏腦脹眼前漆黑，撐著几案急喘口大氣視線才清楚，繼而目光掃向賈詡。

賈詡依舊不言不語，這會兒卻也抬起眼皮，直勾勾望著曹操——兩人皆心計過人之輩，四目相對只一剎那便移開，雖然誰都沒說話，但彼此明白，又想到一塊去了！

沉默良久，賈詡再度起身：「若大王沒別的差遣，臣……」

「你去吧。」曹操輕輕揉著麻木的左腿，「寡人知道該怎麼辦了。」他語氣低沉，茫然注視著窗外搖曳的漆黑樹影，心下五味雜陳——他這輩子不知整了多少人，如今卻要向兒子下手，欲穩固一子必要打擊另一子，雖說是無奈之舉，但畢竟父子至親，手心手背都是肉啊！

新任御史中丞陳群來至鄴城，一日之間連辦三件事：入宮覲見魏王，感謝授以官職；拜謁御史大夫袁渙，探問上司病情；把荀惲的信送往臨淄侯府，並向曹植和侯府家丞邢顒問安——三件事辦官樣文章就可以結束了，轉天清晨他便一頭扎進五官中郎將府。

陳群十幾年曾在幕府為掾，當時曹彰、曹植年紀尚幼，唯曹丕已過弱冠，那時便有往來；直至數年前爭儲之態漸漸顯露，陳群暗中投效曹丕，惜乎遠在許都幫不上什麼忙，只是窺探朝局傳遞訊息。如今二人逢此良機會師鄴城，曹丕欣喜無限——吳質調往外任，司馬懿受斥不敢輕舉妄動，朱鑠罷職丟官，夏侯尚又無權柄，崔琰、毛玠相繼被逼死，眼下正是他勢力最衰落之時，陳群到來不啻為一場及時雨。而且他一來就擔任御史中丞，這是個彈劾人的官，前番曹植一派丁儀當了西曹掾，那是發帽子的人，如今他這邊有個摘帽子的，足可周旋一時。

曹丕摒退左右與陳群閉門密談，詳述近來之事，陳群聽罷從袖中取出一份長長的名單：「此皆我陳氏三代門生故吏在外為官者，他們與在下一樣，皆願輔保將軍。丁儀不過能害一二，豈能盡滅四方官吏向善之心？」

曹丕接過名單看了又看，愛不釋手：「潁川陳氏果真名不虛傳！」自何夔掌選官之事，魏廷用人思路已有微妙變化，漸從「唯才是舉」轉向「德才並重」，世家子弟憑藉出身有望更進一步。曹魏本以潁川之士為核心幕僚，故而掌握潁川鄉黨也就把握了魏國命脈，曹丕若挾此自固，丁儀等輩豈能撼動？

但僅得陳群支持還遠遠不夠，潁川郡望莫過荀陳鍾辛四家，陳氏算是表態了，其他三家呢？辛氏初隨袁紹又遭審配屠戮，實力最弱，雖然辛毗極力支持曹丕，影響卻有限。荀氏明顯偏袒曹植，荀惲年紀雖輕名望卻不小，且荀惲兄弟五人，借先父之餘威，又與荀攸、荀悅的後代是族親，影響不容小覷。因而起決定性作用的其實是鍾氏。

魏王乃漢室之相，鍾繇又是魏國之相，除了已故去的荀彧，無人能與鍾繇地位比肩。如今陳氏、荀氏各輔一主，鍾氏態度至關重要，而且相較陳群、荀惲他是長輩，又官居極品手握重權，很可能他一人的態度就能引導潁川之士的整體方向。不過這位老臣手段甚高，擺出一副不偏不倚、唯曹操之命是從的架勢，對曹丕不冷不熱，對曹植也不即不離。

陳群向曹丕提議：「凡事宜早不宜遲，現在咱就去拜謁鍾相國，探探他老人家心意，如何？」

曹丕身在鄴城自少不了與鍾繇接觸，還曾贈給老人家一只象徵「燮理陰陽，調和五味」的五熟釜，但這些舉動並未拉近多少關係。若有陳群陪著就不同了，不但是同僚往來，還可借助他們同鄉之誼。曹丕想去，卻甚為顧慮：「前番父王有言，不准臣下交通諸侯，同去恐怕不妥，不如我你一先一後，假作不期而遇。」

陳群笑了：「在下方至魏都，拜訪國相乃仕途慣例，將軍陪同引薦也是世情常理。昨日我還去過臨淄侯府，今日怎就不能與將軍同行？光明正大無可指摘，官鹽何必當私鹽販？」

曹丕聽了也覺有理，忙吩咐人備馬；心腹朱鑠欲相隨，卻被曹丕拒絕。二人剛出府門，卻見從事官鮑勳捧著一摞卷宗走來：「將軍出門嗎？這是諸郡雨水豐歉的奏章，中臺已錄了副本，叫我取來給您過目。」

「嗯？」曹丕頗感意外——自從曹操意屬三弟已不讓他辦差，中臺一年多沒讓他這副丞相看奏章了，莫非太陽從西邊出來？

鮑勳同樣滿頭霧水：「屬下也不明白，聽令史們說，這些奏章是大王指明讓您看的。」

曹丕早成驚弓之鳥，忙抽過兩份當街翻閱，見無夾帶才放下心，抬頭瞄了鮑勳一眼：「我正要陪陳中丞去相府，你把奏章收好也隨我一起去吧。」

「諾。」鮑勳忙不迭進了府門。

陳群頗為欣賞地點了點頭——五官將果真心思周密，不帶朱鑠卻帶鮑勳。鮑勳乃鮑信之子，雖在這府裡任從事，卻是曹操硬派來的，為人迂直認死理，與五官將關係並不融洽。這正好可以利用，只要帶他在身邊，旁人便知無所隱晦，也少惹些閒言瑣語。

二人在府外稍待，見鮑勳滿頭大汗出來才上馬同行。不多時來至相府，守門之吏怎敢攔王子？先請進門才跑去稟報，片刻工夫便迎出一位老臣，卻不是鍾繇，而是相國長史趙戩：「將軍與陳中丞駕到，有失遠迎還望恕罪。」他年歲大了腰腿不便，作揖很吃力。

曹丕趕忙抱住：「趙公折煞我等，豈能擔您大禮？昔日您在洛陽對抗董卓之時，我還是小毛孩呢！打發小廝出來就成了，您老何必親自迎接。」趙戩也是響噹噹的人物，兩年前南征還給曹丕當過司馬，曹操把這麼個老臣任命為相國長史，實是往鍾繇臉上貼金。

「老不中用，叫你們見笑。」趙戩慢慢直起腰來，「二位是來見相國的吧？不巧，他一早被大王召進宮了。」曹丕與陳群對望一眼，不知該去該留，趙戩又道：「二位若得便不妨稍候片刻，相國入宮已一個時辰，料想快回來了，而且少時臨淄侯也來。」

「三弟要來？」曹丕甚感意外。

「國相新近辟用了一個後生，名叫魏諷魏子京，還是將軍鄉人。此人年紀不大名氣卻不小，常有官員來訪，臨淄侯也想見見，就定在今日過府相會。已來了不少陪客，都在西閣，二位可願一同聚會？」

這個魏諷，曹丕也聽說過，出身沛國寒門，但喜讀詩書四方遊學，半年前來到鄴城，出沒達官貴人府邸，沒幾日光景竟闖出了名聲；據說此人口才出眾傾動鄴城，官宦子弟爭相與之為友。鍾繇新任相國，正欲招賢納士充實府屬，一者聞其名大，二來喜他是魏王鄉人，因而辟為從事。

曹丕暗忖——三弟欲見魏諷八成為招攬賢才沽名釣譽，趁他未到我不妨先去瞅瞅此人，若真是個可用之人，何不想方設法延攬到自己麾下？心中這麼想，嘴上卻道：「趙公事務冗繁，我等不便相擾，且到客堂相候，等相國與三弟到了再說。」

趙戩拱手：「那老朽就偷閒了。」他身為長史，鍾繇不在時府中一應事務都由他代勞，自不願耽誤工夫陪，所幸五官將是王子、陳群是相國鄉人，隨便些也沒關係。說著話就把他們引到相府正堂，命人端來果品，客套幾句便忙他的公事去了。

趙戩剛走，曹丕立刻起身：「隨我到西閣看看魏諷是何等樣人。」拉著陳群、鮑勳便走。

相國府坐落於魏宮司馬門對面、正陽大街西側，初建鄴都時本就是曹丕的府邸，後來才撥給鍾繇，改為大理寺，又改相府。曹丕輕車熟路，根本不用僕人引領，轉垂花門，繞過長廊就到西院，各門自有僕僮，但誰敢攔王子？三人悄悄來至西閣門前，方要伸手挑簾，就聽裡面一陣歡笑之聲。曹丕手又縮了回來——聽聲音裡面人不少，必有與三弟親密之士，欲知心腹事，需聽背後言。

曹丕沒作聲，輕輕掀開碧紗簾。西閣是鍾繇日常會友之處，恰好玄關處立了架屏風，曹丕也未脫鞋，高抬腿輕落足，隱身屏風之後，微微探首往裡打量。陳群緊隨其後，鮑勳卻甚感不妥，立於門外——身分高貴的王子，偷聽別人閒話，這心眼可不怎麼正。

曹操提倡節儉，鍾繇帶頭遵從，閣內除屏風再無其他飾物，窗明几淨倒也素雅。這會兒東窗下正坐著七八人，皆是錦衣繡服二十上下的官宦子弟，許多曹丕都不知，只識得有兩個青衣弱冠之人，是侍中王粲的兩個兒子；還有一人年紀略長，獨自倚在角落，乃是荊州大儒宋衷之子，剛補為郎官。西邊也坐著兩個年輕人，頭戴武弁，原來是中軍的兩位沛國小將文欽、陳禕。主位空著沒人坐，卻有一人斜身坐在几案之側。曹丕沒留心那人是誰，倒被几案上的物件吸引——正是他送給鍾繇的五熟釜。

鍾繇一邊擺著五官將送的寶鼎，一邊容留臨淄侯在這裡聚會，兩條船都伸一腿，都不踏實，顯然恪守中立兩不相幫。曹丕出神片刻，這才注意案側之人。這人三十上下，身穿掾吏皂衣，攏髮包巾；一張瓜子臉，修眉俊目，大耳朝懷，隆鼻朱唇，頷下微有短髯，左手執一竹扇，右手指天畫地，正口若懸河侃侃而談，料想此位便是傾動鄴都的沛國奇士魏諷魏子京。

曹丕暗贊——好一副美姿儀！剛想探頭仔細看看，就聽屏風之內有人開言：「魏先生品評朝野人物令我等耳目一新，未知先生以為當今天下何等樣人可堪賢士？」

曹丕才知背靠屏風還有一人，唯恐被發覺，忙縮回頭來。不過此人聲音他很熟悉，乃是黃門侍郎劉廙之弟劉偉。魏諷不知隔牆有耳，兀自應對：「賢與不賢，古今亦然。天下賢士共分五等：謹敕於家事，順悌於倫黨者，乃鄉里之士也；作健曉惠，文史無害，縣廷之士也；信誠篤行，廉平公正，理下務上，州郡之士；通經術，名行高，能達於從政，寬和有固守者，公輔之士；才高卓絕，疏殊於眾，多籌大略，能圖世建功者，乃天下之士也！」

劉偉接著問：「先生自以為是哪一等？」

魏諷笑道：「在下雖出身寒微，卻有大略建功之志。」言下之意是自詡為第一等天下之士，口氣不小。

曹丕還要再聽，鮑勳卻在後面拉扯他衣襟，只得躡手躡腳退出，鮑勳貼著他耳朵諫道：「將軍貴為王子，豈能行此窺探之事？實有悖君子之義。」

曹丕打心眼裡膩味他這榆木腦袋，又不敢聲張，只得擺手示意他閉嘴，卻再不敢進去，就站在門外聆聽。裡面議論一陣，又不知誰拿出篇文章請魏諷品評，只聽那人念道：

執法之吏，不窺先王之典，縉紳之儒，不通律令之要。彼刀筆之吏，豈生而察刻哉？起於几案之下，長於官曹之間，無溫裕文雅以自潤，雖欲無察刻，弗能得矣。竹帛之儒，豈生而迂緩也？起於講堂之上，遊於鄉校之中，無嚴猛斷割以自裁，雖欲不迂緩，弗能得矣。先王見其如此也。是以博陳其教，輔和民性，達其所壅，祛其所蔽，吏服雅訓，儒通文法，故能寬猛相濟，剛柔自克也。

曹丕一聽就知是王粲新寫成的《儒吏論》。曹魏治國儒法並用，何夔又招徠不少儒士為官，因而曹操授意王粲寫下此文，辨析儒士與吏員各自優劣，遍示百官，希望「吏服雅訓，儒通文法」，調和兩派關係，使他們共為曹魏效命。聽到這篇文章，鮑勳也不禁來了興趣，倒想聽聽魏諷對選官之法有何評論。

哪知魏諷劍走偏鋒，不談立意如何，只道：「好文筆，好文章。」有人問好在何處，他道：「昔日大王經營關中，王仲宣作《三輔論》；大興屯田，他寫《務本論》；如今何夔改易選官，他又作《儒吏論》。能洞察大王之心，承風草擬箭無虛發，自然是好文章！」

這番話不甚入耳，雖是稱讚之辭，卻隱約諷刺王粲媚上。王粲兩兒子在場，豈能坐視不理：「先生此言何意？」聲音中大有慍意。

「二位公子休怒，在下並無貶損之意。」魏諷不慌不忙道：「昔日孝武皇帝好仙，司馬長卿獻《大人賦》；孝成皇帝好廣宮室，揚子雲上《甘泉頌》。世間又有誰認為司馬相如、揚雄諂媚？以在下之見，為臣者投帝王所好，非但不為錯，還是極好之事。」

此言一出不但閤內鴉雀無聲，連曹丕、鮑勳都面面相覷，這真是奇談怪論。雖說臣子稱頌帝王不至於一概斥為小人，但終究不是露臉的事，魏諷卻以此為德加以褒揚。他道：「君者，治天下者也；臣者，君之股肱肺腑，君臣本為一體。為臣者蓄良志於胸，若不得君之信任，難登其位難謀其政，上不能安朝政，中不能遂志願，下不能貴己身。即便有經天緯地之才、治國安邦之策，不能與君和諧相處，罷官失位乃至禍福不測，又談何治天下？」

這話也有道理，王粲二子不再發難了。卻聽劉偉笑道：「你兄弟不要插言。子京兄，今州郡當政者多潁川之士，似我等之輩雖有滿腔才志，難登要職，何以開報國之門？」

曹丕沒理會，陳群心思雪亮——劉廙兄弟曾居荊州，後來投曹；王粲本劉表麾下；宋衷開荊州官學，一派經學之祖。怪不得今天來的多是荊州後輩，原來這幫人嫌我們潁川士人擋道，跑這兒問計來了，順便還能巴結臨淄侯。

只聽魏諷回答道：「天下士人大道皆同，唯術有小異耳。人言君臣際遇難求，王仲宣難得正因如此。侍中之官甚是難當，幹得好旁人喚你一聲『常伯』，幹不好世人譏為『提虎子』（虎子，即夜壺），王公不失正道風雅，又不忤上意，實是萬難。倘在座諸君皆能投主上之意，何愁不得進位？君子本於道，亦當精於術也。」

閣內之人紛紛附和，閣外卻有人不以為然，鮑勳嘀咕著：「什麼君臣際遇？分明是助長諂媚逢迎，興幸進之術！」

曹丕沒想這麼多，只是朝鮑勳瞪了瞪眼睛，示意他別作聲。閣內之人熱衷於話題，根本未察覺，有人放膽直言：「鄭莊公克弟固位、吳起殺妻求將，莫管如何得權得勢，只要身登高位後能行善治，又有何不可？」

魏諷卻道：「言之易，行之難。人君不同，能施之術亦不同。昔韓昭侯醉臥而寒，有典冠者加之以衣，覺而問之，知典冠愛己也，以越職之故治其罪。衛國之駿乘者，見御者之過，從後呼車，因有救危之義不治其罪。驂乘之呼車，典冠之加衣，同一意也，然於韓有罪，於衛為忠，所得不同，概因為人君者心智不同也。商鞅三說秦孝公，前兩說不聽，後一說立成；皆因前兩說乃帝王之論，後一說霸者之論也，秦孝公之世欲圖中原霸業，何用帝王之道？合幸則進，不幸失之。陳蕃、胡廣皆為上公，一人誅死一人壽終；張溫、段熲俱為名將，一留美名一遭詬罵，皆所用之術不同耳。」

且不論魏諷論調如何，他精於詩書又諳熟古今史事，能化人言為己論，信手拈來出口成章，又嗓音清脆字字入耳，似乎再歪的道理到他嘴裡都堂而皇之，這也是一路本事。不過光武中興以來，士人以德為本遵行正道，即便到桓靈衰頹之際，後生之輩尚思矯正君過，何嘗有人公然談論如何幸進取巧？如今卻不同了，曹操、劉備等人的崛起顛覆了傳統，年輕人變了，變得功利世故，變得不擇手段。

「未知先生以為當今魏王何等人也，欲圖進身當施何術？」

「我得相國辟錄，還未及覲見大王，不得妄言。」魏諷還算知道深淺，適可而止。

有人恭維道：「以先生之才，若面見大王必得重用，到時候莫忘我等荊州後生。」

有人插言：「何待日後？少時還勞先生在臨淄侯面前替我等美言。」

還有人道：「先生論事鞭辟入裡，未知有何獨到之學？」

魏諷洋洋自詡：「我修舌辯之術。」他倒毫不隱晦，「一堂之上，必有論者；一鄉之中，必有訟者。訟必有曲直，論必有是非，非而曲者為負，是而直者為勝。以舌論訟，猶以劍戟鬥也。利劍長戟，手足疾者勝；頓刀短矛，手足緩者負！舌乃文人之利器，故而當仿蘇秦、張儀、蔡澤、酈生，內修學識外利口舌，仕途方有所成……」

鮑勳敦行正道品性憨直，早聽不下去了：「此人空負其名，不過一奸邪左道之徒，不見也罷。」

曹丕只輕蔑一笑：「奸邪左道倒不一定，只是口舌厲害。家家販私鹽，必定沒人買。若人人思左道幸進，反倒使專心做事成了捷徑。仕宦得失皆在我父掌握，豈是他一介文生所能忖度？即便伶俐如孔桂又能如何，駙馬都尉不過是分管車架之官，真正的國之大政輪得到他參與嗎？僅憑諂媚小術就想躋身朝堂，也忒小看我曹家父子了。」

陳群所思更不同——人言魏諷學識淵博志向高遠，今日一見不過爾爾，只是練就一張舌燦蓮花的利口罷了，若不因為他是沛國人士，鍾繇焉能另眼相看？劉偉他們年輕沒見識，竟被這廝唬住，還指望荊州之士主政曹魏，豈非夢話？荊州尚在孫劉之手，你們這些人連根基都沒有，無源之水無本之木，焉能比及我等中原望族？陳禕、文欽到底是武人，瞧不透子午卯酉，身為帝王鄉人好好當差就是了，跟這幫人瞎摻和什麼？一群糊塗蟲。

鮑勳又道：「這等無狀之言有何可聽？若不留神被他們瞧見，少時臨淄侯到來他們不免又要說閒話了。不如回堂上等候。」

「也好。」曹丕點點頭，帶著二人欲去，哪知剛轉身就見廊門處轉來二位大臣。前面一人蒼髯皓首，朱紫服色，腰插牙笏，正是相國鍾繇；後面那人年近不惑，黃色朝服，肋懸腰刀，乃黃門侍郎劉廙。

曹丕忙笑臉相迎，不料二人滿面嚴肅，只微微拱了拱手，便擦肩而過進了西閣。陳群頗感詫異：「黃門侍郎乃傳達詔令之官，莫非是大王有命？」三人不聲不響又溜回來，又立於閣門外偷聽。

但聞劉廙那略帶沙啞的聲音道：「臨淄侯半月前私開司馬門逾越禮法，已被大王召入宮中訓斥，不能再與爾等相會。大王還命我告知爾等，鄴中文士聚會自屬平常，朝廷不加干預，但若與王子過從甚密便有交通之嫌。念爾等年歲尚輕官職卑微，姑且不予追究，若日後再與臨淄侯無故私會，嚴懲不貸！」

也不知劉偉、魏諷等聞聽此言是何神色，只一陣唯唯諾諾，皆顯惶恐。曹丕也聽得忐忑——按理說曹植受責曹丕應該高興，其實大不然。自崔琰、毛玠死後曹操已極少召見他兄弟，即便公然召見，也是同賞同罰，擺出一碗水端平的姿態。曹植挨訓，曹丕恐也難逃。

想至此曹丕再沒心思聽下去，拔腿便要回府。這時碧紗簾一挑，鍾繇又沉著臉出來了：「方才老朽有公務在身，將軍到此多有怠慢。」這幫遭斥之人都在他府上，想必方才這位老臣也挨了曹操批評，臉色甚是難看。

「不敢不敢。」曹丕想走都不成了，心裡沒底，拱手強笑。

「將軍過府所為何事？」鍾繇開門見山。

曹丕不知該如何開口。陳群倒沉住氣了，施禮插言：「下官初到鄴城還未拜會叔父，五官將熱心引路攜我同來……」他自稱「下官」，卻喚鍾繇為「叔父」，顯得不倫不類。可是細細想來，論公事他倆是上下屬，論私情陳鍾兩家是同鄉至交，這樣稱呼倒也周全。

鍾繇乃宦海老叟，一見他倆連袂而至就知道打的什麼主意，不待陳群說完便抬手止住，也不理睬陳群，直勾勾望著曹丕：「將軍不該辜負大王所托啊！」

「大王所托？」曹丕不明其意。

「尚書台轉到您府裡的奏章您看了沒有？」

「未及細觀……」曹丕心裡越發沒底，難道公文之言涉及自己？

鍾繇手撚鬚髯倏然而笑：「大王讓將軍看公文，言下之意就是讓將軍重新預政。將軍放著正務不幹，卻陪一介下僚來看老夫，豈不是辜負大王所托？」大事未公布，他不便把話說透，只能點到而已。

曹丕豈能不懂？他身子一顫險些栽倒，簡直懷疑自己在做夢——可事實就擺在眼前，三弟被父親斥責，自己卻恢復了預政的權力，又是名副其實的副丞相了。這意味著什麼？含辛茹苦這麼多年，與三弟明爭暗鬥屢落下風，而最終一切來得如此意外，如此輕鬆，如此波瀾不興！是真的嗎？

鍾繇接著道：「老夫還有一言，望五官將深思。成就貴於勤勉，仁孝貴在長久。」說著他朝閣內指了指，「就拿劉廙來說吧，昔日他在您府中任文學侍從，人人都以為他只是個書呆子。自調任黃門侍郎，與丁廙共掌詔命之事，兢兢業業埋頭苦幹，為政之才、為官之道也都歷練出來了，誰還覺得他只是書呆子？譬如人之根骨不足，若得經年調養尚可精壯，若恣睢放任，則福禍未可料也。」

鍾繇的話很含蓄，但曹丕聽明白了——這哪是說劉廙，分明就是說他。他這儲位來得「根骨不足」頗有些僥倖，也未嘗不會再失。得之難，守之更難，若想穩固不倒，必須加倍勤勉孝順，後面的考驗還多著呢！

「謝相國賜教。」曹丕深施一禮，拉著鮑勳就走，「快！回去處置公文，今晚我要入宮向父王複奏。再叫朱鑠多置辦些果子，我要進獻母親和諸位夫人。」

陳群也欲去，卻被鍾繇叫住：「長文，既來了多坐坐，我有話想跟你說。」陳群心明眼亮——成了！一潭渾水清了，這位嚴守中立的相國大人終於要表態了。

他執弟子之禮，攙鍾繇去正堂，又聽背後窸窣之聲，回頭望去，但見劉廙宣教完畢，扯著他弟弟劉偉怒衝衝出了閣門，行至荼蘼架旁僻靜之處才鬆手，劈頭蓋臉一頓罵：「我不是跟你說過麼，不准與魏子京來往。此人博聞辯辭，虛論高議，不修德行，專以鳩合為務，乃攬世沽名之徒！這種心術不正之人，誰知日後惹出什麼禍來？到時候你後悔就晚了！」

「是是是……」劉偉被兄長扯得衣冠歪斜，諾諾連聲。

風向突轉

半月前那次宴會曹操提前退席，不少官員鑒於臨淄侯風頭正盛轉而向他敬酒，連單于呼廚泉都認定他是日後魏主，哪知月滿則虧盛極將衰，當晚就種下禍根。曹植心中暢快喝得酩酊大醉，飲酒過量就該回府休息，可他又轉入後宮向母親卞氏問安，出宮之際酒勁上湧，竟呵斥守宮兵士敞開三道宮門供其通行。

顯陽門、宣明門皆宮內之門，夜晚關閉是為安全考慮，曹植私自敞開也罷了；司馬門卻是東宮正門，不論晝夜一律關閉，來往官員一概走掖門（宮殿正門兩旁的邊門），只有曹操本人進出時才能打開，即便王子諸侯也不得通行——曹植僭越禮制了。

僭越禮制這種事處理起來可大可小，全看曹操的心思。按說兒子犯這種錯誤，又是酒醉之後，教訓幾句就行了，但曹操的處置方式卻令人瞠目結舌。他先把曹植叫到宮中狠狠訓斥一頓，命他閉門思過，又將私開宮門的公車司馬令判以死罪；繼而發教令向滿朝官員公布此事，反覆告誡群臣及諸王子嚴守禮法，教令中竟出現「自臨淄侯植私出，開司馬門，令吾異目視此兒矣」這樣觸目驚心的話。如此折騰三天還不算完，他又召集魏廷和幕府所有官員舉行大朝會。

此次朝會在西宮文昌殿，不但魏廷官員參加，連在朝中沒掛職分的幕府掾屬以及各侯府長史、家丞也要旁聽，不過除了五官中郎將，其他僅有侯位沒官位的王子都不准參加，就連曹彰、曹植、曹彪也被拒之宮外。即便如此與會者還是不少，饒是文昌殿氣勢恢宏也容不下這麼多人，高官能在殿內就坐，其他屬官都在廊下站著。所有人神情肅穆低頭不語，料想魏王又有一番發作。

但大夥全猜錯了，曹操今日異乎尋常的沉穩，一絲慍色都沒有，慢慢環顧眾文武，繼而眼光投向殿外，緩緩道：「五官將長史邴原與臨淄侯家丞邢顒入殿賜坐。」這兩位是享譽天下的德高之士，曹操將他們派到曹丕、曹植府中樹以聲望，雖是佐官也要另眼相看。

二人進殿謝恩，落了坐，曹操才入正題，不是訓教口吻，倒像是商量：「寡人近來身有小恙，想必你們也知道，可能對政務稍有疏懶。今日召集大家並無他意，無非想囑咐你們多多用心。天下事總要有人去做，寡人偷閒，你們不能也偷閒。現今北方多災，豫兗之地為最，賦役可適當蠲滅，中台諸公議一議，不妨拿個章程。漢中兵事未寧，江東孫權素來包藏禍心，還需督促荊襄淮南諸郡修繕守備，可能寡人還要南征……」他一件件講下去，群臣都糊塗了——興師動眾把大家招來，難道就為了說這些瑣碎之事？

曹操卻難得沉得住氣，把眼下七八樁大小事都囑咐一遍，最後道：「就這些吧，倘若寡人精力不濟難以事事周全，望你們拾遺補缺，平日多替寡人留心……」說到這兒似乎有意頓了一下，「或者與鍾相國、五官將他們商量。」

他說得輕巧，像聊家常一樣輕巧，下面許多大臣卻險些驚叫出來——怎麼五官將也在其內？曹丕不參與政務已有兩年，這麼安排不是回到徵詢立儲之事以前的格局了嗎？

再聯想到申斥曹植之事，眾官員才明白，風向又變了！真是一波三折，兩個月前力保曹丕的崔琰、毛玠相繼死去，如今曹操又拋出這番話，簡直是朝秦暮楚。眾人目光不禁偷偷瞟向曹丕，卻見他二目低垂，似乎絲毫不覺意外，想必他們父子私下已有默契。

大殿上雖鴉雀無聲，曹操卻似乎能聽到群臣心中的驚歎，驟然提高聲音：「當然！大事還是寡人全權處置，任何人不得擅權。」

群臣從驚詫中緩醒，有人欣喜，有人不悅，但大多數人心裡都沒把握當真——變過一回了，這風向轉得太快，誰知會不會再變？他們家的事兒，少摻和為妙！

其實曹操這樣處置也有苦衷。一者，兩府並立的局面是他自己搞出來的，鄴城上下因立儲之事暗潮洶湧，如果現在就說立曹丕，等於在油鍋裡澆瓢水，頓時就亂。再者，牽扯儲位之爭的大有人在，兩府掾吏恩怨也不少，這時若猛然敲定，必有人站出來痛打落水狗，鬧來鬧去還不是內耗？而且當初本就打算立長，又轉而向群臣徵詢，亂烘烘惹出一堆事，最後繞個大彎又回去了，他臉上也不好看。所以曹操籌劃了半個月，才決定如此處置。

沉默了好一陣，見群臣沒有異議，曹操又道：「還有一事望諸公謹記。魏室社稷已立四載，禮制法度並非草創，爵有等級官有規制，臣僚私下往來可要守規矩。瓜田不納履，李下不整冠，倘有交通諸侯之事，莫怪寡人不念舊情。」

群臣不禁悚然，各自低頭盤算心事，等再抬起頭來，卻見魏王已在內侍攙扶下回轉後宮了——這次朝會話雖不多，但曹操把要緊之處都點到了，回去慢慢領悟吧！

黃門官高呼「散朝」，但大多數官員都沒動，偷眼望著五官將。曹丕卻不著急，等相國鍾繇、大理王朗、少府萬潛等一干老臣起身後他才站起，又搶步走到邴原、邢顒面前，左攙右扶，伴他們出了殿。群臣這才放心起身，默默無言都散了。

西曹掾丁儀幾乎是踩著棉花般搖搖晃晃走出文昌殿的，站在殿階望著發白的天空發怔——他百思不得其解，為何臨淄侯一下子從巔峰跌到谷底？說變就變，事先毫無徵兆。難道僅僅因為司馬門之事，還是曹丕暗中耍了什麼手段？有沒有挽回的可能？

他本就有眼疾，視力不佳又心事重重，遙望天際直感到頭暈目眩，恍惚覺得老天要壓下來一般，連忙低頭，可慌亂的心緒卻怎麼也安穩不了。正喘息中，隱約見主簿楊修也正站在殿階下出神，忙踉踉蹌蹌走過去：「德祖！這可怎麼辦？」

楊修比他沉穩得多，趕忙一把攙住：「切莫聲張。」殿前有武士，群臣也未散盡，大呼小叫議論立儲之事，這不是找死嗎？

丁儀幾乎是被楊修拖出宮苑的，直至止車門外桐樹之下楊修才停住腳步：「正禮，不要慌。」

「怎麼辦？」丁儀方寸已亂，急切地搖著楊修的臂膀。

楊修木然搖了搖頭：「上意已決，無可改易。」

「不會的，一定有辦法！大王原本不就打算立五官將麼，還不是轉而意屬臨淄侯？上意多變，說不定還可更易……」

「你醒醒吧！這次沒有挽回餘地了。」楊修滿面愁容道：「大王處置司馬門之事的用意你瞧不出嗎？事情過去半個月，當時不發作，現在又提出來，而且明發教令。私開司馬門是在夜晚，本來沒多少人知道，這道教令簡直是敲鑼打鼓唯恐百官不知！若說僭越無禮，鄢陵侯曹彰比誰毛病都大，大王素常也沒少斥責，可哪次這般小題大做？這分明是故意發作臨淄侯，故意壞他名聲！大王公然讓五官將預政，又口口聲聲嚴禁群臣交通王子，這就是告訴大家立儲之事已有定論，今後再無更改，任何人都不可再與其他王子結黨干預。樁樁件件都是事先策劃好的，難道你看不懂？」

「不可能……」丁儀恐懼地搖著頭。

楊修歎口氣：「你並非庸人，何必自欺欺人？我亦知臨淄侯品行純良、才華橫溢，這些都不論，單憑私交咱也要保他。但大王既如此決定，我等又能如何？」說到這裡他幾乎哽咽，「平心而論，臨淄侯確非帝王之材，他太善良、太天真，其心智實在無法與五官將爭鬥，更何談孫、劉。結束了，一切都結束了……」

丁儀不相信：「那為什麼還要處死崔琰、罷黜毛玠？大王還是要立臨淄侯的。」

楊修一陣苦笑：「你好好想想。崔琰露版上書，毛玠私下訕謗，二人又久掌選官之事，他們獲罪真的僅是因為力保五官將嗎？你真該好好揣摩一下他老人家的心思了！」

丁儀親手整垮崔、毛，可對於曹操的心思一直視為想當然耳，沒往深處想過。今日遭逢奇變，不由得不動心思——崔、毛獲罪僅因為保曹丕嗎？其實二人皆有觸怒曹操之處，又手握重權，故吏遍於天下，崔琰還是曹植的姻親；日後若曹丕不得志，這二老是不是有功高震主之嫌？況曹氏稱王，恰是整綱紀、樹君威之時，拿他倆殺雞儆猴再合適不過了。丁儀想起來了，難怪他羅織罪狀會那麼容易，難怪他說什麼曹操都信。原來以為自己利用魏王對崔、毛的不滿打擊了曹丕，可現在回想，究竟誰利用了誰啊！

想明白這些，丁儀泥胎偶像般呆立，只反覆咕噥：「怎麼辦……怎麼辦……」這次卻不是為曹植擔憂，而是為自己——保錯主子並不意味著絕對窮途末路，只要洗心革面投效新主，未嘗不能東山再起。可他不一樣，這汪水蹚得太深，不擇手段整垮徐奕，害死崔、毛，不但與曹丕結仇，還與群臣結怨。大王在位還好說，有朝一日大王升天，恐怕他連性命都難以保全。末日已經不遠了，怎麼辦？

楊修見他驚懼的目光已知他心中所想，既替他擔心，也恨他恣意行事給曹植招怨，到頭來害人害己，只能安慰道：「坐享天下者當有容納百川之量，五官將雖心胸不廣，倒也不便為難手足貽笑後世。似我等若能謹慎而行，上遵大王之意，下合五官將之心，日後即便無緣位極人臣也不至於性命有憂……」

「那是你！」丁儀倏然瞋目，「你不過洩漏幾次考題，並無大過，何況又是弘農楊氏名門之後。我不一樣，曹丕焉能留我於世上？此事不能作罷，我還要繼續跟他鬥！」

楊修心頭一緊：「你、你千萬別胡來，一意孤行不但害己，只怕連臨淄侯都無法自處了……」

話音未落，從宮門跑來一人，氣喘吁吁，一見他倆開口便問：「你倆還在這兒！怎麼辦？如何是好？」二人初始一驚，定神一看，原來是孔桂。

楊修裝糊塗：「什麼怎麼辦？好好幹你的差事。」

孔桂卻道：「你們可別不管我，咱是自己人。」

「誰同你是自己人？」楊修不願理他。

其實孔桂還真算不上曹植一黨，但他以諂媚立身，欲出力於後繼以求自固，原本與曹丕關係還不錯，後來見風使舵才轉向曹植，丁儀讒害崔毛之時，他搖旗吶喊落井下石，不啻對曹丕公然翻臉。誰料情勢又變，恐怕外人看來，他不是曹植黨也是曹植黨，跟著倒楣唄！

丁儀橫下心來：「我不管你們怎麼辦，反正我誓要扳倒五官將，既然大王已有反覆，未嘗不能再來一次。即便不為了臨淄侯，我也得自保！」說罷拂袖而去。

楊修欲追，卻被孔桂扯住衣袖：「德祖，別管他。咱怎麼辦？你幫我拿個主意啊！」

「你愛怎麼辦就怎麼辦！」楊修哪有心思管他，一把推開，追趕丁儀而去。

孔桂急得直跺腳，左右開弓摑了自己兩巴掌——終日打雁，被雁啄眼。見風使舵半輩子，怎麼就沒摸清曹操的心思？身後有餘忘縮手，眼前無路想回頭，眼下富貴還不知足，還要圖日後的，這不是自己往火坑裡跳嗎？

孔桂沒別的本事，唯獨在伺候人這方面頗有心得，因而比旁人更瞭解曹家父子的性格——寧得罪曹操，都不該得罪曹丕。曹操雖詭詐卻嘻笑怒罵，得罪他不要緊，若趕在他高興時說幾句順耳話，辦幾件漂亮事，大可挽救厄運。曹丕卻不一樣，外寬內忌，喜怒不形於色；若得罪這種人，他表面上不動聲色，心裡卻記恨一輩子，不把人整死不算完！

第三章

老驥伏櫪，強撐病體征江東

再議南征

事情發展恰如楊修所料，在曹操召集群臣訓示之後，朝局出現新動向。曹操對外宣稱身體有恙退居內宮，除軍務和重大事務外，其他日常政務交與諸尚書與相國鍾繇、五官中郎將曹丕協同辦理——父親主軍政，兒子理民政，曹魏統治的新格局可算水到渠成了。

曹操這次再不是心血來潮，選擇曹丕絕非賈詡那輕描淡寫的一句話所能決定，實是反覆推敲的結果。首先，曹操已六十有二，身體又不好，曹丕以稍長的年齡和擔任五官中郎將的經驗勝出了；其次，曹丕身為長子，符合傳統的宗法原則，選擇他省掉許多爭執，也為子孫後代長治久安開好頭。更重要的是，曹魏若想長久穩固必要走儒家正統之路，目前而言就是聯合世家大族為主導的統治，那麼「贅閹遺醜」的曹家也必須提升地位，成為最強的世家大族，因此曹家、夏侯家必須緊緊抱成一團，牢牢控制住軍政大權；祖宗子弟中曹真、曹休、夏侯尚、夏侯楙等那些日後將委以重任的人，曹丕明顯比曹植更有資歷凝聚他們。家族之路與為政之道密不可分，這才是曹丕勝出的根本原因。賈詡的那番話雖擲地有聲，但充其量也只是傾斜天平的最後一根稻草。

自八月初舉行朝會，長達一個月的時間群臣未見到魏王的蹤影，只知他居於銅雀臺，養病兼避暑，大家交代政務的對象換成了五官將和鍾繇，而鍾繇名為相國，卻常以輔助者自居，曹丕聲勢日漸上升；臨淄侯則只剩下閉門思過的份了。所幸局勢太平，孫權慘敗於合肥，瘟疫侵擾，聲勢受挫不小。蜀中雖未平定，有征西將軍夏侯淵、益州刺史趙昂坐鎮漢中，諸部轉攻為守，新近又收拾了武都、下辯等地的幾個氐羌部落，得糧穀十萬餘斛；侍中杜襲留守長安居中聯絡，軍情傳遞倒也靈便。整整一月無事，直到九月初鎮東將軍臧霸的一封密奏引起了事端。

「琅琊王劉熙密謀投奔江東？」曹丕有些不敢相信——曹氏篡漢早有端倪，任何劉氏諸侯都欲避禍。但是哪個諸侯王投敵都可理解，唯獨琅琊王劉熙實令人想不到。前任琅琊王劉容崩於黃巾兵禍，宗國名存實亡，皆因劉容之弟侍中劉邈於曹操有功，因而曹操在民間尋到劉容的庶子劉熙，使其繼承封國。曹氏廢劉姓宗國無數，只對琅琊國青睞有加。但血緣就是原罪，劉熙不自安，想要南渡長江投奔孫權，不料走漏風聲被臧霸發覺，拘禁在府，致書魏王請示如何發落。

劉熙雖無兵無權終是漢家諸侯王，此事又關乎孫權，曹丕與鍾繇不好擅作決斷，攜帶密奏懇請覲見。說是懇請，內侍絕不敢再擋曹丕的駕。二人入禁宮、轉西夾道，至西苑——往年這會兒已秋高氣爽，芙蓉池南側栽有桂樹，芳香四溢蔚為可觀；今歲時氣甚怪，該冷不冷該熱不熱，天色老是不陰不晴的，桂花竟沒有開，銅雀三臺被一片說黃不黃說綠不綠的樹叢環繞著，大減雅致之色。

曹丕、鍾繇沒心思觀景，逕赴臺下。今日率衛士當值的是許褚和典滿，一老一少端坐杌凳，有小校旁邊伺候，正天南地北聊得熱鬧，見二人前來忙起身施禮。曹丕笑道：「你們說什麼呢，這般高興？」跟著曹家出生入死，都是至近之人，曹丕也不見外。

典滿嘴特甜：「許將軍正說當年他和我爹護衛大王之事呢！末將一介後生，聽聽老人家功績，也好多多勉勵，報效大王與將軍。」他雖是猛將典韋之子，卻只繼承了父親的魁偉身材，性情完全不似。

鍾繇卻沒心思說笑：「我等有事覲見，大王是否得便？」

許褚道：「別人也罷了，二位只管上去便是。大王這會兒正跟那三個江湖騙……江湖方士聊天呢！」繼郤儉之後，曹操又徵召甘始、左慈兩個方士，聽他們講解養生延年之法。許褚卻對這些完全不信，背地裡罵他們是騙子，今天差點兒說走嘴。

曹丕一笑而置之，與鍾繇登臺，又轉入閣樓，卻不聞絲毫動靜；來到曹操避暑之處，隔著紗簾一望，不禁莞爾——老爺子和三個方士都雙目緊閉盤膝而坐，不知練什麼功呢。

嚴峻守在門口，一見他們趕緊挑簾，朝裡高喊：「五官將與相國請見。」曹丕更覺好笑——這小子八成也不信那一套，故意要攪他們修煉。

曹操睜開眼，長歎一聲：「方窺門徑又被攪擾，寡人百務纏身，注定難以修行啊！」

曹丕施禮入內，這才看清，原來父親身邊還有兩人伺候。一個是孔桂，另一人相貌俊美，還不到二十歲，乃是杜氏夫人與前夫秦宜祿所生之子秦朗，小名叫阿蘇。這小子身分甚為尷尬，不過他盡得母親美貌，又很會巴結繼父，所以曹操不把他當外人。見曹丕進來，秦朗趕緊過來請安：「小弟給將軍問安，昨天我娘還說讓我去看看您呢。我說將軍如今打理政府，忙得昏天黑地，我去拜望不是搗亂麼？將軍素來孝順，咱把大王侍奉好，讓老人家高高興興，便是天下人之福，也替將軍分憂了。」

曹操一笑：「好一張巧嘴，連他帶我都捧了。」

曹丕、鍾繇也笑了。孔桂也想來奉承兩句，曹丕卻沒理他，轉而向三位方士攀談——郤儉四十多歲，身材瘦削面貌清臞，他通曉藥理又擅辟穀之術，據說一兩年都不吃飯；曹操原也不信，派人考察過，結果他真的一月未動五穀，這才召他入鄴城。甘始是個滿頭白髮的小老頭，百姓傳言他已百餘歲，未知真假；但他皓首童顏，二目如炬，還會些吐納導引之法，駐顏有術卻是不假。左慈則高大魁偉，自詡為練氣士，有采氣之能，還擅長房中術，自稱能采陰補陽。

鍾繇對這些都是一概不信的，趕緊請奏：「臣有機要之事稟奏。」三個方士自然不能再逗留，起身告退。

「且站一步。」曹操叫住，「你等方才說吐納養氣當擇其時，那是什麼意思？」

左慈答道：「春之氣濁，夏之氣暑，秋之氣霧，冬之氣寒，吐納久之皆受氣害，故當擇其時。宿氣為老，朝氣為壽，善治氣者使宿氣夜散，故呼吸采氣最佳之時乃在清晨。」

「除了清晨采氣和靜心打坐，就沒什麼養生之法了嗎？」

甘始笑呵呵答：「養生之道一動一靜，靜者固然好，動者疏通血絡更利身心。流水不腐，戶樞不蠹，動也。形氣亦然，形不動則精不流，精不流則氣鬱。大王勿急，改日老朽為您演示導引之術。」

「嗯，明日一早便來。」曹操這才放他們走。又對孔桂、秦朗道：「現有機要之事，你們也出去。」

「諾。」二人領命，又朝曹丕施了一禮。孔桂想趁機攀談兩句，卻見曹丕側臉眺望窗外，根本不給他說話的機會，只得無奈而去。

鍾繇將臧霸密奏奉上，趁機進言：「這些左道之人言語可信嗎？大王可別練壞了身子。」

「寡人原也不信，但連著聽下來卻也有些門道。就說這采氣吧，昔日張仲景也曾有類似之論；導引之術又類乎於華佗的五禽戲。」說到這兒曹操歎口氣，「昔日兩位名醫在孤身邊，卻棄如敝屣，如今真後悔啊！」這才打開密奏。

鍾繇見他深信不疑，又所論有理，也不好再勸了。

曹操略掃了兩眼密奏，便拋到一邊：「人乃世間最無情無義之物，罪證確鑿沒什麼可說的。擬個表章上報朝廷，立即將劉熙連同其子嗣全部處死，琅琊除國為郡。」現在與以前廢除八國時不可同日而語，在曹操看來反而動靜越大越好，正好殺雞儆猴，震懾其他封國。

時局不同了，鍾繇也不似荀彧那般執著，不會在這種問題的處理上與曹操有分歧，轉而道：「劉熙罪無可恕，但是否與孫權通謀還未可知，其中陰謀尚待查明……」

「哼！」曹操不屑地擺擺手，「沒什麼好查的，必是劉熙自己一廂情願要過江的。孫氏久欲坐斷江東，要一個漢室宗親有何用？孫仲謀也算俊逸之傑，有識人之明、馭人之術，絕不會瞧上劉熙這等廢物。」說罷他斜眼瞅曹丕，心下思量——我兒子若比之孫權遜色多少？固然怨他資質不高，更怨我沒給他機會，若早決定下來，放手讓他歷練，何至於如今這麼費心。想至此曹操狡黠一笑，「此事雖非孫權所謀，寡人卻偏要扣在他頭上。可將劉熙之事遍告百官及各部將領，說孫權招降誘叛再生釁端，寡人正好以此為藉口調集人馬再討江東！」

「嗯？」這太突然了，曹丕、鍾繇都沒料到。

曹操左手一張一握，輕輕活動著：「你等以為孤每日深居宮中就是與方士廝混？現今大敵乃是劉備，鞏固漢中最為要緊，但我若西進，孫權必作亂於後。前番合肥之役其勢稍挫，當趁此良機再度征之，使此兒不敢北窺，後顧無憂才可再征蜀中。再者我魏國王業方立，耀兵江表也可助長聲勢，一石二鳥何樂而不為？」

鍾繇不無憂慮：「大王所言極是，不過今歲時氣不正冷暖失衡，恐生癘氣。」

「多備醫藥，料無大礙。」曹操何嘗沒想過可能會有瘟疫？但局勢已不容他考慮太多。他設想了一個戰略，先威懾住孫權，既而入蜀滅劉備，那時便可借長江之勢水陸並進平定江東。以現今曹魏的實力辦到並不難，但誰知又會有什麼變數？況且路要一步步走，他年逾六旬，老病之身還能熬到那天嗎？再者還要牽扯精力謀奪九五，怎能不急？莫說瘟疫，他自己還不是被中風困擾，為了社稷只能咬牙堅持。

曹丕不能不有所表態：「父親若執意南征我等不敢阻諫，但千萬保重身體。」

曹操笑了：「你隨為父同去，時時照顧不就行了？」

「孩兒同去？」曹丕沒料到他有此安排。

「不單你去，這次你母親也跟著去，植兒、彰兒他們就不用了。你不妨把我那孫兒、孫女也帶上，咱們一家三代同赴軍戎，還可順路回鄉祭祖，你看如何？」

曹丕雙眼放光——祖孫三代祭拜先祖，這不是在家鄉父老和眾將面前公然展示我的特殊地位嗎？這等好事當然要去。

曹操想得更周全：「你若願意還可把你府裡屬員也帶上，讓他們與眾將多接觸，日後參謀軍務也方便一些。」其實曹操並非對曹丕的才能有更多肯定，可既已決定立他為儲，就得鞏固其地位，為他順利接班多些準備。

曹丕越發欣喜，不過高興之餘也有顧慮——他和心腹屬員都走了，鄴城怎麼辦？固然三弟失寵不能再負責留守，但百足之蟲死而不僵，那些曹植派的大臣尚有餘威。就拿丁儀來說，還在西曹掾的位子上，若趁自己不在選拔親黨，誰盯得住？雖然有鍾繇，但相國政務繁多，難以處處周全，不免讓他鑽了空子。

曹操似乎早看穿兒子心思，不緊不慢對鍾繇道：「留守之任事關重大，恐相國忒過操勞。替孤傳詔，調東曹屬徐宣接任魏郡太守，原太守徐奕改任尚書令，協助留守，兼涉選官之事。」說罷扭頭瞥曹丕一眼，「這顆定心丸如何？」

「父王英明。」曹丕臉上一陣羞紅，心裡卻果真踏實了。

眾臣俯首

被丁儀整倒的徐奕遷任尚書令，複典選官之事；而且此番南征單由曹丕相隨，並攜帶家眷、屬官同往。明眼人一看便知這些舉措意味著什麼，曹丕的地位已一天比一天穩固。

正在調兵遣將之際，又有喜訊，曹丕的侍妾李氏產下一子，曹操又得一個孫兒自然歡喜，為孺子取名為曹協，竟與當今天子同名。他還難得開通一次，命曹丕舉辦家宴接受百官祝賀，宴會的地點選在了魏宮建章臺。

建章臺在魏宮文昌殿與西苑之間，原本也是宴會所用，但自有了銅雀三臺，建章臺就不常使用了，臺側的樓閣都改為藏書之用，頗似昔日的洛陽東觀，規模卻小很多。魏王設宴在銅雀臺、曹丕設宴使用建章臺，儼然已是大小兩個主子。

這場宴會名為弄璋之慶，但來的官員卻著實不少，除了五官將府的屬官、部分家眷，朝廷和幕府的不少官員也到了——以前儲位之爭大家各為其主，不少人曾與曹丕黨結怨，還不趁這機會趕緊改換門庭？恐怕這就是曹操的本意，給所有人一個臺階下，從此和睦相處捐棄過往之事，當真老謀深算。

君不進臣宅，父不赴子宴，曹操身為君王不能露面，一切賓客皆由曹丕自己招待。眾兄弟自然少不了，除了尚在閉門思過的曹植，幾乎全到了。陳群、曹真、曹休、夏侯尚、任福、呂昭、朱鑠等親信之人也來了，獨缺司馬懿與吳質，司馬懿因受曹操斥責如履薄冰，每日忙完公務歸家閉門，不敢參與任何慶弔；吳質與曹丕的關係最好，但還在朝歌任職，沒有徵調不得隨便入都，甚是遺憾。孔桂、楊修、鄭袤、任嘏等曹植親近之人迫於形勢也不得不來，倒是丁儀執意不肯屈從。軍中將領也到了不少，列卿之流的高官卻一個沒來，畢竟是老資格，有身分的人，豈能為一孺子慶生？曹丕也不敢驚動幾位老人家。

宴會不算豐盛，一應菜品皆由五官將府自備，不過是用了建章臺的地方，恪守禮法毫無僭越之處。與會眾臣明知這是日後的主子，豈敢放肆？大家皆恭敬守禮，不敢有絲毫馬虎。曹丕坐於正席之上，雖感榮耀卻也嫌不夠熱鬧，乾脆下位親向眾官員敬酒。

眾官員避席還禮，更有平素為曹丕所不喜者，趁機說幾句奉承話。人太多曹丕也便不與他們一一對飲，頷首而過轉敬下一席。當曹丕敬到臨淄侯庶子[1]應瑒時，應瑒手捧酒盞站了起來：「今日難得之會，我等受將軍禮遇心甚感激，在下願作詩一首以酬謝將軍。」

「德璉要作詩？甚好甚好，我等洗耳恭聽。」曹丕很高興——眾文士中劉禎、王粲作詩甚多，應瑒雖與他們齊名卻以長篇大賦見長，很少作詩，曹丕都沒聽過幾首，這機會太難得。

應瑒緩步走至中庭，朝左右作個羅圈揖，他近來身體也不太好，比之先前清瘦不少，但這種應酬不能不來，多少同僚在他後面，他得以臨淄侯庶子的身分代表大家向曹丕表示忠誠。他本不似劉禎、王粲那般快意風趣，構思很慢卻十分縝密，抿著酒思量良久，才緩緩沉吟道：

朝雁鳴雲中，音響一何哀。問子遊何鄉？戢翼正徘徊。
言我寒門來，將就衡陽棲。往春翔北土，今冬客南淮。
遠行蒙霜雪，毛羽日摧頽。常恐傷肌骨，身隕沉黃泥。

---

① 庶子，是太子及諸侯府邸的佐官，實際上是君王分派給自己子姪的日常朋友，如果日後該王子得勢，這類官員往往憑藉「潛龍之交」成為新貴得到重用。

簡珠墮沙石，何能中自諧。欲因雲雨會，濯羽陵高梯。
良遇不可值，伸眉路何階？公子敬愛客，樂飲不知疲。
和顏既以暢，乃肯顧細微。贈詩見存慰，小子非所宜。
為且極歡情，不醉其無歸。凡百敬爾位，以副饑渴懷。

（應瑒《侍五官中郎將建章臺集詩》）

他聲音不大，眾人都停酒聆聽。初時只覺太悲了，描述一隻孤雁倉皇無助飽受疾苦，有些不合喜宴的氣氛；但後來風格一轉，言「良遇不可值，伸眉路何階」，緊接著頌曹丕之禮賢好客，渲染賓朋歡悅之狀，實是欲揚先抑。應瑒的寓意更是值得玩味——我們這些人就好比行於仕途風雨中的孤雁，飽嘗艱辛前途莫測，唯有依附在五官將您的羽翼下才能安樂無憂。

曹丕深受觸動，親自滿了一盞酒端至應瑒面前：「德璉過譽了，我由衷感念你這番厚意。」一切盡在酒裡，應瑒自然要喝，但他心情激動加之身體不佳，這口酒竟嗆了，不住咳嗽；曹丕幫他揉背，親手扶他就坐。

鄭袤、任嘏等瞧在眼裡喜在心中，曹丕對應瑒的態度說明一切，似他們這幫曹植的屬官看來無須對日後前程過於擔憂。楊修與孔桂卻不一樣，他們涉入儲位之爭遠比鄭袤等人要深，曹丕開恩似乎也不會包括他們。兩人今日恰同在一席，正思量如何應對，曹丕已端著酒走到他們近前。楊修暗暗拿定主意，欲避席開言，孔桂卻搶先站起來：「五官將，小的給您賀喜！似小的這等鄙陋之人，無才無德全靠大王和您的栽培，以往不當之處請您海涵。」

曹丕一臉微笑：「孔大人不必多禮，你我同僚談不到什麼海涵不海涵，這幾年勞您費心服侍父王，我還得謝謝您才是。」這話倒是挺客氣，卻一派官腔。

孔桂暗暗咧嘴——不妙，他還真記仇，越打官腔越不好辦！

楊修也隨之站起，尚未開言，忽聞對面西邊席上一陣歡笑。原來各部將領來了不少，這些武夫有的買曹丕面子，有的是與曹真、曹休相厚，還有的單純就是饞酒吃，跑來湊熱鬧的。這幫人在曹操面前都沒正形，又怎會在意曹丕，兀自猜拳行令好不痛快。

曹丕見他們玩得痛快，也頗覺有趣，沒容楊修說什麼，轉身奔了西邊，正見鄧展笑得前仰後合，便問：「將軍為何如此歡喜？」

鄧展指著將軍段昭鼻子道：「這廝與我比腕力，輸得一塌糊塗！」

段昭連灌三盞酒，抹著嘴道：「甘拜下風，鄧兄不光劍法高明，膂力也不弱。」

如今的鄧展已不是一介護衛，早官拜奮威將軍，統領千軍，聽說最近他為了增加涵養又開始研讀《漢書》，不過其劍術高超依舊馳名魏營，空手奪白刃的工夫更是世所罕見。曹丕對他素有仰慕之意，但今天卻一反常態，笑道：「將軍膂力不錯，只怕久不親突敵陣，劍術有所退步。」

「嗯？」鄧展收斂笑容，「將軍忒小覷鄧某。莫看我年逾不惑，昔日工夫尚在，如若不信可叫眾將與我比試，看他們哪個能勝我。」

曹丕道：「不勞眾將，我便勝得了您。」

莫看曹丕頂個五官中郎將，也有些排兵布陣的本事，白刃格鬥卻不行，那可是勤修苦練加之多年廝殺練就的，翩翩王子怎麼成？鄧展以為他說笑話，哪知曹丕說完竟把氅衣脫了，又挽起衣襟塞在腰間，緊了緊玉帶。

「來真的？末將豈能……」鄧展怔住了。

瞧熱鬧不嫌事大，眾將一個勁推他：「上啊！跟五官將比比！」

曹丕左右環顧，見食案上有幾根甘蔗，隨手一指道：「咱們小試劍法，點到為止，就以甘蔗代劍如何？」

鄧展其實怕傷了貴人，不動真兵刃便放心不少，起身道：「比試倒也無妨，不過末將倘勝了將軍，只怕……」

「小小比試又有何妨？將軍久經大敵，勝了我也不怨，何況您還未必勝得了我。」

「哦？」鄧展畢竟是武夫，又以劍法見長，見他一再輕視自己，鬥志也激了出來，「既然如此，末將不客氣了。」

看的比打的更積極，段昭早擇出兩根三尺許長短一樣的甘蔗，交到二人手中。曹丕平素謹慎，他敢挑戰鄧展其實早有準備，最近他從民間徵召了一位名叫史阿的劍客，不僅讓其保護府邸，還向其習學了不少劍術，心裡有點兒底。不過鄧展乃是絕頂高手，憑這臨陣磨槍的兩下子絕不成，不出奇無以致勝。

在座眾臣，皆停杯落箸矚目觀看。鄧展跟王子比劍怎敢先動手？手擎甘蔗巍然不動，靜候曹丕出招。哪知曹丕卻不忙動手，大大咧咧往對面一站，豎起甘蔗邊摩挲邊觀看，宛如手中握的真是一柄劍，許久未作理會。鄧展等了好一陣，實在有些不耐煩了：「將……」剛說一個字，但見曹丕倏然進身，甘蔗直朝他腹部刺來。

鄧展眼見這一擊來勢迅疾、招式狠辣，心中暗忖——還真不錯。攻人不備料敵機先，若等閒之輩倒也難防。這招所刺位置也頗巧妙，刺上身仰面可避，刺下身退步可避，刺左右閃身能躲，唯小腹難防。躲上身，劍轉下路可中雙腿；若退步，上身閃躲不及，劍轉上刺可中頭胸。五官將不經實戰何以通曉此理，必有行家傳授。

這起手招是不錯，但鄧展豈是泛泛之輩，毫不遲疑將甘蔗一豎，欲格擋於外，就勢化去曹丕招式，進而刺其前胸。曹丕有自知之明，就自己這等膂力，若鄧展真使上勁，一碰「劍」就撒手了，不敢與之相接，連忙收回，繼而迅速左跨一步，轉刺鄧展側腰。

鄧展不禁暗讚——高明！我封擋之勢已老，他二次出劍，若刺我上身，我劍往上去後發先至，先中其胸，若刺下身我也可變招抵擋；他卻換個角度在我身側下傢伙，這樣我轉身不及就沒法破了，看來教他的人還是個高手呢！

無奈之下鄧展只得後撤一步，避開甘蔗。他是堂堂劍客，竟叫曹丕逼得不架而走，眾將方才還以為隨便玩玩，這會兒才知曹丕果真有兩下子，也不再嬉鬧了。曹丕見鄧展躲過這一刺，並不縮手，反倒又進一步，劍走偏鋒上刺敵胸——這也是有道理的，憑他的本事要戰高手必須搶先，現在對手已經退後，若要進招還得再跨前；上刺一劍正當其胸，鄧展這一步就邁不回來了。

西邊坐的都是行家，此招一出眾將齊聲叫好。鄧展險些中招，只得停步，把甘蔗向上一撩，哪知曹丕不過虛一比劃，又把「劍」收回去了。鄧展長出一口氣，瞧出了門道——慚愧慚愧，竟叫他唬住了！一下都不碰，原來就這點兒本事啊！

曹丕確實就這三招，用完就瞎比劃了。要真的比武較量，莫說他，就是史阿親自動手，能與鄧展戰平就不錯了。好在鄧展已知其底細，也不與他計較，只守不攻搪塞著；曹丕翻過來掉過去還是這三下，轉眼已攻十餘次，鄧展應對自如，兩人駕輕就熟，都快打出套路來了。鄧展覺得沒意思正想罷鬥，卻見曹丕突然躍起，甘蔗當頭劈來——這就叫耍賴。劍是刺的，這麼劈不成刀了？劍走的是偏鋒，神出鬼沒；刀永遠是霸道地占著正中，即便尋常切菜刀，用起來也得擺在身前正中位置。這路數根本不對了，只不過因為是甘蔗不甚明顯。

鄧展只顧著竊笑，可就忘了曹丕沒實招，自重身分又不屑躲閃，便下意識橫「劍」招架。曹丕早把史阿告訴他的取巧辦法牢記在心，私下演練多遍，一見鄧展的甘蔗橫著使，心下狂喜——成啦！說時遲那時快，他把甘蔗又收回，落地之際橫掃一招，又變棍子了。鄧展更覺好笑，招式不變身子一轉，欲側封其「棍」；怎料曹丕根本不真打這一棍，急速後跳半步，甘蔗刺出又變劍招。這一變當真猝不及防，鄧展根本來不及轉過身來，甘蔗正中臂彎。

「好！五官將厲害！」曹真、曹休帶頭喊嚷。

鄧展大為惱火——可惡！這叫比劍嗎？世人盡知我是此道高手，今日糊裡糊塗栽在他手上，我這臉往哪兒擱？不禁嚷道：「末將不服，再來！」

依舊是曹丕先進招，還是那三下，但這次三招使完鄧展搶攻了。曹丕左躲右閃，立時招架不住；鄧展連刺兩劍，眼見曹丕手足無措已亂章法，渾身上下都是破綻，正要一劍制勝，忽然心念一動——哎喲不好！他是王子，八成還是日後的主子，我豈能真贏他？《漢書》真白讀了，不見雷被劍刺劉遷之事②乎？想至此他懸崖勒馬，立刻放緩招式。

比試又回到上次那狀態，曹丕再度躍起，劍改刀，刀改棍，最後刺出一劍。鄧展依舊落敗，這次卻是故意裝的，所不同者只是上次中左臂，這次中右臂。外行人看不出子丑卯酉，眾文官真以為曹丕劍術非凡，都看呆了。曹真、曹休慫著讓他露臉，喊好一聲比一聲高。

兩人盛情難卻再比第三次。這次三招未過，鄧展一「劍」封個結實，兩支甘蔗交鋒一繞。曹丕已覺不支，卻聽鄧展大叫：「不好！」喊罷就鬆了手，他的甘蔗竟被曹丕就勢帶走，飛出兩丈多遠。曹丕乘勝搶步，一招直刺，正抵鄧展額頭。

「噫！」眾文官一聲驚呼，將領卻心中有數——鄧展膂力出眾，兵刃豈能輕易被人擊飛？這甘蔗是縱著出去的，連個彎都沒打，分明是自己拋的，真會作戲啊！雖然看出來，但依舊跟著喊好，反正有人願打，有人願挨，跟著起鬨唄！

鄧展抱拳施禮：「將軍劍法高妙，出神入化，末將心服口服。」

曹丕放下甘蔗回到座位，擺足了派頭道：「劍術之道奧妙精深，願將軍捐棄故技，更悟要道也。」嘴上雖這麼說，心下卻道——多謝多謝，您可真給面子啊！

「蒙將軍賜教，獲益良深。」鄧展這才恭恭敬敬回轉座位。世間的事見怪不怪，往往是沒能耐的教訓有能耐的。

其他人也不免讚頌一番，無非「天資英武」、「雄睿果敢」、「父子雄傑」這類話。曹丕連連謙辭：「不敢當，不敢當。」又見長史邴原呆坐東邊首席，無精打采，忙詢問：「邴公，您老怎麼了？菜色不合口嗎？」

「哦。」邴原回過神來一笑，「沒什麼，老朽年歲大了，天色漸晚有些不支。」

曹丕比鬥方止滿頭汗水，坐了這會兒也漸漸感到秋風陣陣，忙把大氅圍上，又命從人另取一件也給邴原添一層禦寒。客隨主意，大家見曹丕尊敬邴原，也跟著稱頌：「五官將文武雙全，是邴公教誨輔佐之功，我等敬邴公。」

其實這等奉承話跟笑話無甚分別。邴原雖是五官將長史，但僅僅是道德標榜，從未真起過教誨、輔佐的作用，他受任以來閉門自居，對爭儲之事更是能躲多遠就躲多遠，曹丕所做之事跟他一點兒關係都沒有——他看得透，儀仗之馬不過是為了看著漂亮，曹家的孩子豈能真輪得到他教育？充充樣子、講講大道理還行，真管起來恐怕老曹就不高興了。不過大夥既這麼稱讚，他也只能笑而領受，年歲大了酒量不大，輕輕抿了一口。

曹丕接過話茬：「在下多年來確實受邴公教誨甚多，老人家勞苦功高令人敬畏……對啦，前幾日聽人問起個難題，正不知如何作答，還請邴公與在座諸位替我想想。」

---

② 西漢武帝時，淮南王劉安之子劉遷與門客雷被比劍，不慎受傷。劉遷懷恨在心，雷被不自安，欲投官軍效力，淮南王不允，又加之責難。雷被逃奔長安向武帝告發淮南王謀反，因此導致淮南王滿門被殺。

眾人面面相覷，不知他是何用意。

曹丕漫不經心挾一筷子菜入口，咀嚼兩下才道：「這問題甚是刁難。假設天子與父親同時染疾，恰有良藥一丸，卻只能救一人，那到底是救天子還是該救父親？」

霎時間，建章臺上鴉雀無聲——這哪裡是一丸藥，分明就是漢室江山！若曹操大業未成不幸賓天，曹丕作為繼承者該還政天子，還是該繼承父志篡奪江山呢？

方才熱熱鬧鬧的宴會，這會兒靜得落根針都聽得見，群臣都低著頭、緊緊攥著手中的酒盞，只盼他把這敏感的問題收回去。但已是不可能，沒有曹操默許他敢在宮中擺宴嗎？沒有曹操默許他能遍邀群臣嗎？同樣，沒有曹操默許，他敢提出這麼尖銳的問題嗎？

沉默許久，曹真笑呵呵打破沉默：「這有何難？君乃天也，人之共主，當獻藥於君。」沒人附和，曹真是曹操義子，又與曹丕相厚，他怎麼說都沒關係，別人未必行。

朱鑠高聲駁斥：「非也！有救命之藥當然給父親，父子至親嘛！」同樣沒人敢附和。

「也對。」曹真點點頭，「忠孝不能兩全，當真刁難。」

曹丕見除他倆無人作答，目光掃向陳群。陳群會意，立刻開口：「漢家以孝治天下，懵懂之童尚讀《孝經》，其文有云：『夫孝，始於事親，忠於事君，終於立身。』不能奉親，何能忠君？這藥自然是該給父親。」他把問題上升至經義高度，予以辨析作答，名正言順無懈可擊。他學識和身分都不低，此言出口，沉默的眾人漸漸動容，有幾人表示贊同；尤其孔桂，又是附和又是點頭，扯著脖子要讓曹丕聽清。

曹丕卻不理他，轉而問邴原：「邴公，您老是在下的師長，您說長文所言對不對？這丸藥究竟是該貢獻天子，還是進獻父親？」

邴原手扶桌案，雪白的鬍鬚不住顫抖——躲不開，既在這朝廷就無法回避，終於到這一天！楊彪有下獄之辱，趙溫有罷官之羞，郗慮有詆毀孔融之恥，華歆有戕害皇后之汙，現在又輪到我了。老曹不逼我，小曹也不甘休……

清清白白一輩子的老名士被自己學生問住了，該如何作答？其實陳群不多這句嘴答案也明擺著，曹氏篡漢已成事實，一句回答能改變什麼？暗室之事就心照不宣好了，曹家卻偏偏要拐彎抹角把話點透，要讓德高望重之人闡述魏室代漢的合理性。

所有人的目光都匯聚到邴原身上，只見他清臒的臉頰輕輕抽動幾下，雙眉微蹙，似是心頭無比痛苦，以幽幽咽咽幾不可聞的聲音咕噥道：「還是給父親吧……」

「嗯。」曹丕滿面微笑，似是贊同，又似滿意，「想來邴公乃德高望重之人，您老之言萬萬錯不了。諸位以為如何？」

群臣的附和聲驟起，震得建章臺上回音繚繞——道德權威尚如此作答，他們還在乎什麼？

曹丕再度滿酒：「蒙邴公與諸位賜教，我敬大家。」

「不敢，當敬五官將。」群臣盡數起身，恭恭敬敬。

曹丕一仰脖把酒喝乾，這是他出生以來三十春秋中喝得最甜的一盞酒——文臣順服了，武將順服了，德高老臣也順服了。

繁花將盡

為了鞏固合肥之戰的威懾，使孫權不敢輕易北窺，曹操籌劃發動第四次南征。此番出征比以往任何一次規模都大，共調集中軍及冀、豫、兗、青、徐、揚各部兵將，並徵調曾在江東任會稽太守的尚書令華歆擔任軍師，厲兵秣馬擇日啟程。

曹操首度南征在建安十三年，被孫劉聯軍挫敗於烏林；二次南征在建安十七年，雖奪下孫權江北大營，卻因水軍敗績無力南渡；第三次是在建安十九年，因劉備入蜀、馬超作亂局勢突變，主力未開戰就草草收兵。屈指算來，南征無一次占到便宜，又因赤壁之敗教訓慘痛，將士普遍有畏難情緒。但這次士氣卻格外高漲，一者是秋末冬初避開雨季，二是前番合肥之戰已挫孫權，大長軍威；更重要的是如今曹操可自主冊封六等軍功侯，將士們只要肯賣力就能賺個侯位，所以三軍躍躍欲試。不過半個月光景輜重糧草就準備齊了，眼看將至啟程吉日，卻傳出噩耗——魏國郎中令、領御史大夫袁渙病逝。

袁渙不但是重臣，還是魏廷最善處理民政之人，他雖然出身陳郡袁氏名門望族，卻一生清廉節儉，為官所得賞賜盡皆散於鄉民，曹操對其青睞有加，當年還讓他擔任過自己家鄉的父母官。袁渙之死對魏國是一大損失，曹操哀傷而泣，賜袁家糧穀二千斛以事喪葬，又親書兩道教令，一曰「以太倉穀千斛賜郎中令之家」，一曰「以垣下穀千斛與曜卿家」。太倉之穀，官倉也；垣下穀者，私儲也。曹操從官倉、私廩中各取千斛賜予袁家，便是從公私兩面都肯定了袁渙。袁渙三個兄弟袁霸、袁徽、袁敏皆在魏廷任要職，其子袁侃、袁寓也小有名氣，如今又得魏王厚賜，喪禮想省事都省事不得。諸王子、卿侯盡皆為之舉哀，出征之期也因此推延半月。

哪知半月之期未到又有噩耗，太僕國淵薨了。國淵乃東土名士，又是經學泰斗鄭玄高足，此人不但處事幹練，而且是曹操招攬賢才的一面旗幟。曹營君臣愈加悲愴，再延出征之期，不想沒過幾日，少府萬潛也年老病卒。昔日在兗州何等凶險，此人忠心不二輔保曹操，乃創業老臣，如今也撒手人寰。短短一月連喪三大重臣，整個朝廷沉浸在悲痛之中。

曹操的病本有加劇之勢，眼瞅著他們一個接一個去，情何以堪？但除了強撐又有什麼辦法，為了震懾江東、掃滅劉備，他只能硬生生撐下去。時至建安二十一年十月，眼看已入冬，實在不能拖了，曹操終於傳令起兵。

魏公國自本年四月晉為王國，所以這次用兵也是曹操稱王後首次用武，意義非凡不可簡慢。鄴城南郊臨時搭建演武臺，中軍各部選拔精銳操練兵戈，布孫子、吳子陣法，行演武之禮；魏王曹操以六十二歲高齡親自登臺，擊鼓激勵三軍。

演武已畢先鋒軍率先啟程，水旱兩路大軍攜輜重糧草在後，曹操及其親衛虎豹士反而拉開距離走在最後面。眾人皆以為是卞氏等女眷從軍不便，卻極少有人察覺另一個原因——曹操腿腳不便，騎馬已經很吃力了！

留守眾臣及諸王子送至十里都亭。曹操並沒穿鎧甲，只一身便衣外罩大氅，坐於鞍韂之上，死死扣住轡繩。曹丕煞有介事披掛整齊，緊隨父親馬後；多年如履薄冰的他早歷練出察言觀色的本事了，早覺察老爺子這會兒心氣不順，片刻不敢離其左右。

曹操確實不悅，一者登臺擊鼓已過半個時辰，可這口氣怎麼都喘不勻，昔日披星戴月征戰沙場，如今敲幾下鼓都喘，當真老不中用了嗎？再者送行之臣有人遲到，而且是相國鍾繇。身為宰輔要緊至極，送國君出征竟然遲到，來晚了還臉色陰鬱，似乎心不在焉。曹操自然生氣，但李璫之和郤儉都告誡他要控制情緒，因而隱忍不發。

諸王子過來向父親跪拜，曹彰、曹植都無精打采。曹彰不快只是因為無緣上戰場，他自幼喜愛騎射，立志當個將軍，先前隨父親打了幾仗越發沉迷武事，這次偏偏沒他的份，豈能心甘？曹植因何悶悶不樂卻是盡人皆知，雖然他已不用閉門思過了，但聲望一落千丈；他又是性情直率之人，喜怒哀樂掛臉上，越發顯得頹唐。眾王子中唯有饒陽侯曹林興致高，伏在父親馬前說了一大套預祝成功的話。杜氏夫人容貌極美，曹林是子以母貴，昔年與曹植一同封侯，曹沖死後諸幼子中就數他與環氏之子曹宇最得寵，單論日常的賞賜，曹丕兄弟遠遠不及。曹林如今也已弱冠，得其母之貌不遜秦朗，儼然一翩翩美男子，嘴巴又甜，幾句話就把曹操心頭陰霾一掃而光。

「吾兒近前，為父有賞。」曹操說著話從腰間解下隨身兵刃。

「謝父王。」曹林雙手接過，低頭一看就愣了——百辟寶刀！

霎時間，曹丕、曹彰、曹植、曹彪、曹均、曹峻、曹袞、曹據、曹宇……所有王子目光都凝聚到這把刀上，大家心中同時一震。百辟刀共五口，昔年曹操有言，諸兒之中誰可堪造就便賜一口。曹丕受任五官中郎將得賜一口；後來曹植受寵，作《銅雀臺賦》得一口，儲位之爭自此而起。為了百辟刀和它背後的玄機，兄弟間明爭暗鬥，多少臣僚牽扯其中或罪或死，如今曹操憑幾句順耳話就把它賞給了曹林，好像它就是件不要緊的東西。自此而始由此而終，看來百辟刀已無意義，儲位之爭真的要終結了。

曹植失落已極，愣了半晌才覺眾兄弟紛紛辭去，也只得隨著施禮退後，又不甘心地瞥了父親一眼，卻見他目不斜視，根本不看自己。王子施禮之後是眾大臣，由相國鍾繇引領依次給魏王行禮，然後不免還要與隨軍的同僚寒暄幾句。

應瑒久病不癒，越發瘦骨嶙峋。他身為臨淄侯屬官自然不在出征之列，不過他弟弟應璩卻剛辟入幕府為吏，故而不顧病體也來相送。應瑒囑咐了兄弟幾句，又遙遙望見王粲站在行伍間發愣，便慢悠悠走上前：「仲宣兄，隨師遠征一路珍……你的眉毛？」

自這年開春起，王粲的眉毛開始脫落，現在幾乎全掉光了。外人想來興許只是難看，可王粲自己曉得問題嚴重，早年他在荊州遇長沙太守、名醫張仲景，張仲景為他把脈，說將來他眉毛會脫落，待眉毛落盡之時就是他將死之日。如今眉毛就快落光了，雖說王粲並未感覺有何異樣，可神醫張仲景豈有虛言？

有性命之憂本不該出征，但王粲身為曹操最倚重的筆桿子，總不能以掉了幾根眉毛為託辭拒不從軍吧？他身在軍中卻滿懷憂慮，提不起興致，歎道：「唉！借德璉兄吉言。我有一事想……」王粲不懼死，卻惦念著剛成丁的兩個兒子，想託孤於應瑒，卻見應瑒形銷骨立，額頭滲滿虛汗，似也非長久之人，把話吞了回去，轉而問：「劉公幹呢？」

應瑒聽他問劉禎，苦笑道：「也病得臥床不起，恐怕……唉！」

王粲哀湧心頭，回想昔日鄴城眾才子與曹丕、曹植兄弟吟詩作賦品評文章，何等愜意。如今阮瑀、路粹已不在，自己和劉禎、應瑒、徐幹皆染病，陳琳、繁欽年近古稀油盡燈枯，連臨淄侯都風采不再，韶光易逝繁花將盡！

應瑒微微歎口氣，強笑道：「我為仲宣餞行，送你首詩吧。」說罷將目光投向遠方，緩緩吟誦：

浩浩長河水，九折東北流。
晨夜赴滄海，海流亦何抽。
遠適萬里道，歸來未有由。
臨河累太息，五內懷傷憂。

人生如大河奔流直入滄海，一去不回頭，最後不過是一聲歎息、一場憂傷……其實他倆年紀都不甚大，兩人同庚，剛好四十不惑，卻不禁生出來日無多之歎，這首詩簡直就是生死永訣。

不單是王粲、應瑒，所有曹魏老臣都被悲愴的氣氛籠罩著，大家刻意不談反常的天氣，不談剛過世的幾位重臣，卻人人皆有來日無多的感慨。曹操自然察覺到，大戰之前作此哀傷之態實在有礙士氣，他狠了狠心，回頭對曹丕道：「別耽擱，傳令前隊速速啟程。」

「諾。」曹丕領命，到隊前向曹真、曹休傳令，又湊到一架青帳馬車前——母親卞氏和他女兒

（甄氏所出）坐在裡面，由寺人嚴峻伺候。

「啟稟母親，要啟程了，您坐穩。」曹丕隔著車簾道。

卞氏應道：「不礙事，伺候你父去吧……領叡兒一起去。」

曹叡就守在祖母車前，年方十二，大眼溜精的，騎了匹小馬駒，拆開總角之髮戴了頂小小武冠，跟個小大人似的。曹丕見了喜歡——當年他初次隨軍征宛城時就這麼大，一輩傳一輩，又輪到他兒子了，有這小寶貝一起陪著，還愁老爺子不高興？

「走！隨為父一起陪王伴駕。」曹丕撥馬欲去，又見奔來一騎，馬上之人滿面堆笑：「五官將，伺候夫人車馬之事就交與小的吧。您若有吩咐，小的赴湯蹈火在所不辭！」來者正是孔桂。

孔桂升任駙馬都尉，掌車馬儀仗，每逢魏王出行在前開道。這官倒是挺榮耀，卻不能時時守在曹操身邊了。此番出征只帶曹丕一子，孔桂更慌了——這一路走出千里，曹家爺們親親近近無話不談，他遠在前面督儀仗，曹丕還能說他什麼好聽的。

曹丕早看透孔桂嘴臉，阿諛拍馬見風使舵，還特別貪財，這種人有何用？如今知道上錯船又想回來抱粗腿，想得美！曹丕恨他入骨，臉上卻未帶出半分，只道：「儀仗之事責任甚重，怎敢再勞孔都尉的大駕？家眷自有任福、陳禕他們保護，您還是回前面去吧！」

「這、這……」孔桂一著急下馬了，抱拳行禮，「將軍是不是對小的有什麼誤會啊？小的給您請……」

「這是哪裡話？」曹丕根本不容他說下去，「你我同殿稱臣皆為公事，談何誤會？」

「小的……」

「孔都尉，我可得說您兩句。」曹丕滿臉笑意，「您如今身居高官要職，可不能一口一個『小的』，如此稱呼實在有礙您的官威，倒叫本官不敢領受。」說著話馬上抱拳，竟給孔桂作個揖。

「不敢不敢！」孔桂嚇得跪倒在地，連連磕頭，等再起身，卻見曹丕早帶著兒子打馬而去。孔桂欲哭無淚——他若破口大罵還好說，越這麼客氣越不好辦，心裡指不定藏著什麼主意呢！進不成退不成，曹丕比曹操難伺候得多，是燉不透、煮不爛、三捆柴禾蒸不熟的這麼一塊滾刀肉啊！

人馬已經開拔，曹丕領著兒子穿陣而過，又遇中軍將佐段昭帶著個二十出頭的布衣公子：「五官將，這位是相國之子，尋您有事。」

那公子下拜：「在下鍾毓，奉父命拜見五官將。」

人馬一隊隊過，這哪是說閒話的地方，曹丕也不客套了：「請起請起。相國有何囑託？」

鍾毓道：「今日為大王送行，我父遲至還望見諒。」

「公子無須客套，大王不會加罪。」

鍾毓接著道：「我父並非無故遲來，只因……只因……」

「有話請快說！」曹丕這會兒根本沒心思跟他講話，眺望著父親麾蓋。

「昨夜本府長史趙公薨了。」

「什麼？趙戩也……前些日子還好好的。」

鍾毓甚是為難：「今歲時氣不佳，老病之人多有亡故。我父已將趙公成殮，卻恐有礙軍心不敢上奏。還請五官將……」

「我明白了，你回去告訴相國，趙公的喪事先操辦著，我一路上慢慢跟父王說。」

鍾毓施禮辭去，曹丕望著遠處無邊無沿的軍隊，心中甚憂——這確實不是好年頭，未曾出兵先喪四名老臣，拋開兩軍廝殺不論，一路上不知還要病死多少人呢！

第四章
血戰濡須，損兵折將

永別故里

未曾出師連喪重臣，第四次南征一開始就被陰雲籠罩。就連勢頭正旺的曹丕都不免有些惴惴，似乎預感到這是一次不祥的征戰。

他的預感很快被證實了，離開鄴城半個月，五官將長史邴原卒於軍中。可能老爺子也是自建章臺之宴心中鬱悶，加之年邁體衰、水土不服，那日清早說身體不適，曹丕還特意囑咐親兵小心伺候，可未至午間便撒手人寰。以邴原的身分，應當受曹家父子禮遇，但行軍途中無法張羅喪事，只得草草入殮，派人將遺體送回鄴城。可沒過幾天，將軍張憙也病倒了，高燒不止周身滾燙，軍醫官診斷後竟說是傷寒！饒是身強力壯的武夫，只打熬了三天便一命嗚呼。繼而軍中大量士卒感染疾病，短短數日間病者上千。

這可把曹操父子嚇壞了，雖然預料到可能有瘟疫，卻沒料到來得這麼快、這麼凶。昔日赤壁之戰因瘟疫折兵數萬，難道要重蹈覆轍？眼看大軍將至揚州，這場仗還要不要繼續？恰在此時前方傳來戰報，先鋒軍遭敵突襲——原來孫權得知曹軍南下甚為惶恐，怕難以抵禦，命部將孫皎、呂蒙、周泰先行搶渡江北，趕在曹軍大舉壓境前在濡須口紮下營寨，廣布強弩，挖掘壕溝，與水軍成犄角之勢。孫皎乃孫靜之子、孫權從弟，初生之犢勇悍異常，聞知曹軍先鋒到來，與呂蒙攜手發動突襲；也是曹兵自恃人多粗心大意，竟被他們殺敗，只得後退紮營靜候主力。

初戰便墮了軍威，曹操怎不恚怒？痛斥先鋒驕傲致敗，又嗔怪合肥屯軍配合不力。哪知隔日便收到回覆，原來交戰之際突生變故，屯駐合肥的破虜將軍李典暴病身亡。

李典雖是曹軍中的老資格，卻是少小從戎，終年也只三十六歲。黃梅未落青梅落，白髮人反送黑髮人，曹操悲痛不已，想起昔日兗州之事，李乾、李進、李整哪個不是沐雨櫛風驅馳盡命？官渡之戰李家把全族的糧倉都掏空了供給曹軍，興建鄴城之時李典率闔族老幼乃至部曲、佃戶三千餘家遷居鄴城，豪族佃農成了曹魏子民，繳了多少賦，種了多少糧，貢獻了多少兵士？父傳子、子傳孫，別的將領攻城奪地有功可算，他這項功勞卻永遠算不完。拋開這些不論，單說李典其人，身為武將儒雅好學，又有參政之才，比于禁、張遼、徐晃等年輕許多，三十多歲正在盛年，倘若不死日後必是後輩將魁。曹操焉能不悲，焉能不痛？

痛心之餘曹操拿定主意，既已開戰不能半途而廢，若就此而退，知道的是因為瘟疫，不知的還以為是被孫權嚇退的，無論如何要繼續下去。但李典之死證明揚州也有瘟疫，當此時節不宜將十餘萬軍隊集於一隅，於是臨時改變計畫，命夏侯惇分兵前往居巢（今安徽省巢湖市），與合肥諸部以及先鋒敗軍會合，紮下營寨與敵對峙；曹操自己則率大隊人馬和家眷先往譙縣，一來回鄉祭祀，二來等其他州郡人馬前來集結，三來也讓辛苦趕路的大軍得以休養，等熬過冬天疫情好轉再行征戰。曹軍到達譙縣之際，恰是建安二十一年十一月。

項羽有云：「富貴不歸故鄉，如衣錦夜行」，魏王再度回歸故里，驚動了全郡官員，大家爭赴譙縣參駕。莫說曹操父子，就連隨軍掾屬都受到盛情招待，每日大宴小酌迎來送往。曹氏故里已改建為行轅，如今又晉升為魏王行宮，一應接待事宜皆由衛將軍曹瑜主持。

衛將軍（最高等級的將軍，地位高於三公）豈是隨便當的？只因曹瑜是曹氏本家，年紀雖不到七旬，論輩分卻是曹操族叔，曹嵩那輩如今只剩他一人，故而得封高官。其實他既無文韜又疏武略，半生專務耕稼，後來才領兵，也都是宗族鄉勇之輩；升任衛將軍全是沾姪子光，根本沒有開府議政之權，依舊率部屯於沛國。

曹操歇息數日，簡單處置些政務，便攜家眷拜祭祖靈。曹家雖是大戶，但昔年名聲不美，不能與桓氏、丁氏等郡望相比，墳塋原本也很簡陋，如今的陵園是魏國建立後翻新擴建的，一眾陵寢皆已加高，用大青石重新樹碑篆刻，莊嚴華貴；墳圈四周修了圍牆，還建了幾間堊室，供宗族子弟守喪之用。曹操距上次還鄉已隔七年，沒想到祖墳改成這般模樣，若非曹瑜在前引領，都找不到自己爹娘埋哪兒。

太牢之禮早已備妥，先祭曾祖曹萌、祖父曹騰，接著拜曹操之父曹嵩、其母鄒氏。曹操率領宗族子弟曹真、曹休、曹楷、曹囧等焚香跪拜，由曹丕獻上祭禮，曹叡朗誦祭文，他祖孫三人儼然已是曹家的三代族長；男子退下又換女眷，卞氏主祭，曹丕之女在旁攙扶，曹氏宗族一干嫡妻、主婦端上供奉的果品菜肴，祭祀就算完成了。曹操感念昔日諸位叔父之恩，也給曹熾、曹鼎、曹胤等人的墳塚獻上祭禮，又在弟弟曹德的墳前駐足良久，甚至還讓曹叡給曹昂的衣冠塚叩頭，將所有過世親眷都探望過，才戀戀不捨而去。

出了陵園已近午時，夏侯廉、夏侯尚、夏侯獻、夏侯奉等人早在外面候著了——夏侯家與曹家的關係有些不可明言，但曹嵩畢竟過繼出去了，人家曹氏祭祖，姓夏侯的不便參與，就在陵園外守候。夏侯廉乃夏侯惇之弟，非為官之才，安分守業居於鄉里，過來向曹操行禮：「草民於莊園備下宴席，若大王不嫌寒舍鄙陋，還請移駕踏賤。」

曹操卻道：「皆鄉里故舊，有何貴賤可分？你帶子桓他們先去，老夫還想轉轉，少時便去。」

說罷領親兵繼續前行。

曹瑜在後嚷道：「鄉野之地百姓孤陋，大王不便輕身在外。」

「笑話！」曹操頭也不回，「難道寡人連自己家鄉都不能隨便逛逛？」曹瑜語塞，只得在後追趕——他雖比曹操年長，身體卻很硬朗，也沒坐騎，三步兩步就跑到了曹操身邊。

最初一二里皆宗族所居之地，房舍整齊，牛馬甚眾，還能聽到鄉學傳來的讀書聲，衛兵三步一崗、五步一哨，時刻護衛大駕；又行了一陣已到村落邊緣，曹操依稀記得舊日古道，循路向西而去。曹瑜又勸：「大王走遠了，五官將和夫人還候著，請移駕夏侯莊上吧！」

可越勸曹操越要往遠處去，根本不理曹瑜，兀自沿鄉間小路溜溜達達前行。在他腦海中，出村子就是一望無垠的田野，春秋之際鄉農往來勞作，好不熱鬧；現今雖是隆冬，不過觀觀鄉村景致也別有一番意趣。哪知走了好一陣子，竟沒見一戶農家，取而代之的是一座座占地廣闊的莊園，或有柵欄或築院牆，大片肥田被囊括其中；而且不少莊園還建了門樓，有壯丁手持棍棒看家護院。

曹操回頭，狠狠逼視曹瑜：「怪不得你千方百計阻攔，這些強占民田的莊園是誰修的？」

曹瑜身子一抖，立刻跪倒：「大王恕罪……」

「誰問你的罪了？孤問你這些莊園是誰修的，地方官為何縱容不問？」

「眾將部曲……他們的……」曹瑜支支吾吾欲言又止。

其實他不說曹操也猜得到，昔日跟隨他舉兵的親友如今皆身居高位，必是這些人的子弟幹的。自秦漢以來，地方豪族兼併田產、修建莊園已不是稀罕事，越是高官頻出之地越嚴重，尤其以南陽、汝南、潁川為甚，沛國基本還算一方淨土。曹操幼時居此間，入仕後曾親眼目睹流民之苦、黃巾之禍，深知土地兼併的危害，故而竭力反對豪強閉門成莊，即便如今已向郡望之族適當妥協，依舊嚴格限制兼併；卻不想在自己家鄉，新興的豪族已肆無忌憚，而這些人都是他親手提拔起來的！

曹操凝望著那一堵堵冰冷的院牆，頭疼得厲害——雖然兼併如此嚴峻，他卻不能懲治這些鄉黨，因為他們都是他的親人、心腹，也是曹魏立國的根本啊！攀龍附鳳皆為富貴，天下熙熙，皆為利來，天下攘攘，皆為利往。如之奈何？無可奈何……

曹操也不再為難曹瑜，只道：「你在前引路，我想看看那些真正的百姓之家。」

曹瑜似乎想攔，但已遭斥責不敢再違拗，只得把話忍回去。此時已過正午，曹操卻沒心思用飯了，順著鄉間小路直走出三四里，曹瑜才漸漸放緩腳步。此處土山起伏，山脊背陰之地有片村落，皆柴房草屋，在山間橫七豎八劃出片片薄田，幾乎沒有四四方方的。不見有人進出，連炊煙也不多，竟有一絲死寂之感。

曹操看著那蕭索的山村，失落感油然而生——昔年只有秦邵那等格外窮苦之人才住這種地方，如今自耕農大半居於此地，經歷二十年打著正義旗號的戰爭，死了這麼多人，頒布了這麼多法令，豪強兼併之勢非但不減，反而愈烈。如果連家鄉都是這種情狀，其他州郡還用問嗎，那些僻遠難治之地還敢想像嗎？

平心而論，曹操蠻橫詭詐，但終究以天下為己任，救黎民於水火是他入仕時就立下的志願，不論當權臣還是當皇帝，這遠大抱負四十年從未改變。但時至今日他真有些懷疑了，他這輩子到底拯救了誰？他自己是越來越尊貴了，裂土分茅，擁有大半個天下；還有身邊群臣，握著朝廷印把子，還要兼併田產與民爭利。可普通百姓呢？不是淪為佃戶就是在屯田辛勤勞作，日子越過越苦，住的房舍還不如他家墳地呢！現今的百姓與桓、靈之際的百姓有何不同？一切都未改變，不過是換了位不穿龍袍的皇帝罷了。曹操到底救了誰？除了自己和身邊官吏誰都沒拯救，他的抱負從來就沒實現過。

美其名曰為統一天下安定黎民，結果卻是大耗民力，培養出一批新的官吏豪強。但若不依賴這些文臣武將，又怎能混一華夏與民休息？打仗為了救民，結果卻害民，而不害民就不能救民，這不是自相矛盾嗎？滄桑世道彷彿落入一個迴圈，怎麼繞都繞不出來……

「大王小心！」陪侍在旁的典滿突然大喊一聲，拔出佩劍護在曹操身前，其他侍衛也隨之而動，將其圍在中間。曹操一驚，這才發覺道邊野地裡趴著一人。

其實那人已在那兒趴半天了，方才誰也沒在意；典滿猛然瞅見，第一感覺是有刺客，幾個健捷的侍衛各執兵刃一哄而上，躍入野地將那人團團包圍。可那人動也不動，有個膽大的衛士俯身抓住肩膀使勁往上一提，那人毫不抗拒——原來是死屍！

曹操難忍好奇上前觀看。但見這人是個老嫗，身穿破爛的粗布衣，臂彎間還掛個竹籃，腳邊撒了不少細碎乾柴，身上無傷，八成是出來拾柴暴斃路邊，死去不久，屍體尚未完全僵硬。說是老嫗，其實她沒幾根白髮，面黃肌瘦、皺紋堆壘才給人蒼老的感覺。曹操見死者骨瘦如柴、眼珠上翻、口吐白沫，甚覺噁心，忙捂住鼻口。

典滿道：「此人恐有惡疾，大王不可靠近。」

曹操掩口道：「暴屍於外倒也可憐，把她弄到村裡問問，看是誰家之人，趕緊收殮了。」

曹瑜再也忍不住了，實言相告：「夏秋之際時氣不正，非但糧食歉收，最近還鬧起了傷寒，這山村的人已死去大半了。」

曹操悚然：「家鄉也有瘟疫？」

曹瑜臉露苦笑：「現在何處沒有惡疾？譙縣還算好的，聽說符離縣有個村子，全村人都死光了。」

曹操不禁蹙眉，自言自語道：「若知疫情如此嚴重，萬不該急於用兵……可若不把孫權馴服，何以放心西征？天不佑我！天不佑我……」他所言「天不佑我」不單指戰事，更是指他問鼎九五之事。晉升王爵僅是過渡，他原打算儘快完成帝業，但災害方息癘氣又起，不知又要有多少人喪於惡疾；若在大凶之年登臨帝位，非但不吉利，豈不印證了悖天禍亂的謠言？看來即將到來的一年沒指望了。

典滿見他滿面憂色，啟奏道：「既然這村莊鬧病，大王還是別去為妙。」

「回去吧……唉！」曹操無可奈何歎口氣，「派幾個人把屍體抬去，再贈那些村民些錢財，好讓他們求醫問藥，葬殮死者。」

「諾。」典滿領命，心下卻道——貴人涉賤地，所見能有幾何？看見這裡鬧災就救濟，好似清官大老爺，可天下大了，看不見的地方多了，又有誰管？

乘興而來敗興而歸，曹操愁眉苦臉不言不語，千百度夢遊故里，可真回到家鄉卻只剩失望和無奈。這些年來他心中的無奈越來越多，都是年輕時從未體會過的，現在他多想回到從前，擁有年輕之身，把這六十年重新活一遍，不再有那麼多遺憾。

曹操不說話，曹瑜也不敢多言，一行人悶悶不樂。方行出半里，見迎面來了一大群官員，曹丕、曹叡策馬在先——原來大家等候多時不見王駕，有些坐不住了。曹丕匆忙下馬，將坐騎讓與父親，曹叡更乖巧，跑過來為祖父牽馬，眾官員參過王駕，紛紛獻上美言，說他們父慈子孝。

主簿楊修出班道：「剛剛接到軍報，劉備在成都集兵，似有侵犯漢中之意。」

曹操並不覺意外，如今他牽扯精力於江東，劉備自要趁機行動，三家角力此消彼長，背後動刀子乃是常理。他略一思索便有了主意：「致書夏侯淵、趙昂，叫他們憑險據守不可輕戰，待寡人把江東之事料理完再去增援。但劉備增兵也不可不防……」說話間他目光掃向眾子弟，看了半晌突然道，「子丹出列！」

曹真沒想到他會叫自己，倉皇跪倒：「末將在！」

「我封你為偏將軍，分兵五千趕往漢中助防。」

「諾。」曹真激動得心都快跳出來了，這是他首次自統一軍外出作戰，也是曹家子姪一輩中的第一個。

其實曹真在虎豹營歷練多年，曹操對他的才智格外放心，但曹操也知他是曹丕死黨，給他兵權等於間接給曹丕人馬，故而不肯放手。如今心意已決，終於可以培養曹真了。自沛國往漢中有兩條路，一者北上潼關，繞道關中；一者是自南陽向西，過房陵、上庸之地。後者雖近卻山路難行，大軍不易通過。給曹真五千人馬不多不少，大可從近路前往漢中，若有建樹，日後所領之兵自然不止五千。

曹丕雖然矜持，但嘴角處也忍不住露出一絲笑紋。曹操佯裝不見，繼續敲打曹真：「你是我曹氏子姪之中第一個自統一軍的，切記萬事謀定而後動，別給為父丟臉！」曹真原本姓秦，算是曹操的螟蛉義子。

「兒臣明白。」

話音方落又有個稚嫩的聲音道：「在下懇請與子丹同往。」

眾人側目觀之，從宗族隊伍裡擠出個清秀少年，乃是夏侯淵庶子夏侯榮。夏侯一族唯夏侯淵子女最多，生了七個兒子，這夏侯榮排行老四，年方十二，卻聰明伶俐，有神童之美譽。

曹操微笑道：「打仗不是遊戲，你小小年紀也要去？」

夏侯榮小嘴一撇：「父親在外禦敵，做兒子的豈能甘心在後？大王不也帶著五官將出征麼，為何我去不得？」這話倒也有理。

曹操一來愛他年幼聰慧，見到他不免想起曹沖，二來為後輩育才自是多多益善，便道：「好！你既想去，路上一定要聽子丹的話；到漢中後跟在你爹爹身邊，不可胡為。」眾官員見他竟許一個孩子從戎都不禁咋舌，但這是人家親戚的事，誰又好意思插嘴。

「謝大王。」夏侯榮自是歡喜，湊到曹真身邊說悄悄話。

曹操沉默片刻，環顧家鄉眾臣：「昔光武帝起於南陽，踐祚以來南陽豪強最盛，驕縱不法朝廷亦不敢問。我曹魏立國，古人之失不可不察。以往之事不論，今後凡我曹氏、夏侯氏子弟，入仕者一律遷居魏郡，封侯者家眷就國，不可在譙縣另置田莊，違令者逐出宗籍不予授官。昔日寡人以袁曜卿為沛相，一郡肅然，自他升遷後繼任者無其風骨。今袁渙已死，甚為可歎，但剛正之臣輩輩有之，寡人要調大理正司馬芝出任沛相，再行整飭風紀，爾等掂量掂量吧！」狠下心來命眾子弟吐出侵占的田地，曹操辦不到，他不能對親友開刀結怨股肱，只能避免今後之事，別讓他們再禍害家鄉百姓。

眾人都明白他用意，個個面露愧色，曹瑜更穩不住了，乾脆主動請命：「末將麾下多宗族後輩，也請歸入中軍，今後聽大王直接調遣。」

「也好。」曹操不再多提此事，給他們留些面子，轉而問楊修，「青州、荊州各部何時到來？」

「臧霸、孫觀所率水陸兩軍已入淝水，不日將至合肥；征南將軍恐關羽趁虛而入，還在布置防務，還要再等幾日。」

「立刻致書催他起兵。」曹操的思路變了，「中原、江淮之地皆有瘟疫，避也避不過了，索性大軍壓境跟孫權拚這一仗。再休整七日，七日後趕赴居巢，劉備起兵時不我待，寡人寧要短痛不要長痛！」

「諾。」群臣盡皆領命。

曹操悵然回首，似乎想再望一眼家鄉景致，可看到的依舊是那些壁壘森嚴的莊園，他只能帶著對家鄉百姓的愧疚奔赴戰場了，一切留待日後補報。不過他內心深處隱約有個不祥之感：或許再沒有下次，這很可能是他有生之年最後一次還鄉了……

破敵營寨

曹操無法擺脫瘟疫的干擾，決定孤注一擲與孫權決戰，催促各部盡快會合。鎮守荊州的征南將軍曹仁收到軍令不敢怠慢，命平狄將軍呂常屯駐樊城，部將侯音、衛開屯於宛城，滿寵坐鎮襄陽防禦關羽，自己率兵一萬趕來參戰。與此同時揚州刺史溫恢、兗州刺史司馬朗、豫州刺史呂貢、荊州刺史李立、沛國相封仁、南陽太守東里袞、江夏太守文聘等也紛紛前來聽用，受命擔任軍師的華歆也趕到揚州。建安二十二年（公元二一七年）正月，曹軍集於居巢，各路人馬共計二十六部，總兵力將近十四萬，氣勢洶洶直逼孫權江北大營。

江東軍雖早有準備，但面對壯盛的曹軍仍不免心驚。前番孫曹交鋒，江東軍曾有過營寨陷落公孫陽全軍覆沒的教訓，故而此番紮營緊靠江岸，廣布壕溝硬弩，又有大批戰船沿江接應，孫皎命將士死守營盤不得出戰，其勢牢不可破。

曹軍列開陣勢日夜猛攻，仍絲毫不能撼動；孫皎雖受圍攻，卻可開後寨門得江東補給，弓矢糧草耗之不竭，死傷之士隨時更易。如此連戰數日，曹軍死傷甚重，孫皎從容不迫遊刃有餘。曹操著急了——原是要借合肥之戰餘威馴服孫權，不想連孫皎都收拾不動，軍中瘟疫又攻不下敵營，長此以往士氣必墮，若孫權大舉反擊，便有昔日赤壁之險；於是命曹仁率部在前、青州部居左、合肥諸軍居右，自率中軍在後，合力猛攻，其他各部人馬一齊出動直逼江岸，阻敵水軍救援，務必一鼓作氣端掉敵營。

戰鼓喧天殺聲震地，大江之畔血雨腥風，曹軍衝過壕溝，一次次逼近敵營，又次次被弓弩射回；

東吳戰船時而被曹兵打得搖櫓後退，時而又重整風帆衝向北岸。雙方陷入拉鋸戰，自五鼓天明戰至正午，曹軍始終攻不下孫皎營寨，江東軍卻也無法登陸救援，雙方難解難分皆已疲憊。

青州諸將親臨前敵，已發動七次猛攻，無奈敵人寨牆太高、弓箭太多，有時這邊得手，左翼張遼、樂進跟不上；有時那邊殺至寨牆，右翼反倒受阻；曹仁正臨敵鋒，幾度被敵人弓弩射得只有招架之功，全無還手之力。欲使數萬兵士步調一致，談何容易？

所部人馬死傷近半，唐諮等將心下堪憂——其時城陽太守孫康、東莞太守尹禮已去世，利城太守吳敦年邁有病，遣其部將唐咨、蔡方代為統兵。

「不能這麼殺了，再拚下去兄弟們都拚光啦！」唐咨扯著嗓子向身邊的臧霸、孫觀嚷道。

「你說什麼？」雖咫尺之隔，但戰場上太吵，孫觀瞪著大眼珠子聲嘶力竭，頷下花白鬍鬚直顫。

蔡方年紀輕輕耳力甚佳，又替唐咨叫道：「咱們死傷太多，快向大王請示，更換別部再戰！」

「不行！」孫觀斷然拒絕，「只要俺還剩一口氣，就得拚！」

唐、蔡二將資歷尚淺，拗不過前輩，見孫觀不允，寄希望於臧霸；卻見臧霸緊鎖眉頭注視戰局，也不知聽到他們的話沒有。唐咨還欲再言，卻見後面馳來一騎，馬上之人懷抱令旗，乃中軍傳令官。

那人揮舞旗幟啞著嗓子喊了一陣，四將聽了個大概，似乎是說曹操已調留守營寨的部隊齊來助陣，約合三部同心協力再攻一次，務必拿下敵營。唐咨早憋一肚子火，破口罵道：「可惡！損傷慘重豈能再攻？老曹不到前面來，偏叫我等青州兵衝鋒送死，這他媽叫什麼道理！」

這番話已是大不敬，幸好陣中混亂傳令官沒聽清，揮舞令旗又奔左翼去了。孫觀回手搧唐咨一記耳光：「小兔崽子！俺們老哥們還在呢，輪到你唧唧歪歪？若攻不下敵營，俺先宰了你！」說罷提起大刀招呼親兵，當先衝殺而去。

臧霸見狀，傳令狠擂戰鼓催兵再進。唐、蔡二將無奈，只得也衝殺過去。敵人箭弩從寨牆上紛紛射來，交織得如密網一般；曹兵已沒了清晨時的銳氣，舉著盾牌小心翼翼向前移動，饒是如此，時而有人慘呼倒地，最靠前的兩道壕溝早被屍體填平了，後面的兵是踩著屍體衝上去的。可孫皎營寨實在牢固，還有吳兵手執長矛大戟隱於柵欄後，見曹兵過來就一通猛刺。

眾士卒正疲於應付，忽聞背後金鼓大作，孫觀領著一隊親兵直撲過來。攻營奪寨哪能用騎兵？可他非但騎馬上陣，還衝鋒在前，當真豁出去了。一陣箭雨襲來，孫觀揮舞大刀左右撥打，口中大呼：「都給俺聽好，今天咱跟南蠻子拚了！攻下敵營全有賞，誰敢後退一步，留神俺孫嬰子剁他腦袋！」話音方落，正見一小卒舉盾而退。

「去你娘的！」孫觀劈手就一刀——首級斬飛，鮮血狂噴，無頭的腔子在地上兀自手刨腳蹬。眾士卒大駭——後退就是死，再不敢懈怠，高舉盾牌奮勇向前。江東軍更不怠慢，箭雨鋪天蓋地一般射來。

青州諸將麾下原都是山賊草寇，刀尖上混營生的，今天當家的紅了眼，又把昔日做買賣的豪橫勁兒拿出來了，也顧不得迎面射來多少弓箭，豁出去往前衝吧！即便沒膽的，也被後面人推著不得不衝。孫觀更是狂性大發，領著親兵也擁了上去。

步兵一衝到寨牆下，便完全暴露在敵人眼前，想回去也不成了。有的兵乾脆把盾一拋，縱身揮刀直劈寨牆；「喀啦啦」一陣響，柵欄被砍得木屑紛飛，但緊跟著對面伸出一矛，將曹兵捅死在地；後面的曹兵撥開死屍又砍一刀，不但砍斷長矛，連吳兵的手指也削了下來；可瞬息間又補上一吳兵，再出一矛把他也捅死——這簡直是同歸於盡的打法。

右翼衝至寨邊，江東軍所有的弓弩都對準了這邊，可是一陣鼓噪之聲，左翼的曹兵也吶喊著衝了上來。張遼親督士卒衝在最前面，卻不見樂進蹤影——他奮戰半日早累得伏在馬背吁吁大喘，滿眼不甘地瞅著張遼衝鋒，自己卻拚不動了。昔日曹營眾將樂進最勇，衝鋒在前，又最愛爭功，如今想爭也爭不動了，壯士老矣甚是可歎。

左右翼盡皆得手，曹仁率麾下牛金、常雕、王雙等將也湧上來，一時間曹兵全衝到了寨牆下。江東軍誓死要守住這座營寨，也都撲到寨牆邊，隔著柵欄與曹兵廝殺。衝殺聲、叫罵聲、慘號聲響成一片，不多時柵欄兩邊都堆滿了死屍。曹仁差出二百敢死士，身披重鎧，不拿護盾，合力抱著四根磨盤粗細的樹幹，叫著號子，奮力向寨門撞去；三撞兩撞，盡被亂箭攢身而死，但寨門也被撞出兩個大洞。

猛然間稀裡嘩啦一陣響，寨門竟被吳兵自己砍倒了，紅日當頭看得清楚——寨內早列好五百軍校，槍尖閃耀殺氣騰騰，為首一將虎背熊腰、相貌凶惡，手持兩把陌刀，乃江東勇將周泰。「兄弟們，殺啊！」他一聲大吼，五百小校齊挺長槍衝殺而出。這一變故甚是突然，曹軍措手不及，被吳兵捅死一串——周泰自知快守不住了，索性以攻為守出營一戰。後面還有孫皎親率的一隊弓箭手，亂箭齊發以為掩護。

孫觀眼見陣勢要亂，撥馬欲救，不料一支流矢正中左腿，一個側歪栽於馬下。

「孫將軍落馬了……」親兵正要搶救，哪知孫觀一個鯉魚打挺，從地上躍了起來。莫看他年近五旬，身體肥胖，動作竟如此迅捷，也顧不得腿上帶創，兀自揮舞大刀向寨門衝去。將懷必死之心，士無貪生之念，曹兵大受鼓舞，又一股腦兒湧上去，截住五百吳兵繼續拚殺。但這五百小校是孫皎精挑細選的勇士，個個以一當十，周泰更如下山猛虎，兩把陌刀你來我往，似砍瓜切菜一般在陣中搏殺，數千曹兵竟奈何不了。

恰在此刻自曹軍陣後湧來一支小隊，硬從曹仁隊中穿過，擠到最前面。這些兵都是長矛大戟，為首一將騎著匹大白馬，豹頭環眼連鬢絡腮，身披鑌鐵鎧甲，手中攥一桿黑油油的大馬槊，乃昔日馬超麾下猛將龐德龐令明——龐德曾跟隨馬超大鬧關中，戰敗後逃往漢中依附張魯，因兩家嫌隙甚深，馬超又棄張魯而投劉備，臨行倉促，未及帶龐德同往。後來曹操打破陽平關，張魯無奈歸降，龐德又被收於曹營，官拜立義將軍，封關門亭侯。龐德自度非曹氏親信，久欲立功報效，今日事急竟從後隊擠上前來。

「我來！」龐德突馬陣前舉槊便砸，「小的們，都給我上！」西涼之士最善長矛大戟，如今他麾下雖非舊部，但也是這兩年親手調教的，所使兵刃多鑌鐵打造，又硬又沉。

兩軍人對人、槍對槊，都卯足了勁，直打得劈啪作響。江東槍兵雖勇，終是竹木槍桿，鬥過十合大半折斷。龐德縱馬敵群左突右刺，兩翼曹軍隨之齊上，五百軍校被壓得連連後退，周泰身受三創，仍持刀拄地挺立轅門。此時曹操中軍之眾盡數壓上，營寨再結實怎擋得住數萬兒郎？被衝出一道道口子，曹兵魚貫而入，寨內箭櫓之兵兀自朝下狂射，卻已無力遏制曹兵來勢，三推兩推崩塌於地，櫓上之人不是摔死便是被曹兵亂刃分屍。

孫皎無奈，只得傳令棄營上船，親兵保著受傷的周泰且戰且退。孫觀、張遼、龐德三將在前，後面臧霸、唐咨、蔡方、牛金、王雙等部緊隨其後，大片寨牆推倒，曹兵呼喊著蜂擁而入，裡邊頓時響起一陣陣更激烈的兵刃碰撞聲……

將近未時，曹操總算拿下敵營，但死傷甚眾，江畔到處都是兩軍死屍。曹軍不敢偷閒，一邊遷移己方營寨，一邊著手焚化死屍。曹操親自巡營慰問，頭一個便去青州連營。孫觀左腿中箭，強忍傷痛拚殺，仗一打完立刻支援不住栽倒在地，被親兵抬回來。

曹操湊到他身邊，見他滿頭汗珠，左腿顫抖，心中自是感動：「孫將軍，傷勢如何？」

孫觀一見曹操咬牙而起，硬是翻身跪在了曹操面前；臧霸、唐咨等人欲攙，卻被他揚手推開：「俺皮糙肉厚，這點兒傷不算什麼！」話雖這麼說，他卻哆哆嗦嗦，顯然疼痛難忍。

曹操愛惜他勇健：「將軍被創深重，而猛氣益奮，不當為國愛身乎？」

孫觀是個粗人，強打精神應道：「大王對俺們好，又加官又封爵，莫說挨兩箭，就是上刀山下油鍋又算什麼？」

「真壯士也！」曹操大快，「寡人晉封你為振威將軍，你兒孫毓征為郎官，日後必定予以重用！」

「謝大王！」孫觀大笑磕頭，「俺父子全託大王的福啦！」

曹操又撫慰了兩句，叫他好好養傷，便轉而去褒獎龐德了。眼看曹操走遠，孫觀再也撐不住了，仰面躺倒不住呻吟。臧霸深知他是硬漢子，尋常傷痛絕不會哼出聲來，忙伏到他身側：「嬰子，怎麼了？」伸手一摸，只覺他額頭滾燙。

孫觀的傷腿陣陣顫抖，胸口不住起伏，口中喃喃：「俺……俺不中用了……」莫看他方才拿姿作態，實是強自支撐，已耗盡最後一絲氣力。

臧霸與他情同手足，一聽「不中用」三字，五內俱焚：「你不能有礙！咱們老兄弟就剩你我了，你怎能拋下愚兄先走？大王剛升了你的官，你連印綬還沒接到呢！以前你不也常受傷嗎？撐住啊！」

「歲數大了……這次不行了……」

唐咨義憤填膺：「孫叔這麼大年紀，還要衝鋒陷陣。大王做事也忒過分，還拿不拿咱當自己人！」

蔡方也咬牙切齒：「人都這樣了，封官有屁用？咱回咱的青州，這仗不打了。」

「住口！咳咳咳……」孫觀強忍劇痛怒斥，「你們這幫小崽子，不知天高地厚……臧大哥，俺真不成了，有幾句話跟你說……只跟你一人說！」

臧霸不敢怠慢，命士兵把他抬進自己營帳，揮退親兵，連唐咨、蔡方都轟出去，這才握住他手：

「好兄弟，你說。」

孫觀臉色慘白，額頭滾滿汗水，喘息著道：「臧大哥，咱還能在青州占多久？實在不成，就……就……」

臧霸明白他想說什麼——昔日他們是沿海草寇，先隨陶謙、後附呂布，本是曹氏之敵；只因曹操消滅呂布急於備戰官渡，才沒對他們下手，都授予郡守一級高官，割青徐沿海之地讓他們自治。雖說十餘年來他們對曹操忠心耿耿，但他們的地盤畢竟不屬於朝廷管轄，賦稅兵馬至今獨立，臧霸之子臧舜、孫觀之子孫毓還在鄴城當人質，這個問題不解決，曹家終不能對他們推心置腹。

「我明白，不過……」其實臧霸早考慮過奉地歸曹，但這麼幹也不容易。一者他們都是窮苦人出身，對百姓租稅遠遠低於朝廷，百姓不願意他們走；再者長期獨立養成了獨特的軍隊勢力，似唐咨、蔡方之流皆是利城本地人，掌握不少部曲，曹氏絕不會容許他們留駐鄉土，甚至會換掉子弟兵，他們豈會甘心？臧霸躊躇多年，始終下不了決心。

苦痛不已的孫觀竟笑了：「別看俺沒讀過書，連名字都不會寫，其實俺心裡比誰都明白……咱原本是賊骨頭，多虧老曹給咱臉，得個好托生……咱就該趁著有臉聽人家話，將來人家若把臉撕破，就不好辦了……不為自己想，也為婆娘崽子想吧……咱是賊出身，混到今天不容易，拚了這條命給兒孫留個好前程也值啦……俺多想讓兒孫念上書，過上好日子啊……可別再受咱受過的罪了……」

「是！」臧霸淚光盈盈，緊緊攥著他手，「你歇歇，別多想了。」

孫觀掙扎著搖搖頭：「你別搪塞俺，俺曉得你們有小心眼，唐咨他們也老攛掇你……那幫小子太年輕，不懂輕重，可別聽他們的……現在跟二十年前不同了，當年有膽就能當草頭王，現在魏國都有了，還惦記占山頭，那是作死……呂虔也是能打仗的，大王卻不讓他從軍，讓他當泰山太守，一幹十多年……那哪是讓他當郡守？那是怕咱作亂，防著咱呢！咱屁大的地方折騰不起來，昌豨就是教訓……你得管住那幫小子，要不早晚惹出禍來！俺快死了，這話你得往心裡去啊……」

「是！」臧霸已淚如雨下。

「俺是當過土匪，可俺不後悔……殺的都是贓官惡霸，都他娘的該死……若叫俺再活一遍，照樣還把他們宰了，掏他娘的老窩，雞犬不留……」孫觀不住咕噥著，眼神漸漸迷離，思維已然不清，開始還斷斷續續能聽見，後來已化成呻吟。

「嬰子！嬰子！」臧霸伏在他身上號啕不止。

曹軍奮力拚殺，江北吳兵幾乎全軍覆沒，孫皎、周泰棄營而走。但曹操也付出了沉痛代價，傷亡將士數千，青州大將孫觀傷重不治，當晚過世。但孫觀的死只是開始，長江兩岸無數生靈即將殞命，奪走他們生命的卻不是戰爭。

第五章

議和北退，曹操再次敗給了瘟疫

孫權求和

孫曹兩家的爭鬥似乎永遠逃不出一個迴圈，自建安十三年以後在巢湖濡須口一帶交鋒數次，戰況都差不多，孫氏無法長久立足江北，曹氏也攻不過江南，最後結果就是僵持。但建安二十二年春的這次對峙更有所不同，北軍奪取濡須營寨後並未再向江東發起進攻，江東也異常消極，大量戰船停入塢中，根本沒有向曹軍發動反擊的意思。

一者這是情勢使然，劉備入蜀已成為跨有荊、益兩地的大割據，其實力足以與兩家周旋；曹操與孫權都是精明人，誰也不願豁出老本幹這一仗，讓劉備坐收漁利。另一方面，此時兩軍都被惡疾困擾，難以再拚。其實他們身在戰場尚未了然，建安二十一年末、二十二年初的這場瘟疫，絕不亞於席捲八州的黃巾戰亂，實是後漢以來最殘酷的一場劫難！

所謂「大災之後必有大疫」，這場浩劫前一年已有徵兆。先是初春之際蝗旱災害，時至夏秋又暴雨連連，寒暑失調癘氣流散，加之長年的戰亂、饑荒，終於醞釀出大瘟疫。

建安十三年冬赤壁之戰時也曾爆發過瘟疫，造成荊州軍民喪生十數萬，可比起這次卻是小巫見大巫了。這年冬天，上至河北、下至江南，西至關中、東至濱海，整個大地被瘟疫籠罩，感染者難計其數，家家有僵死之痛，室室有撫屍之哀，闔族染病、村落滅絕者比比皆是。

濡須江口以東此時集結了東吳七萬水陸部隊，但帶病者已過萬，而且這數字每天都在增加。從來信心滿滿的孫權此刻也憂心忡忡，他騎馬巡視江畔，望著病怏怏的士卒、空蕩蕩的戰船，以及對岸十幾萬人的曹軍連營，不住唉聲歎氣。

每逢曹操空虛他便涉足江北，等人家一來又退歸江東，如此反覆何日方休？隨著時局變化，即便想這麼折騰也越來越不容易——北方的統治逐漸穩固，合肥城修得堅如磐石；前番趁劉備入蜀搶奪荊州三郡，固然占了便宜，與劉備的關係也差不多毀了。單刀之會，魯肅、關羽爭得面紅耳赤，雖然表面上還是盟友，其實彼此防範之心比防曹更甚；境內山越反抗不休、討之不盡，就在此時鄱陽匪寇還在興風作浪，對戰曹軍的緊張時刻，仍不得不抽出八千精兵讓賀齊、陸遜帶去平內亂，兵力捉襟見肘。這樣耗下去實在太累了。

合肥之戰大敗而歸，軍中本已有瘟疫，士兵尚未痊癒，不料這次的瘟疫又連上了，沒有一支部隊不缺員。這半年來程普、黃蓋等老將相繼亡故，猛將凌統病重不癒，接替周瑜經略江北的大將孫瑜也染病而終，無奈之下孫權合併三部兵馬，授予孫瑜之弟孫皎，希望其繼承亡兄遺志。更讓孫權痛心的是，他最重要的心腹橫江將軍魯肅也一病不起，聽派去陸口（今湖北省嘉魚縣）探病的人說恐怕熬不過幾天了。孫瑜和魯肅若都沒了，無異折去孫權左膀右臂，他還要物色新人接替。可面對眼下情勢，他實在心煩意亂，江東文武也都愁眉苦臉，大營內外死氣沉沉。

「主公。」主簿全琮懷抱一大摞奏報來到孫權馬前，「這是本月各地上報的疫情。」

孫權平素身在軍中肩挑政務，還常與諸將涉獵、飲宴，這份不知疲倦的精力實非一般人可比。他這會兒固然心思煩亂，但正經事還是馬虎不得，隨手取了最上面一份奏報，但只掃了一眼就皺起眉頭：「漢鬱林太守陸績上奏……漢鬱林太守！」

陸績乃昔日廬江太守陸康之後，當年孫策在袁術帳下時奉命攻取廬江，陸康憂憤而死，族人多所傷亡。陸績雖當了孫氏的臣僚，卻始終與孫氏不睦，但吳郡陸氏乃江東大族，與同郡顧氏、朱氏、張氏皆為名門，這幾家極具地方人脈，又多有聯姻，互通聲息；朱治、顧雍、張溫之流盡被孫氏重用，陸氏一族的陸遜、陸瑁先後被孫權錄用，故而孫權雖厭惡陸績，卻也不能隨便處置，何況陸績還是精通《易經》遠近馳名的學者，更不能害他而自汙，無奈之下把他打發到交州鬱林郡任太守。可陸績本色不改，身在南疆仍自詡漢臣，絲毫不買孫氏的帳，這又有什麼法子？孫權見「漢鬱林太守」的稱呼，連看下去的興致都沒了，把奏書一拋，回頭遙望江北。

全琮年輕伶俐，見孫權拋了奏書，身子一躥，竟牢牢接在手中，繼而陪笑：「主公無須憂慮。我軍雖有疫情，想必江北更甚於我軍，曹賊人馬雖眾，小心據守不足為患。」

「我所憂不是這個，得想個法子安定人心……」孫權喃喃道：「你把眾文武召集過來，我有話跟大家說。」

全琮領命而去。不多時，孫皎、呂蒙、甘寧、周泰、徐盛、朱然等將，以及諸葛瑾、孫邵、顧雍、張溫、劉基、闞澤等重要謀臣都聚攏到江邊，紛紛向孫權行禮。

孫權揮鞭指向江北，緩緩道：「我孫氏入主江東二十餘載，雖不敢稱無纖微之過，也算勵精圖治，未敢有一時懈怠。然北方中原之地盡歸曹統，成泰山壓頂之勢，我雖數度北略，終不能收尺寸之功。現今曹操稱王，肇基已萌，又率子孫同來江表耀武揚威，即便此番北軍可退，我孫氏又能立足幾何？」他這番話既是向眾將吐露憂愁，又像自言自語。

群僚眼中的孫權永遠是精力十足意氣風發，幾時見他這般氣餒？沉寂片刻，孫皎嚷道：「昔日田横不肯降漢，五百壯士自刎殉齊。目下我孫氏擁吳越之地，又得交夷之士、荊州三郡，何以不能自存？莫說曹賊不能得逞，即便兵過大江，大不了拚個魚死網破玉石俱焚，有何懼哉？」

孫權卻搖頭：「不然。即便我孫氏一族盡提三尺龍泉，又能殺多少北寇？中原之地人心所向，你知道此番曹操南征所任軍師是誰？就是昔日豫章太守華歆華子魚。當初固然是我兄長奪他領地，但待他為上賓，數載恩情。曹操征他入朝之際，江東之士爭相送行，道路為之不通，他口口聲聲不忘孫氏之恩，可現在呢？不但當了尚書令，還當了征南軍師，掉轉槍頭與我孫氏為敵，怎不令人寒心？足見北土之士心不屬我江東。」

此言一出，長史孫邵聽不下去了——他乃青州北海郡人，昔日曾被孔融拔擢，後隨前揚州刺史劉繇來到南方，進而歸屬孫氏，孫權說北土之士不附，豈不把他算進去了？他趕緊出班：「主公之言過矣。華歆忘恩負義，又曾助曹賊行戕害皇后之事，實乃無狀之徒！我南渡之士咸感主上厚德，皆以之為恥，效忠孫氏絕無二心。」

劉基更不安——他乃東萊郡人，便是昔日力抗孫策的劉繇之子，歸降孫氏本屬無奈，不想因禍得福，與孫權相處甚是投緣，如今竟當了孫權幕府的東曹掾。他以為自己身居要職已受信賴，不想今日孫權又拋此論，情何以堪？劉基忿忿道：「在下本落難之人，蒙主公不棄得以辟用，又典選官之事。設使在下不至江東，留於鄉土焉有今日這般高位？我等南渡之士早已歸心主公，望勿見疑！」如今與赤壁之際不同了，秦松、陳端那等熱衷北歸之人年邁入土，張昭、孫邵、劉基等人身居高位，都在江東另置家業，子孫生於斯，長於斯，耳濡目染也學了一口吳儂軟語，他鄉已成故鄉。

孫權聽他這麼說心裡很受用，卻不露喜色，又歎道：「即便如此又有何益？方才我看到一份陸績的奏疏，他仍堅稱自己為漢室之臣。畢竟江東之地狹小，難容俊逸之才……」

張溫與顧雍對望一眼，不禁皺眉——他們與陸氏同為豪門，現今族人子弟受孫氏提拔，大多居於郡縣要職，坐擁田產資財不小，平心而論，即便換曹氏為主，也不可能比孫氏更優容他們了。況乎北土素以潁川、沛國之士為尊，江東之士也難躋身許都、鄴都之廟堂，怎能不珍惜眼前主子？張溫連連作揖：「君子欲圖作為，何必他鄉？我江東之士二十年來得主公厚遇，結草尚不足為報，豈敢悖主公而附江北？陸公紀乃一儒士，重中原正朔，然今漢室空負其名，握於曹賊掌中，我輩焉能認賊為主？」

顧雍素來沉默少言，今天也穩不住了，誠惶誠恐：「昔周室東遷封國戰亂，吳越相繼稱霸，楚莊王曾問九鼎，項羽號令於天下。莫說曹氏無德遲早必敗，即便效古之霸者坐斷一方，有何不可？我等江東之士供主公驅馳，赴湯蹈火在所不辭！」

孫權要的就是他們這個態度，點點頭道：「好，好……你們明白我一片苦心自然最好。」說著話眼光又掃向諸葛瑾和甘寧。

諸葛瑾最瞭解孫權不過，已明白他想什麼，出班道：「臣弟雖在蜀中，但微臣忠於主公絕無二心！」

甘寧也道：「不錯，我是巴郡人，但劉焉父子不重用我，我既來到江東就當這裡是家，主公讓我統領千軍萬馬，老婆孩子跟著吃香喝辣，我當然得給主公賣命。大耳賊算什麼東西，我即便一頭扎到江裡溺死也不會回蜀地……要回去也是帶兵殺回去！」他這番話逗得眾人捧腹大笑，適才陰鬱氣氛一掃而光。

孫權目的達到了，見他們一個個坦露胸臆，也漸漸收起了愁容，點手呼喚周泰：「幼平，你過來。」

周泰一怔——他雖是孫氏宿將，但出身甚低，早年不過是孫策的親隨，又沒讀過書不通謀略。打仗倒是不惜命，但軍政事務從來沒有他提意見的份。周泰不明白主公為何這時候叫自己，低頭湊過去。

孫權又道：「你把鎧甲衣衫脫下。」

「這……」

「叫你脫，你就脫。」

「諾。」周泰不敢違拗，摘盔卸甲又脫衫襦。在場眾人不禁驚呼——原來他周身大小創傷不下二十處，肌膚疤痕累累，如刻畫一般。有的受創多年一片紫黑，還有的是前番惡戰剛留下的，尚未痊癒。

孫權下馬，撫摸他身上傷處：「幼平，你為我孫氏戰如熊虎，不惜軀命，被創數十膚如刻畫，我怎能不厚待與你？你不愧為我孫氏的功臣，當與我榮辱與共。從今以後你與你家族子弟可快意為之，莫要以寒門自卑，在眾文武面前抬不起頭來。」

這話對周泰說，卻是給大夥聽的——我孫氏創業艱難，歷經百戰才有今日，元老宿將出身再寒微也是勞苦功高；你們這些南渡之士、江東名門、後起之將現今得勢了，可不能排擠他們，瞧不起他們就是瞧不起我孫氏，瞧不起我孫氏，我焉能讓爾等富貴！

文人察其深意，武人感其義氣，大夥紛紛施禮：「我等欲效周將軍，肝腦塗地誓死效忠。」

「既然眾人與我同心，何慮大事不成？」孫權總算滿意了，這才拋出心中想法，「眼下北軍大舉壓境，又逢惡疾盛行，實不宜久戰。況劉備入蜀兩年，其勢日固，現又圖謀漢中，我若與曹操久鬥，使之坐收漁利，其害不遜於曹……因此我打算與曹操再行議和。」

聰明之人能察覺到，孫權此番提出議和與以往大不相同。以前也曾與曹操商議罷兵，卻是虛與委蛇，等曹操一退再逐步北侵。這次可不一樣，孫權在考慮較為長久的罷兵。因為劉備的威脅已越來越大，三郡之役又撕破臉，若劉備取下漢中，東西兩路直逼中原，對江東而言無異於除狼而得虎。出於自身利益考慮，孫權決定「騎牆」，暫不與曹操為敵，靜觀兩家鬥法，倘曹操依舊勢大，繼續聯劉抗曹；若劉備圖謀得逞，就反過來拉曹打劉；總之左右逢源，自己絕不當眾矢之的。但對曹操而言眼下是他稱王後的第一戰，必須凱旋而歸，不給老賊點兒便宜是不會罷手的，這意味著此番議和必須「服軟」，甚至臣服曹操。孫權近十年來經略江北少有建樹，猛然轉個大彎，只怕有人會說是畏懼曹操不得已而求和，因而孫權得先封住眾人之口，確保內部穩固。

這會兒眾人服服帖帖，無人表示反對，就連桀驁不馴的眾將也沒叫嚷，孫權無須惺惺作態了，挑明道：「既然如此，我給曹賊寫封信，也拍拍老傢伙的馬屁，叫他早日北返。明日遣都尉徐詳為使，過江與曹軍議和。」

孫皎忍不住插口：「人無害虎心，虎有傷人意。曹賊素來奸詐，即便議和也需防備，末將自請領兵留鎮濡須以防促變。」

孫權盯著這個堂弟，見他目光堅毅，心下甚慰——孫皎堅韌果敢不亞於其兄，可委以重用。心中高興，臉上卻沒帶出來，只道：「此事回頭再議，軍中傷病不少，大家各歸營寨安撫士卒。順便將罷兵之議講給大家，若有子弟死於北軍者多加勸慰，君子報仇十年不晚，此時當以大局為重。」

眾人各歸己營安撫士卒，呂蒙卻悄悄湊到他身前：「魯子敬身染重病，然陸口要隘關乎荊州安危，不可不察。末將毛遂自薦，懇請率部移師陸口，一來代子敬理事，二來嘛……」呂蒙流出一絲神祕微笑，「探一探關羽有何舉動。」

孫權眼前一亮——好個精明的呂子明，已猜到我有何打算，曹劉爭鋒乃是我盡收荊州、全據江表之險的良機。以前我勸他讀書習學，果真大有長進……想至此，孫權拍拍他肩膀道：「很好，你這就率部去陸口，若子敬有所不測，他的部隊也盡數歸你統領。」

「謝主公栽培！」呂蒙抱拳拱手，繼而道：「不過末將久在江表，又小有悍名，關羽處事謹慎必加防備。末將懇請主公另擇一文弱之士接替子敬任都督，假示並無覬覦荊州之意，以慢關羽之心。末將潛身帳下充一偏裨，方可暗中謀劃。」

「甚妙！」孫權大喜，「我命嚴畯接任都督。」

呂蒙不住點頭：「那便最好。」嚴畯字曼才，彭城人，早年避難交州，後孫權派步騭接管交州之地，受步騭、張昭推薦歸於孫權帳下；其實他也小有名氣，不過卻是精研詩書的學者，並無統兵之才。

孫權頗覺暢快，他不住拍著呂蒙肩膀，坦露心事：「江東之固皆在荊州，上游安則江東安，上游為敵所據，則江東為敵所制。劉備蓄雄心已久，日後必為大患，若不能盡收荊州之地，我寢食終不得安！現在我將此重任交託與你，自今以後上游之事任爾為之。」

呂蒙不禁動容——主公說江東安危皆在荊州，不得荊州寢食不安，又說上游之事任我為之，這豈不是把江東之地和他孫氏的安危都交託在我身上了嗎？如此厚遇何以為報？一時間心緒激動，千言萬語如鯁在喉，只不住重複那句：「定不負主公所托……定不負主公所托……」

孫權轉身面對大江，雙手加額暗暗禱告——天佑我江東，代代不乏英才！周瑜、程普創赤壁之功，大業未遂，幸得魯肅、孫瑜為繼；如今他二人也不在了，又有呂蒙、孫皎。願智勇之士世世不絕，只要我能駕馭英才見機行事，曹操、劉備兩個老兒又有何懼？

孫曹修好

孫權並不知曉，當他派徐詳出使曹營之際，曹操豈止是盼著使者到來；恐怕再遲一步，曹操的使者要先過來了——瘟疫實在太厲害了！

曹軍人馬比孫權多一倍，染病之人卻不止一倍，北方士卒來淮南本就水土不服，前番拚殺傷者又不少，瘟疫一起立時擴散成災。雖說曹操出征前已有準備，帶來不少柴胡、當歸、黃芩、茯苓之類藥材，營裡燒著大柴鍋煮湯，將士們一通牛飲，那也起不了多大作用，每天都有士卒病倒，死亡者已逾三千。

不僅士兵們苦於惡疾，官員將領也不能倖免，侍中王粲就因感染瘟疫一命嗚呼。在曹操招攬的諸多文士中，王粲最得寵信，官職也最高，一者是因為他乃名門之後，曾祖王龔、祖父王暢兩代三公，其父王謙曾任大將軍何進的長史，與曹操有舊；再者王粲深得蔡邕風骨，文辭瀟灑而不失經義正道，非但創作大量詩文，還為曹操寫了不少政論，連魏宮的鐘鼎銘文都是他草擬的；直至去世，在他遺物中還發現幾卷未完成的文稿，仿《東觀漢記》體例，記述董卓之亂以來袁紹、韓馥、公孫瓚、袁術、呂布等割據之事，似是想著一部史書（後世命名《英雄交爭記》或《漢末英雄記》，是《三國志》裴注的材料之一）。自蔡邕、孔融之後，天下撰文之士以王粲居首，不想四十一歲因病而終，燦爛銀河又墜一文曲星。

曹操又憐又痛，將王粲好生收殮，待回師鄴城為其舉喪。剛忙完這件事，又從鄴城傳來喪訊，魏廷重臣奉常卿王修病逝，他是短短半年內去世的第四位列卿，看來河北疫情不比戰場好多少。面對噩耗頻傳，曹操的戰意動搖了，南征乃是震懾孫權，為西征劉備做準備，若因瘟疫大傷元氣，即便能使敵屈服也得不償失。曹丕更緊張，此番出征無其他兄弟相隨，老爺子本就有病，在這瘟疫肆虐的軍營裡滯留日久，倘若有個三長兩短怎麼辦？再說還有母親、兒子、女兒，任誰染上瘟疫對他來說都是大憾。他比父親更盼早日收兵。父子倆皺著眉頭商議，實在不行只能主動議和了，不想關鍵時刻孫權的使者卻先來了。

一聞此訊曹操眉頭也不皺了，愁容也不見了，精神又回來了，大模大樣往中軍帳一坐，讀了孫權措辭謙遜的書信，重重訓斥徐詳一番，無非什麼僭越不臣、妄動干戈、擁兵自重、戕害同僚之類的話，擺足了得理不讓人的架勢。

徐詳早得孫權指教，無論曹操說什麼他都滿口稱是，反覆強調：「敝邑不智，妄自尊大，與王師爭鋒乃至今日之敗。」其實兩家互有得失難分勝負，他卻一味說江東敗了，「然曹、孫兩家本為至親，休戚與共，望丞相恕我家將軍之過，兩家重誓婚親各自罷兵，非但南北將士得安，江表黎民咸感大恩。」曹彰娶孫權堂兄孫賁之女，孫權之弟孫匡又娶曹操姪女，兩家確是姻親，但這等政治聯姻有何親情，不過尋個說辭罷了。

曹操笑道：「彼此至親確也不假，然名不正則言不順，言不順則事不成。孫仲謀割據東南自作威福，實懷悖逆之心。若想罷兵也不難，須向寡人稱臣！」此等大事徐詳焉敢隨便答應？實言不敢自專，懇請過江請示再做回稟，曹操滿口應允。

一去一回倒也麻利，不到半天工夫徐詳又一頭大汗回來了，滿面堆歡：「我家將軍有言，普天之下莫非王土，率土之濱莫非王臣，既領漢家之地，自是漢室之臣。」

「好個孫仲謀，避重就輕篡改寡人之言。」曹操不住冷笑，「乃是向魏稱臣，非為向漢稱臣。」

徐詳一愣，略一思索道：「殿下既為漢室之相，又是天子之戚，曹魏立國拱衛漢邦，漢之封疆授予魏統，漢魏實為一體。漢室之臣與魏國之臣又有何異？」

「哈哈哈……」曹操仰面大笑，「也真虧你才思敏捷，竟能如此詭辯，既不受稱臣之辱，又不忤寡人之意！」

「殿下過譽。」徐詳也狡黠一笑。

笑了好一陣曹操才道：「也罷，既然如此，寡人允可議和，先將沿江巡哨撤去一半以示開誠布公。來日遣使過江，再定罷兵事宜。」他雖故作威嚴卻也摸得準分寸，孫權自有底線，不可逾越，若非要把向誰稱臣分辯清楚，談判只能陷入僵局。

「謝殿下。」徐詳不辱使命，欣喜而去。

曹丕在旁聽了半日，仍不無疑慮，見徐詳退去諫道：「孫權乃一反覆小兒，不可深信，恐其必有陰謀。稱臣之事口說無憑純屬敷衍，須嚴加戒備以防其變。」

曹操拍著兒子後腦勺，教訓道：「為父豈不知他乃是敷衍？自古成大事必取信於人，孫權小兒雖未服，卻要借寡人之力制約大耳賊，怎可輕易背盟自取其禍？他知我王業肇基欲收威名，因而賣個人情；反之日後他若與大耳賊為敵，求到咱這裡，寡人也得給他個臺階下。取信於人不僅是取信於臣，有時也需取信於敵。這便是與人方便與己方便，虛與委蛇各取所需。你之心機比孫權還遜一籌，此中奧妙慢慢領會吧！」

曹操與孫堅同庚，實是孫權長輩；曹丕比孫權小五歲，卻常自詡智謀高於孫權，聽父親這麼說，難免有些不服，喃喃道：「即便如此，亦當在此留兵以備不測。」

「那是自然。」曹操早有算計，「張遼在逍遙津一戰殺得江東將士心驚膽寒，為父已加封他為征東將軍。再以于禁、樂進各統兵馬與之為儔，臧霸統青州水軍援以糧輜，有此四將在此足以威懾一時。其餘各部兵馬可陸續北歸，著手準備西征。」

曹操、孫權一拍即合，雙方使者你來我往，至建安二十二年三月和議達成，大江南北的將士都鬆了口氣。恐怕當時雙方誰也沒料到，這次罷兵和好竟持續了六年之久。

棄軍而逃

南征總算有了結果，而且是孫、曹兩家都能接受的結局。仗不再打，但瘟疫並未過去，陽春之際正是癘氣猖獗之時，疫情非但沒被控制住，反有加劇之勢。

曹操畢竟年老體衰，倘若染病恐難周全，便把行轅連同家眷遷到居巢以西三里開外屯駐，所帶親隨皆強壯康健之人，曹丕以侍奉父母為名也跟了過去，連營諸事都交與夏侯惇、曹仁、華歆等處置。曹操每日大碗大碗灌茯苓湯，依照郤儉、甘始傳授之法運氣打坐——其實一點兒用都沒有，中風麻痹之症依舊，但這麼坐一會兒他似乎就能得些安慰。曹丕、卞氏也不點破，就算不治病，去去心病也罷了。

如此數日，許都傳來密信，諫議大夫董昭聞孫權「稱臣」，再行勸進之事。此時曹丕已無避諱，一旁參讚隨即附和：「自古臣危莫如父王，現今敵雖未滅，孫權卻有臣服之言，趁此良機未為不可。」他這話發自肺腑卻也有私心——在他看來漢室早已滅亡，父親稱帝理所當然，沒必要虛情推辭。若父親當皇帝，他就是理所當然的皇太子，以後直接繼承皇位；若父親有生之年未能稱帝，這事就落到他頭上，非但冒天下之大不韙，難免要費些周折，不如讓老爺子辦。

曹操卻道：「天下未寧，當謀萬安之策。況今歲大凶黎民受難，此時踐祚無異於授人以柄。天子不能當，不過可令董昭替寡人謀天子儀仗、旌旗。」他不登基卻要擁有天子儀仗——想當又不敢當，不當又不甘心。

曹丕哪敢多言？父子亦屬君臣，凡事太熱衷反而招忌，此種關係實是微妙。曹操雙目低垂，似乎在思考自己離那張龍位究竟有多遠，半晌又道：「眼下有三件大事，一者王業初定，種種朝儀規制未成；再者西征在即，就算不能平定四海，終須兵進蜀中擊敗劉備，有七成把握或許還可一試……」不知不覺間他把要求放低了，原先定要天下統一再稱帝，現在卻說七成把握也可一試。但他能原諒自己，天下人能原諒嗎？每有冊封三讓而後受之，說了多少忠於漢室的話，若稱帝豈不是摑自己耳光？每當想到這些，曹操都如芒刺在背。

「第三件大事是……」曹丕小聲追問道。

曹操不語——或許第三件事比前兩件更要緊，就是他日漸老邁的身軀。他想盡辦法求醫問藥，只求以雄健的姿態出現在子民面前。可是太難了，無論李璫之那等名醫還是郤儉等方士，誰都無法讓他恢復健康，頭暈麻痹反而越來越重，難道有生之年只能拖著這副病體？他不甘心！

曹丕見父親又陷入沉思，也不敢多問，隔了半天才聽父親道：「不談這些。多日未到連營，咱們去看看吧。若軍心無礙儘早北歸，時不我待啊！」曹丕領命，親自準備車仗——這半年他時時守在父親身邊，雖知父親思路清楚、統軍無礙，但也覺父親的心已經蒼老，對許多事的看法也變得莫名其妙，勸是勸不了的，順其自然吧！

車仗安排妥，又候了好一會兒，等曹操灌下一碗茯苓湯才出營。曹丕似是恐父親寂寞，將母親也請出來，君妃共乘一車——卞氏隨軍已不知是第幾次了，如今是白頭老嫗，更沒什麼避諱。曹丕還把曹叡也弄到車上，讓他哄老夫妻高興，自己則騎著高頭大馬在前面引路，許褚、韓浩、孔桂、陳禕等隨侍。

三里地眨眼便到，不過曹操終是恐懼瘟疫，只命車駕停於營外，叫諸將出來相見。軍師華歆稟奏：「數日來又有百餘士卒病亡，重病者七千，現已盡數屯於後營。其他各部染病者也甚多，至少還要休整半月才可班師。」華歆本無運籌決勝之才，只長於政務，用他充軍師不過是借其名。

聽說還要等半月，曹操甚為不快，卻無可奈何，只得揮退眾將，驅車又往江邊巡視。但見春水上漲，微風陣陣波光粼粼，兩岸盛開著不知名的野花，顯得格外恬靜。己方沿江崗哨已沒多少人，只留零星幾個兵瞭望；江東水軍大多也已退去，幾艘赤馬遊弋江中，岸上卻還有不少營盤，旌旗矛戈在陽光下閃著金光。曹軍不退他們也不敢退，還是頗有戒心。

曹操感慨不已——長江，長江，一輩子無法逾越的天塹！一輩子無法治癒的傷！若無此泱泱恨水，天下是否早姓曹了？秦皇高祖歷代開國之君，你們可曾想到，你們不放在眼裡的江南蠻荒之地，後世竟成了足以自立的半壁河山？赤壁鏖兵，慘敗周瑜之手；屢戰無功，四越巢湖而不成。孫權小兒真當世英雄也！今日一別，不知何年何月再與此兒爭鋒，或許這輩子再沒機會了吧！

「大王。」卞氏似乎瞧出他心有傷感，輕輕拍他膝蓋，笑著指道：「看那邊。」

曹操轉臉望去，遠處一幫年輕官員正簇擁著曹丕有說有笑——有劉劭、傅方、胡修、李覃、棧潛、王觀等新辟的掾屬，荀緯、王象、繆襲、桓範、應璩、董巴等後進文士及牛金、諸葛虔、戴陵、文欽、常雕、王雙等將校。這幫年輕人機靈得很，知道那是未來的主子，都爭相逢迎。

孔子有云「焉知來者之不如今也」，舊人老去新人來，何愁後繼無人？曹丕與這幫人侃天論地相談甚歡，還真有些新朝君臣的氣象。曹操見了竟不禁生出幾分妒意，陰陽怪氣道：「看來我真老了，他們都去侍奉子桓，竟不把寡人放在眼裡。」

曹叡跪在車後，時而給祖父捶捶背，時而給祖母揉揉肩，卞氏攥住他小手笑道：「你呀是不倒翁戴鬍子，跟個小大人似的。別窩在車上，去玩吧！」前些日子開戰，曹叡一直窩在軍帳，好不容易停戰，又侍奉祖父、祖母；畢竟孩子天性，聽說允許他玩，躍下車蹦蹦跳跳奔江邊去了。

「小祖宗，您可別摔著！」孔桂侍立車後，見曹叡跑遠，忙不迭跳下馬跟著跑去——巴結老子已無濟於事，巴結兒子人家又不買帳，乾脆巴結孫子吧！

見曹叡跑遠，卞氏才道：「你怎麼當著孫子說這話？大夥對子桓恭敬不是美事麼？若誰都不拿他當回事，他如何當太子？」

「倒也是。這幫兒子沒一個省油的燈，植兒、彰兒也罷了，前日彪兒來信，寫了好幾車問安之言，最後才說實話，竟問太子要立誰！我沒客氣，直接在原信底下給他寫上，你等都封侯，唯五官將不侯，你說太子是誰？唉……費這麼多心思才定子桓為太子，我豈能再猜忌他？」曹操雖這麼說，心裡卻仍舊酸溜溜——雖說父子至親，但至高權位只一個，被人分享總覺不快，「以前我常問妳，妳這三個兒子誰最好，妳卻躲著我不說，現在可以明言了吧？」

卞氏一笑：「我躲著你，你何嘗沒躲著我？都一年多沒到我那裡過夜了。依我說嘛……老大可信賴，老三最可愛，但最親的卻是老二。」

「你……」曹操想說她滑頭，但略一思索覺得夫人所言絲毫不差——曹丕持重務本，城府較深；曹植多才俊逸，心地良善；曹彰是個沒心眼的，直來直去，可尋常父子不就該如此嗎？卞氏並非無主見，可她不能表態，仨兒子都是她養下的，叫她怎麼挑？若不是曹操拿定主意，她依舊只能沉默。

卞氏這幾年已難得與他獨處，趁此機會趕緊進言：「有件事早想跟你提了，又怕你多心。那趙姬與子建之妻甚是要好，陳姬又是趙姬推薦給你的，恐怕她沒少在你眼前提子建的好話吧？」放在一年前，這話卞氏不能說，一來曹植尚得寵，二來陳姬生了小王子曹幹，極受寵，未滿周歲就封了侯。那會兒卞氏要說她們干預立嗣，八成曹操還以為她喝乾醋呢！

「嗯。」曹操似乎不願提這事，只隨口應了一聲。

「如今老大要當太子，也該管教管教她們。」

「嗯。」

「你一個大男人若不好意思說，我去管束她們……」

曹操不待她說完便打斷了：「妳當寡人是瞎子？此事我自有理會，妳別管！」老夫妻間剛有的一點兒溫存又蕩然無存，曹操又變回平日唯我獨尊的跋扈姿態。卞氏不敢再說，只輕歎一聲。

不多時又聞馬蹄聲響，夏侯惇去而復返。曹操見他神情便知有異：「出了何事？」

夏侯惇來不及下馬，稟道：「司馬使君病故了。」

「唉！又走一個。」曹操一臉無奈。

兗州刺史司馬朗本來不是隨軍成員，因曹操落腳譙縣想順便問問各地政務，才把臨近幾州刺史調來。司馬朗既來之則安之，索性隨軍聽用，兼領軍糧之事。月前瘟疫大盛軍心不寧，司馬朗為了幫曹操穩固人心，四處巡營，送醫送藥探問病情，不想因此感染傷寒，曹操派多名軍醫救治，卻不見好轉，強撐了一個月，如今還是去了。

走的人太多，曹操早有些麻木了，只怔怔問：「他留下什麼遺言沒有？」

夏侯惇很感慨：「他說蒙國厚恩督司萬里，功業未就遭此疫癘，有負之王之恩。身沒之後，布衣幅巾輕殮薄葬，天下未寧大王尚儉，不可有違上意長奢華之風。」

「至死不忘寡人之恩……」曹操沒有歎息，沒有眼淚，只有一種無法言喻的惆悵——四十年前舉孝廉求到司馬防頭上，由此開始曹家與司馬家的恩恩怨怨。當初以司馬防之子為官不過是出氣心理，報復司馬防的慢待，報復河內司馬氏這等輕視他的名門望族，沒想到反而造就出一位能吏，忠心耿耿至死不渝。曹操有些慚愧，又想到司馬朗的二弟司馬懿，不過因為跟曹丕走動太近和一個類乎鷹視狼顧的動作就被斥責，未免有些偏頗。其實誰不想升官？自己當年為當洛陽令還不是百般鑽營？棒殺豪強固是執法嚴明，卻也未嘗不是想闖出名。自己能做，為何容不得別人？反正立子桓已成定局，司馬懿也算有才之人，看在他兄長的份上就放過他吧……

「元嗣，你怎麼了？」許褚一聲呼喚打斷了曹操思緒，回頭一看——見韓浩坐於馬上搖搖晃晃，繼而身子一歪摔落馬下！

許褚、陳禕趕緊下馬抱住，眾親兵一擁而上，連遠處曹丕、夏侯惇等人都圍了過來。曹操也下了車：「怎麼樣？因何落馬？」韓浩身為中護軍是曹操的重要膀臂，中軍一應事務全由他打理，尤其近些年曹操年邁，他肩上擔子更重了。他跌落鞍韉眾人怎不焦急？

卻見韓浩渾身上下不住顫抖，許褚在他額頭摸了一把：「好燙！你也……」霎時間恐懼的神情浮現在每個人臉上。

韓浩顫抖著強笑道：「該死！一時手懶，從河溝裡舀了兩瓢涼水喝。」

「別說了，你歇一歇。」許褚招呼手下把人抬走，請軍醫診治。

曹操初時是關切，既而感到從脊梁升起一股寒意——近在咫尺之人竟也有病，死亡離自己如此切近！又想起軍營中那些奄奄一息、慘不可言的士卒，那日在譙縣鄉村目睹的死屍，只覺渾身的寒毛都豎起來了。轉眼正見曹叡跑過來看熱鬧，不由分說一把將他抱到懷裡，厲聲道：「不准過去！」

「大王，您……」眾人嚇一跳。

曹操舉目四望，感覺一切都那麼可怕——滔滔暴漲的江水、充斥傷病的軍營，似乎每一寸土地、每一條河流都被已癘氣侵蝕，它們都能讓他惡疾纏身，比之頭風、中風更可怖。他還不能死，他還沒消滅孫劉、身登九五，還沒有正式冊立太子，他得挺下去。

張望多時，他的目光最終落到夏侯惇身上：「寡人要回鄴城，今天就走，這裡的兵馬交託給你了，儘早回去。」

「這……」夏侯惇覺得君王把自己士兵拋在災病之地似乎有點兒說不過去，但轉念一想，反正戰打完了，他又有病，先走一步倒也省得大夥提心吊膽，「遵命，大王一路保重。」

曹操快步登車，招呼許褚、陳禕、孔桂等人護駕，帶著老婆兒孫倉皇而去，簡直比打了敗仗還狼狽！

第六章

冊立太子，樹立曹丕權威

曹丕弔喪

建安二十二年三月，曹操因為害怕感染瘟疫，命伏波將軍夏侯惇督統居巢二十六部人馬，自己輕車簡從先行回轉鄴城。

這一路可謂觸目驚心，所過之處無一郡一縣不鬧瘟疫，號哭之聲遍及四野，多有鰥寡孤獨無人葬埋。曹操所見所感不僅是悲傷，更是恐懼，他第一次意識到生命如此脆弱，一場天災消滅生靈竟如秋風掃落葉一般；聯想自己老病的軀體，愈加惶恐，疑神疑鬼，一路飯不敢隨便吃，水不敢隨便喝，都得士兵試過了才敢用，而且連親兵都不許隨便靠近，得又白又壯的給他遞東西他才敢接。這一程趕下來，曹操、曹丕都瘦了兩圈——老子是嚇的，兒子是叫老子折騰的。

畢竟是「得勝而歸」，鄴城眾臣自少不了一番迎接，可有幾位大臣已不可能來迎接他們大王了。奉常卿王修、丞相門下督陳琳、軍謀掾徐幹、臨淄侯庶子應瑒、文學從事劉楨……以及許許多多朝廷小官、幕府屬員都因感染瘟疫而喪生，官員之家有醫有藥尚且如此，平民百姓又如何？曹操人是回到鄴城，可心還飄蕩在癘氣肆虐的荒野之中，無時不懷恐懼，只草草聽完鍾繇、徐奕的匯報，便一頭扎進銅雀臺，請李璫之和郤儉為他調養身體。

曹丕卻無暇休息，公私兩面的事全等著他。論公的，父親沒打理完的政務他要管；論私的，還得關注府邸和選官之事，看看不在之時曹植一派有沒有做手腳。結果意外的好，在鍾繇、徐奕控制下，丁儀之輩毫無作為。尤其令他欣喜的是，自他重歸相府之日起，陳群就帶著一撥一撥的年輕士人前來拜謁，府邸每天接到的名刺能堆成小山。

相國鍾繇之子鍾毓（潁川鍾氏）、大理卿王朗之子王肅（東海王氏）、軍師華歆之子華表（平原華氏）、已故郎中令袁渙子姪袁侃、袁經（陳國袁氏）、黨錮名臣李膺之孫李志（趙郡李氏）、東曹掾何夔之子何曾（陳郡何氏）、先朝代郡太守王澤之子王昶（太原王氏）等，就連孔子二十一代嫡孫孔羨、經學泰斗鄭玄之孫鄭小同都來登門造訪。曹丕受寵若驚，須知他們皆是名門望族，有些家族的人連父王都搬請不動，如今卻來拜謁他。曹丕感念陳群之功，將其比之為孔子門生顏回，逢人便講：「自吾有回，門人日以親。」他每日處置完公務大模大樣往堂上一坐，等陳群為他引薦賓客，都快成習慣了。

不過這些名門子弟青睞曹丕也有原因。曹操主政這二十多年抑制豪門，實行屯田，唯才是舉，固然不算逆天而行，卻也是嚴刑峻法。郡望名門雖仕於朝堂，卻貌恭而心不服。身在曹氏管轄下，不給人家當官自然不成，但在他們眼中，曹操所作所為跟昔日靈帝開鴻都門學、提拔幸進左道、與民爭利的做法也無甚分別。即便現今魏國選官之法在何夔主持下有所改變，但在曹操時代更多郡望豪族已注定不可能成為朝堂主角。曹丕不一樣，雖然「贅閹遺醜」的根基變不了，但他是新的開始，尤其在本身就是清流名門的陳群引導下，必將回到靈帝朝以前的「正道」。

曹操焉能不聞五官將府之事？但眼下正是穩固儲位的關鍵時刻，便未加理會。如此連過數日，這一天曹丕又已早早處置完奏疏，優哉游哉回到府邸，等著賓客來訪，不料陳群卻是獨自來的，滿面愁容；細問之下才知，許都傳來消息，虎賁中郎將、萬歲亭侯荀惲過世了。陳群失了這麼一位好內弟、好朋友，悲傷不已，曹丕的心情卻甚複雜——荀惲一死，曹植又失一膀臂，從此潁川之士唯己是從，實是極好之事；但荀惲還是曹家女婿，同父異母的妹子做了寡婦，自己卻大感歡喜，未免有些不厚道。

曹丕故作愁容，陪著唉聲歎氣。陳群道：「長倩雖睦臨淄侯，然英年早卒，其子荀𩑶尚未成丁，望將軍念其親而忘其過，厚待此兒以慰荀令君與長倩在天之靈。」

「那是自然，我明日便上書，讓我那甥兒襲萬歲亭侯之爵。我保這孩子日後前程。」曹丕大包大攬。

陳群拭淚又道：「一別經年，多有變故，往昔親睦之人罹此癘疫多有亡故。莫說長倩之輩，陳琳、應瑒、劉楨等人皆與將軍有詩文之誼，理當前往祭拜。」這話給曹丕提了醒，南征歸來每日迎新客，倒忘卻亡故之人，未免有人說自己喜新厭舊、情義忒薄。他當機立斷，命鮑勛、朱鑠多備祭禮，親率掾屬往喪葬之家弔唁。

這幾天曹丕出府邸就奔王宮，離了王宮便歸府邸，整日在政務和賓客間忙碌，今日一逛才知，鄴城竟無一條街上不忙喪儀。上至列卿之家，下至皂吏之門，沿街走下去，每隔三五戶便有一家掛白戴孝，趕上高官府邸，到街口就堵住了，進進出出弔孝之人湧滿街巷。

弔祭之人最多的莫過於王粲，既是魏王寵臣又是文苑奇才，官場同僚、詩文之友、親戚故舊來往不斷，博山爐香煙不絕，王粲的兩個兒子一連六日守在靈堂奉客，早熬得暈暈沉沉，已擠不出半滴眼淚，所幸有族叔王凱上下支應——那王凱乃劉表之婿，王粲之族兄，歸順曹氏後亦得任官，頗有名望；另有宋衷父子、士孫萌、劉偉、劉修等荊州朋友幫襯，來客雖多卻也禮數周到。

臨淄侯曹植領著鄭袤、任嘏等從事也來拜祭，神情甚是委頓——連遭變故失愛於父，一干文友又相繼過世，怎不傷懷？眾賓客見王子親來拜祭，紛紛閃開道路，讓進靈堂。

曹植靈前上香又施禮參拜。王家人哪敢受，王凱忙上前攙扶。他卻道：「仲宣長我十餘歲，又以文相屬頗加教誨，當執弟子禮。今日不論尊卑，但從私情。」眾人無不頷首，暗贊他禮賢下士。王凱連連作揖，王粲二子跪於靈側，受禮回拜。

拜畢，曹植又掏出一卷文書：「我與仲宣從征關西，共遊銅雀，每每吟詩作賦以文相屬，皆以為前程無限，繁花似錦，可成千古風雅之談。熟料韶華易逝，今朝竟死生之隔……」其實這些世事多舛的感歎他也是最近才有，不經波折難解此中三昧，「故推枕無眠，撰誄詞一篇，以之憑弔，望其魂靈安息。」說罷站於靈前高聲誦讀：

建安二十二年，正月二十四日戊申，魏故侍中關內侯王君卒。嗚呼哀哉！皇穹神察，哲人是恃，如何靈祇，殲我吉士。誰謂不庸，早世即冥；誰謂不傷，華繁中零。存亡分流，夭遂同期，朝聞夕沒，先民所思。何用誄德，表之素旗；何以贈終，哀以送之。遂作誄曰：猗歟侍中，遠祖彌芳……既有令德，材技廣宣，強記洽聞，幽贊微言。文若春華，思若湧泉，發言可詠，下筆成篇。……喪柩既臻，將反魏京，靈輀回軌，自驥悲鳴。虛廓無見，藏景蔽形，孰云仲宣，不聞其聲。延首歎息，雨泣交頸，嗟乎夫子，永安幽冥。人誰不沒，達士徇名，生榮死哀，亦孔之榮。嗚呼哀哉！

（曹植《王仲宣誄》）

一篇祭文詳述王粲生平，又讚其文采芳華，品德賢良，感其不幸早卒。剛開始曹植還讀得慷慨激昂，到後來詞句悲切，又觸了心事，情不能抑哽咽難言。眾人旁觀聆聽也不禁唏噓，當真是「延首歎息，雨泣交頸」。

王凱拭去眼淚，方要上前勸慰，不知誰嚷了句：「五官將來啦！」王凱一怔，忙拋下曹植出去迎接；眾人也立刻不哭了，大夥不約而同退出靈堂，齊向大門處迎接；連兩個孝子都連忙拭誄，不聲不響爬到堂口——他們對曹植禮敬有加，卻也不過是讓，對曹丕卻是迎，實有天壤之別。

曹丕已祭拜了四五家，最後才至王宅，一路祭拜下來，遍觀悲愴號啕之態，心情也十分沉痛。官員向他施禮問安，他只略微擺擺手，帶著掾屬往裡走。來至靈堂前，正見曹植手執誄文立於堂上，兄弟倆四目相對竟然無語。

這是南征後兄弟倆第一次意外碰面，曹丕儲位之事默定，實不知該說什麼。曹植也甚尷尬，成王敗寇，一場爭鬥雖非本願卻鬧得兄弟失和，以後如何面對地位懸殊的大哥？好在是靈堂，彼此都是弔客，愁容眼淚就是最好的掩飾，兩人只相對點點頭，一個字沒說。鮑勳、鄭袤等人也只彼此拱了拱手。

曹丕安慰孝子兩句，上香已畢撩袍便拜，王凱自然要攔。他卻道：「我與仲宣既是同僚又為故友，還是文苑同道，行則連輿，止則接席，當行此禮。」與曹植如出一轍，眾人又不便阻礙，這次不但孝子陪拜，連親友賓客也都隨著跪下磕頭。曹植頗感冷落，緩緩退出堂外。

拜罷起身曹丕有些為難，進來時眼見曹植手捧祭文，眾賓客尚有淚光，自己卻沒寫文章；況且他有自知之明，以他的才華即便寫出來也難勝弟弟。兄弟二人與王粲的關係實是半斤八兩，難辨誰親，可曹植獻一篇祭文，曹丕卻無所敬獻，非但面子不好看，如此豈不是在人前輸了一陣？

正不知如何是好，猛一抬頭，見靈台左右掛著白幡，上畫神荼、鬱壘等神，還有伯夷、叔齊、羊角哀、左伯桃、商山四皓、野王二老等仙隱名宿，其中一老者騎著頭小毛驢。曹丕眼珠一轉，計上心來，轉身對眾賓客道：「古來俊逸之人多有奇好，仲宣也屬其類，記得他生前不愛絲竹八音，卻喜好驢鳴。如今他駕鶴仙去，咱們每人學一聲驢鳴，送送他吧！」

眾人面面相覷——這叫什麼主意？莊嚴肅穆的靈堂前，誰也不好意思做這「仗驢之鳴」，沉寂了好半天，只見朱鑠從人群中擠出來，扯著嗓子「嗯啊……嗯啊……」叫了兩聲。

既然有人回應，那就叫唄！人群中東一聲西一聲叫起來，有高有低有粗有細，竟還有人打了兩個響鼻，大家都覺好笑，卻不便笑出聲來。曹丕連忙擺手：「實在不雅。這樣吧，大家隨我連叫三聲，讓仲宣聽個響，知道咱這片心意。」說罷這位堂堂五官將竟伸起脖子，對著靈位放開喉嚨，響亮地學了聲驢叫。他都叫了，眾人自然得陪。

「嗯啊……嗯啊……嗯啊……」

剛叫第一聲時大家皆感可笑，繼而卻憶起王粲生前逗驢叫的滑稽樣子。他待人親切、言辭幽默，身居常伯之位卻不擺架子，人緣實是極好；這位有趣的朋友卻再也見不到了，怎不叫人可惜？待叫到第三聲時，許多人眼中已滿是淚花；三聲叫罷不免又覺好笑，大家都一邊抹著眼淚一邊歡笑，哀而不傷，悲而不痛，這樣倒是更好。

曹丕又攙孝子：「兩位賢姪還只舞象之年，令尊亡故實是可惜。但人死不能復生，莫要太過留戀，現今家國尚需圖強，不必守孝三載以全小節，勤學立身方為孝道。你兄弟從此相依為命，當互親互愛，將來一日無論誰富貴都不可忘卻手足深情。」這兩句囑咐雖是對兩個孝子說，卻也是給曹植聽的——只要你從此不再有非分之想，兄弟總是兄弟，咱們共用富貴，我不會再為難你。

旁觀眾人多不知曉其中關節，不過適才隨他學驢叫，又見他如此安撫孝子，都想：五官將豁達而不失親昵，崇實而不好張揚，臨淄侯的文章雖好，但相較之下就略遜一籌了。

曹植何嘗不知自己的傾力之作被兄長輕輕鬆鬆就比下去了，心中也頗感歎：我之處事遠不及兄長圓滑機變，政務一道也難與之相比，有此結果實不意外。曹植自幼受父母寵愛，懵懂孩提之時哥哥也都讓著他，又得楊修、丁儀暗中相助，順風順水少遇變故，不善應對坎坷；謀儲失敗勾起文人性情，自傷自憐，越發一蹶不振頹唐自棄，沒信心再爭了。

兄弟倆一先一後辭出王宅，待恭送之人散去，曹丕故意拉住弟弟的手，關切道：「吾弟似乎瘦了，賓友去世無需過於悲傷。」

曹植立刻表態：「弟不敢與兄長……」

「不提這個。」曹丕打斷道：「往者已矣，來者可追。咱還似原先一樣，做一對人人欣羨的好兄弟！」

「是。」曹植聲音中透出一絲哽咽。

曹丕見他如此，料是這小子誠心服軟了，也不禁動了三分真情，又安慰兩句才作別──兄弟之情總是有的，何況同母所生？昔日孝文帝逼死淮南厲王劉長、孝明帝逼死楚王劉英，不都被人詬病嗎？何況曹丕、曹植同母所生，更不能在這方面做錯。

平心而論，這時的曹丕根本沒想逼弟忒甚，只想讓過往之事慢慢沉澱。但他低估了爭儲之事的後續影響，更低估了父親日漸陰晴不定的衰老心態……

一錘定音

建安二十二年四月，在曹操授意下，劉協頒布詔令，宣布賜予曹操使用天子旌旗的權力，且出入稱警蹕（警蹕，帝王出入時，於所經路途實行的警戒）。這表示曹操在出巡的儀仗規格上已等同於漢天子。

五月，曹操又在鄴城南郊建立泮宮。《禮記》有云：「大學在郊，天子曰辟雍，諸侯曰泮宮」，泮宮是諸侯國學府，不過春秋魯國之後少有成就。如今曹魏建泮宮，不啻是立了魏國太學。須知自董卓火焚洛陽後，漢室太學名存實亡，幾個頂著博士頭銜的老學究也差不多死光了，曹操實是篡漢室學術之權，把宋衷、董遇、鄭稱、隗禧、蘇林、賈洪、薛夏等大批知名學師任為自己封國的儒師，泮宮教出的學生自然是要忠於曹魏，而非忠於大漢。

又過一月，曹操任命軍師華歆為御史大夫，輿論一時譁然。華歆本漢廷尚書令，轉任軍師也罷了，竟當了魏國御史大夫，漢廷的御史大夫自罷免郗慮後還空著呢！怪不得曹操南征要讓華歆充軍師，原來隨軍轉一圈，就從漢臣變成魏臣啦！

魏國的列卿死而有繼，連相國、御史大夫都有，可漢廷缺員卻不再補，曹操相繼把邢貞、滎郃、習授、謝奐、衛臻等漢臣調至鄴城。過去許都有官無權，現在索性連官都沒了，當真是不再給天子留半分臉面。繼而他又頒布教令，重提選才之事：

> 昔伊摯、傅說出於賤人，管仲，桓公賊也，皆用之以興。蕭何、曹參，縣吏也，韓信、陳平負汙辱之名，有見笑之恥，卒能成就王業，聲著千載。吳起貪將，殺妻自信，散金求官，母死不歸，然在魏，秦人不敢東向，在楚則三晉不敢南謀。今天下得無有至德之人放在民間，及果勇不顧，臨敵力戰；若文俗之吏，高才異質，或堪為將守；負汙辱之名，見笑之行，或不仁不孝而有治國用兵之術：其各舉所知，勿有所遺。
>
> （曹操《舉賢勿拘品行令》）

這是曹操第三次下令求賢，表面上看似乎還是在重複前兩次「唯才是舉」的選官標準，但細細琢磨頗值得玩味。何夔接任東曹掾之際就曾向曹操進言，選官當「慎德」與「興功」並重，甚至主張要恢復鄉舉里選。曹操在這道教令中把「得無有至德之人放在民間」和「不仁不孝而有治國之術」相提並論，其實與何夔之意毫不相悖。他早年曾提倡「治平尚德行，有事賞功能」（建安八年《論吏士行能令》）。如今魏國已穩固，漢室權力也基本蠶食空了，雖然天下還沒統一，但該辦的「事」已經辦了一半，為了維護既得利益似乎該考慮「治平」了。更有趣的是，曹操大喊「不仁不孝而有治國用兵之術」，那麼因此為官者也就挑明是不仁不孝之徒，即便當上官也難免被世人戳脊梁骨。看來「唯才是舉」已不是主流，曹魏的取士原則已在不知不覺間轉彎。

南征後的緊要政務辦完，瘟疫大有緩解，居巢的部隊也陸續撤回，比預想的遲了許久，染病而亡者多達萬人，中護軍韓浩也卒於途中。曹操本打算等諸軍歸來便轉而西征，可如今軍力未復，他的身體更無起色，不得不一再拖延，他決定趁這時完成冊立國本之事。於是調令接踵下達，曹植家丞邢顒遷任丞相參軍——眾所周知邢顒是臨淄侯府的道德標榜，此人一去，曹植的影響力折損近半。接著邯鄲淳、鄭袤、任嘏等相繼遷職，當年構建起的班底一下子崩塌了。與此同時，五官將府卻在添人，後進士人中素有能吏之名的劉劭、顏斐都調至曹丕麾下，最出人意料的是冷落兩年多的司馬懿也堂而皇之調進五官將府。諸侯結黨原是曹操厭惡之事，當眼下倒似默認曹丕結黨，這無疑是在宣告曹丕繼統已是定局，萬無更改，所差的僅是一個正式的任命。轉眼間便到八月中秋，這一日朝中要員、功勳老臣及調至鄴城的諸漢官都接到魏王詔令，邀他們來銅雀臺赴宴。大家心裡有數，揭曉的時刻終於到了。

這場宴席似是曹魏開國以來規模最大的一次，銅雀三臺同時開放，曹操與群臣在正中銅雀臺上飲宴，以曹丕為首的眾王子及屬官在南面金虎臺聚會，以卞氏為首的眾夫人及公主兒媳在北面冰井臺落坐，這盛會確實難得一遇。著名的雅樂郎杜夔在台下親操編鐘，指揮樂工吹拉彈唱，增色不少。

金虎臺吟詩作賦甚為風雅，冰井臺眾女眷嘰嘰喳喳更熱鬧，反倒是中間魏王這場大宴不怎麼盡興，以鍾繇、夏侯惇為首的群臣都畢恭畢敬，莫說飲酒聊天，連筷子都不敢隨便碰一下。因為曹操顯然有些心不在焉，自一落坐就扭頭望著北面臺上。看了良久，他召喚寺人嚴峻：「寡人有點兒眼花，你看看，那邊臺上有個穿猩紅百褶裙的女子，她是誰？」
嚴峻湊到他耳邊，笑道：「那不是大王的兒媳，臨淄侯之妻崔氏夫人嗎？」
曹操頗為不快——服妖！昔日孝成帝妖妃趙飛燕就愛這種服飾，既豔麗又奢華，與當今尚儉的風氣不符；再者曹植已然失勢，崔氏的叔父崔琰也獲罪而死，她還不知收斂，敢這麼大模大樣打扮，連曹操自己的妻妾都不敢如此張揚。

群臣自不知他心裡想的是這件事，鍾繇舉酒道：「大王請飲！」
曹操回過神來，輕輕抿了一口——當然，他飲的依舊是水非酒。放下酒盞，見夏侯惇也呆呆出神：「元讓，你想些什麼？」
「沒什麼。」夏侯惇笑了，「這杜夔的雅樂奏得甚是好聽。」莫看他半生戎馬又是獨眼，卻是個風雅之人。
「哈哈哈……」曹操也笑了，「你既喜歡，今日演奏之樂工樂器，外加二十名歌伎舞女，通通賞賜給你。」
「末將怎敢領受雅樂之物？」
曹操卻道：「昔年晉國名臣魏絳以和戎之功，猶受金石之樂，況將軍乎？受之無妨。」
不過夏侯惇最想要的不是女樂，而是想要一個魏國的官職，至今他名義上還是漢室臣子。他坐於西面首席，下首邢貞、謝奐、滎郃、習授等也都是漢廷之官，這些人更想早些融入魏國。邢貞迫不及待，起身道：「卑職有一事請示殿下。」
「邢公無妨。」曹操素知此人欲為自己效力。
邢貞畢恭畢敬，拱手道：「自董卓構亂以來，天下動亂黎民不安，漢室實已凌遲，賴殿下之德力挽狂瀾方不至於傾覆。自古扶危救困者莫若殿下，殿下實已得萬民之心，若欲天下久安……」

話未說完，曹操已猜出他要勸進，擺手道：「邢公說哪裡話？寡人雖是邦國之主，終為漢臣，不可行逾矩之事。」這種話他說過無數遍，自己都煩了，其實他何嘗不想稱帝，只是沒有恰當的時機。

侍中習授接過話來：「從古至今，帝王皆人心所向。昔堯傳舜，舜傳禹，德行相承何言逾矩？」

「不錯。」邢貞連連點頭，「殿下為尊乃天命所歸。」

曹操越發搖頭：「天命所歸？黃帝受命，風后贈圖；舜有天下，洛水出書；商湯治世，翔鳥獻符；武王伐紂，白魚入舟。高祖有斬白蛇之說，世祖有赤伏符之兆。今河不出圖，洛不出書，何言天命？」他是不信這一套的，故意搪塞邢貞，要真等河洛祥瑞，只怕一萬年也不會有。

邢貞卻不這麼想，如今魏國有了泮宮，翻閱典籍讖緯，隨便附會又豈是難事？「代漢者，當塗高」的預言不還擺著了嗎？他眼珠一轉又道：「臣斗膽進言，昔日殿下有一長子，字子修，盡忠盡孝而亡；後來者以五官將、鄢陵侯為長。五官將字子桓、鄢陵侯字子文，古之齊桓、晉文皆世之雄主。當年殿下為二位王子定名之時並未封公建國，也未有今日之勢，乾坤暗合，此若非天命又作何解？」也真難為這位邢大人，竟搜腸刮肚想出這麼個牽強附會的理由。

不料曹操仰天大笑，差點兒碰翻杯盞：「你道『桓』、『文』二字就是天命，真乃笑話！即便如此，齊桓、晉文皆周之諸侯，豈不暗合孤之身分，怎是帝皇之兆？寡人聽聞劉備假子名喚劉封，後得一子名劉禪，合起來便是封禪，若按你這套說辭，大耳賊豈不也有天命？」

「哈哈……」在場群臣無不大笑，邢貞臉臊得通紅，只得陪笑。

習授卻是好鑽牛角尖之人，非要分辯明白：「殿下之言雖有理，然天命有真有假。昔楚漢並立，高祖為尊，公孫述與世祖各自稱帝以爭天下；高祖、世祖既為真命天子，項籍、公孫述……」

他話未說完，曹操臉色已變——他之所以不稱帝，很大程度上是因不想與孫權、劉備一概而論，即便日後平吳滅蜀，一帝為尊，畢竟也曾三分天下，終遺微詞。只要他抱著劉協這個傀儡，就永遠比孫劉高一等，他們若先稱帝就是僭越逆賊，舉天下而共討之，還辯什麼真天命、假天命？

習授見他臉色有異，不敢再順著這思路說下去，轉而道：「總之當世唯殿下遵行正道，必能應天順人承繼大統。」

「哼！」曹操沒好氣道：「昔日董卓也曾輔弼天子，今又何在？」

習授一頭冷汗，思索半晌才道：「董卓乃國之逆賊，喪德敗禮。殿下德行無虧怎會遭亂？」他實在沒詞了，只得強辯。

曹操冷冷一笑：「德行不虧缺，變故自難常。鄭康成行酒，伏地氣絕；郭景圖命盡於園桑；孔丘不王，顏回早夭，子夏失明，伯牛惡疾，這些事又作何解？若良心好必定有善終，世道就不會亂啦！」

習授也被堵得啞口無言。雖然這場辯論無趣收場，不過曹操對幾位漢臣還算滿意，他們俯首帖耳急於表忠，有何不放心？衛臻乃衛茲之子，轉任為戶曹掾，念及其父有共同舉兵之事，賜關內侯；滎郃乃威望老臣，惜乎年逾古稀皓髯老叟，加以侍中高位，實是讓他養老；謝奐、邢貞在許都位居列卿，讓他倆補少府、奉常之缺，從漢之列卿變身魏之列卿；習授依舊授魏之侍中。轉眼間，這些漢臣搖身一變都成了魏臣。繼而又升袁霸為大司農、和洽為郎中令，補列卿之缺——袁霸乃袁渙之弟，本具才幹，又賴其兄之德；和洽乃曹操寵信之人，少數幾個能讓曹操言聽計從的，如今王粲病故，杜襲出鎮長安，自然更加珍惜和洽。

群臣施禮謝恩，這才逐漸盡歡。一片歌功頌德聲中，諸王子在曹丕帶領下過橋，向曹操和諸位大臣敬酒。曹操點手把曹丕叫到身邊，對群臣道：「藉著今日良機，有件事向大家宣布……」

所有人的耳朵都豎了起來——等的就是這一刻。

「孤決意立五官將為太子。」

「恭賀大王！恭賀太子！」群臣無不拜伏。

雖然這早已沒懸念，但耳聽著群臣的祝賀聲，曹丕還是按捺不住喜悅——他想這個位子想了近十年，這十年來受多少苦、費多少心機只有他自己最清楚，這太子之位實在來得太不易了。

「去！」曹操推了他一把，「給列位大臣敬酒。」

太子身分已定，從今以後眾臣與他地位有別，見他來敬酒群臣紛紛避席施禮。曹丕看著這些列卿重臣反過來給自己行禮，心裡更覺暢快，逢人便寒暄：「倚仗大人栽培……倚仗大人栽培……」一席席敬下去，不多時便至太中大夫賈詡面前。

此刻曹丕已知賈詡為他所作貢獻，心下感激至極，卻不敢當著父親表露，依舊只道：「倚仗大人栽培。」聲音中卻有一絲顫動——說了這半日，恐怕唯有這一聲是真心的。

賈詡卻還是那副木訥表情，避席回禮：「不敢，不敢。」他身邊坐的是沒一兵一卒卻居將軍高位的婁圭，曹丕照舊施禮，哪知婁圭竟不避席，只拱拱手：「太子多勉勵。」分明是訓教口吻。曹丕正自興奮，未多理會；曹操瞧在眼中甚是不悅，卻也沒說什麼。

曹操又命他給諸夫人、諸兄弟分別行禮以示謙誠，曹丕高高興興走了兩圈，見大家無不恭順、無不讚譽、無不笑臉相迎，心中越發快意。全轉下來，宴席早就散了，曹丕心裡卻依舊激動難言，他眺望著美麗的宮苑、繁華的鄴城，以及望不盡的錦繡河山，這些注定都將屬於他，十多年努力終於如願以償……他快步跑下金虎臺，想要把這消息告訴司馬懿，告訴朱鑠，告訴夏侯尚，告訴所有曾為他出謀劃策的人。此時臺下正有二人迎面而來，乃長史辛毗和鄴城令楊沛，二人初始見有人敢在禁苑奔跑都感驚訝，稍稍離近才瞧出是曹丕，趕緊停下相候。

「原來是五官將。」辛毗連忙行禮，卻不知他已做了太子，「大王欲召見楊縣令，卑職……」

話未說完忽見曹丕朗聲大笑，竟隔著好幾重石階躍下來，一把摟住他脖子：「辛公，你知我今日有多高興嗎？哈哈哈……」一邊笑一邊重重拍著他肩膀。

哪有在宮苑中與大臣打鬧嬉戲的？辛毗不明所以，叫他拍得肩膀生痛：「高興就好……高興就好……」想問問究竟怎回事，卻見曹丕瘋跑著又去了。辛毗滿臉尷尬，回頭瞅了眼楊沛——這位鐵面縣令卻似乎不為剛才之事所動，只蹙眉低頭，心事全寫在臉上。

楊沛官職雖只是縣令，卻是曹操懲治豪強、震懾官員的大棒。他在鄴城大街上一站，連列卿都躲著走。不過如今曹魏用人之道已變了，曹丕府邸每日世家子弟盈門，楊沛這只大棒還有用武之地嗎？

銅雀臺的賓客早已散盡，曹操交代了辛毗幾句便將其打發走，只留楊沛一人。本想先領他在西苑轉轉，觀觀景，話話家常，再談正事。沒想到楊沛精明得很，施禮已畢便直截了當道：「臣斗膽相問，大王要撤卑職的官嗎？」

曹操一怔，隨即笑道：「寡人要升你官。」

「升任魏郡太守？」

曹操的笑容變得格外苦澀：「升任京兆尹。」

「原來如此……」素來冷酷的楊沛竟露出一絲落寞的神情——由縣令轉任郡守當然是升官，不過從此遠離了鄴城，遠離了豪門林立的國都。關中久亂貧弱之地，談何懲治豪強？這種升官與撤職沒區別，無非是照顧顏面。

曹操凝視著這個酷吏，心裡有些不是滋味。楊沛來到鄴城之時就甚瘦削，如今幾乎皮包骨頭，滿頭烏髮也已雪白，看得出他這些年來為打擊豪強傾注了全部精力，最後竟是這麼個不了了之的結果。曹操想安慰他兩句，卻不知如何開口。

然而楊沛這絲悲楚只一閃而過，隨即又恢復以往的堅毅：「法為君王而生，既然君之法度改易，不能者止自屬應當。但臣還是那句話，《商君書》有云：『刑生力，力生強，強生威，威生德，故德生於刑。』欲使民安臣服，莫過於重法。」

曹操輕輕搖頭——曾幾何時他也堅信這一論調，現在不然了，天下之大豈能用一把尺子去量？若講法，首先僭越就是不法，曹魏這國家來得合法嗎？以為用幾條嚴刑峻法能安定天下，其實天真得很！況乎法因何而立？難道僅僅是為了維護權力？當法令不承認人心時，人心也可以不承認法令！

曹操想把這心得對楊沛說，卻見楊沛一臉毋庸置疑的神色，轉念一想——他堅信一輩子了，何必與他分辯？我不再做這樣的夢，卻何必非要把別人的夢也攪碎？或許作為臣子可以擁有堅貞的信條，但君王完全是另一回事。我昔日當縣令時何嘗不是憑一條五色棒打遍豪強？曹操只道：「寡人明白你意思，但治大國若烹小鮮，難啊……」他不想再糾纏這個問題，轉而道：「你有何願望儘管提出來。聽說你家中甚苦，妻兒蝸居，寡人賜你些錢，你置辦個新宅子如何？」

「不。」楊沛肅然道：「重法者首在明賞罰。大王若能以臣之法治天下，臣功莫大焉，莫說一所宅子，十所宅子亦可受。可如今辦砸了差事，何談受賞？昔日商鞅遭車裂之刑，張湯牛車下葬，陽球、王吉皆命喪獄中，大王改弦更張，不追究臣已是大幸。」說罷重重磕個頭，「若大王真欲垂恩，臣手下有劉慈等幾個心腹，請大王給他們前程。」這幾人都是功曹縣吏一類的小人物，跟著楊沛到處執法施行，也結下不少仇怨，如今楊沛一走，他們能有好果子吃？

「楊孔渠，寡人認識你二十多年，直至今日才聽你說出一句合乎人情的話。」

楊沛卻道：「非是臣邀買人情，實是他們受臣之令，上支下派，結怨亦非本心。今日臣要走，保他們無虞；來日他們若為非作歹，犯到臣手裡，臣照樣叫他們死！」

「好！寡人答應你，給他們前程。」

「謝大王。」楊沛起身，「既然如此，臣明日便離京。」

望著一步步倒退的楊沛，曹操百感交集，彷彿遠去的不僅是一個酷吏，還是自己以前的為政信念，他自己離自己越來越遠了。突然，楊沛停下腳步，又走了過來：「大王，臣有一事斗膽請奏。」

「說。」

「大王已決意立五官將為太子，然先前暗爭不斷，又有校事趙達、盧洪從中窺探，深知隱祕內情。有礙太子之人當早除去，免生後患；即便無患，傳揚出去亦傷王家體面。」這種話恐怕也只有楊沛這種人才敢明言。

「說得好。」曹操不住點頭，「是該清理局面了，現在你就把劉慈給寡人叫來……」他蒼老的目光中陡然騰起一股殺氣。

第七章

誅殺酷吏、兒媳，為新政權掃清障礙

爪牙末日

趙達、盧洪兩個校事追隨曹操十幾年，監視百官，羅織罪名，剷除大量不服曹氏統治之人，也算勞苦功高，不啻為曹魏的開國功臣。不過幹這種損陰喪德勾當的終歸是小人，既是小人就難登大雅之堂，曹操對他們僅是利用，不給他們高官顯爵，今日大會群臣、宣布立嗣就沒讓他們參加。

盧趙二人有些心灰意冷——十幾年前曹操曾答應他們，只要用心辦事就能升官，這話就像釣餌，在眼前晃了十多年，案子越辦越大，害人越來越多，官職卻原地踏步。校事這官先朝從未設過，往好處說可比孝武帝朝的酷吏江充，但江充官拜繡衣使者，畢竟是朝廷大臣，校事僅是幕府屬官，身分不尷不尬，招恨招怨還沒地位。盧趙二人為往上爬不遺餘力戕害漢臣，又吹毛求疵得罪鄴城同僚，處處遭人唾罵，本以為終有出頭之日，沒想到曹氏裂土分茅，晉升王爵，兩次封官都沒他倆；鬧瘟疫死了不少官員，升遷補缺又沒他倆。兩人年近五旬，看來就這命了，到死也只是公門老吏，沒吃著羊肉惹一身臊！

沒資格入宮赴宴，趙達、盧洪相對而歎，看來仕途已沒指望，好在這些年積下不少昧心財，也算小康之家。二人打算辭官，回家吃幾天舒心飯，所慮者仇家太多，恐有人提刀上門。正不知如何決斷，中軍別部司馬呂昭登門造訪，二人受寵若驚——呂昭字子展，年不過四十，位不過司馬，身分卻很特殊。他出身寒微，早年乃曹氏一家奴部曲，卻因此與曹家關係親近，出入宮禁也不怎麼受限。軍中諸將恭敬三分，朝廷眾臣卻不齒與之為伍。

趙達、盧洪極盡奉承之能，不料呂昭比他們還客氣，連連作揖：「恭喜恭喜！大王要提升二公，還在宮中設宴以示恩寵，派我召你們進去。二位含辛茹苦，總算熬到出頭之日了。」

「好！好！」二人盼了十幾年，得聞喜訊眼淚都快下來了。趙達親自給呂昭端來上等果品；盧洪飛馬馳回自己府邸，沐浴熏香更衣，折騰半個時辰才回來。

呂昭左手拉著趙達、右臂挽著盧洪，大模大樣直入魏宮。守門將校點頭哈腰客客氣氣，盧趙得意洋洋，嘴角都樂到後腦勺了。三人轉聽政殿入禁宮，直至溫室殿，卻見殿中無人。呂昭解釋：「大王正與楊縣令議事，少時便來，二公只管進去。」

盧趙二人乍著膽子進殿，果見宴席已備好，竟不用食案、食盒，一張大條案上擺了三十多樣山珍海味、果品鮮蔬，成罈的好酒在一旁列著。二人大喜過望，這是多大恩情啊——殊不知宮人是拿中午群臣剩的搪塞他們。

「請吧。」呂昭躬身一揖。

二人哪敢用？卻見呂昭隨隨便便坐了，又主動給他們滿酒，便也坐了下來。呂昭親自給他們布菜：「天太熱，我把寺人都打發走了，省得他們礙手礙腳。再說二位差事隱祕，這麼說話還方便些。」

「是是是，我們本就是見不得人的。」盧洪倒也承認。

呂昭笑呵呵舉起酒來：「大王有命，叫我照顧好二位，今日事務繁多，還有好幾位外臣要見，我先替大王敬你們。」

「不敢！」趙達豈止避席，都站起來了，「怎敢受大王之敬？」

「坐坐坐。」呂昭擺手，「別人不曉得其中奧妙，我還不明白怎麼回事？大王有今日，哪少得了二位的輔佐？說是德冠天下，匡世扶危，私底下門道多著呢！替大王分了多少謗，挨了多少罵，只有你們自己清楚，背後委屈有誰知，滿腹苦水向誰訴？」

「您是明白人哪……」盧趙二人深感遇到知己。

「別愣著，吃菜！喝酒！吃飽喝足歡歡喜喜見大王，別長吁短嘆招他老人家厭。」呂昭自己不用，只顧照顧他倆。

初始二人還有些放不開，卻架不住呂昭一個勁勸，也是喜事臨頭心中大暢，不知不覺一罈酒灌下去了。酒酣耳熱二人原形畢露，開始自斟自飲訴說往事，呂昭殷殷切切捧著他倆聊，哄得他們笑逐顏開。盧洪灌得面紅耳赤，舌頭都短了：「不瞞將軍，方才我倆還商量辭官呢！不當官也餓不死，我在家鄉置了兩處田莊，還有……」

「瞎說什麼？」趙達還比他清醒些。

「哼！」盧洪反倒惱了，酒後吐真言，「我田產之事你沒向大王提過？這會兒假惺惺的，背後使絆子當我不知？」

趙達也掛火：「我是說過。你背後沒算計過我嗎？告訴你，斷言五官將承繼大位的是我，你今天升官是沾我的光！」

「呸！狗奸賊！」盧洪罵道：「你輔保五官將，讓我去保臨淄侯，如今你倒打一耙，要不要臉？」

「我要你的臉！」趙達手腕一抖，一盞酒全潑在盧洪臉上。盧洪哪肯吃虧，照定趙達面門就一拳。兩人過量了，揪袍擄帶一通廝打。呂昭非但不管還哈哈大笑：「狗咬狗！狗咬狗！」三人正「歡天喜地」之際，殿外有人朗聲道：「臣理曹掾高柔告見。」

呂昭應道：「高大人麼？請進請進，大王命您殿內相候。」高柔正摸不著頭腦，曹操命他酉時入宮，至溫室殿問話，卻不見內侍迎接，禁宮侍衛也不阻攔，任他摸進來，現在又叫他等，究竟怎麼回事？

高柔邁步入殿，正見盧趙二人席前扭作一團，不禁一怔；趙達、盧洪也頗感意外，立刻鬆了手——高柔乃高幹族弟，曹操憤於并州之叛，幾度以之洩恨，想置之於死地。高柔卻不發怨言誠心任事，最終感化了曹操，逐漸被授以重任，現今官居理曹掾，掌軍法之事。曹操辦事有原則，國之大案交與大理寺，其他案件則由理曹掾或校事。若他想要個是非分明、清清楚楚，就交高柔辦；若他想不問青紅、致人死命，就交盧、趙辦。所以高柔與盧趙實是曹氏司法的黑白兩道。換了別人當理曹掾，可能黑白同爐，偏偏高柔是敢認死理的，勢同水火。

趙達整了整衣冠：「高大人，別來無恙？」

「二位無恙，高某焉敢有恙？」高柔敷衍一句便即轉身，「既然大王不在，我到宣明門外等候。」

呂昭趕緊攔住：「大人稍候一時，魏王命您在殿內待見。」說著強拉他在殿角處坐了。

盧趙二人不明白高柔來做什麼，又素有芥蒂，這會兒架不打了，一致對外。盧洪捋著他那兩撇小鬍子道：「高大人有所不知，大王要升我們官了。」

高柔只是緊握拳頭，咬牙望著殿外。趙達腆胸疊肚：「您別生氣嘛，我們升了官，今後也就不幹這等營生了。咱同殿稱臣，還望多多關照，我敬您一杯。」

高柔卻咬牙切齒：「本性難移，你們當什麼官也好不了。」

趙達一笑而置之：「高大人，我一片好心奉勸您兩句。別看您官比我們大，其實卻不通為官之道。您懲治的是贓官惡寇，我們整治的是才俊之士……」

「虧你自知無恥！」

趙達卻道：「說您不通，您還真不通。好人壞人有何區別？巨寇惡霸是危害大王的，那些隨便談吐的才俊之士不也是危及大王的？即便他們是好人，說的是逆耳忠言，但有礙大王權威，大王一樣要殺。甚至那些敢說實話、敢說真話之人比巨寇惡霸更可惡，他們得人心，得人心就不行！孔融、崔琰之流不都這麼丟的性命嗎？」

高柔默然無語。

盧洪提高嗓門又道：「朝廷為何推行《孝經》？那就是宣導君父之道。大王就好比是咱的爹，爹說是黑的就是黑的，爹說是白的就是白的，你說不對就是不孝！」

高柔聞聽此言心如刀絞，他不得不承認這話有道理——歷代君王最在乎不是對錯，而是屁股底下那位子能否坐穩。君王昧良心，才有官吏昧良心，進而上行下效，百姓也昧良心。可大夥要是都昧良心，就快步入火坑了。朝廷要毀，國家要毀，九州華夏皆要毀！

「高大人，來來來……」趙達還一個勁招呼他，「我敬您一盞，以前的恩怨一風吹，您知足吧！魏國上下誰不知您是諍臣，我們呢？百年之後誰給我們樹碑立傳？誰瞧得起我們？其實世道就這樣，我們不幹這差事總還有別人幹，不都為了活著嘛？沒辦法的事……」說到這兒不知牽動哪根愁腸，趙達竟還落了兩點眼淚。

盧洪勸道：「今天是咱的好日子，哭什麼？喝酒！」

「對對對。」趙達拭淚，「脫卻這下三濫勾當，從今躋身朝堂，是該痛飲一場！」

趙達、盧洪正酣暢豪飲，又聽外面有窸窣之聲，既而又走進二人——前面走的另一位校事劉肇，他年紀略輕，卻總是一副冷面；後一人卻是楊沛的心腹縣吏劉慈，竟也穿了皂衣，手裡端著個檀木托盤，放著個白陶酒壺。

呂昭忽然站起：「是大王的使者麼？來來來……盧趙二公，大王賜你們宮中好酒，讓你們盡歡，這可是莫大恩榮啊！」說著那旁劉肇已倒了一杯。

趙達心思稍靈——劉慈一介小吏怎能入宮？賞賜為何要派校事來？此刻殿中除了他們五個再無他人，莫非……擦亮醉眼，果見倒出的酒紅稠稠的！

盧洪早心神俱醉，磕了個頭，不待趙達阻攔便搶走手裡：「我功比你大，我先喝！」說罷一股腦灌入肚中。這鴆酒果真厲害，剛一下肚便覺不好，如刀絞火燒一般，撲倒在地，殺豬般慘叫。

劉肇又倒一杯，冷冷道：「趙兄，該你了。」

趙達酒早醒了：「不……不……」

「我等奉命行事，別叫我們為難！」劉肇、劉慈往前湊了湊。

高柔也被眼前劇變驚住了，他坐於殿角，又發覺殿外廊下已站了十名侍衛，都是素常曹操身邊親密之士，猛然醒悟——大王暗布此局殺此二賊！繼而想到，自己曾多次進言處置盧、趙，今日大王故意讓我在旁觀看，是想給我個交代啊！

趙達瞪著恐懼的雙眼，不住後退：「大王不是要提升我們嗎？」

呂昭笑嘻嘻道：「大王是要你們升天。」

「我沒罪！」趙達打翻劉肇手中的酒杯，「我有功勞，我全是為了大王，不能殺我！」

高柔接過話茬：「按照你們的道理，無須有罪。爹說是黑的就是黑的，爹說是白的就是白的，現在爹叫你死，就得死。」

「不錯，君令臣死，臣不得不死。」劉肇乾脆把酒壺拿起來，「別讓小弟為難，留個全屍不好嗎？你積下的昧心財也夠妻兒過活，只要你一死，其他的概不追究。」

「不……」趙達左右躲閃、滿地亂爬，「我就是想升官，就是想讓子孫富貴！我也不願害人啊……饒了我吧！我滾出鄴城，我到深山老林隱居行不行？我什麼都不要啦！」

「別廢話了！」劉慈把托盤一扔，躥過去一把揪住他脖領，劉肇舉著酒壺湊上。兩人提拉他耳朵，壓著他臂膀，掐著他下頷，硬生生將半壺鴆酒灌了下去！

一聲刺耳的慘叫，趙達握住喉嚨在地上翻來滾去，亂蹬亂刨，條案掀翻了，菜肴滾得滿地都是；而在他一旁，盧洪早奄奄一息，瞪著眼睛只剩抽搐了。高柔方才還覺解恨，但眼見此景又生出一絲不忍，忙把頭扭向殿外。呂昭在他肩頭拍了一下，笑道：「大王命末將向大人道謝。還讓我告訴您，您昔日所言不差，盧趙二人早該死。但先前社稷未穩，尚有用他二人之處，如今王業安定，立嗣已明，這兩個小人沒用了。國之法度當付君子，您才是真正的良臣，大王還要提拔你為潁川太守，隨我去銅雀臺參駕吧！」

許都就在潁川，這麼緊要的職位豈是誰都能當的？可目睹這慘烈一幕，高柔升了官卻興奮不起來。

邁下殿階之時，呂昭提高嗓門對眾侍衛道：「流年不利瘟疫盛行，校事趙達、盧洪暴斃於此。幸而大王遠見，今後校事之責皆由劉肇、劉慈二位大人擔當。我們去見大王，你等幫兩位大人把死屍弄走。」盧趙二人固然雙手沾滿鮮血，但所行之事畢竟為迎合曹操，而且深知官場祕事、宮闈之爭，若把他們下獄典刑，八成一通胡咬，倒不如一壺毒酒了事。

「諾。」這班侍衛一個字都不多問。高柔心下苦笑——盧、趙雖死卻非校事的終結，殺了兩個，又換兩個，這等爪牙之徒也是兒孫不絕，或許只要有君王，就必要有他們。什麼時候忠良大臣、黎民百姓才能喘口舒心氣呢？

劉慈常年隨楊沛辦事，心狠手辣慣了，充這差事正合適；剛得到提拔就辦成這差事，甚為得意，想湊前探探盧趙鼻息。劉肇卻抓住他臂膀：「借一步講話。」

二人行至廊下，劉慈笑呵呵問：「兄台有何指教？」

劉肇依舊那副冷冰冰的表情：「盧、趙的差事如今落到咱倆身上，殷鑒可怖啊！」

一句話如當頭棒喝，劉慈不禁打個寒戰，彷彿已預見自己像盧、趙一樣僵死在地：「怎、怎麼辦？」

劉肇解析道：「盧、趙有今日下場固是結怨太多，為惡忒甚，更因窺測五官將與臨淄侯舉動，捲入立嗣之爭。今五官將雖為太子，百足之蟲死而不僵，大王日漸老邁，以後難免還有波折。效忠大王固然理所應當，但保全太子才是長久富貴，咱們可得往遠處瞧啊！」

「是是是……」劉慈不住拭去額邊冷汗。

迫殺兒媳

就在宮中處決盧洪、趙達之際，臨淄侯曹植又一次領教了父親的厲害。短短兩個月間，臨淄侯府屬員逐個調任：邢顒轉任幕府參軍，邯鄲淳調往泮宮為博士，鄭袤改任司隸功曹，任嘏調任相國掾屬……最後輪到司馬孚了，竟直接調任五官中郎將府。

司馬孚尷尬萬分，跪在曹植面前訴說不已——其實他進入臨淄侯府才兩年，與這府裡的人相處也不甚歡。只因其兄司馬懿親睦曹丕，所以許多人視他為「奸細」，加之他為人憨直不善交際，又動輒諫言，與應瑒、任嘏那等俊雅文士格格不入，連曹植都有點兒嫌煩他，每逢出遊宴飲之事都不讓他參加。但司馬孚卻直言敢諫本色不改，鬧得曹植也急不得惱不得。如今大廈傾頹，眾掾屬東離西散，偏偏輪到他時直接調往曹丕府，這豈不坐實了他是內奸？司馬孚自認清清白白，一定要解釋清楚。

曹植這還是第一次耐住性子聽司馬孚跟他講話，其實根本不在乎他說什麼，只是他多說一會兒就多留一會兒，他若走了這府裡便徹底冷清了，曹植真不知該如何面對落寞淒涼。

「總而言之屬下忠於侯爺，絕無悖逆窺伺之事……」司馬孚情至深處連連頓首。

「我明白。」曹植晃悠悠起身，雙手攙起司馬孚，繼而後退兩步，一揖到地。

「侯爺，這可使不得！」司馬孚慌慌張張又跪下了。

「煩勞人體，莫過於拜。」曹植強笑道：「叔達，你起來，你受得起我這一禮。我自小不知世事，隨性而行，你這兩年在旁時時諄教，我都言不入耳。現在想來，若聽你言厚待邢顒，他豈會在父王面前貶低我？若從你言謹身慎行，又豈會有司馬門之事？你無慚於我，倒是我有愧於你。」

司馬孚道：「危而不持，顛而不扶，則將焉用彼相矣。還是我等從事之人未能盡力。」

曹植搖頭道：「闔閭有雄志，孫武拜大將；夫差愛女樂，伯嚭居太宰。我之過錯焉能歸咎於你們？志不強者智不達，莫說你並非子桓一黨，即便是，也只怪我修身不謹，怨不得旁人。」

「屬下仕秦忠秦，仕楚忠楚，絕無窺伺之事。」司馬孚愛名節，定要把這事分辯明白。

「我信得過你。相處兩載我知你為人，你與仲達品性殊異，各有所長，長兄伯達更是千載難得的忠義之士。他報效軍中罹瘟疫之難，父王心懷感激，愈加高看你與仲達。前年仲達遭父王之斥，如今不也沒事兒了？父王調你去子桓府邸，是要提拔你，讓你當龍潛之臣……」曹植說到此處已經哽咽。

「侯爺，我……」司馬孚滿心想把事情解釋清楚，可話說到這個份上，真解釋清又怎樣？還能再幫曹植什麼？說我始終忠於您？日後該如何面對曹丕？愧對新主子不也一樣是不忠嗎？此刻司馬孚才明白，有些事是無法解釋清的，只能歎息，「侯爺保重貴體……好自為之。」

曹植終是仁慈之人，不讓司馬孚為難，握著他的手道：「還是你方才那句話，仕秦忠秦，仕楚忠楚。從今以後你是子桓府的人了，要盡心輔佐他，也願子桓對你言聽計從，讓你成為我曹魏砥柱之臣。」

「謝侯爺。」司馬孚的淚水在眼眶裡打轉，只怕自己哭了反惹得臨淄侯更難過，強忍著不敢往下流。

「走吧，快走吧……前程要緊。」留一時留不了一世，徒然自欺又有何益？曹植轉過身不再看他，只望著牆角老樹上棲著的一隻寒鴉，見那鳥兒驚風而起，掠過院牆不知飛向何處，棲向誰家，愣了好久才慢慢回過頭——司馬孚已歎息著遠去了。

曹植背著手在府中踱來踱去，路過牡丹花圃，雖已漸入深秋，可還有幾株尚未凋謝；想當初與劉楨、應瑒吟詩作賦花下對弈，現如今花在人亡，至交好友地下長眠。心中愁煩不忍多看，轉身走進側院，卻見一間間掾屬房空無一人。昔日邢顒、鄭袤等辨析時政，暢論經世濟民之道，如今簡冊几案久無人用，已蒙灰塵……

走了，都走了，昔日群賢雲集的臨淄侯府如今門可羅雀。

怎麼劉偉、劉修、夏侯惠那幫賓客也不來了？連楊修和丁儀昆仲都不敢登門了。他們涉事太深，以後可怎麼辦？曹植凝思半晌，終歸無可奈何，自己日後如何都不知，還管得了別人？他久久佇立在空屋前，腦中也如這屋子一樣空蕩蕩的，直至天色漸晚，眼前一片陰鬱。

「侯爺保重福體。」一聲呼喚將他拉回現實，他回頭一看，妻子崔氏、側室陳氏以及一群侍女、家僕都站在院口。崔氏萬福道：「月圓雖虧，然則否極泰來。侯爺逐鹿雖失，倒換得一身清閒，自此效仿鄢陵侯，但弄平生之所好，有何不美？自怨自艾於事無補，還是想開些吧！」她不愧是崔琰姪女，知書達理，凡事看得通透。

曹植心中雖傷，但知妻子所言有理，也不想這麼失魂落魄下去，提了口氣：「說得好！小廝們聽著，張燈掃院設備桌案，我要飲酒，要寫文章！今日不分尊卑，高高興興一醉方休！」

這命令一下可熱鬧了，眾僕人掃地的掃地，掌燈的掌燈，十幾張几案擺到了院中，庖人做上菜了，侍女燙上酒了，闔府上下說說笑笑如迎新年。其時天色已黑，幾十盞大燈卻把臨淄侯府照得如同白晝，曹植有令，今日不分大小尊卑，連僕婦、蒼頭都上席了，好酒好菜千載難逢，大家敞開折騰唄！

曹植在堂前居中一坐，左邊崔氏奉酒，右邊陳氏捧箸，眾僕僮上來敬酒，又磕頭又謝恩。曹植笑歸笑，卻根本沒有胃口，執筆欲作一篇文章，但平日裡思如泉湧，今晚卻毫無思緒，醞釀良久才落筆：

建安二十二年，癘氣流行，家家有僵屍之痛，室室有號泣之哀。或闔門而殪，或覆族而喪……

（曹植《說疫氣》）

只寫了這幾句，他便蹙眉停住——苦中作樂終歸無用，眼前再喜難祛胸中之傷，寫出東西也是悲。爭儲落敗便如瘟疫，使其闔門賓客盡皆流散。

曹植無奈擱筆，只一盞盞往下灌酒。崔氏、陳氏無計可施，索性任由他喝個酩酊大醉，或許明天就好了。

正在這時一個家僕跑了上來：「侯爺！黃門侍郎劉廙求見。」

「好！」曹植騰地站了起來，「此時就缺賓客，我親去迎接。」

他去迎接，滿院子人怎麼辦？全是僕從，關了府門怎麼鬧都成，叫外人瞅見不合體統，何況黃門侍郎乃魏王近臣，回去告一狀可受不了。眾奴輩躲的躲藏的藏，崔氏、陳氏也不便見外客，隱身堂屋內，悄悄張望。

曹植正愁沒人說話，大步流星去迎。見府門大開，劉廙手捧一卷文書立於月光之下，瞧不清神情，後面還有幾個隨從，不由分說一把拉住他手：「恭嗣，你來得好！正無人相伴，快陪我飲酒！」

劉廙連忙推辭：「微臣有差事……」

曹植哪管他說什麼，拉著他手直走到院中，見眾僕僮散去，杯盤狼藉，不免好笑。藉著燈火扭頭一看，卻見劉廙面帶愁容，忙問：「你怎麼了？」

劉廙眼神躲躲閃閃，似是難以啟齒：「大王有詔。」

「嗯？」曹植一愣，隨即仰面大笑，「事已至此有何為難？我這府裡屬員都走了，難道父王還要調我身邊僕從？父王要誰只管領去，文書信函也在側院放著，倘有瓜葛也叫人搬走，你我只管喝酒！」

劉廙要的卻不是這些，猶豫片刻把牙一咬，深施一禮道：「在下得罪臨淄侯了……」展開曹操的詔令，讀道：「漢室中興因世祖儉樸修德，與民休養；漢室之衰究孝靈窮奢極欲，揮霍無度。曹魏得漢室之封，守漢室之土，前世之鑒，豈不慎哉？孤謹奉先德，治國尚儉，輿馬服侍，不尚華麗，二十餘載未有違，然後輩不沿承。臨淄侯植，任性而行，不自雕勵，飲酒不節，自其私開司馬門來，孤不復信諸侯也。子既如此，媳則亦然。前者家宴，臨淄侯妻崔氏，衣之華麗過於宮妃，又素無懿德，未產子嗣，侍上傲慢，馭下無恩，此敝帚之女豈堪配與王家？現著令……」劉廙頓了一下，聲音變得異常顫抖，「令崔氏自盡，以儆效尤！」

「啊！」曹植感覺渾身的血彷彿被抽乾了，登時僵立，「父王要我妻自盡……」

劉廙哆哆嗦嗦捲好詔令：「君有令，臣不敢不辦。」

曹植虛脫般倚在柱上——我已不想再爭，也無力再爭了，父王為何沒完沒了？連兒媳都不放過，還有半分父子之情嗎？但轉念一想隨即了然，一者崔氏干預宮闈之事，再者她是崔琰的姪女，崔琰已被逼死，父王怎願留一個與他有仇的兒媳？但夫妻情重，怎忍割愛？

劉廙也知不近情理，但怎奈何？「明日一早大王將派人來驗屍，在下告辭。侯爺多保重！」不等曹植施禮接詔，把詔令往他手中一塞，歎息而去。

曹植攥著那冰冷的詔書，在院口愣了好久，才想起現已近二更，自己與妻子共處的時刻越來越少了，可這事怎麼跟她說呢？院中再無一人，他踉蹌行至席前，拾起盞酒，也不管誰喝一半的，仰脖灌了下去，只想暖暖寒了的心；抬頭又見，側室陳氏慢慢從堂柱後走出來，也是踉踉蹌蹌、滿臉淚痕。

「妳、妳們聽見了？」

陳氏點點頭，越發淚如雨下。曹植快步奔入堂中，卻不見崔氏倩影，不禁喝問：「我妻呢？」陳氏泣涕難言。他又跑出來欲奔後堂，哪知方至二門，眾侍女僕僮齊刷刷跪倒門口，阻住他去路。

「讓開！」曹植抬腿便踢，「我要見夫人。」

眾僕人任他責打就不閃開，陳氏從後面抱住泣道：「夫人有言，她趁早上路，不再見您。讓我們告訴您，千萬莫以她為念，今後謹慎侍父，孝悌待兄，保重前程要緊！」

「她不能死！我要見她！」曹植狂吼不已——他與崔氏雖未養下子女，但結髮夫妻相處和合，實是伉儷情深。

一個侍妾抱著曹植的腿，哭道：「夫人不願讓您見她自縊之狀，願留美貌於君心。王命不可違，何苦強之？」還有難處沒法說——大王的脾氣都知道，崔氏不死曹植便是抗令，非但他好不了，這府裡人都倒霉。兒媳婦都忍心逼死，奴婢如何下場？天都快塌了，不為主子也得為自己活命啊！

「我不能讓她死！我去求父王，你們攔住她！」曹植把詔書往地上一扔，撒腿奔出院子。

夜色已深，鄴城大街寂靜無聲，堂堂臨淄侯徒步奔行，一路向西跑得上氣不接下氣。來至東夾道便門前，宮門早閉，今晚連個守門的兵士都沒有。曹植奔上前去使勁捶打：「開門！速速開門！」連敲二十餘下，裡面連點兒動靜都沒有──知子莫若父，曹操算定他得來，能讓他進去嗎？

拍了半天毫無反應，曹植急不可待，又順著宮牆咬牙南跑，過了好幾道街巷，繞至東西大街，來到王宮正門時已冠帶歪斜汗流浹背，木屐都折了──從城東侯府到司馬門，將近四里地啊！

不但司馬門關著，連東掖門都關著。正門必有兵士把守，見躥出一人都感驚愕，兵刃都抽出來才辨明是臨淄侯，立時跪倒一片。

「開門！快開門！」曹植頓地怒吼。

小校甚為難，奏道：「大王有令，今夜所有宮門概不開放，任何人不准入見。還請侯爺見諒。」

曹植雙眼冒火，情急之下搶了他肋下佩劍，直抵他胸膛：「快快開門！不然我殺了你！」

那小校快急哭了：「侯爺別這樣，您就是殺了我，我也不敢開！前番您私開司馬門，公車令被大王斬首示眾，今天若再開門，大王非把我們都宰了不可！您行行好，給小的一條生路吧！」

「唉！」曹植無可奈何，把劍一拋繼續前行；跑了一陣，見西宮止車門照樣緊閉，衛兵見他來都紛紛躲避；西掖門更別指望，自兩年前嚴才叛亂這門再不開了，西夾道堆著雜物，都快封死了。再往前就是西苑，青瑣園門也關著，折騰半天衛兵知道了，早躲進街對面營房了。東牆到西苑又是二里多地，折騰個把時辰了，曹植冠帶都丟了，披頭散髮，再沒力氣，癱倒在地，抬頭望著宮苑深處的銅雀三臺──曹操本性節省，無宴會時銅雀臺只點幾盞孤燈，今夜連孤燈都沒有，黑黢黢的高臺樓閣宛如三個無情巨人，在月光下只有一絲輪廓。

「父親！開門啊！讓孩兒進去，求求您了！」曹植聲嘶力竭地吶喊著，但一切都無濟於事。

不知過了多久，一片烏雲遮蔽了月亮，銅雀臺也望不見了，四下一片漆黑。曹植東西不辨亂摸一陣——這黑夜如同他的遭遇，渾然無盡頭。突然天上一個霹靂，緊跟著暴雨傾瀉而下，連他的呼喊聲都淹沒了。一群家僕和士兵帶著蓑衣、油傘摸黑趕來：「侯爺！別這樣，快回府吧！」

回府？怎麼回去？回去眼睜睜看妻子自縊嗎？

他死活不走，其他人也沒辦法，給他打著傘，自己卻不敢用，在冰涼的秋雨裡淋著。曹植終於哭出來了，伏在宮牆上死命捶打，似要打出個洞——他恨這宮苑，這又高又厚的宮牆才是罪魁禍首！它阻斷了父子情，破壞了手足情，扯斷了夫妻情，全都怨這隔絕人性的宮殿！

也不知過了多久，他打不動了，喊不動了，也早哭不出了，呆呆佇立在宮牆下。雨漸漸停了，東方天際也露出了一縷晨光，曹植終於承認，他拯救不了崔氏的性命，誰都逃脫不了父親的安排。

殺母奪子

曹植只知自己不幸，卻不知他父親這一夜過得也不平靜。

曹操瞭解兒子性情，料定他必要來，所以這晚根本沒在銅雀臺，而是回了後宮——或許他也不忍聽見曹植的慘呼吧！平心而論，他至今仍喜愛曹植，但要穩固曹丕的地位就必須打擊他；而打擊他也不是目的，是做給那些以為曹植奇貨可居的人看。死灰尚可復燃，要在死灰上再澆盆水。

不過他良心僅止於此，對兒子尚有感情，對兒媳卻無絲毫憐憫。崔琰已經殺了，這個兒媳與自己有殺叔之仇，即便曹植為嗣，也不能容她當太子妃，何況曹丕為嗣？她也只配充當一枚棋子了，好在沒生兒女，死了倒省事。

曹操自午後與楊沛密談，又接見劉慈，安排了誅趙、盧之事，等候回奏又派出劉廙。一切都忙完已是早過初更時刻，只草草進了碗粥，便昏昏沉沉回轉東宮後院。他先前不信鬼怪之說，但最近不知是年邁改脾氣還是聽方士講故事講的，竟有些猶疑，在經過溫室殿之時不禁加快了腳步，似乎是怕趙達、盧洪那兩個小子的陰魂作祟。

魏王要回後宮楸梓坊，寺人嚴峻早告知卞氏夫人，卞氏備下幾樣小酌之物，點上艾草，又命人準備盥洗之物，早安排妥當了，叫嚴峻坊外迎接王駕。曹操走到一半卻猶豫起來——不妙！今夜我倘在卞氏處下榻，不言兒媳之事未免過分，也傷及夫妻情分；若言及此事，她與崔氏婆媳尚睦，又疼愛植兒，不免要向我啼哭求情。別人求情倒也罷了，卞氏乃是丕兒之母，日後有母儀之分，我既不能開恩又不便斥責卞氏，這事倒難辦得很。

正在躊躇之際，又聞請駕之聲：「臣妾參見大王。」

曹操扭頭望去，側室王氏帶著兩個小侍女從陰暗的花叢間走過來——她雖年近四旬，卻知書認字，在眾妻妾中學識最高，又謹守宮闈溫柔體貼，曹操對她別有一番情愫，惜乎未養下一男半女。

「天色不早，妳還沒歇著？」曹操的口氣格外和藹。

王氏道：「今夜有些悶熱，臣妾在園中走走。」

曹操從她眼角瞧出一絲苦澀，心下了然——是啊，別人即便無寡人寵幸，有兒有女說幾句貼心話也是好的；她不惑之年沒個孩子，宮外又沒親戚，何以打發時光？只能在園中對月歎息。

「大王不去夫人那裡嗎？」按理說魏國既已建立，相對魏王就應有王后。但曹操情況甚是特殊，他原配夫人丁氏居於宮外，多年來他想盡辦法想請她回來，可丁氏憤於曹昂之死就是不依；曹操又不肯寫休書，就造成後宮無主的尷尬。既沒王后便只能按公侯之制，皆姬妾之流，若提及「夫人」便指卞氏，雖無嫡妻之名，卻有嫡妻之實。

「天色甚晚，不打攪她休息了。」

王氏笑道：「那請大王早早安歇。」

曹操依舊搖頭，扶著嚴峻的肩膀當了拐杖，往前湊兩步道：「妳為何不請寡人到妳那裡？是怕夫人妒忌嗎？」

王氏受寵若驚：「臣妾倒不是怕夫人妒忌，但望大王保重貴體。既然大王垂愛，臣妾何敢辭焉？」

「寡人不去……妳那裡太冷清。」

這話刺痛王氏之心，眼淚差點兒下來。曹操在她肩頭拍了拍道：「別難過，有妳的。就衝妳真心真意待寡人，終究會有妳的……妳替寡人轉告夫人，今晚我去陳姬那裡。」說罷扶著嚴峻緩緩而去。

陳妾是曹操所有寵妾中最年輕的，也是容貌最美的。她雖是丫鬟出身，卻隨著趙氏學了不少歌舞；前兩年產下一子，當即被封為高平亭侯，就是曹操最小的兒子曹幹。陳妾顯然沒想到大王今晚回來，她早卸胭脂釵環，快就寢了，得嚴峻稟報從榻上跳起來，趕緊招呼奴婢灑掃、焚香。曹操卻不待她迎接，不聲不響進來了：「不必麻煩，寡人不是說過麼，香薰之物別多點，節儉為上。」

「諾。」陳氏雖這麼說，心下卻不以為然——老爺子寵她，口上說說就是了，懲治誰也不會懲治到她頭上。再說這香不是宮中之物，乃臨淄侯之妻所贈，清河崔氏河北名門，還在乎這點兒香？

陳氏殷殷切切：「奴婢這些天一直思念大王，聽聞大王常跟那幫方術之士一處，那有何意趣？」以往撒兩句嬌，曹操勢必眉開眼笑，今天卻不然，曹操愛搭不理，悄悄走進偏室，「大王要看幹兒嗎？」

曹操不答，借著燭光湊到曹幹榻前，這孩子不足三歲，身子倒很壯實，躺在繡榻上，嘴裡還含著拇指，睡得可甜呢！曹操微微一笑，不忍吵了他，又悄悄退出來。

陳氏面對菱花鏡畫眉抹粉，曹操卻道：「不必了，把奴婢都打發了吧。寡人今日處置政務太晚，不便回西苑了，就在這兒湊合一晚。」說著已自己脫去冠冕、外衫，和衣倒在陳氏榻上。

陳氏見他搪塞，心中不悅，卻不敢觸怒君王，過來斜靠在他身邊。曹操輕輕推開她肩：「已近二更，早早睡了吧……對了，明早寡人約左慈等人研修采氣之術，妳四更天一定喚我起來。」

「四更天？也太早了吧？」

曹操不解釋，合眼睡了。陳氏可為難了，他大馬金刀榻上一臥，自己連睡的地方都沒了，又不敢再叫奴婢，自己動手從偏室取來一張下人的臥榻，又怕誤了四更時辰，倚著不敢睡，心下暗暗埋怨老頭子霸道——她豈知自己大限將至！

曹操哪裡睡實？合眼暗自思量——這婦人年紀尚輕涉事不多，但干涉立嗣罪無可赦，幹兒年紀還小，日後長大曹丕記恨其母必不善待，倒不如我做惡人，幹兒脫了這婦人干係倒也乾淨。

正思忖間窗外一聲驚雷，繼而下起雨來。陳氏一陣哆嗦，更無法入睡，回頭看曹操，兀自安然穩臥。陳氏無可奈何，忍著不敢入眠，昏昏沉沉，時而冒雨出去查看銅壺滴漏；少說折騰了十幾趟，才熬到四更左右，雨也住了。她輕喚曹操，卻見他依舊睡得極沉，輕輕推兩下也不理睬。

陳氏伏到他耳畔：「大王，四更天了……」哪知曹操卻翻了個身，蒙頭大睡，不一會兒竟打起鼾聲——這是真睡著了。

陳氏又好氣又好笑，望望窗外，天色尚未明，料想下了兩個時辰的雨，園中泥濘路滑，即便起來也不便去了；索性把燈一吹安然躺臥，不一會兒便入夢鄉……不知過了多久，猛覺臂上一痛，被曹操推醒：「什麼時辰？」

陳氏揉揉睡眼，爬起來看——外面天光大亮，早已五鼓天明。

曹操把眼一瞪：「四更之時為何不喚寡人？」

陳氏還以為他是戲謔，笑道：「大王睡得香甜，奴婢叫不醒。」

「大膽！」曹操坐起身來，「寡人有令竟敢不從，倘有軍中急務豈不耽誤？」

「此非軍務，況夜裡有雨園中泥濘，大王……」

曹操哪容她分說，放聲大呼：「來人哪！」

陳氏如墜五里霧中，還未明白怎麼回事，外面伺候的奴婢、寺人已跪至門邊。曹操憤然指斥：「此賤婢不尊我命，欺君妄上，把她扯出去縊死！」

陳氏不敢相信自己的耳朵，驚得目瞪口呆；奴婢、寺人也怔住了，誰不知陳妾受寵，平日三言兩語就把大王哄得樂不可支，今日為何翻臉？曹操見眾人不動，乾脆自己動手，揪住陳氏髮髻便往外拖，拽至門邊一把推出去：「還不動手更待何時？你們也敢抗命嗎？」眾人再不敢怠慢，七手八腳拉扯。

陳氏又哭又嚷：「大王饒命，大王饒命！賤妾再不敢違命……」

「唉！」曹操不禁搖頭，「妳還不明白妳錯在何處嗎？」關涉立嗣之事他不能說，後宮本就不得干政，若傳揚出去，鬧得人人皆知曹操被小老婆吹過枕頭風，斯文掃地的是他自己。

陳氏花容失色，這才想清楚些緣由，跪在園中不住叩首：「大王饒命！賤妾不敢了……賤妾再不敢了……」

「晚矣！」曹操解下腰間玉帶拋與寺人。

陳氏叩頭如雞啄碎米一般，連哭帶號，額頭已流鮮血：「求大王看在幹兒份上饒了我……」

寺人尚有猶豫，曹操卻面目猙獰把手一揮：「動手！」

眾寺人拉扯陳氏，要把玉帶套在她脖上；陳氏兀自掙扎，早弄汙了石榴裙，衣衫扯得稀爛，最後兩人拽住膀臂，一人揪起長髮，才把那奪命絞索套住。

曹操立於門邊，眼睜睜看著這位溫香暖玉的女人踏進鬼門關，眾寺人抓住玉帶左右拉扯。陳氏再難呼喊，喉間咕咕作響，一張俊秀小臉憋得通紅，兩隻杏眼漸漸睜大，充血的眼球似要迸出來，但還乞憐地望著曹操，渾身上下不住抽動。少時只見她眼珠上翻，喉間「唠」地一響，便全身癱瘓再也不動了——這如花似玉的美人糊裡糊塗喪了性命，死狀醜陋可怖！

又哭又喊一通鬧，後宮楸梓坊、木蘭坊早驚動了，環氏、秦氏、尹氏、杜氏，還有宋姬、孫姬、周姬等都趕來，忐忑地站在院外，誰也不敢靠前；又聞侍女請安之聲，連卞氏、王氏也驚動了，後面不聲不響跟著嚴峻。卞氏分開眾人來到近前，一見陳姬的死狀又驚又恨——她這一宿也沒睡，老頭子說好回宮竟沒來，王氏來說話，才知去了陳妾那裡，雖年齡疏隔也不免醋意。王氏與她關係親睦無話不談，聊起昨晚之事都覺蹊蹺，天色漸明叫嚴峻過來，連問帶嚇才知曹操派黃門給曹植傳過一詔。卞氏何等精明，想起那日軍中說起宮闈之事，預感兒媳不好，姐倆正不知怎麼辦，又聞寺人稟奏，陳氏這邊出了事，跑來一看就傻眼了。

曹操手扶門框立於階前，臉上已無怒色，卻甚是陰鬱。卞氏緩緩走到他身邊：「大王那日言道宮闈之事自有理會，難道就這等理會之法嗎？我那兒媳呢？」

曹操陰沉沉道：「這會兒定是死了。」

卞氏悲意湧上來，也不顧君妃之別了，厲聲問道：「你廢崔氏嫡妻之位便可，何苦要她性命？植兒與她情深，以後咱們何顏對他？幹兒不滿三歲你殺其母。你害了倆孩子呀！」卞氏一輩子恭順無爭，任憑丈夫恣意而行，沒說過一個「不」字，這還是頭一遭發火；眾侍妾忙上前安慰，卻不敢瞧一眼地上那慘不可言的死屍。

曹操沒理她，轉身進屋，不多時抱了小曹幹出來，環顧眾侍妾道：「妳們看到沒有？家醜不可外揚，有些事不便公之於眾，但是她究竟因何而死，妳們心裡也有數吧？鑒之鑒之，否則休怨寡人翻臉無情！」曹操點到為止不便多查，若真深究起來，這魏王后宮女眷何止百人，私下結怨也不少，若搞得她們互相告密詆毀，這後宮就永無寧靜之日了。

曹幹實在太小，連親娘死了都不懂，只是被父親的吼聲驚得哇哇大哭。眾侍妾瑟瑟發抖，誰敢抬頭？曹操踱至王氏面前，把曹幹往她懷裡一塞：「從今以後他就是你的兒子。」

王氏一怔。她雖得曹操寵愛，卻年近四十未有子女，將此子認為自生，日後老有所依倒也稱心；可殺其母而奪其子，這事實在彆扭。她緊緊抱著這個啼哭不止的小傢伙，不知該哭還是該笑。

突然，院外又撞進一婦人，身穿單衣，赤裸雙足，披頭散髮，還拉個五六歲的男孩，跪倒在地給曹操磕頭——原來是趙姬。

她乃袁氏歌姬出身，與崔家相識甚早；陳姬又是她推薦曹操的，如今兩邊都倒霉了，她這穿針引線的能活？故而先來請罪求活，又怕老頭子心狠，把兒子曹茂也拉來了。

曹操陰森森瞅著她：「妳倒是精明，不過太晚了。」

「臣妾知罪，求大王開恩。」

「豈能這麼便宜？來人哪……」

話未說完曹茂「撲通」跪倒，抱住父親大腿：「父王饒了我娘親……饒了我娘親吧……」他雖不知出了什麼事，但母子至親豈能坐視？

曹操怒喝：「放手！你這不孝兒！可知王家綱常？」

曹茂就是不放，大放悲聲：「別殺我娘……別殺我娘！」

「你這逆子，我把你……我把你……」

卞氏一旁頓足哭道：「不是我的肉，卻是你的肉！你還要害幾個孩子才罷手？」環氏、秦氏也上前拉扯勸阻。

曹操腿腳不便，一拉一搡，竟絆個跟頭；嚴峻手疾眼快，忙撲倒在地給他當肉墊。曹操跌在嚴峻身上，也不知是不是被卞氏的話觸動了，只道：「罷了！這懦弱之兒非我王家之人！你既不肯捨母，日後不受你兄長待見，不得封王封侯，可怨不得老子。」又大呼：「嚴峻！嚴峻何在？」

「欸！」嚴峻在他屁股底下呢。

曹操狼狽爬起：「起駕銅雀臺，寡人要見諸方士。」

「諾……」嚴峻周身劇痛，半天才爬起來。一瘸一拐的宦官攙著同樣一瘸一拐的大王，出門而去，只留下一群哭哭啼啼的女人。

第八章

許都叛亂，暴戾梟雄大開殺戒

再誅舊友

曹操為冊立曹丕清障，不但殺了校事趙達、盧洪，還調走臨淄侯府一應屬官，逼死兒媳崔氏。於是天下人盡知曹植失寵，專務中郎將曹丕。時至建安二十二年十月，曹操正式頒布詔令，冊立曹丕為魏國太子；又任命涼茂為太子太傅，何夔為太子少傅，鮑勳、司馬懿等為太子中庶子，司馬孚、王昶等為太子舍人，一個德才兼備、面面俱到的太子府建立起來。

連許都朝廷也不得不在這時錦上添花，劉協再次頒布詔書，賜予曹操戴十二旒王冕、乘金根車、駕六馬、設五時副車。按照《禮記》所載，子、男之爵冠冕五旒，侯、伯之爵冠冕七旒，唯天子之冕玉藻十二旒。實際上十二條玉串的冠冕就是皇冠，金根車亦為天子所乘，朱漆車輪、虎紋車軾、龍首車軛、鸞雀立衡、金羽華蓋，後建十二杆旌旗，畫日月升龍圖案，華麗無比；諸侯王公之流四馬駕車，唯天子六馬，御駕左右有青、黃、赤、白、黑五色安車（有杌凳、坐榻的馬車，顯示乘車人尊貴）、立車（前有橫木，乘車人手扶站立的馬車，顯示乘車人威武）各一乘，總共十輛，是為五時副車——這一切皆屬天子儀仗。曹操已有漢天子之權，如今又得漢天子儀仗、服飾、旌旗，北方天下正式出現了兩位天子並存的局面。

得到這套儀仗，曹操自然要威風一下，他率太子曹丕、親隨子姪在鄴城內外好好周遊一番，所過之處吏民夾道歡迎，萬歲之聲震撼天地——經歷數十年兵亂，百姓才不管誰是真皇帝，只要能讓他們生活安定，喊誰萬歲不是喊？

車駕行至南郊聯營，左將軍于禁率全軍將士操戈演武，以助魏王之興；又至西山行獵，王子諸侯各領親兵逐鹿射兔，進獻父王承歡。鄢陵侯曹彰弓馬嫻熟獲獵最多，曹操甚是高興，稱讚不已，整整熱鬧一天才回歸鄴城。此時楊沛轉任京兆尹，改由任城士人棧潛擔當鄴城令，早派人淨水潑街，黃土墊道，留守眾臣候於道邊迎駕。

曹操一眼望見夏侯惇：「元讓，上來參乘。」如今他的車已是天子乘輿，能在這輛車上陪王伴駕何等耀榮，恐怕魏國上下也只夏侯惇能有這資格。

夏侯惇不敢僭越，駙馬都尉孔桂來請，推辭半晌才半推半就上車。車入鄴城，曹操漫指左右繁華街市道：「你我年少之時可料得有今日之貴？」

「臣不敢想，皆大王鴻德英武所創。」

曹操不喜：「元讓，你我自幼相厚，共舉魏國大業。昔日光武與舊友嚴子陵抵足而眠，你我之默契遠勝古人，何必說奉承話？」

「諾。」夏侯惇暗忖——少年之交、共同舉業倒也不假，但你身登王爵之位，連結髮之妻都逐走了，親兒子擠對得痛苦難言，還逼死了兒媳婦，誰敢與你論舊交？

曹操道：「夏侯氏與曹氏本為一體，你族中有何良才可要時時薦舉。」

「我倒有意效仿毛遂自薦。」夏侯惇笑了，「國立兩載文武濟濟，末將官職不低，封邑不少，但至今還是漢官，似于禁已授魏國左將軍之職，末將不願與許都庸散遺臣並論，請授魏官。」

曹操歎了口氣，抓住他手道：「太上師臣，其次友臣。夫臣者，貴德之人也，區區之魏，何足屈君乎？你我乃鄉閭之友、手足之親、兒女聯姻、處世同道。我雖為魏君仍居丞相，你也是漢臣，咱倆仍是同殿之人，我若以你為臣便受禮法約束，還能這般推心置腹嗎？」

夏侯惇只覺心裡熱乎乎的，他實是與曹操感情極深，昔年之患難歷歷在目，想至此不由自主喚著：「孟德……你有這番心意我便感激不盡。」

「好！」曹操面帶喜悅，「曹孟德……我都記不清多久沒人這麼叫我了。叫得好！什麼稱孤道寡？還是自己名字最好……」老哥倆促心而談，論及昔年舊事，時而撫掌大笑，時而淚花盈盈。

不多時正陽大街便走到頭，直迎王宮，司馬門大開，中尉楊俊、郎中令和洽、尚書令徐奕、虎賁中郎將桓階等恭候大駕。夏侯惇欲攙曹操起身，他卻道：「你也一把年紀，卻來攙我，還是叫小的們來吧！」回頭一望，見曹丕正湊在太子太傅車前，攙涼茂下車——當初曹丕任五官中郎將，首選長史就是涼茂，如今繞個大圈，師徒又再重逢了。曹操見他敬重師傅甚是滿意，但又見周遭圍著大群官員，又感不悅，竟拉著夏侯惇又坐下來，傳令道：「把太子叫來！」

大王傳召哪敢不來？非但曹丕來了，曹彰、曹植、曹彪等諸侯都來了，還跟著一群官員。曹丕大禮參拜：「父王喚兒臣有何吩咐？」

「你近來處置政務辛苦了吧？勞苦功高啊！」

「兒臣不敢當。」曹丕分明從他語音中聽出一絲譏刺之意。

「聽說近來你門上賓客甚多？」

「皆賴父王器重，群臣感父王之德垂愛兒臣，但兒臣不敢以太子自居，與群眾平等論交。」曹丕措辭極是謹慎。

聽他這麼說曹操慍意稍解，漫不經心似地說：「你如今分擔要務，精力有限，不要接待太多賓客，本末倒置就不好了。鮑勳、司馬兄弟都在你身邊，那還不夠嗎？若你想要誰輔佐只管跟為父說，為父派給你便是，切莫不論賢愚來者不拒。」

曹丕自知招忌，冷汗都下來了，哪敢提要誰，連連叩首：「兒臣得父王撫育豈敢多求，以後多多留意政務，不再分心便是。」

曹操見敲邊鼓管用，也滿意了，點手又喚曹彰、曹植，笑道：「前天代郡太守裴潛來朝，順便帶了十幾匹幽燕好馬，為父已留了一匹，給太子一匹，剩下的全給你二人！」

曹彰大喜：「太好了，多謝父王。」

曹植滿面倦容也道：「謝父王。」轉身又向曹丕施禮，「謝太子。」太子乃國之儲君，雖是兄弟也有半個君臣之分，不能再似以前那般隨便。曹彰不懂這套，曹植都快成驚弓之鳥了，自然萬分小心。

曹操又道：「子文府裡良馬甚多，少要一些，多給子建。」其實他心裡也愧疚，把曹植打壓到這種程度可以罷手了，「你們不忙政務，沒事多進宮陪陪寡人，自今以後王宮任你們出入，也方便些。」

曹丕暗暗心驚。洛陽焚毀以來制度淩亂，獻帝又無太子，鄴城也沒建「太子東宮」，東宮制度實已廢闕，不過是把過去五官中郎將府換塊匾額，仍在宮苑外。如今弟弟們倒比他得自由，這滋味實在難受——帝王心術很微妙，為國之長遠要鞏固太子，為了君權不旁落又要打壓太子，父子君臣之間既相輔相成又互相抑制，這種關係最難處。曹操如今已穩住曹丕的太子之位，今後又要提防他權柄過重了，曹丕最舒服的一段日子已走到盡頭。

在場之人都覺得他這個安排甚是微妙，可誰也不敢說什麼。曹操這才起身：「回宮吧……」

「臣有事啟奏大王。」侍中習授擠出人群。

「何事？」

「臣方才與將軍婁圭共乘一輿，他所發之言甚是悖逆。」

「說些什麼？」曹操有些掛火。

習授從漢臣轉為魏臣不久，今日聽婁圭說了幾句大膽的話，旁邊不少人都已聽見，倘若傳揚出去惹出禍來，弄不好也把他裹進去，索性主動告發：「方才車行街上，微臣在後，觀大王與太子英武，便隨口讚道：『大王父子如此威儀，何其快哉！』哪知婁子伯卻道：『大丈夫居世間，當自為之，豈但觀他人乎？』這不是悖……」

話未說完曹操已火冒三丈：「好！好個當自為之！他要做什麼？也要開疆立國當帝王嗎？來人哪……婁圭狂悖不法、居心叵測，將他就地處決！」

所有人都感惶恐——婁圭與曹操何等交情，就算說幾句過分的話也不至於這麼處置吧？連習授都沒想到自己這一狀竟把人家告死，驚得摔坐在地。

群臣豈能不救？但尚未開言只見曹操大袖一甩：「何人講情與其同罪！此等無父無君之輩死有餘辜！須知天無二日，人無二君……」其實他說這話腰桿並不硬，他自己恰恰就是第二個太陽，也正因如此，他絕不允許有人再奪他的權。

群臣眼看著曹操捶胸頓足喝罵不止，思忖近來他不分青紅殺的那些人，誰也不敢再勸——拿婁圭開刀未嘗不是殺一儆百，故意給他們看。連夏侯惇也三緘其口，不便再陪他坐御駕，摸著車轅悄悄溜下來，侍立車邊。

曹操精力不濟，罵了一陣子已氣喘吁吁。夏侯惇實在憋不住了，低聲道：「婁圭年老昏聵，固然有過也不當……唉！大王忘卻王儁之言了嗎？」

只這低低一語，曹操猛醒——昔日他與王儁、許攸、婁圭為友，宦官當道棄職隱居，因得王儁鼓勵才重入仕途，想來若無當日之事便無孟德今日。辭別之際王儁再三囑託，許子遠好利自大，婁子伯倔強剛愎，若有觸怒當念故舊之情容讓。他已因一時憤怒殺了許攸，怎能再害婁圭？想至此趕忙下車，揚手高呼：「且慢！赦回婁……」

話未說完，見一虎豹士手捧血淋淋的人頭跪於駕前：「臣等覆命！」

「啊！」曹操眼望婁圭首級僵立不動，群臣也不作聲，王宮門前靜悄悄的。直至一股寒風吹過，拂起曹操頭上冕旒珠串，他才微微動一下，深吸口氣道：「將他好生安葬……回宮吧……」曹丕、楊俊等紛紛低頭，不吭一聲默默跟著。

「大王！」夏侯惇突然跪倒，向前爬兩步道：「懇請賜予末將魏廷之官。」

曹操蹙眉道：「這又何必？」

「臣既在魏土不為魏臣，心中不安。」

「你我之間……」曹操還欲再言，卻見夏侯惇低著頭，雖看不見表情，但一部白鬚不住顫抖，似是惶恐至極，「也罷，寡人任命你為前將軍，可以了吧？」

「謝大王。」夏侯惇重重磕頭。

霎時間曹操感覺無比孤獨，似乎身處萬仞高山之巔，雖遍覽天下聲震四海，卻再無一人能親親熱熱說上兩句知心話。他心頭堵得慌，卻無可奈何，只得長歎一聲，走入唯他獨行的司馬門……

方術左道

太子冊立國無大政，按理說就該按既定計畫西征漢中了，可曹操似乎不著急了，每日裡沉迷方術修煉之法，根本不提西征之事。眾將有些沉不住氣，卻又見不到大王，鍾繇、徐奕等人數次提起，卻皆被曹操搪塞，只道等身體好轉再做定奪。以前從未有過這樣的事情，這不是怠政嘛！

曹操不著急，劉備卻急得很。時至年終之際漢中傳來軍報，劉備遣張飛、馬超、吳蘭等部進軍下辯（今甘肅省成縣西部），這可不能等閒視之了——下辯乃武都郡軍事要地，而武都又是漢中北上出口，自劉備擊退張郃侵入巴郡後，其勢力向西北發展，如今這步棋是從西繞過漢中地界，自北面反切漢中，與當初曹操兵臨陽平關之策不謀而合。若此計得手，漢中將陷入南北受敵的局面。

局勢漸漸不利，曹操不能不有所應對，但即便如此他也沒決意出征，只派都護將軍曹洪分兵援救。曹洪雖負勇名，如今卻已年邁，加之醉心斂財，整日手拿算籌計較得失，已無昔日果敢血性。曹操也不放心，又派騎都尉曹休、議郎辛毗充任其參軍，而且再三囑託：「汝雖參軍，其實帥也。」把軍務都託給他倆，之後便回銅雀臺研究養生之道去了。

這兩個月來最難受的莫過於曹丕，太子當上，又開始了受罪。曹操既不理事，就得由他出頭，可他被父親敲打又不敢太熱衷，連賓客都不敢隨便接待，這分寸實在太難拿捏。他每天到中台坐上半日，瑣碎事宜與鍾繇、徐奕共做主張，遇到大事一趟趟跑銅雀臺，奏明父親才拿主意；一過午時趕緊向父親問安告辭，回到府邸把大門一關，誰都不敢見——這太子當的，簡直就是活受罪！

眼瞅著冬去春來，又一年過去了，西征之事遙遙無期，就連曹丕都有點兒耐不住性子了。這一日清早入尚書台，坐在案前瞅著堆成山的公文，愁眉苦臉直打哈欠。武周、陳矯等人瞧出他有心事，不願惹他煩心，商商量量就把公文發了。

傅巽口渴得緊，顧不得叫小吏自己取水喝，又倒了一碗端到曹丕面前：「太子請。」

「哦，多謝傅公。」曹丕想起身道謝卻被傅巽按下了。

「太子身體不適？我見您臉頰紅腫，是不是有些虛火？」

成天憂心忡忡能不上火嗎？曹丕滿腹心事也不便跟他說，只道：「最近父王又徵召一批方士，我瞧這事有點兒過了。」

「誰說不是啊？」陳矯提起這事就有氣，把筆一擱忍不住插言，「有個叫東郭延年的人，酷愛倒懸，說什麼倒立可以長壽，這叫什麼主意？還有個王真，會龜息之法，自閉氣息如同死人，我倒瞧他露過兩手，不過爾爾，天天閉氣躺著，那長不長壽也無甚區別了。還有個叫郝孟節的上黨遊民，嘴裡含顆棗核，據說好幾年都不吃飯，也不知真的假的。」一席話說得眾人哈哈大笑。

曹丕一臉苦笑：「昨天父王又跟我說，隴西有個叫封君達的人，自稱青牛道士，有長壽之術，命我設法找來。這等道聽塗說之事怎有頭緒？」

「青牛道士？」傅巽哭笑不得，「據書籍所載，孝武帝年間有個青牛道士，坐騎青牛，服食水銀，有百餘歲。封君達若真是那個人，少說也有四百歲了，豈非奇談？」

曹丕甚為苦惱：「真也好假也好，他既要找，就試試看唄！其實先前郤儉、左慈等輩倒還算有術之人，導引調息並非左道，只是此乃數十年修行所成。父王一把年紀，現在修行恐已難收功效，至於後來辟用的這批人……」他不敢直言是騙子，免得傳到父親耳中。

正說話間令史李覃走進來，抱著幾卷文書慢悠悠放在曹丕案頭，施罷一禮便往外走。武周笑呵呵叫住他：「李令史，聽說你也在嘗試辟穀之法，感覺如何？」

李覃將將三十歲，卻也湊這熱鬧，兩天餓下來臉色蒼白，身子直打晃，卻道：「神清氣爽……神清氣爽……」慢悠悠走了，眾人掩口而笑。

傅巽卻臉色凝重，喝了口水道：「我看一點兒都不好笑。這等人乃幸進之徒，大王好方術，他就跟著也信，這不是諂媚嗎？聽說有個軍吏，每天清早在轅門打坐，說是練氣，這不是故意做給旁人看嗎？照這樣下去，養生之法沒尋到，倒培養一幫小人。原來只一個孔桂，現在到處都是孔桂。」

曹丕小心謹慎，生怕點名道姓惹是非，反岔開話頭，取笑道：「有一樁趣事，前天我到銅雀臺時，寺人嚴峻正跟左慈說話，我過去一聽，嚴峻竟打算學房中術呢！」

「哈哈哈……」眾人笑得前仰後合，連書簡都掉地上了。

傅巽嗆了口水，咳嗽著道：「閹人要學房中術？哈哈哈……太子得好好問問嚴峻，這小子八成有對食了！（對食，古時宮廷中宮女與宦官私下結成的掛名夫妻）」正樂不可支，卻聽外面有人吵吵嚷嚷——相國鍾繇與參軍裴潛一前一後進來。

裴潛喋喋不休：「朝廷為何不讓我回代郡？我要見大王！」他原是代郡太守，最近才調回來，臨時給個參軍的頭銜。

鍾繇道：「大王不會見你。兗州刺史司馬朗病逝，大王已指定你接任。你在代北多年飽嘗艱辛，調你去中原為官不是好事麼？」

「卑職沒說不好，可我在代郡的差事還沒辦完呢，若換他人代替必然生亂。」裴潛滿臉桀驁不馴之色。

陳矯也幫著勸：「大王沒否定你的政績，但官職總有調動吧？」

「那杜畿、呂虔、梁習之流怎麼沒遷過？我哪裡比不了他們？」朝廷總有些威震一方久不更易的人物，似田豫鎮幽燕，呂虔鎮泰山，梁習鎮河朔，蒯祺鎮房陵，杜畿鎮河東，蘇則鎮西涼，不論形勢如何變遷，他們卻雷打不動，牢牢待在崗位上。

鍾繇實在拿他沒辦法，只能實言相告：「明白告訴你，大王嫌你治胡太嚴。如今代郡烏丸已向我國稱藩，若仍以嚴苛之法治之，未免有失公道。」

「公道？」裴潛笑了，「在下於百姓寬，於諸胡峻，有何不公？今繼任者以為我之法令太嚴，而事加寬惠；烏丸素驕恣，過寬必弛，既弛又改以嚴法，這一寬一嚴變來變去，就要出亂子了！」

鍾繇無奈：「老夫知你所言有理，此上意也，我也無權變更。」這倒是實情。鍾繇雖居相國之位，實際也跟尚書差不多，他手下魏諷那幫人都無實權，不過是充門面。想來曹操是以司空、丞相起家，開府納士篡奪漢權，豈能讓別人效仿？自己兒子尚且信不過，就更別提外人了。裴潛不服不忿鬧一場，終究無可奈何，領了兗州刺史的任命，怏怏地去了。

陳矯待他出去才道：「裴文行所言有理，烏丸本漢室藩屬，又北與鮮卑相通，要他們改換門庭效忠大王確實不易，該多加提防啊！」

鍾繇何嘗不知，昔日曹操與群臣共論國政，反覆推敲拿定章程；如今變成君臣關係，別人策劃他拍板。可他又怠政，不甚瞭解情況，拍了板還不許別人動，怎能不出問題？但這關乎王權，鍾繇也無法觸碰，只得就事論事，向曹丕道：「勞煩太子去銅雀臺時向大王提提此事，若能把裴潛派回去最好。」

「行。」曹丕起身，「快到正午了，我這便去。」從尚書台到西苑也不近了，但曹丕每天離宮前都要跑這一趟，好在是初春之際，不至於頂著大太陽。

方行至西宮側門，正見曹植帶著兩個抱著提盒的寺人從北而來：「參見太子。」他神色比先前好看多了，這兩月曹操已不再為難他，反而多加恩惠，還准他時時進來看望母親。曹植固然有喪妻之痛，但畢竟父命難違，君命難違，又有何辦法？

「自家兄弟，何必這麼客套？」曹丕這會兒都有些羨慕弟弟一身輕鬆，「你也去銅雀臺？」

曹植指指提盒：「此乃匈奴閼氏贈送之物，母親叫我帶去給父親過目。」

曹丕邀他並肩而行，曹植卻不敢，在他背後一步緊跟。過西夾道入西苑，離著老遠就聽見曹彰那叫驢般的大嗓門——他自獲准入宮，幾乎天天泡在園子裡，不是與眾侍衛廝混，就是找卞氏蹭吃喝，曹操也放任不管。

「大哥！又有什麼好東西？」曹彰可不顧禮法，奔著提盒而來。

曹植忙護：「父王還沒過目呢！」

「我們還不知什麼東西呢，你若想要，跟我們一起上去見父王。」曹丕甚感這機會好，哥仨同去兄弟和睦，顯得他這太子多賢明啊！

三人攜手登階，方至閣門就聽裡面說說笑笑，隔著簾子一望——郤儉、左慈、甘始、王真、郝孟節等一眾方士都在，還有孔桂、秦朗左右侍奉著；曹操倚在榻旁滿面笑容。嚴峻知道老爺子這會兒高興，連稟都沒稟就領進去了。

「參見太子……參見鄢陵侯、臨淄侯……」眾人陸續請安。

曹操還沉浸在方才的話題中，急不可待：「甘先生，你說了一半。你說你師傅姓韓，叫韓雅，在南海住，你以前隨他修行，後來呢？」

甘始鶴髮童顏，一張小臉紅撲撲的，笑道：「我師傅修成了煉金術，每日在南海島上作金，煉成就投入海中，僅我在他身邊那幾年便投萬斤黃金於海中。」

曹植忍不住問：「既能煉金，何必投入海中？」口氣甚是懷疑。

甘始笑道：「侯爺不知，我師傅是有道高人，不喜黃白之物，投金入海乃祈福之法。」

曹操關心的卻是這個奇人：「你師傅既有妙法，何不將他找來？」

甘始又道：「說來也怪，自我離了那島就再沒回去過，昔年也曾幾番入海尋訪，卻找不到那島蹤跡。」

曹植欲要追問，王真卻搶先奉承道：「哎呀！你師父是神仙啊！」眾方士都道：「是神仙，肯定是神仙……神仙皆有靈藥，服下便長生不老，可勝過我等辛苦修行了！」這幫人忙著互相吹捧。

「豈能真有此事？」曹植甚是不屑。

甘始越發笑容可掬：「侯爺有所不知，人稟氣於天，雖各受壽夭之命，如得善道神藥，形可變化，命可加增。此等事古已有之，大王這等貴體，本就英氣勃勃，倘用仙藥壽不可測，至少壽增百年。」

這話曹操也不信：「古來百歲之人能有幾何？」

孔桂早蓄勢待發，忙見縫插針：「文王九十七而薨，武王九十三而崩。周公乃武王之弟，兄弟相差未有十年。武王崩，周公居攝七年，復政退老，出入百歲。邵公乃周公之兄，至姪孫康王之時尚居太保，出入百有餘歲。今大王之功高於周公，大王之德過於邵公，百歲豈是虛話？」小人最善投其所好，既然曹操喜歡這個，他也挖空心思迎合。

曹丕這半天一直斜眼偷看父親案頭擺著的帛書，那是一首詩。若是一般的詩也罷了，卻是描述神仙的詩。曹操一生自詡不信天命，到晚來竟也迷信此道：

華陰山，自以為大，高百丈，浮雲為之蓋。
仙人欲來，出隨風，列之雨。
吹我洞簫，鼓瑟琴，何誾誾。
酒與歌戲，今日相樂誠為樂。
玉女起，起舞移數時，鼓吹一何嘈嘈。
從西北來時，仙道多駕煙，乘雲駕龍，鬱何蓊蓊。
遨遊八極，乃到昆崙之山，西王母側，神仙金止玉亭。
來者為誰？赤松、王喬，乃德旋之門。
樂共飲食到黃昏。多駕合坐，萬歲長宜子孫。

曹植實在聽不下去，便要與眾方士辯論；曹丕卻緊緊拉著他手，不讓他上前。曹彰滿腦子只惦記匣子裡的東西，忙招呼寺人抬來，打開一看，是短刀、金杯、廓洛帶等物，皆匈奴人所製，甚為精良，還有一盒乳酥（乳酪）。

曹彰將一把牛皮鞘的匕首搶在手中：「這東西父王賞孩兒吧？」說罷揣進懷裡就跑了，曹操只一笑而置之──在他心中禮法真的不可侵犯嗎？也不過是打擊人的手段罷了，只要他這會兒瞧誰順眼，怎麼無禮都行。

曹植打開那盒乳酥，先自己嘗了一塊，繼而雙手呈上：「請父王享用。」

曹操吃了兩口，只覺味道濃厚，卻少了些甜味，不甚喜歡；靈機一動，想跟眾人開個玩笑，便蓋上盒蓋，又取過筆墨，在盒蓋上豎著寫下「一合酥」三個字，又遞還曹植：「你把這個放到聽政殿前殿，其他的東西你和子文分了吧！」

曹丕看得眼紅，卻也不好意思說什麼，畢竟自己連太子都搶到手了，一點兒賞賜有何計較？但自己既在一邊站著，偏偏摸不著，實在不舒服。

「子桓，」曹操一跟他說話，臉色馬上嚴肅起來，「你來得正好，有兩件事吩咐你。昨日我在樓上看陳禕與子文鬥劍，此人武藝不錯，子文也服氣；前番南征他侍奉你母親車駕也很周到，我想提拔提拔，現今後宮無掌兵護衛之人，就命他為長樂衛尉，你看如何？」

「兒臣遵命便是。」曹丕哪敢不依？所謂長樂衛尉，其實就是皇后宮殿的侍衛長官，但長安、洛陽皆有長樂宮，鄴城卻沒有，後宮主殿為鶴鳴殿，這官號不過是因襲舊稱。一介後宮侍衛長曹丕並不在意，但陳禕似是得曹彰幫襯才得到這官，令他不喜。

「那便好。」曹操又道：「還有，近來添了西北軍務之事，又調走辛毗，中台需增加幾個人手，你不是和陳群關係不錯麼，調他入中台。讓崔林接任御史中丞。」崔林乃崔琰同族，但關係較遠，今崔琰叔姪皆亡，也就不再牽扯，曹操還是要重視清河崔氏的。調陳群為尚書，曹丕還沒來得及高興，哪知曹操接著又道：「西曹之事改由陳矯主持，把丁儀也調為尚書。」

曹丕暗暗懋氣，如今父親又把這傢伙弄進中台，看來他跟丁儀的仇怨算解不開了。一年來好不容易跟傅巽、武周這幫人混熟，此人一來勢必掣肘，以後私下說話都得提防了。但曹丕只能忍著：「一切皆聽父王安排。」

「嗯，你們去吧！甘先生，那煉金術可……」曹操交代完這幾句，又一門心思鑽研方術了。

曹丕本該提及裴潛之事，可這會兒也沒心情了，施了個禮退出，曹植也跟了出來：「為何不讓小弟揭穿那術士謊言？」

曹丕苦笑：「算了吧，由著父王高興便是。」

「偽方異技，巫蠱左道。昔日父王何等英明，從不信神怪之說，如今怎成這樣？」曹植搖頭不已。

曹丕歎口氣：「你還年輕，病沒長在你身上。等真到了父王這把年紀，就迷迷糊糊信了。秦王政吞併六國唯我獨尊，不免被方士徐福矇騙；孝武帝強橫一世，晚年尚有巫蠱之失……」說穿了就是怕死，再天不怕、地不怕的人照樣怕死，曹操也難過這一關。「孝順孝順，以順為孝。只要這些方士不耗費國資，不坑害父王身體，就由著他們信口雌黃吧，只當養了幾個弄臣。」

「倒也是……」曹植也無法可施，「可西征之事怎麼辦？」

「唉！能怎麼辦？即便父王不耽於方術，以他現在的身體能放心讓他出征嗎？」曹丕看得更透——二十多年來親臨戰陣，曹操的威嚴實是不可替代的。如今他的病體已很難遠路跋涉指揮戰爭，經過一場瘟疫，他對出征甚至有些恐懼和厭惡的心理，但是交與其他將領全權指揮又放心不下，眼下也無人能挑起十餘萬軍隊的擔子。曹操這顆震懾三軍的定心丸已不復當年，魏國以後的路如何走，實是難說。

沉默片刻曹植又道：「丁儀入尚書台之事與小弟無干……」

「我知道。」曹丕拍拍兄弟的肩膀，「你怎麼會為他進言呢？此必父王之意。」

曹植見曹丕神情極是不屑，也不知這話是否是真心。其實曹植也不願丁儀再生事端，他已不想再爭了，再鬧下去有朝一日父王歸天、兄長繼位，還有好日子過嗎？

曹丕何嘗不懷疑弟弟——他說與他無干，能是真的嗎？哥倆誰都不好再提，竭力避開此事，只談論天氣；又到鶴鳴堂向母親問了安，曹丕便照舊離宮回府，一路上心中甚煩——如今這情形彷彿弟弟們比他這太子面子還大，即便他們並無爭儲之意，長此以往豈有益處？曹沖死後他費了近十年心血才搶來這個位子，卻還得小心翼翼。以前的對手是兄弟，還可以陰謀陽謀，如今壓他的卻是父親，除了忍還能如何？曹丕暗暗禱祝，願戰事順利、天下太平。只要嚴守疆域，平蜀滅吳都可日後再論，重要的是太平無事，只有太平無事他才能當太平太子；若世事紛雜多是多非，誰能預料魏國朝廷將走向何等形勢？誰又能保證他不會再失太子之位？

曹丕這麼想著，不知不覺又回到尚書台院口，取幾卷文書便可回他的太子府了。哪知剛邁過門檻，迎面快步走來一人，差點與他撞個滿懷。曹丕抬頭一看，竟是相國鍾繇——何事能讓這位儒雅老臣如此慌張？

「相國，怎麼了？」

鍾繇一個踉蹌，被身後小廝攙住，手裡攥了一份急報，氣喘吁吁道：「快！快稟報大王……許都……許都出亂子啦！」

建安二十三年正月甲子（西元二一八年二月十八日），新年正旦剛過，各地百姓還沉浸在一片喜慶之中，許都卻顯得死氣沉沉。

漢廷本來是很重視新年的，臘月到正月有一套隆重的禮制活動。先是在臘月初七的晚上舉行大儺禮：中黃門宦官身蒙熊皮、頭戴面具，裝扮方相氏和十二神，高舉火炬，手舞足蹈；召集十歲以上、十二歲以下官員子弟一百二十人，頭戴赤幘身穿皂衣，手持桃弓葦矢，隨之擊鼓作歌。這一禮儀意在驅除疫鬼，消災祈福，又頗有趣味，把新年氣氛襯托得火火紅紅。

緊接著臘月初八要舉行祭祀，稱作臘祭。無論官宦人家還是黎民百姓都要祭祖，天子也得到太廟向歷代先皇上香叩拜。新年正旦更是要舉行朝賀大禮：夜漏七刻天子身穿吉服登臨正殿，黃鐘齊鳴，朝賀禮正式開始。首先是公卿、將軍、大夫、百官，然後是匈奴、羌胡、鮮卑、蠻夷等使節，最後是郡國派遣的上計吏，列好隊伍依次入宮；二千石以上高官登殿覲見，其餘臣子則在陛階叩拜，宗室諸侯皆頭戴兩梁冠，身披蟬衣，立於西首，所有人按官階等級給天子獻上玉璧、羔羊、大雁、雉雞等禮物，齊聲高呼萬歲。天子也向百官賜宴，還要演奏歌舞百戲。

朝賀之後拜祭先帝陵寢，那就不止天子百官了，就連公主、封君、外戚女眷都可以參加，北邙山下車馬如雲，喜慶熱鬧非一言可蔽。據說孝明帝朝鼎盛之時，每次新年朝賀都有萬餘人參加，齊呼萬歲之聲直沖天庭。只因那時皇族繁茂，加之班超經略安西，連西域諸國也紛紛遣使朝賀，有些僻遠小國的使者，為赴一次新年朝會要在路上走半年。光武帝時賜宴百官別出心裁，不唱歌、不奏樂，要百官辯論經學當遊戲，輸了的不但罰酒還要罰站，並把坐榻讓給對手。有個汝南大儒戴憑，通達經義官拜侍中，有問必答來者不拒，一張利口駁倒群雄，竟疊坐榻席五十餘張……多麼熱鬧的節日，多麼風雅的朝廷，多麼偉大輝煌的帝國，而今這一切都不復往昔了。

許都雖比不上洛陽，但遷都伊始，在荀彧、孔融、荀悅等人推動下一應禮制曾有過恢復，不過隨著曹操建立自己的封國，所有禮儀又都荒廢了。如今的漢廷連百官都嚴重缺員，但凡有點兒名聲才幹的人都被籠絡到鄴城了，還辦什麼朝會？新年之際皇宮倒是多點了幾盞燈，不過越發顯得殿宇空曠，門可羅雀。若別的郡縣也罷了，至少能沾百姓的喜氣，偏偏許都沒多少百姓，附近耕種之人皆屬屯民，住在城外；城裡多是官員府邸，這些不得志的閒散官員百無聊賴了一年，不是籌劃著怎麼往鄴城鑽，就是無欲無求等著告老還鄉，誰有心思過年？故而值此喜慶之際，大漢都城竟成了天底下最冷清的地方，這就叫落草的鳳凰不如雞。

長史王必負責留守相府——說是留守，其實自曹操遷居鄴城後，這邊基本搬空了，他不過是率領一隊兵馬護衛許都、監察百官。每到冬天，王必總是要把營帳移紮到城內正陽大街上，一來為了避風，二來也為防止城內失火。

屈指算來，王必已在許都連續留守了十五個春秋，一年不如一年，今年連他都覺得有些冷清了。這個新春的夜晚，他只是帶著親兵草草巡查了一圈，又對守備皇宮的侍衛訓示了幾句，便回營休息了。親兵們倒挺細心，給他預備了椒柏酒（用花椒、柏葉等混合釀造的香酒）和七八樣精緻菜肴，無奈王必獨對珍饈難以下嚥。

「德偉怎麼沒來？」王必想起了忘年交金禕。這幾年金禕總是陪在他身邊，跟營裡的人都混熟了，這會兒若能與這小子對飲倒也不賴。

親兵笑道：「長史大人忘了？下午金大人來過，說晚上與幾位同鄉朋友聚會，跟您告假了。」

「唉！他是年輕人，朋友多也是自然的。」王必沒滋沒味抿了口酒，招手道：「那你們進來陪我，大過年的別冷清。」

親兵們自然高興，連把守營帳的都擠了進來，即便討不到酒喝，暖和暖和也不錯。王必一時興起，講起了陳年往事——他原本不過是九江郡一介平民，少時也曾讀書，酷愛結交朋友，卻因替友出頭打傷人命，被官寺緝拿，蒙當時的九江太守、漢室宗親劉邈寬饒，收留在府充個小吏。董卓進京天下大亂，曹操至揚州募兵，劉邈又把他薦給曹操，剛開始不過是個親兵首領，後來曹操在兗州落腳，派他到西京獻表；這一路凶險萬分，幸得董昭相助才到長安，又多虧鍾繇、丁沖幫忙，終於為曹操求得兗州牧的正式策命，自此晉升長史，成了曹營重臣。

其實這些話王必已不知跟親兵念叨多少遍了，他實在太寂寞了。當初還有荀彧、夏侯惇，如今死的死，走的走，再無親厚同僚，除了一個小輩金禕，連說知心話的人都沒有。每逢佳節倍思親，王必思念的卻不僅是親人，還有故去的朋友，可能是年屆五旬越發念舊，近來他時常想起樓異、典韋。昔日他們是同等出身，樓異命喪濮陽大火，典韋戰死在宛城，只剩一個許褚，而今遠隔千里不能相見。還有恩公劉邈，漢室宗親德高老臣，老人家生前曾多次告誡他交友當慎，如今老人家要是知道他輔佐曹氏幾乎篡了劉姓天下，該是何等心情？當然，最思念的是主公曹操，自從曹操征伐河北就再沒回過許都，十幾年過去了，算來主公已六十四歲，不知他現在是否康健。雖說大王時常會加賞賜，每逢董昭、華歆前來也託他們向大王問好，不過不能相見心裡還是想念。王必暗暗拿定主意，等熬過正月就上書請求調離，這十五個春秋真是冷清夠了。

眾親兵笑臉相迎，無論長史大人說什麼都大加逢迎，王必卻厭煩了：「罷了。與你們這幫人廝混實在無趣，剩下的賞你們了，本官去歇息，你們也不可貪杯，四更天喚我起來，還要巡視城防。」他馭下本來極嚴，這也是體諒大夥操勞一年了，想讓士卒放鬆放鬆。眾親兵喜不自勝，唯唯諾諾伺候王必進了臥帳，便一溜煙跑到前面繼續喝，沒有上司管著，划拳行令好不熱鬧。

王必確實乏了，又吃了兩盞酒，竟覺頭上冒汗，便摘盔卸甲，斜臥在榻上瞌睡……哪知正在半夢半醒間，忽覺外面傳來嘈雜人聲，初始他只當是士卒嬉鬧，可那喧譁之聲越來越大，吵得人心煩。王必實在忍不住了，披著上衣鎧甲，顧不得繫腰帶，睡眼惺忪闖出臥帳：「瞎嚷什麼？別喝了！都給我回……」話未說完忽覺情形不對，營中隱隱有火光閃耀。

親兵跑過來：「啟稟大人，弟兄們一時不慎，後營草料起火了。」

「哼！一群無用的東西！」王必快步急奔後營，果見有兩堆穀草正在燃燒，一群士兵正手執樹枝、苫布不住撲打。天寒乾燥起火也不稀罕，所幸只折了些草料，王必趕忙吩咐：「別撲了，反正是街中央，就讓它燒唄。快把其他草料挪走，帳篷都拆了，這灰煙飄來竄去的，別再把別處引著。」

士兵遵令而行，不再管那團火，忙著將剩下草料裝車推往別處。營裡亂糟糟，王必掐腰痛罵：「放縱你們片刻就惹麻煩，全是廢物！今晚上誰也不准睡，待查明是誰失的火，重重打他一百軍棍！」話音方落忽聽西面一連數聲慘叫，藉著火光舉目望去，但見柵欄外攀進十幾個面纏黑布、手持鋼刀的黑衣人！

那一瞬間，王必與其說驚懼，還不如說是詫異——何等賊人這麼大膽，竟敢在京城內襲擊官軍！

更出奇的是這幫人竟識得王必，為首之人離著老遠就伸手指他：「先誅此賊！」十幾人齊向王必撲來。

士卒焉能坐視不理？趕忙拋下輜重，隨便拾起些傢伙便去抵擋；親兵將王必護在垓心，賊人根本無法近前。一交手才摸清底細，來者不止十幾人，後面陸陸續續竄出一大片黑影，有人亂刀砍倒柵欄，這幫賊人一下子全衝了進來。

王必驚魂甫定，趕忙調集全營兵馬，自己也抽出佩劍督戰。黑衣人雖有兵刃在手，畢竟都是短傢伙，又未穿鎧甲，三鬥兩鬥已不敵，眼看將被官軍圍殲。卻不知誰急中生智，拾起根木棒在火堆中引燃，順勢向帳篷拋去。

這可把官軍嚇壞了，想要撲救已然不及。其他賊人也都跟著學，有的掀起燃燒的草堆，有的掄起火把往輜重上扔。霎時間四處火起，全營上下數百兵士都驚動了，大夥蜂擁而至，齊向賊人下手。王必奔前跑後振臂高呼：「速速分兵救火！快救火！」剛喊兩聲只覺背後一陣劇痛——竟被人斜劈了一刀！

營內一片大亂，眾親兵都被擠散了，聞聽慘號連忙圍上來，抱住受傷的王必，所幸披著鎧甲傷得不重，眾人左顧右盼卻不見黑衣賊，只有吵吵嚷嚷救火的士兵。這一刀可把王必砍醒了——營中有奸細！這是一場精心謀劃的叛亂，火是奸細放的，火起就是叛亂信號……想至此他強忍疼痛站了起來，正見一名在他手下聽用多年的軍候迎面奔來，王必疾呼：「此乃叛亂！你速帶麾下士兵趕往皇宮，與侍衛關閉宮門，嚴防賊人攻闕！」

「營裡的賊人……」

「此處有我應對，你快走！」打發走軍候，王必抖擻精神，親揮兵刃衝向西面，哪知到近前才看明白，叛亂者何止一二百人，自西面各處街巷都竄出叛黨，有的根本沒穿黑衣也沒拿兵刃，揮舞著火把、木棍，顯然是府邸的家僮僕從，城西住著不少官員，到底是誰組織他們叛亂的？王必也無暇多顧，率領官軍奮力搏殺，雖然接連殺退叛黨，可這幫人非但不散反而越聚越多。正無可奈何之際，又聞背後也是一陣大亂，有個身帶箭傷的小校倉皇奔來：「不好了！有人殺關落鎖，城東闖進一群賊寇，少說也有四五百，已殺到轅門了！」

王必只得咬緊牙關分兵抵擋，卻見轅門處早已箭雨紛飛——東面來的都是有武裝的賊寇，不但預備了弓箭，還有不少馬匹。官軍前後遭襲頓時大亂，王必回頭再看，四處火勢無法控制，火舌隨風亂竄，連中軍帳都引燃了；又聞喊殺聲自四面八方而來，顯然大寨已被亂黨包圍。再這樣下去，即便不戰死，也得活活燒死。

軍心已亂，轅門堪堪就要失落，王必五內俱焚，兀自揮劍指揮，卻見東北寨牆一陣垮塌，一群身披牛皮銅鎧的叛黨已殺了進來。殷紅火光中，箭雨似飛蟲投火般射來，三四個親兵應聲而倒，王必肩頭也中了一箭。

有員小將甚是奮勇，揮舞大槊召集敗兵堵住缺口，一邊奮戰一邊吶喊：「我等支應一時，大人快撤！」

王必身受兩創還欲硬挺，卻被眾親兵架住，直奔馬廄而去，本想馳馬突出城去搬兵，哪料廄中竟一匹馬都沒有——早被細作之人解韁放跑了！營內沸反盈天，大批叛黨已衝了進來，火光之下人人身上皆是一片殷紅，也辨不清敵友，眾親兵保著王必奮力突圍，意欲往皇宮躲避，卻見北邊營帳已成一片火海，只得轉身向南，狼狽撞出營門。

剛出南面營門，正見馬上步下數十叛黨列隊於前，為首二人身披鎧甲、頭戴武弁，皆五旬開外，王必一見咬碎鋼牙——竟是少府耿紀與丞相司直韋晃！

耿紀正是這場叛亂的主謀，他將各路叛黨安排妥當，此刻正觀望火勢等候奏報，見營門處竄出一小撮士兵，立時認出王必，厲聲疾呼：「曹賊爪牙在此，還不誅之？」他身邊之人皆心腹家將，聞聽號令各抽兵刃，齊奔這邊撲來，左右叛黨也跟著一擁而上。

王必氣憤填膺——耿紀奸詐多端，謀反倒也罷了，怎麼連韋晃這相府之人也參與其中！有意橫下心來跟他們拚了，又恐許都失陷敗壞主公大事，只得奪路而逃。十幾個親兵捨命抵住，王必趁亂鑽入附近街巷；也就三繞兩繞的工夫，便覺後面隱隱有追殺之聲，顯然那些親兵都戰死了。

這時王必身邊只剩不到十個人了，不敢停下腳步，也顧不得東西南北，見路便逃，見彎就拐，迎面遇見路人，也不管是不是叛黨一概砍翻在地，只想甩掉追兵。也不知跑了多久，漸覺後面追殺聲遠去，這才停下喘息。王必兩處創傷皆未包紮，衝殺一陣又四處奔逃，鮮血汩汩而出，頓覺頭昏腦脹。正在危難之時，有個親兵手指拐角處一座府邸：「那不是金禕家麼？大人與金禕相交莫逆，何不到他府裡躲避一時？」

這一言提醒了王必——眼下人單勢孤，躲是躲不成的，可是憑我與金禕的交情，請他召集家奴一起抵抗倒也能周旋一時。現在大概三更多了，只要支應到天亮，城外屯田諸部必能發來救兵。

想至此王必便要親自叫門，卻因失血過多跌倒階下，眾親兵連忙攙他坐下，有人替他擂門。可不知為何，叫了半天門沒人來應，城中叛黨眾多，親兵又不敢聲張，只得耐著性子再敲。時隔半晌，府門才「吱呀呀」敞開一道縫隙——平日應門的都是伶俐小廝，今夜開門的卻是個年邁老僕，鬚髮蒼蒼，少說也有六十多歲了。

親兵顧不得解釋，正要攙王必進去，哪知那老僕糊裡糊塗一番話幾乎把所有人嚇趴下：「誰受傷了？事態如何？殺死王必沒有？」

王必耳畔如同打個驚雷，立時明瞭——除了我之外，還有誰出入我營暢通無阻？誰有機會在營內安排奸細？不是金禕又是哪個！

朋友背叛、營寨被毀，王必又痛又恨五內俱焚，也不知哪兒來的一股勁，竟拾起佩劍一躍而起，踢開金府大門，照定老僕就是一劍。慘叫聲起，想藏也藏不住了，親兵也恨金禕入骨，紛紛舉刀闖人府中，逢人便殺遇人就砍，片刻工夫將府中之人宰個乾淨——都是老弱婦孺，年輕力壯的全在外面造反呢！

一通砍殺之後，王必拄劍而立，渾身不住顫抖，鮮血順著袖口褲管不住滴落——有所殺之人的血，更有他自己的，兩處創傷淌血不止，他已經快支持不住了。

「大人，」同樣一身血汙的親兵將他攙住，「接下來怎麼辦？」

王必痛心不已，他自問對金禕不薄，怎料換來的卻是背叛。昔日劉邈告誡他交友當慎，誰想天命之年又蹈覆轍，有何臉面再見曹操？他真想一頭撞死在此，但國家事大，倘若許都有失、天子被持，曹家如何收場？無奈咬牙忍痛，瞅著滿地死屍道：「險地不可久留，速速改換衣裝，賊人已開東門，咱們設法混出城去。」

眾人齊動手，先把老僕屍身拖進來，把府門關上，繼而四處搜尋衣服，有的乾脆扒下死人衣物自己穿上。親兵為王必包紮傷口，擦去血跡，為他換上件尋常布衣，又抹了一臉髒土掩蓋面貌；後面馬棚裡卻只有一匹瘦馬，也給王必騎了，這才輕開後門溜了出去。

這會兒許都城內火光四起已經大亂，條條街巷皆有手持棍棒之人出沒，那些不明就裡的府邸盡皆掩門閉戶，唯恐招惹是非。王必等人趁亂向東摸索，他們改了裝扮，叛黨只當他們也是同道，也沒人留心盤問。堪堪行至城東，果見城門大開，卻有一隊叛黨把守門前，不准任何人出去。火光照耀瞧得真切，為首的是兩個皮衣武弁的年輕人，王必識得乃太醫令吉本的兩個兒子吉穆、吉邈。

其他城門仍然緊閉，就憑王必這幾個人難以打開，生死就這一條路。事到如今別無他法，王必對僅剩的幾個親兵道：「我有馬匹還可勉強脫身，只恐爾等不免。你們各尋躲避之處，若我能逃得性命，咱以後再見吧！」不由親兵勸阻催坐騎出了巷口，卻哼著小曲故作悠閒之態；叛黨剛開始並未在意，還以為是自己人，哪知此人不言不語，竟直奔門洞而去。吉穆這才起疑，趕忙喝止：「站住！你是誰麾下？此門可入不可出！」

王必再不遲疑，左手抱定馬頸，右手舉劍往馬屁股上一戳——這老馬雖然遲緩，但如此疼痛豈能不驚？頓時四蹄亂炸，竟將吉穆撞個跟頭，順著門洞衝了出去。吉邈哪裡肯依，招呼左右放箭，這狹窄的城洞立時箭雨紛飛，王必連人帶馬中了數箭，卻還是奔出了門洞。

吉穆爬起身來：「快追！快追！」

那幾個親兵在巷中看得真切，見王必再度中箭眼睛都紅了，全都呼喊著衝向叛黨。吉氏兄弟只得轉身迎戰，親兵勇則勇矣，終究寡不敵眾，人人身中十餘刀，臨死還緊緊抱著吉邈馬腿。王必則已跑遠，消失在黑夜之中。

叛黨雖人數眾多偷襲得手，其實指揮混亂，只是一幫烏合之眾。事情的起因是少府耿紀、太醫令吉本、丞相司直韋晃不得曹操信賴，又憤於關中士人不受重用，陰蓄反意，進而勾結金禕籌劃叛亂。正趕上劉備大舉侵入武都，耿紀等一心以為鴻鵠將至，意欲占領京師，控制天子以迎劉備；遂糾合各府家僕以及鄉野好亂之徒千餘人趁夜舉事，由金禕安排內應縱火，吉本傍晚入宮準備回應叛軍劫持聖駕。

一開始事情還算順利，毀了曹兵營寨，可是控制京畿兵權的王必趁亂逃了，千餘叛黨在城內四處搜尋，始終抓不到人。耿紀深知不可拖延，馬上傳令攻打皇宮，但烏合之眾實在難成大事，此時許都已亂成一鍋粥，有人甚至趁亂搶劫，還放火燒了不少民房，謹遵號令之人不到一半。皇城高大堅固，王必又早已分兵堅守，叛黨折騰了半宿，費盡九牛二虎之力也攻不進去。眼瞅著天色將明，宮內一點兒策應都沒有，八成吉本已失手遭擒，又聽聞有人撞出東門，耿紀、金禕情知不妙，只得糾合諸家黨徒出城逃亡；哪知剛出城門，就見大隊兵馬到來，看旗號乃是「典農中郎將嚴」。

典農中郎將嚴匡負責潁川郡內屯田，如今大收完畢糧草入庫，屯民也在熱熱鬧鬧過年。深更半夜聞知造反，嚴匡立刻召集能召集的所有兵馬，並將麾下精壯屯民武裝起來，湊了兩三千人連夜趕來戡亂。叛黨總共只有千餘人，連兵刃鎧甲都不全，混亂了一夜，現在勉強跟著的只剩一半，如何抵禦多出數倍的曹軍？眾黨徒還在驚怖之中，又見曹軍旗幟之下並騎列著兩員將，左邊的是嚴匡，右邊那人身高七尺、膀闊腰圓、花白虯髯，不是王必是誰？

耿紀臉色煞白，兵刃脫手墜地。

「咱們完了……」金禕也把兵刃一拋，痛苦地合上眼睛。眾叛黨訝異片刻，繼而丟盔棄甲一陣喧嘩，如捅了馬蜂窩般一哄而散！

王必雖然換了鎧甲騎在馬上，實是勉強支撐；此刻眼見叛軍自行潰散，嚴匡之兵齊聲吶喊衝殺過去，懸著的心終於放下了。他龐大的身軀連晃都沒晃，直挺挺栽了下去。

「長史大人！」嚴匡跳下馬親自抱起王必。

王必雙眼迷離，隱約看見嚴匡的嘴唇在動，卻一個字都聽不見，戰場的喧鬧聲也聽不見了，四下靜得出奇。所有人的面龐都變得晦暗扭曲，漸漸地，眼前一切都化作了黑暗……

濫殺無辜

許都叛亂總算被平息了，消息傳至鄴城，曹操震怒不已，又痛惜王必之死，傳令將耿、吉、韋、金四家反臣夷滅三族，參與叛亂之人全部處死。一時間許都血流成河，四叛臣及家眷明令典刑，耿紀臨死尚咬牙切齒痛罵曹賊。曹操猶未解恨，竟傳令將許都一眾官員及家屬、僕僮盡數押送鄴城。

正是乍暖還寒之時，凜冽的東北風吹得城頭旌旗呼呼作響。曹操身披狐裘，手扶女牆，立於中陽門城樓，滿面陰沉向下眺望；而城下便是從許都押解來的百官子弟、家僕，甚至還有一些公門小吏，多達數千人，每個人都滿臉驚恐瑟瑟發抖——因為在他們周匝的兩萬多曹兵已頂盔擐甲、手握軍刃，時刻等待號令；而在士兵身後，巨大的屍坑早已挖好，這些人的生死只決於曹操一念。

曹操望著這些待宰羔羊，卻沒有一絲憐憫，只有滿腔憤恨——曹氏有今日之權皆因掌控天子，倘若天子落於叛黨之手，進而被劉備掌控，那他半輩子的心血都付諸東流了。昔年玉帶詔之事猶在曹操噩夢中徘徊，這次更惡劣，司直本是他派出監督百官的，沒想到卻成了叛亂的主謀之一，何等可怖！普天之下還有可以信任的人嗎？

怒火在他胸中燃燒著，曹操憤然喝問：「你等可知罪？」但聲音不大並未傳出多遠，隔了片刻他又喊一聲，依舊連自己聽著都覺中氣不足，反而有些頭暈眼花——無論是方術還是醫藥，都治不了他的病、延不了他的壽。想到這些他悲不自勝，看著下面那一張張惶恐而不知所措的面孔，竟感到無比憎惡，繼而狠狠拍打著女牆。孔桂、嚴峻就侍立在身後，急忙上前攙住，朝不遠處一名親兵使個眼色。

「大王問你們，因何串通謀反？」士兵替曹操喊了一句，那高昂的聲音久久迴蕩在城樓上空。

「我等冤枉啊……求大王開恩……」數千人齊刷刷都跪下了，大家仰視著那身材矮小滿頭白髮的老人，乞活哀號聲不絕，也不聽清哭些什麼，只是嗡嗡一片。

隔了一陣，又聽上面士兵發問：「叛黨作亂之夜，許都城內多處起火，你等可曾趁火打劫，協同作亂？」

「沒有……沒有……」確實，耿紀等一黨作亂事先無人知曉，禍起之夜許都殺聲四起人心惶惶，誰也不知出了什麼亂子，關門閉戶尚且不及，誰敢往外跑？更不消說協同作亂。

忽見左右曹兵豎起了兩杆大旗，眾人正不知所措，只聽上面喊道：「大王有令，問你們是否有人救火。你們人太多也問不周全，凡救火者站於左邊旗下，未救者歸於右邊旗下。速速站定！」

哪個不知救火有功，不救有罪？當此時節不求有功保命要緊，城下之人無論救沒救火都一窩蜂向左擁，不少人被擠倒絆倒，兀自連滾帶爬撲向左邊，有人唯恐站得不夠靠左，還使勁往裡擠；站在右邊的沒幾個人，不是老實得犯傻，就是根本不打算活了。生死時刻誰也不敢怠慢，一片塵囂散盡，數千人竟全站好了，漸漸安靜下來。

城上卻久久沒有動靜，恍惚只見曹操對身邊之人說些什麼，那些侍從、將領的表情都甚是詫異，隔了半晌才有人喊道：「爾等所言皆是實情？」

「我等實是無辜……」數千人亂糟糟嚷著。

突然城上令旗一舉，四周曹兵如潮水般逼上來，弓上弦刀出鞘，將兩杆大旗下的人都團團圍定。眾人嚇得連聲尖叫，似一群待宰羔羊般擠作一團。

城頭士兵扯著脖子喊道：「大王有言，群逆為亂許都惶惶，關門閉戶尚且不及，何言救火？自稱救火者乃叛逆同黨，即便非是同逆，欺君罔上亦當治罪！將左邊旗下之人盡數誅殺！」

最初的一剎那僅是震驚，不但被殺之人震驚，連曹兵都感震驚，不過只一錯愕間便有人醒悟到自己在執行命令，揮刀向人群斬去——數千人立時迸發出一陣驚天動地的慘叫，哀嚎聲、悲哭聲、請罪聲、乞活聲、呻吟聲和無情的喊殺聲交織一起，震得城上之人腦袋生疼。

罹難之人自相踐踏，東躲西閃，終究逃不過四面八方的屠殺。黑壓壓的兵士如山崩海嘯般壓來，一道道血霧噴出，又隨風飄散，籠罩著這片人間地獄。有人東撞西撞，直至撞到曹兵的屠刀下；有人早就癱軟在地，被往來奔逃之人踏為肉泥；有人才想起反抗，抓起任何能抓的東西向曹兵擲去；還有些人豁出性命，迎著曹軍撲去，想撞出道缺口……然而這一切都是徒勞，不知誰吩咐一聲：「放箭！」奪命箭雨如飛蝗般急密而落，圈中每個人都蹣跚踉蹌，伴著破空聲和中箭的痛呼聲，彷彿這是一場詭異熱烈的舞蹈……

曹操望著這屠殺的場面，連眼睛都沒眨，這些人死活根本不在他考慮範疇內，不殺不可以立威嚴，不殺不可以震他人，不殺不可以洩激憤！殺吧！殺啊！他凝望那血海，心中除了憤怒還有一絲自暴自棄的感覺——天子的權力到手了，天子的儀仗也有了，而他的生機卻消磨殆盡。這一年若能打贏劉備，哪怕打一次漂亮的偷襲戰，他都可能動心登上那至高之位，畢竟他自知來日無多了。

但這場叛亂破壞了他最後的幻想，正月便出這麼個亂子，那幾個野心家竟還打著拯救天子的旗號，他怎麼可能再去碰那個位子，難道自證己罪？完了，全完了……他的身體完了，他的期望也破滅了……

好久好久，直至最後一縷哀號劃破長空遠去，曹操才從執拗的遐想中回過神來，細細打量那滿地的屍身——仰面朝天的屍體，瞪著睛、咧著嘴，彷彿在向蒼天申訴著委屈；直撲在地的屍體，手指緊緊摳著泥土，雙腿扭曲地岔開著，好像是在向大地求援。踐踏而死的人開膛破肚頭破血流，猙獰得看不出面目，似乎都變成了惡鬼；亂箭攢身之人，立不住又倒不下，活像是血糊糊的大蜘蛛；身首異處的軀體倒在地上，還是死去時張牙舞爪的姿勢，彷彿在尋找自己的頭顱。還有人尚未斷氣，兀自蠕動著向外爬，拉出一道長長的血跡，直至再也不動。

曹操馳騁沙場三十年，目睹死人無數，早就習以為常，但今天不知為何，卻從心底泛出一股寒意，彷彿這些死人都已化作厲鬼，隨時可能站起來……

死亡，死亡……曹操從未似今日這般畏懼死亡！

他穩住心神嚷道：「焚屍！快焚屍！」隨即感覺有人碰他胳膊一下，竟嚇了一跳，轉臉厲喝，「你想作甚？退下！」

嚴峻不知所措：「大王，是小的……」

「退後！快退後！」曹操竟把佩劍拔了出來。

眾人知他殺紅了眼，步步後退皆有怯意。

「退後！誰也不准碰寡人！」曹操手持利劍睜眼四顧——似乎身邊每個人都不能信任，每個人都存心害他！

城下屍體自然是要焚燒的，卻不是怕他們化為僵屍厲鬼，而是怕屍蟲癘氣再鬧成瘟疫。士兵一邊把屍體拖進焚屍坑，一邊投入茅草，霎時間點上火冒起黑煙，一股皮肉燃燒的糊臭味竄入鼻眼。

曹操只覺胸臆煩惡，眼前事物漸漸模糊，繼而頭昏腦脹似要崩裂，手一鬆佩劍落地，眾人這才一擁而上將他抱住。

「快傳李璫之！大王的頭風犯了……快去啊！」孔桂發瘋似的一通亂喊，這不光是救大王，也是救他自己。

第九章

一戰降兩胡，黃鬚兒威震塞北

烽煙再起

一場叛亂不但搞得人心不寧，也搞壞了曹操的心情和身體，他因頭風再度病倒。這次他再也不找那些方士了，也不去銅雀臺了，直接躺到了後宮鶴鳴殿，由李瑺之和諸位夫人侍奉。待病情略有好轉後，他所發的第一道命令仍然是追究叛亂，命尚書陳矯兼任長史，傳令將許都皇宮近侍之人全部更換，自今以後沒有他的批准，任何外臣不得入見天子；又將受審官員中所有與叛黨有密切交往的一律斬去足趾。一時間獲罪之人甚眾，監獄中鐵鐐都不夠用了，竟以木鐐拘押犯人。對首惡耿紀更是擴大株連，就連年邁蒼蒼的世襲好時侯耿援都被滿門問斬，只饒了耿家一個未滿十歲的小孩，功勳赫赫的中興名將耿弇之後，竟被殺得只剩一孺子。

這場大獄折騰兩個月尚未平息，漢中救援卻已有了結果。曹洪率部至武都，與偏將軍曹真、雍州刺史張既合兵一處大破蜀軍，斬其先鋒任夔，雷銅死於亂軍之中，吳蘭倉皇逃竄，在巴山被當地氐族部落斬殺。張飛、馬超聞訊，只得向南敗走，漢中的燃眉之急總算解了。曹操稍感欣慰，對眾將予以表彰，尤其對奮勇作戰的曹真另眼相加，晉升他為中堅將軍。不過曹操沒高興幾天，緊接著又傳來壞消息——裴潛一語成讖，東北的烏丸人果真叛亂了。

烏丸本漢之臣屬，天下動亂之際依附袁紹。建安十二年，曹操遠征柳城，誅北平郡烏丸首領蹋頓，遼東太守公孫康又殺遼西首領樓班、遼東首領蘇僕延，此後上谷郡首領難樓、代郡首領普富盧向曹操投誠，自此烏丸又歸於漢室統治。建安十八年（西元二一三年），改易九州，幽州併入冀州，烏丸也隨之歸入曹操直接管轄。建安二十一年，曹操稱王，普富盧懾於曹氏之威來鄴城朝覲，象徵著烏丸從漢室臣屬轉變為曹魏臣屬。不過要讓烏丸人完全臣服曹魏絕非一朝一夕之事，加之北方塞外的鮮卑族戰亂稍息，其兩大首領軻比能、步度根兼併各部勢力大增，烏丸處在兩強之間，有首鼠兩端之意。

裴潛任代郡太守，待民寬厚，治胡卻嚴，欲以威勢懾烏丸之心，不想官職調動半途而廢。繼任者施寬宏之道，烏丸本未受教化之人，自此驕縱不法，郡府因而又改寬為嚴，不料因此激出事變。代郡別部首領能臣氐舉兵叛亂，上谷郡烏丸也隨之而起，僅數日間便聚集游騎數萬，殺人放火到處行凶，進而劫掠至涿郡地界，威脅冀州乃至整個河北。後院起火不得不救，鄴城又秣馬厲兵忙碌起來。

曹丕一早就奉命進宮議事，將近掌燈時分才回府，司馬懿、王昶都出二門相迎：「戡亂之事可曾議妥？」

「父王聖心默定，已開始調兵了。」曹丕臉色甚是難看，說著話腳步卻沒停。

「何人統兵為帥？」司馬懿一語點題。

曹丕停下腳步，氣呼呼道：「我那二弟子文！」

司馬懿、王昶面面相覷，沒想到是這結果——曹彰久慕軍戎，常向曹操央求，加之曹操欲培養後輩將才，便封其為北中郎將，這本是不倫不類之官，唯先朝盧植征討黃巾時受封，過後便不再設，曹丕也沒放在心上。哪知烏丸事起，曹操執意要以曹彰統兵為帥，這可不容忽視了。

三人登堂落坐，王昶道：「紙上談兵未必臨陣能勝，鄢陵侯從未獨自領軍，這統帥他未必擔得起。」

司馬懿白了他一眼：「三軍將士浩如煙海，豈能真叫一王子衝鋒陷陣？幽燕閻柔、牽招等部皆為勁旅，可能還要調弋陽太守田豫協辦軍務，此人久在北郡深知胡情，又有運籌之才，鄢陵侯此去不過是代大王激勵三軍，有這些人輔佐倒也不難建功。」他這番話入情入理，而曹丕恰恰是怕弟弟得勝建功。曹彰能代曹操統軍就夠令人遐想了，倘若再立下功勞，勢必聲勢大振，足可與曹丕分庭抗禮。

曹丕愁煩不已，若曹彰領兵得勝，日後這兄弟難以駕馭；若曹彰功敗垂成，國家又受拖累，實是左右為難。他思來想去無法可解，歎道：「若子丹、文烈有一人在鄴城，我何至於如此犯難。」曹真、曹休相繼率部至漢中，夏侯尚又轉為朝臣久不領兵，他連個能頂替曹彰的人選都提不出來，「若實在事不可解……」曹丕把牙一咬，「我便親自請纓打這一仗。」

「萬萬不可！」王昶連連擺手，「太子乃國之儲君。儲者，蓄藏也，不可出於外。君行則守，有守則從，從曰撫軍，守曰監國，古之制也。倘若統兵征戰，敗則自墮聲威難承大統，勝則招君猜忌禍起蕭牆。昔晉獻公遣申生征伐霍國，大勝而還，遂有驪姬讒害之事。此乃大忌，萬不能行！」

「我不過一時氣話。」曹丕煩惱不已，「即便請纓未必能允，父王執意要用子文。」

「群臣作何理會？」司馬懿問道。

「鍾相國等人反對，嘴上都說子文無帶兵經驗，其實心中所慮還不是與咱一樣？兩位王子為尊，實非社稷之福。不過上意難更，雖沒正式下詔令，但已開始調兵，父王叫群臣今晚回家想想，明日敲定。這還想什麼？只要他竭力堅持，誰敢反對？」

司馬懿撇撇嘴道：「太子想左了。大王不是叫群臣回去想，而是叫您想想，恐怕您今日沒表態吧？」

「呃……」曹丕愕然——支持這決定心有不甘，反對又不敢，他確實沒表態。

司馬懿笑了：「您不表態就是有異議，大王怎會滿意？他是叫您回來想想，明日聲言支持啊！」

「唉！這太子還不如五官將舒服呢！」曹操拿別的兄弟壓他，還逼他自己支持，曹丕實在揪心。

正愁煩間，鮑勳與司馬孚抱著幾卷書說說笑笑進來——物以類聚人以群分，他倆倒挺對脾氣。見曹丕已歸來，連忙見禮，接著便問：「吉茂之事如何？」吉茂乃馮翊吉氏一族，有藏書之癖，頗有名氣。叛亂之獄擴大，把他也抓了，因而鮑勳提議，讓曹丕出頭為其講情，一者保此良士，再者也給太子樹些恩德。

「保下來了。吉茂與吉本一支疏遠，扯不上干係。他進了大牢還不知怎麼回事，竟以為是私藏讖緯之書犯禁，真是個書呆子。父王之所以大興其獄也是為清理許都，把那些心懷叵測之人逐出朝廷，豈能跟個書呆子計較？」

「太好了，太子功德無量。」鮑勳、司馬孚喜不自勝。

曹丕乜斜著眼，瞅這倆榆木腦袋，越發憂愁：「父王壓於上，兄弟棲於側。渾身解數無可施展，當此時節誰能為我解憂啊！」

鮑勳訕訕道：「我倆倒有個辦法可助太子。」

曹丕對這倆書呆子不抱什麼希望，愛理不理道：「說說看。」

「著書。」

「嗐！修書何用？」曹丕一甩衣袖，但略加思忖似乎也有道理，「你們詳細說說。」

司馬孚笑道：「《左傳》有云：『太上有立德，其次有立功，其次有立言，雖久不廢，此之謂不朽。』太子之德士眾皆知，戰功雖不能立，可立言。您十幾年來所作詩賦、劄記、政論甚多，略加整改便可撰成文章，如今您身無重要之事，豈不是閉門著說的良機？」

「不錯。」鮑勳又補充道：「大王雖不准太子招攬賓客，但以文會友不也是會友嗎？文章不也可揚名嗎？」

「對！太對了！」曹丕雙目放光，「我就著一部書給世人瞧瞧。文章乃經國之大業，不朽之盛事。年壽而盡，榮樂有終，唯文章傳世無窮！我要論及世間百態，成一家之言。子文征戰於外不過一時之功，我著書立說乃不世之功；子建文采雖高卻無鴻著，若修成此書連他也不及我了。」（曹丕所修之書即《典論》，共二十二篇）

王昶不無憂慮：「府邸著書，大王不會說太子坐抬聲價吧？」

「那倒無妨。」司馬懿腦筋轉得極快，「咱給大王也撰一部書，昔日大王不是欲將兵法、教令等編成一套……」

「《孟德新書》。」曹丕接過話茬。這書名中有魏王名諱，司馬懿不便明說，「這提議極好，我修一部書，再給父王編一套書，大長我王家臉面，父王必定高興。咱們也不必藏著掖著了，乾脆上書明言，再調荀緯、王象相助執筆，叫仲長統也來幫忙，花不了多長時間便可修成。」荀、王皆文苑雅士，自王粲等人過世後就數他二人名氣最大。說到這裡曹丕不禁想起吳質，昔年他受封五官將時曾約會眾文友去南皮郊遊，想來當日同去之人阮瑀、劉楨等皆已亡故，只剩他和吳質，而且自四年前鄴城分別再沒相見，雖然如今身邊有陳群、司馬懿為謀主，但他最信任的還是吳質，該寫封信問候一下才是。（曹丕《與吳質書》，史上著名的文論書信）

正思忖間，朱鑠稟報：「有客求見。」

曹丕不禁蹙眉：「賓客一律不見。」卻見朱鑠神色有異，料想來者必定甚奇，忍不住問道：「是誰？」

「主簿楊修。」

「啊？」諸人面面相覷，「他來做什麼？」

「好個膽大妄為的楊德祖，有趣得緊。」曹丕站了起來，「倒要看看他葫蘆裡賣的什麼藥……開門迎客！」

誰人不知楊修親睦曹植？昔年曹操考較二子，楊修三番兩次暗中幫助曹植，還曾作答教十條，與曹丕恩怨甚深，他怎會「自投羅網」？曹操禁止接待賓客，但似楊修即便接待也無結黨之嫌，曹丕實在對他來意感到好奇。府門大開，僕人掌上明燈，鮑勳、司馬懿等人都藏身屏風之後；眼見楊修款款而來，曹丕步出正堂，降階相迎——這面子可不小。

楊修未穿官服，身披錦衣，頭戴幅巾，足蹬木屐，儒生打扮；他懷裡還抱著只狹長的檀木匣，長四尺，寬半尺，厚有兩寸，一見曹丕降階，忙跪下參拜：「微臣叩見太子，恭祝太子福體康泰。」

「稀客！稀客！」曹丕笑容可掬雙手相攙，「德祖賞光榮幸之至，何必施此大禮？快快請起。」他歷練多年，又常遭父親擠對，這假扮笑臉的工夫實是青出於藍。

「不敢，不敢。」楊修不勞曹丕攙扶，自抱木匣起身。

「德祖來得好，我正想找個人暢談文苑之事。堂上請！來人哪，奉茶……」這便是曹丕高明之處——不與你說正經事，也不問你為何而來，顧左右而言他，你憋不住自己就說了。

果不其然，楊修道：「微臣此來非是為文苑之事，倒是想與太子論論武事。」

「論武？」曹丕憨笑道：「近來我參與政務，閒來歸府不過琴棋書畫坐談風雅，已久疏征戎。論武該去尋鄢陵侯，哪日若得良機，我兄弟一起行獵，你不妨同去。」

楊修聽他一句瓷實話沒有，心下暗忖——這位少主實比大王更難伺候，大王喜怒無常但總還給人一個機會，曹丕卻把人捧得高高的，直到把人推下去活活摔死，心機可怖啊！想至此再次跪倒，雙手捧起木匣：「臣有件禮物進獻太子。」

「不好吧！」曹丕又顯出為難之色，「身為儲君無端受賓客之禮，實是有違厚道。」他避重就輕，不提招父王猜忌，只說有違厚道。

楊修卻道：「此物配與太子最是相宜。」說著輕輕打開木匣，卻不取出，高高舉過頭頂。

那物件長約三尺，在燈光照耀下燦燦生輝——難怪楊修不敢拿它在手，原來是把寶劍。曹丕眼前一亮，不禁取過觀看，此劍乃純鋼打造，劍身隱隱有一層密紋，紋路均勻有如魚鱗，劍鋒側刃薄得猶如絹帛，卻鋒銳無比，劍柄還嵌著一顆幽藍的寶石；用手指輕輕一彈，其聲響徹大堂，嗡鳴之音繞梁不絕。此劍精良絕不亞於倚天、青釭。

「好劍！」曹丕大贊，心中喜愛卻又為難——收他的禮穩妥嗎？

楊修拋下木匣，起身道：「我弘農郡有一隱士名喚王髦，此人不喜仕途，唯好鑄劍，這把劍是他花費十年心血才鑄成的。太子請想，十年之工啊……」

曹丕腦子不慢——曹沖病死，我始立爭儲之志，至今亦是十年。

「十年鑄一劍，當視若珍寶，他卻把劍交與了我。我問其緣故，他言說，劍乃君子之物，至尊至貴，人神咸崇。魚腸劍不遇勇士專諸無以千古留名，轆轤劍不入秦皇之手無以揚威四海。故而王髦把劍交我，請我代尋一位堂堂君子獻上此劍，方不負他十年鑄劍之苦。」

「德祖過譽了。」曹丕眼中觀劍，心內卻思——莫非他也欲轉而投效我？

「在下思忖，劍乃君子之器，雖貴重亦必藏之不露。須知寶劍出奪人命，群小悚然，萬夫披靡！君子愛人以德，非懲治大奸大惡之徒不動太阿。不用其劍便能以德服眾，不用其利便可誅心禦敵，這才是君子至高境界。」

曹丕總算明白他的用意了，不禁微笑：「此言甚善。」

楊修連連作揖：「想太子執此十年鑄成之劍，自是威力無窮。但劍術之上乘乃在意有劍而手無劍，草木盡可為劍，德行亦可為利。望太子恢弘聖德，上奉君王，下和兄弟，日後秉承大王之志，繼其統，守其業，傳之無窮，澤流於世，方不誤這十年鑄成之劍！」

曹丕沉吟半晌，乾脆把話挑明：「這話是子建叫你來說的？」

「非也。」楊修第三次跪倒，「太子與臨淄侯乃同胞骨肉，微臣乃與臨淄侯相厚，又敬重太子，情念所致發此慷慨。無太子之恩養，臨淄侯無以享富貴；無太子之厚賜，臨淄侯無以遂其志。只要太子與眾兄弟愈加親睦，時時關照不生猜忌，兄弟一體同心同德，便是國家之福、社稷之福，微臣赴湯蹈火又怎能辭？」

「好一把寶劍！好一位良士！子建能結交到你這等朋友，真不枉此生，連我都羨慕。」曹丕竟對楊修生出愛惜之感——人之境界有高有低，似孔桂那等人，見勢不妙改弦更張，先為自己考慮，越發叫人瞧不上；楊修卻以大義感召，為曹植求情，反而顯得情意深重。加之他弘農楊氏四世三公，楊震、楊秉、楊賜、楊彪皆是國之股肱，素為士人景仰。如今獻上寶劍慷慨陳詞，有情有義有膽識，曹丕能不愛嗎？

「太子過譽，臣不敢當。」

「這把劍我收下，德祖之言我也銘記在心！」曹丕屈身相攙。

「謝太子垂愛。」

「我與子建、子文本無芥蒂，皆情勢所逼。今既得副儲之位，自當補手足之情，似你等籌謀之輩更何足道，大可放心。」曹丕總算說一句良心話。

「臣斗膽，替臨淄侯謝過太子。」

曹丕把玩這寶劍，又道：「我素知子建其人，最是溫婉良善。但別的兄弟未免……」話說一半自覺失口。

楊修心思縝密，聽這半句便已明瞭，笑道：「太子莫非憂慮鄢陵侯領兵之事？」

曹丕不作聲，便是默認。

楊修拱手道：「大王以鄢陵侯統兵，未嘗不是一片苦心。軍中老將多有亡故，若能提攜鄢陵侯成一代名將，日後不啻為太子一條膀臂。太子明德孝悌，此中關節無需在下多言，當此時節只可促成其好，不可忤上之意。」

「確該如此。」曹丕雖這麼說，心下卻想——二弟與三弟品性不同，膽大妄為剛毅好勇，此人極難馴服，以他做膀臂連想都不敢想。

該說的已說，楊修不願蹚太深，隨即起身告辭。曹丕一手持劍，一手挽著楊修，親自送至府門，想招呼他常來，又恐父親猜忌，只道：「話已說明今後無須多想。有你這等賓客來訪，我高興至極；有你這樣的益友在子建身邊，我更是放心！」楊修連連擺手，微笑而去。

曹丕回到堂上時，四個屬員已從屏風後出來了。司馬孚讚不絕口：「好個楊德祖！不但口才好、智謀高，學識也是一流。」

司馬懿想的卻是另一件事：「方才楊修所言極是，太子確實不該有違上意。鄢陵侯領兵本是兄弟芥蒂，倘若太子從中作梗，那便成了父子之隙、君臣之隙。」

「既然你與楊修都這麼說……」曹丕輕撚鬍鬚，「好！我明日就上書，鼎力支持子文領兵。我要喊得比誰都響，讓天下人都知道我信賴兄弟！」

「太子胸襟廣闊，社稷之福。」四人一齊施禮。

「但害人之心不可有，防人之心不可無。善為國者，內固其威，外重其權！既無法阻止子文為帥……」曹丕將寶劍往桌上重重一放，「替我轉告陳群，請他表奏夏侯尚出任參軍！」

易水之戰

曹操、曹丕父子最終達成共識，以鄢陵侯、北中郎將曹彰行驍騎將軍事，任命夏侯尚為參軍、田豫為長史，發中軍及烏丸校尉閻柔、平虜校尉牽招等合計四萬兵馬至幽燕平叛。時至建安二十三年四月，曹軍抵達易水南岸，已與烏丸叛軍近在咫尺。

曹彰與田豫、夏侯尚騎在馬上，一邊趕路一邊商議軍情——自離開鄴城便是如此，天不亮啟程，日落才紮營，根本不升帳議事，有話路上說，早到一天是一天，曹彰就這急脾氣！

好在他是王子，將士隨他出征都覺臉上光彩，也不敢提什麼意見。田豫久在北州又分管軍報，時時不離他左右，匯報軍情：「昨有細作得聞，能臣氐此叛固是不服我國管束，然其背後亦有鮮卑陰謀煽動。鮮卑部今有軻比能、步度根兩部，軻比能強而步度根弱；步度根有一兄長名喚扶羅韓，與能臣氐私交甚篤，欲拉攏他叛漢歸胡，擴充實力抗衡軻比能。所以咱們明是與烏丸交戰，實是與鮮卑爭鬥。」

曹彰冷冷一笑：「管他什麼烏丸、鮮卑、匈奴，我看都差不多。霍去病封狼居胥，竇伯度燕然勒功。對付他們就一個字——打！」

夏侯尚聽這話茬不對了：「侯爺您……」

「嗯？」曹彰瞪他一眼。

「將軍！」夏侯尚趕緊改口，「將軍此來是平叛，不是遠征塞外，天下未寧南寇尚在，不能與北虜結怨。」

「我知道，不用你說！」曹彰咄咄逼人，「若不打得他們心服口服，何以一勞永固？仗還沒打你先說洩氣話，留神我趕你回去！」

「是是是。」夏侯尚不敢違拗——曹丕派他來既是協助曹彰，也為從旁窺伺，設法分曹彰之功。可他真到軍中才知不好辦，曹彰桀驁不馴，動不動吹鬍子瞪眼；士卒也都處心積慮巴結這位王子，他根本左右不了情勢。

說話間易水遙遙可望，夏侯尚請示：「此處臨近河岸地勢開闊，我軍正可紮營。」

「紮什麼營？渡河！」

「啊？」夏侯尚直吐舌頭——這些天都沒好好歇過，到敵人眼前還大大咧咧的，不吃不喝不休息，有這麼打仗的嗎？

田豫也道：「將軍不可莽撞，易水北岸乃叛軍橫行之地，我軍至此他們早已得知，理當紮營結陣在此頑抗。今反不見敵蹤，必是對岸山林之後設有埋伏。」

「管他那許多？拚死一戰破敵便是，狹路相逢勇者勝！」曹彰這幾日人不卸甲馬不離鞍，一路憋著勁，好不容易趕到這兒，還能再等？

夏侯尚苦口婆心：「批亢搗虛，形格勢禁，方為上策。當以我制敵，不可以我就敵。渡半而受敵，此兵家之大忌！」

曹彰卻道：「臨出征時父王曾囑託：『居家為父子，受事為君臣，動以王法從事，爾其戒之！』今既受命平叛，當速戰速決報效朝廷，豈可畏縮不前長敵銳氣？烏丸、鮮卑之流，皆勇悍未教化之流，唯有白刃加頸，打得他們心服口服才可長久太平。」這話不是沒道理，但他初次統兵，第一仗就弄險，有把握嗎？

田豫見曹彰神情倔強，目光堅毅，渾身鎧甲燦爛，頷下一部黃焦焦的鬍鬚甚為英武，心下不免有些動容，思忖片刻道：「將軍執意渡河迎敵也不是不可，在下有一計，但不敢斷言必勝。」

「計將安出？」

「胡虜行如群獸，散如飛鳥，戰不結陣，善於格鬥，不習攻戰。今若強渡此河，當調輜重、戰車為先，沿河圍成營壘，我軍居於壘內與之相搏，虜雖至而不能入，我軍方有勝算。」

「就依你言，快到河邊了，你現在就去給我調輜重車輛來，我要過河破敵。」

「且慢！」夏侯尚攔住，「此乃弄險之事，將軍不可為先登。」

「到時候再說吧！」曹彰沒把話說死。

「您一人關乎三軍性命，將軍千萬持重！」田豫囑咐半天才去。

曹彰令是傳了，卻根本沒歇著，繼續往前趕路。行軍不停，車輛怎能超到前頭？田豫沒辦法，一輛車派十五個兵，推著往前跑吧！數百士卒推著車跑得上氣不接下氣，好不容易趕上前鋒，也行至易水邊了。後隊人馬尚未跟上，曹彰便欲放船渡河，還要自為先鋒。夏侯尚眼看對岸遠山起伏林木茂密，竟隱隱有塵沙飛騰之狀，必有埋伏。實在看不下去了，跪在曹彰馬前連連叩首：「將軍不能莽撞！倘有一差二錯，非但三軍受累，大王與太子豈不抱骨肉之憾？請將軍以三軍為重，以社稷為重……」

「婆婆媽媽，好不厭煩！」曹彰不耐煩地一揮手，「這易水乃前輩英雄際遇之地，豈不聞『風蕭蕭兮易水寒，壯士一去兮不復還』？我正要在此大顯神威！」

夏侯尚都快哭了：「將軍您不懂，這詩不吉利啊……」

曹彰火了：「我不懂什麼？荊軻從北往南，我是從南往北，豈能不勝？再要多言，軍法從事！」

平虜校尉牽招在旁看得清楚，情知攔是攔不住了，真惹惱了他，興許把夏侯尚殺了立威，索性鋼牙一咬，縱馬道：「殺雞焉用牛刀？末將領一哨人馬為先登！」也不等曹彰回覆，先催自己的兵士放船下水。

幾十艘船不多時便離了南岸，前面的運車，後面的運人，牽招手持兵刃親督兵士，把這先鋒的差事搶走了。曹彰連挑大指：「此乃真丈夫也……嗯，以這幾十輛結壘似乎少了些……夏侯尚，你再去催後面多調些車來，務必要保牽校尉安全。」

夏侯尚總算緩口氣，又去調車。他剛走不久田豫就汗涔涔回來了，馳到河畔麾蓋下，卻不見曹彰蹤影，情知不妙，便聽河上有人呼喊：「田長史，本將軍在這裡！」田豫扭臉一看，曹彰趁他和夏侯尚不在時登船了，急得直拍馬鞍：「將軍忒性急，此乃生死之決耳！」有些話沒法明言——你要死了，大王饒得了我們？大夥生死全在你一人身上啊！

曹彰橫槊大笑：「將不仁，則三軍不親；將不勇，則三軍不銳！我若不親臨前鋒何以激勵三軍……小的們，今日遇敵須當奮勇，建功立業便在此戰！」眾軍士傍王子出戰豈不盡命？齊呼應命聲震河畔，一篙撐開便向北邊划去。

也就一剎那，對岸殺聲陣陣揚塵驟起，滿山遍野竄出無數敵軍，馬上步下皆有，有的披髮左衽，有的頂盔擐甲，有的穿著搶來的漢家服色，多是驊馬遊騎，長弓大戟陰氣森森，口中呼哨不止，如虎狼猛獸般向河岸撲來——田豫心頭一凜，他料到有伏兵，可沒想到這麼多，少說有七八千人，後面大隊人馬還不知多少呢！

牽招早到北岸，見此情形大駭，過河的不過幾百人，而且都是步兵，忙招呼士兵把糧車往前推，設法結成陣壘。可哪由得曹軍布置，敵人箭雨已過來了，頓時死傷一片；有的兵躲身車後，哪知烏丸之士精於馬術，高明的騎士竟從車上越過，將曹兵活活踏死。牽招眼見敵人已至面前，還有什麼辦法？拚唄！曹兵人少烏丸人多，又是步兵打騎兵，簡直就是送死。不多時就被烏丸衝得七零八落，糧車也翻了，敵人直逼到河畔，牽招有全軍覆沒之險。

「將軍，快回來！」田豫急得如熱鍋上的螞蟻。

曹彰哪裡肯聽？眼見離北岸已不足一丈，他揮舞大槊縱身一躍，竟直接跳上了北岸；大槊落處正是一烏丸遊騎，槊尖直入馬頸，曹彰手腕一翻，連人帶馬掀倒在地。眼看又有敵人奔來，槍尖已近面門，他縮身讓過，橫槊用力一掃，正擊馬腿，敵人栽落馬下；緊跟著第三騎也絆倒了，兩人又摔又踏雙雙斃命。後面還有第四騎，這人手持彎刀本領不小，忙提韁繩，雙腿夾馬腹，從屍身上躍了過來，照定曹彰腦袋揮刀便砍。大槊太長，曹彰回槊招架已不及，側身閃開彎刀，敵人戰馬從眼前掠過，他忙中拔出佩劍，狠狠往上一削——紅光迸現，鮮血橫飛，敵人那條握著彎刀的膀臂竟被他斬了下來！

曹彰連斃四敵，船上眾曹兵看得真切，無不驚呼：「將軍真神人也！咱們也上啊！」跟著稀裡嘩啦全躍向北岸。有人跳不了這麼遠，掉在河裡，也不顧衣服濕透，拖泥帶水瘋子一般揮刀上岸。

「好小子們，跟我殺！」曹彰大吼一聲，左手執劍，右手執槊，在陣中亂揮亂舞，逢敵便殺，遇敵便砍；士卒也個個捨生忘死，與敵白刃相搏。

南岸田豫看得冷汗直流——王子雖勇，身邊只千餘士卒，馬不過百匹；敵軍卻有數千眾，這麼打不行！

正無計可施又聞對面號角聲起，緊接著白旄旌旗繞出山坳——烏丸叛首能臣氐率大軍趕到。此時南岸曹軍也盡數集合，無奈一條易水相隔，乾瞪眼幫不上忙，只能等船回來。烏丸校尉閻柔催本部人馬擁在最前面。他乃北州勁旅，甚是好戰，見曹彰、牽招奮勇廝殺，急得直跺腳，眼看零星有幾隻小舟折回，便要搶船過去。

「站住！」田豫厲聲喝住，「你若不想王子戰死就聽我的！」閻柔聽他一喝，真沒敢上去。田豫把閻柔部眾轟開，將陸續歸來的船集結一處，就近調了三十多輛車，也不管轅車、糧車、突車、輜重車，只管往船上推，繼而又點了二百精壯小校隨他渡河。

敵人似乎殺之不竭，好在曹兵背水一戰不得不勇，人人殺得如血瓢一般。田豫所率之兵過河後並不與敵交戰，而是奮力推車，但兩軍陣中羽箭橫飛，豈是容易之事？

眼看敵人越湊越多，南岸閻柔急得咬牙切齒，好不容易盼得船隻歸來，一猛子便躥上去，還沒傳令開船，夏侯尚也擠上來了——他想得長遠，若曹彰戰死，曹操追究起來誰都活不了，乾脆一塊拚吧！

「快划！快划！」閻柔連連跺腳催船快進。他也是打仗不要命的，眼看離岸不遠，揮刀躍上岸去，怪叫著衝入戰團。夏侯尚卻沒登陸，號令戰船回去接人，他在河上觀陣。

曹彰、閻柔雖負萬夫不當之勇，但就算渾身是鐵，能打幾根釘？不覺已漸露疲態。這時一撥撥曹軍陸續登陸，大家使出吃奶力氣，迎著敵人的箭雨，齊推車輛向前擠——載著糧草、掛著死屍、插著兵刃，不管車上附著什麼東西，不管前面是敵是友，也不管地上有無坑窪障礙，卯足勁往前推吧！

在曹軍捨生忘死的推移下，一個戰車組成的半月陣在北岸布成了。曹彰、閻柔等人捨了敵人迅速撤退，爬過車陣躲在後面；也有不少兵躲避不及，被敵人趕上亂刀砍死。夏侯尚在河上瞧得分明，朝眾士卒吶喊：「把盾牌扔過去！」一時間盾牌滿天飛，船上的士兵都把盾牌扔到了北岸——戰局扭轉了！

曹兵在車陣上架起盾牌，支起長矛。敵人弓箭射來有盾牌遮蔽，騎兵衝至就用長矛刺馬脖子，烏丸軍立時損兵折將，衝在最前面的齊刷刷倒了一片，田豫的計謀成功了。兵法有云：「先為不可勝，以待敵之可勝」，曹軍列出半月陣已成不可勝之勢，烏丸人本就不善於強攻壁壘，呈鬆散之狀，又沒有船隻能襲曹軍之後；曹軍卻以逸待勞遊刃有餘，而且渡河而來的援軍越來越多。曹彰早騎上馬，他箭術精湛，眼光犀利，瞅準哪個似是敵方頭目，便射去一支冷箭，不少部族頭領糊裡糊塗命喪在他箭下。

能臣氏本是小部落首領，只是挑頭造反集結了這些兵，各部首領心思不一，不過以利相聚。剛開始欺曹軍人少玩命搶攻，這會兒見勢不妙，又想保存實力，攻勢一波比一波弱。曹軍渡河受敵本為不利，但此時憑藉車陣把數萬烏丸人牢牢羈絆在河畔，廣闊的易水河面反而成了曹軍優勢。夏侯尚通觀全域，早把百餘條舟楫散布河面，見敵人攻勢減緩，立刻傳令放箭——霎時所有船上的曹兵萬箭齊發，箭支似狂風暴雨墜入敵群。

人嚎馬嘶之聲不絕於耳，烏丸軍亂作一團，似沒頭蒼蠅般亂撞，死於馬蹄下之人不計其數，還沒穩定下來，曹軍第二撥箭雨又到了。混亂中有人高聲喊著胡語，似是招呼撤退。但曹兵箭雨無休無止，撤退已成潰退，自相踐踏者倒比被曹軍殺的更多。遠處能臣氏的白旄儀仗搖搖晃晃，似是本陣也遭敗兵衝擊。

曹彰見此良機高舉大槊：「破敵就在此刻，開陣追擊！」眾將盡皆驚愕——適才見他拚鬥近半個時辰，竟還有力氣追敵。

將軍有令不敢不從，十幾輛轅車拉開，車陣閃出一道口子，曹彰一馬當先，閻柔緊隨其後，大隊騎兵爭先恐後衝殺出去；南岸曹兵見機擂起戰鼓，夏侯尚也率兵登陸吶喊助陣。其實即便不追殺烏丸叛軍也完了，敗局已定各尋去路，這陣催命鼓一響心更慌了，猛如虎豹的烏丸兵這會兒都成了避貓鼠，躲避曹軍唯恐不及——被馬踐踏的，被曹軍追殺的，墜河而死的，竄入山林的，棄械投降的，數萬大軍四處逃竄，一哄而散！能臣氏左呼右叱無人聽令，白旄也倒了，情知大勢已去，丟盔棄甲，帶著親信部眾踏著同袍屍身，往北面山坳逃去。

曹兵爆發出一陣浪潮般的歡呼，連受傷倒地之人都放聲狂笑——僅一次交鋒就將敵擊潰，這仗打得太漂亮了！

一片狂歡中夏侯尚傳令：「後續部隊速速過河……咦？將軍呢？咱的騎兵呢？」煙塵散去，卻見山坳間只剩滿地兵刃、死屍，能臣氏殘部和曹彰都不見了。

有個斥候擠進人群稟道：「將軍與閻校尉已率騎兵追下去了！」

「啊？敵人都潰了，還追……」夏侯尚大駭，「那咱怎麼辦？南岸還有兵呢！」

牽招抹抹臉上血跡，氣喘吁吁爬上馬：「我等隨王子出戰，既是將佐又是護衛，若有差失死難贖罪。無論如何得跟在他身邊！」

田豫推了半天車，早累得筋疲力盡，大口喘息：「你們去吧，我追不動了……」

夏侯尚無奈，跨上鞍韉，向士卒振臂高呼：「別鬧了！都聽我說，咱們將軍壯若熊虎、龍馬精神，已乘勝追擊下去！咱得趕緊追主帥，騎兵跟我們走，步兵能跟的儘量跟，跟不上的原地紮營，收拾輜重，救死扶傷，安撫降兵，全聽田長史調遣。我們可就不管啦！」說罷與牽招打馬揚鞭也追了下去。

威震塞北

曹彰搶渡易水一戰成功，大破烏丸叛軍，能臣氏倉皇敗走，曹彰在後緊追不捨。這場追擊從涿郡易水之畔一直追到代郡桑乾縣境（今山西省寧武縣），前後二百餘里。一路上被曹軍追殲的、投降的烏丸頭目不勝其數。到後來投降之人曹彰都不管了，喊一聲「去後面找田長史」，接著繼續追擊。能臣氏眾叛親離部下流散，所剩只千餘騎，腸子都悔青了，實在捉摸不透這位曹魏王子跟自己有什麼深仇大恨，竟似瘋狗一般緊咬不放。能臣氏無可奈何，只得轉而向北直奔塞外，欲投靠鮮卑。

曹軍乘勝追擊也頗勞苦，真是渴飲刀頭血，睡臥馬鞍韉。曹彰自易水奮戰片刻未歇，仍是那身血跡斑斑的鎧甲征袍，箭瘡都未包紮，兀自快馬奔馳。眾騎士也都風塵僕僕緊跟支撐，換了別的將軍他們早不追了，可這次是跟王子打仗，若在他身邊立下功勞，他回去向大王一表奏，起碼撈個軍候當。有利可圖精神振奮，但如此奔襲實非易事，敵人日漸潰散，曹軍掉隊的也越來越多，四萬曹兵在代郡、上谷之地拖成了數十里的一條長線，只閻柔等數千人緊緊跟隨，其他人或戰馬不良或體力不濟，連牽招都被甩出十里外。

夏侯尚一直跟著，卻也累得吁吁帶喘，若不是把手套在韁繩上，恐怕早顛下去了。眼看已過桑乾縣曹彰還不甘休，連忙勸阻：「大王命咱戡平上穀、代郡之亂，現已大功告成，能臣氏北轉欲出塞外，我軍不可再追。」此刻他已不再為能否獲勝而操心，卻怕這場功勞立得太大。

曹彰滿身征塵，早瞧不出本來面目，仍揚鞭不止，喝道：「豈不聞除惡務盡？率師而行唯利所在，豈能拘泥於節度？胡走未遠，追之必破；從令而縱敵，非良將也。繼續追！」

此時臨近黃昏，繞過一座大山，正見數十烏丸人跪地叩頭——這場面見多了，又是投降的。但這次不同，他們竟不顧曹軍呵斥，迎著曹軍馬匹不住叫喊，嘰哩呱啦說著胡語，曹彰情知有異，稍微放緩，命精通胡語的閻柔過去詢問。

那些胡人拽著閻柔戰袍說了一大套，閻柔臉色大變，忙追上曹彰稟報：「不好，鮮卑大人軻比能親統數萬部眾陳兵邊塞。」

曹彰卻毫無懼色：「能臣氏不是與步度根一派通謀嗎？軻比能來作甚？也欲與咱為敵？」

閻柔蹙眉道：「據末將料想，軻比能此來乃為坐收漁利，螳螂捕蟬黃雀在後，咱們得小心了。」

夏侯尚趁機再次進言：「對對對，不能追了。」

曹彰卻道：「我有言在先，要麼打得他們稽顙順服，要麼殺得他們片甲不留。今日敵群流散者甚多，足見能臣氏即將崩潰，再逐一日必能收全功而返，豈可半途而廢？軻比能算什麼東西，我就不信他一個小小的戎狄酋長，敢動我這堂堂大魏王子。傳令全軍加速前進，定要在餘寇出塞前將其一舉殲滅！」

閻柔一拍大腿：「也罷，末將捨命陪君子！」立時撥馬傳令。夏侯尚見他倆意氣相投，想制止也制止不了，幾乎暈厥過去。

曹軍非但不棄，反而愈加疾馳，又追一夜一天，這次連夏侯尚都掉隊了，曹彰身邊僅剩閻柔等千餘騎士。將將趕至群山邊塞，終於望到了敵人的蹤影：能臣氐率部下數百殘兵，立馬山下，動也不動。

離得遠曹兵瞧不清，能臣氐都哭了——兔子急了還咬人呢！好歹也是烏丸勇士，竟叫曹家一個小子追得如喪家之犬，真把臉丟盡了。好不容易逃到邊塞，軻比能數萬大軍布於前方，是敵是友還搞不清；即便是友，部眾喪盡還有何臉面投奔鮮卑？乾脆就在這兒拚了吧！這幫餘寇九死一生，困獸之鬥實是駭人；曹軍追到現在不掉隊的兵也不多，實是勢均力敵。

「拚吧！」能臣氐豁出去了，率領殘兵迎著曹兵而上。

曹彰大槊一擺：「後退者殺！跟我衝！」兩支隊伍迎面撞到一起。單兵格鬥漢人素來不及胡人，騎兵更是差得遠，這點兒曹軍原本奈何不了能臣氐。但曹彰存必勝之念，手挺大槊揚武揚威，在陣中衝來衝去，所過之處一地死屍。閻柔等部眾也頗為悍勇，盡是不顧己身的架勢，所有人都瘋了，揮舞兵刃，濫打濫殺。這不像是打仗，倒似一場決鬥。

此時忽聞號角震天，北方群山之上湧出無數胡人——軻比能大軍也到了，卻並不下來，坐山觀虎鬥。鮮卑人野蠻好戰，一見這場廝殺驚心動魄，有些人忍不住手舞足蹈嗷嗷吶喊，還有人敲起牛皮大鼓，卻也說不清到底給誰助威。

曹彰聞聽鼓響越戰越勇，能臣氐卻已是強弩之末，加之追兵陸續趕到，人越聚越多，烏丸人實在難以招架。兩輪拚殺之後烏丸兵死傷殆盡，能臣氏倉皇而走，這次身邊就剩幾十人了，馬都不要了，沒命似的爬上東北一座高坡，翻山越嶺逃奔塞外。

曹彰還欲再追，卻見北面山上跑來一人，身穿羊皮，披髮右袒，直奔自己而來。曹彰大槊一指：「站住！你乃何人？意欲何為？」

那人粗眉大眼，虬髯隆鼻，顯是鮮卑人，雙手抱胸，屈身施禮，操著一口生硬的漢語：「小的奉我家大人之命向將軍賀功。我家大人說將軍是了不起的英雄，敢問您尊姓大名？」軻比能臨近幽并之地，近水樓台習學中原制度，手下多有通曉漢文之輩。

曹彰傲然道：「我乃魏王之子，驍騎將軍鄢陵侯！」

使者一驚，沒料到是位王子，趕忙陪禮：「我等唐突王駕，請……」話未說完見曹彰彎弓搭箭，對準自己，使者嚇得連連倒退。

哪知曹彰不過是恫嚇，突然抬弓向天，輕舒猿臂雕翎飛出，只聽天際一聲鳴叫，有隻孤雁已被他射了下來；繼而曹彰棄弓提槊，將槊尖朝下狠狠一戳，竟直挺挺插入地下三寸多。這兩手本事一露，非但周匝曹兵，連山上鮮卑人也高聲喝采。

曹彰實是粗中有細，手指使者道：「你可知我乃魏王第二子，我父王共生我們二十多個兄弟，個個驍勇……」又指身邊閻柔，「似他這等勇士更是數不勝數，比你們草原的牛羊還多！」

「是是是……」使者嚇得鬢邊汗流跪倒在地。

「你問完我，該我問你了！」曹彰越發咄咄逼人，「軻比能提兵數萬陳於邊塞意欲何為？莫非鮮卑欲與我中原為敵？烏丸叛賊能臣氏可與你等通謀？今日之事如何了結？」

使者支支吾吾：「這、這……小臣不知……請王子稍待片刻，容小臣去問我家大人。」說罷哆嗦嗦爬起身，往山上就跑。

閻柔不無憂慮：「軻比能甚是勇悍，會不會不利於咱？」

曹彰冷笑：「他不敢。殺我算不得什麼，可他不敢得罪大魏國，他惹不起父王。」

果不其然，不多時那使者又回來了。這次不是一人，來了一大群鮮卑人，扛著美酒、羔羊等物；那使者奔至曹彰馬前，張開雙臂大禮稽顙：「我家大人有言，敝邑坐井觀天，觸犯天威，還請寬恕，日後自會擒殺能臣氐以贖己罪。我家大人還說，甘願像匈奴一樣稱臣，年年進貢歲歲遣使，南北交好永結同心！」

軻比能絕非膽小之輩，他在鮮卑之地的勢力就相當於曹操，似步度根、扶羅韓之流非其敵手。他的志向是像前輩英雄檀石槐那樣統一鮮卑各部，是否與漢人爭雄是日後之事。此番他領兵前來是想看看曹魏實力如何，若曹軍稀鬆平常無甚可怕，今後便要騷擾邊郡劫掠財貨；若曹軍能征慣戰名不虛傳，便暫向漢人屈服，免於腹背受敵。如今他目睹曹彰之勇，不願樹此強敵，便立刻決意稱臣。曹操與軻比能是各自民族的豪傑，出於眼前利益媾和，至於成就各自大業後是否兵戎相見，就非今日可知了——總之，稱臣對軻比能而言不吃虧，對曹魏而言也樂觀其成。

曹軍聞聽使者之言立時歡呼，閻柔喜道：「將軍真神人也！您打垮烏丸，嚇服鮮卑，一征而降兩胡，這功勞太大了！」

「丈夫自當如此，方遂平生之志。」曹彰縱聲長嘯，「曹魏萬歲！大王萬歲！」

眾曹兵也跟著呼喊著：「曹魏萬歲！大王萬歲！」後續趕來的人越來越多，呼喊之聲也越來越大，不知誰觸景生情竟加了一句：「將軍萬歲！」大夥也隨之喊起來，越喊聲音越齊。

「將軍萬歲……將軍萬歲……」

閻柔這幾日固然跟曹彰並肩殺得痛快，平素卻與曹丕關係更厚，這會兒見眾士卒高呼萬歲，漸漸警醒，悄悄退出行伍對心腹小校道：「你速去後面截住夏侯參軍，叫他立刻給太子寫信，匯報此間戰事，好讓太子心裡有數。」

兵隨其將，他手下人也大大咧咧，小校竟頂嘴道：「寫什麼信呀？王子自會向大王稟報。一會兒有羊肉吃，我不去！」

「嗐！太子是太子，大王是大王，不是一回事兒！這……哎呀！跟你說不清楚，快去找夏侯尚！」

「您直接給太子寫不就得了？」

「放屁！」閻柔了給他一巴掌，「我他娘的要會寫字，這巴結人的差事還能落到夏侯尚頭上？快去！」

第十章

曹彰意外崛起，爭儲再起波瀾

如此兄弟

鄴城東郊旌旗林立、車馬雲集，甚至百姓也來湊熱鬧。太子曹丕恭恭敬敬立於百官之前，神色甚為肅穆，心中五味雜陳。他奉父王之命迎接弟弟曹彰——早在出征前他便預感曹彰會勝利，卻沒料到勝利來得這麼快，功勞這麼大，不但戡平烏丸叛軍，還嚇得軻比能稱臣，一戰而降兩胡，這場勝利不亞於昔年柳城之役。捷報傳來非但曹操喜笑顏開，百姓也歡呼雀躍，大家爭相傳頌鄢陵侯驍勇神武。這對身居太子之位的曹丕來說實在不是滋味。

遠處塵沙喧囂、鎧甲映日，大隊兵馬在百姓歡呼聲中緩緩歸來。曹彰早換穿嶄新的金甲，頭戴兜鍪，坐騎白馬，身披紅袍，陽光照耀下甚是奪目，閃耀著燦爛光輝。加之他虎背熊腰、人高馬大，又有一部黃焦焦的鬚髯，越發顯得威武雄壯，宛如天兵神將。

「大哥！」曹彰見到曹丕立刻下馬，稱呼依舊那麼隨便，「還勞你出來接我。」

曹丕堆笑上前，一把攥住他手：「你小子給咱爺們露臉，我這當兄長的幫不上忙，犒勞犒勞你這大將軍還不是應該的？」他絕口不提奉命而來，想自己賣這個好。群臣也過來施禮賀功，兄弟攜手攬腕共入鄴城，沿街之人見太子與鄢陵侯並肩而來，無不歡呼致意。

曹彰問及：「父親病體如何？」
曹丕道：「挺見好的，在後宮住著，也不去銅雀臺了，那幫方士也不召見了。」
「我早就說，那就是一群騙子，少理會些倒是好事。」
「你打了勝仗，父王的病焉能不好？」
曹彰甚是得意：「既然如此，那我替父王平吳滅蜀豈不更妙？」
曹丕見他口氣如此之大，竟絲毫沒把自己放在眼裡，但想來他自幼生性狂妄，也沒太往心裡去，卻道：「這話對我說說也罷了，不可在父親面前賣弄。他素來不喜人居功自傲，你若沾沾自喜惹他厭煩，這功勞豈不白立了？不見許攸、婁圭之事乎？」
「自家父子還計較這些？」
曹丕訕笑道：「依愚兄之見，你不如盛言諸將之功，讓父親覺你謙遜有禮，反倒更合他心意。」這實是一計，自從接到夏侯尚密信他就開始思索如何遏制兄弟，今日叫曹彰推功諸將，無形中也就削弱了自身的功勞。
「有理有理。」曹彰不住點頭，「莫說眾將之功，若無大哥支持，只怕這差事也落不到我頭上。」曹丕聽他這麼說，稍覺安心。
哥倆邊走邊聊，不多時便至王宮。曹彰摘盔解劍，入聽政殿見駕——曹操大病初癒，眉梢眼角還有一絲倦意，卻神態慈祥，似乎極是喜悅。曹植、曹彪、曹均、曹林等兄弟左右相伴，還有荀緯、王象、楊修、仲長統等也手捧文書侍立在側。
曹彰未及行禮，曹操竟先起身：「我們驍騎將軍得勝而歸啦！」
「孩兒叩見父王！」曹彰施禮。
曹操繞出書案：「你起來，為父腰腿不便，別叫我攙。」

曹彰趕緊起身，曹操卻向前一步抓住他頷下鬍鬚，笑道：「想不到我這黃鬚兒竟大有長進！」昔日曹操不喜歡曹彰，因而以他與孫氏聯姻，甚至跳過他封曹植為侯，曹彰封侯尚在曹幹之後。如今他立下大功，曹操另眼相看，竟覺這個兒子哪兒都好，簡直是稀罕寶貝，連一部黃鬚也似變了金條。

曹彰道：「孩兒天資愚鈍，非建功之材，全賴田長史料敵機先，閻柔等奮勇廝殺，孩兒才能僥倖成功。」曹丕聽他依自己之意，心下寬慰，不過末提到夏侯尚似有些美中不足。

曹操卻道：「你能這麼想是真長進了。不過將乃軍之膽，軍乃將之威，為父聽人言講，若非你不避弓矢衝鋒在前，勝負如何還難斷言。諸將有諸將之功，但首功必是吾兒！」他作為君王肯定要把首功加在自家人身上，何況曹彰實至名歸。

「父王過譽。叛首能臣氐至今逃於塞外，孩兒未收全功而返已感不安，何敢言功？」

曹丕用異樣的目光掃了兄弟一眼——我可沒教他這套，他怎越發謙遜起來，竟還學會了以退為進？

「是嗎？」曹操轉身拿起軍報晃了晃，「你還不知吧？能臣氐逃出塞外後，投奔步度根之兄扶羅韓。就在半月前，扶羅韓欲召集各部會盟；軻比能假意赴會趁機突襲，殺了扶羅韓、能臣氐，還吞併了他們部眾。若非你恩威並施結好軻比能，這廝焉能幫咱剷除後患？」

「不錯。」曹植也笑呵呵幫腔，「軻比能殺扶羅韓，便與步度根結下大仇。而軻比能本就勢大，又已向咱稱臣，步度根若想報殺兄之仇便要結好咱們，勢必也要稱臣。今後他們為仇作對，卻都向咱遣使進貢，幽燕之地可得太平。這全是二哥的功勞啊！」曹彪也連聲附和。

曹彰突然跪倒在地：「孩兒謹遵父命，何談功勞？父王神威普照，能臣氐、扶羅韓螢火之光怎堪與日月爭輝？孩兒與三軍將士全是仰仗父王之威。這些日子孩兒身在軍旅，愈感統兵征戰之難，想父王三十年來東征西討，立下功勳無數。您才是我華夏砥柱，才是當之無愧的蓋世英雄。」曹丕驚得眼珠都快掉出來了——這話誰教的？難道真是發自肺腑？這小子一反常態逢迎取寵，其志不可估量！曹丕倏然意識到，他這個二弟實是比三弟更厲害的對手，扮豬吃虎深藏不露，他低估曹彰的心計了。

曹操一生最驕傲之事皆在戰場，聽兒子這麼說，真是無比激動，雙目熒熒泛光：「你少時就立志為將，如今心願得遂，為父看你英勇善戰甚是可造，正式任命你為驍騎將軍，隨你出征的那支中軍人馬今後就歸你調遣。」曹丕臉色煞白愈加惶恐，父王讓曹彰掌握了軍隊，在眾兄弟中還是破天荒頭一遭，手握軍權讓這小子腰桿更硬了，這可如何是好？

曹植只一味湊趣，笑道：「二哥在北郡作戰，小弟武略不濟難以相助，不過舞文弄墨還湊合，因而做了首詩獻與二哥，略表寸心。」說罷吟唱起來：

白馬飾金羈，連翩西北馳。借問誰家子，幽并游俠兒。
少小去鄉邑，揚聲沙漠垂。宿昔秉良弓，楛矢何參差。
控弦破左的，右發摧月支。仰手接飛猱，俯身散馬蹄。
狡捷過猴猿，勇剽若豹螭。邊城多警急，胡虜數遷移。
羽檄從北來，厲馬登高堤。長驅蹈匈奴，左顧陵鮮卑。
棄身鋒刃端，性命安可懷！父母且不顧，何言子與妻。
名在壯士籍，不得中顧私。捐軀赴國難，視死忽如歸。

「捐軀赴國，視死如歸！」曹操不住捋髯，「為父以為你只會摹山範水，作兒女之歎，不想這等軍旅之詞倒也信手捻來。下次出征你可與子文同去，壯我軍威！」

眾兄弟皆道：「子文騎射出眾，子建文采也是一絕。」曹丕卻有些坐立不安了。

曹操早瞧出曹丕神色不定，卻視而不見。他重用曹彰一來是想在曹真、曹休之外再培養個後輩將才，二來也是故意壓曹丕。知子莫若父，曹丕外寬內忌心地刻薄，曹操最清楚不過，在其看來只有現在多敲打，讓他漸漸接納眾兄弟，日後才能團結手足共保家業，這位子終究還是要交到他手中的。

眼見曹丕臉上紅一陣、白一陣，曹操不免有些得意——帝王之道，唯人心之所獨曉，父不能禪子，兄不能教弟。寡人行事高深莫測，天下又有誰知？莫看現今少預政務，群僚子弟個個心機無不明瞭；可有誰品得透我的心事，逃得出我的掌握……正想及此處，卻見曹均、曹林等捧著一盒乳酥，你一口我一口吃著，正是匈奴閼氏贈送、他寫了字的那一盒，不禁一愣：「大膽！寡人殿內之物也是你們隨便動的？」

曹林差點兒噎著，趕緊放下：「兒臣失禮，是楊主簿說可以隨便吃的。」

「嗯？」曹操瞥了楊修一眼，「你叫他們用的？」

楊修拱手而笑：「臣奉大王之命，請列位公子品嘗。」

「寡人幾時有此令？」

楊修笑嘻嘻拿起盒蓋：「大王親書『一合酥』，這『合』不就是『人、一、口』麼？大王曰『一人一口酥』，就是讓大家隨便品嘗，將此味分與眾臣。」

「嘿嘿嘿……你倒聰明得緊。」曹操果是此意，但自己精心構劃的玩笑被人揭穿，還是有點兒不舒服的感覺。

曹丕今天夠憋屈的，不想讓這幫弟弟再搗亂，朝荀緯使個眼色。荀緯會意，手捧卷宗上前：「啟奏殿下，我等奉太子之命整理《新書》文稿，重新分篇定卷。此乃首卷，大王之家傳，懇請過目。」

「呈上來。」曹操對此事倒挺關心。

「兒臣告退。」果不其然，曹植等眾兄弟都起身請辭。

曹操接過書簡：「子文遠征而歸，你們隨他去拜見夫人。」又特意看看曹丕，「你也去。」曹丕欲言又止——自己費勁給父親編成這部書，可連句褒獎的話都沒有，本還想向父親解說編書之心得，看意思他根本就不想聽。曹丕無奈，只得跟著兄弟們去了。

曹操幾乎是一字一字地審這篇曹氏家傳，卻唯讀了兩行便指道：「此處不好，給寡人改！」荀緯等忙湊上觀瞧，見是「漢相曹參之後」這一句，說的是祖先源流。這怎麼改？改這句不成換祖宗了嗎？

曹操敲著桌案道：「改成『曹叔振鐸之後』。」

曹叔振鐸乃周文王之子、周武王之弟姬振鐸，西周初年分封曹國的首任國君。不過曹國封地在兗州山陽郡，曹操家鄉卻在豫州沛國，若說曹家是名相曹參之後還有可能，說是曹國貴族後裔就太牽強了。其實自曹操曾祖曹萌那代往上便是土裡刨食的白丁，無官無爵，即便真是曹國後裔，也無從考證。

荀緯、王象不解其意，仲長統卻心中了然。曹家是要篡奪漢室天下的，曹參雖為名相，可終究是漢室之臣，被漢高祖喻為「功狗」，自詡曹國貴族就不一樣了。曹國出於姬姓，乃周文王之後，相較而言劉邦不過泗水一亭長，這樣一比，曹家的血統不就高過劉家了嗎？再者曹操一族以宦官起家，現在曹操把周室後裔抬出來，無疑是向他們宣告——你們不是自詡正統、宣導儒學嗎？我曹家就是周室正統，這等身分還不配領導你們？不論是真是假，曹操想出這種辦法提升家族地位實是用心良苦。昔日董卓自詡董太后族姪，如今曹操自稱周文王之後，這便是寒門濁流之人的無奈。

讓改就改唄，仲長統親自操刀，用墨筆勾去，在旁重新寫，曹操接著往後看，再未發現不如意之處，最後點點頭：「就這樣吧。以後宗廟祭祀一律稱寡人祖先為曹叔振鐸。」他心血來潮一句話成了定制，可笑宗廟裡供的曹萌、曹騰、曹嵩，死去多年竟換了祖宗。

荀緯又奏：「大王家室秉承名……」他想說「名臣」但又一琢磨祖宗已換了「君」，趕緊改口，「秉承明君遺禎，治天下二十餘載，名為匡扶實為開創，為一世表率。請大王再題一詩，述平生之志、為政之道，續家傳之末，教諭後世子孫，不忘祖德。」這樹碑立傳的主意是曹丕想出來的，本欲親口說出博父親歡心，現在只得由荀緯代勞。

曹操果真笑了：「你們想出這等主意，倒也別致。」他搦管沉思，何以用詩述為政之道——須知這不是簡簡單單一首詩，要傳之子孫，而他子孫不就是後世帝王嗎？這不啻為教諭後輩帝室的祖訓。他潛心凝思：我奔忙一生，究竟要創造怎樣一個世道？

蹙眉半晌，忽然提筆寫道：天地間，人為貴……

只寫了這六個字，曹操倏然停筆。

荀緯、王象不禁對望一眼——孟子有云：「民為貴，社稷次之，君為輕」，大王必是一時匆忙寫錯了。但臣子不敢指斥君王之非，兩人佯作不悟。

說來也怪，仲長統半日不言不語，看到這六個字卻精神一振，抬起頭，無比崇敬地仰望著曹操：「寫得妙！接下來呢？」

曹操茫然瞥了他一眼，不知為何面露苦澀，手腕輕輕顫抖，時隔良久竟發出一聲歎息，繼而穩住手腕寫道：立君牧民，為之軌則……

仲長統一見這八個字，神往的眼光又黯淡了，也發出一聲細不可聞的歎息。

曹操再不猶豫，振筆疾書：

天地間，人為貴。立君牧民，為之軌則。
車轍馬跡，經緯四極。黜陟幽明，黎庶繁息。
於鑠賢聖，總統邦域。封建五爵，井田刑獄。
有燔丹書，無普赦贖。皋陶甫侯，何有失職？
嗟哉後世，改制易律。勞民為君，役賦其力。
舜漆食器，畔者十國。不及唐堯，采椽不斫。
世歎伯夷，欲以厲俗。侈惡之大，儉為共德。
許由推讓，豈有訟曲？兼愛尚同，疏者為戚。

（曹操《度關山》）

曹操一揮而就，把墨筆往案邊重重一拍，王象立時讚道：「好！古人云：『舉綱以綱，千目皆張；振裘持領，萬毛自整。』大王以聖賢為綱，仁義挈領，倡愛民、勤政、尚儉之德，真不朽之業也！」他把這些歷代帝王都曾宣揚，又由曹操臨摹一遍的話喻為不朽，顯然言過其詞。

荀緯見地更高一層：「墨子曰：『兼者，聖王之道也，王公大人之所以安也，萬民衣食之所以足也。』又曰：『聖人之所以濟事成功，垂名於後世者，唯能以尚同為政者也。』古者儒墨皆為顯學，卻若涇渭參商。大王以儒化墨，合兩家之精髓，實是難得。」

曹操捏著眉頭，似是完成一件極為耗神的差事，疲憊地擺擺手：「寡人想靜靜，出去吧……」

荀王二人知他近來愈加喜怒無常，趕緊收起書簡施禮而退。

「公理，你留一步。」

「諾。」仲長統似乎早料到他要留自己，站在那裡動都沒動。

空勞一世

仲長統等的就是這一天。他知道曹操會找他談話，調他來鄴城為的也就是這一天，他也期望著這次交談——因為他也和曹操一樣，在這世上或許只有對方這半個知己。

曹操否定天命，他也否定天命，兩人稱得上是知己。但曹操否定天命是欲破他人之天命，樹己之權威；仲長統否定天命則是有感千古興亡之輪回，欲究來世之盛衰。一個是意圖問鼎天下的君王，一個是醉心世間教化的文人，完全是兩條道上跑的馬。從某種意義上說，曹操利用了仲長統和他的《昌言》，利用了抨擊天命、忠君之說，但即便是這種利用也足以讓仲長統感到慰藉。因為對於他這個出身寒門又獨執異論的人來說，這世道太孤獨，沒人理解他，更不要期望什麼贊許，二十年來他遭遇的只是冷眼和敵視；能有曹操這樣一位君王重視他，在他看來已大喜過望。

曹操並沒正視仲長統，茫然低著頭，似是疲憊至極：「記得十三年前寡人初定冀州，你論及袁氏為政之失，今日看來寡人為政比昔日袁紹如何？」

「臣不敢言。」

「但言無妨，說好說壞寡人無怪。」話雖這麼說，曹操卻未與他有一絲眼神交流，甚至有些害怕與他對視——天底下沒人能比仲長統更了解君王和權力的真面孔，在他面前曹操毫無神祕之處。

「諾。」仲長統深施一禮，緩緩道：「以在下觀之，大王如今之政與昔日袁氏相比……五十步笑百步耳。」這話大膽犯上，卻一語中的——如今曹魏之政已轉而以世家大族為本，以儒家經學為教，與當年袁紹有何不同？只不過那些豪強大族還不那麼猖獗，還不能左右曹魏國政罷了。

「哼。」曹操苦笑一聲，對這個答覆毫不意外，「寡人生平最欲擊敗的對手就是袁本初，原以為官渡一戰是非已分，沒想到時至今日仍不能擺脫他的陰影。」

「不過……竊以為大王與袁本初絕非同路。袁紹四世三公豪強之人，視黎民如草芥，大王卻有悲天憫人之心。」

「悲天憫人？」這話連曹操自己都不甚了然，「你是聰明之人，何必像那些俗吏一般恭維寡人？」

「非是微臣諂媚。敢問大王，方才您所書那首《度關山》，為何開頭要寫『天地間，人為貴』？」

曹操的眼神又移開了，似乎不想提這個：「孟子言『民為貴，社稷次之，君為輕』，民與人又有何異？」

「民與人無異嗎？」仲長統反詰道：「人者，萬物之靈、天地之心也。而民……說穿了不過是聖君聖王統治下之人，即便說什麼『愛民如子，蓋之如天，容之若地』，也不過是把人看作子民，君王自詡為父、為天、為地。須知人可以自出手眼，創亙古未有之業，行前人未行之事，開百家之先河，人能主宰自己命運，受帝王桎梏之民能辦到嗎？換言之，手握乾坤、樹自家威福的君王能允許他們辦到嗎？」

曹操默然不語——仲長統又一語中的了。曹操曾嚮往帶給天下人安定、自由，立志遠邁堯舜，甚至「恩德廣及草木昆蟲」（曹操《對酒歌》錄），一切生靈平等，創亙古未有之大同之世。這麼美的理想終究破滅了……現在坐在這裡的不再是那個滿腹熱忱、以蒼生為念的年輕人，而一個稱孤道寡、家天下的君王。或許那夢想依然深埋在他心底，但眼下他最在乎的是如何鞏固自家權威，如何讓這位子永遠由自己兒孫坐著。

然而就在曹操提起筆來寫詩的一刻，那個沉睡的夢又悸動了，他無意間寫下「天地間，人為貴」

六字。人是天地的主人，上至帝王、下至奴僕都是人，也都是天地之主，那彼此之間還有何差別？君王又憑什麼坐享富貴統治黎民？曹操不知所措了……他豈能告訴天下人：你們其實可以有與君王一樣的權力，也可隨心所欲，追求自由；那豈不是把曹家唯我獨尊的權力否定了？

所以他筆鋒一轉，又寫下「立君牧民，為之軌則」——要想牧役人民永世不敗，就不能承認自由人性，君王永是不可逾越的天。任何人的權力必須是君王的施捨，任何思想和創造必得在君王允許的範疇，百姓只能跪在地下感謝恩賜。即便他在後文讚揚皋陶、唐堯、虞舜、許由，甚至提到了墨子的「兼愛尚同」，但這一切都必須在他牧民的軌則內……黎民逃不脫君王的統治，而曹操本人也逃不脫千年來的傳統，他繞得再遠終究還要回到老路上。不管他心中夢想和實際利益哪個更重要，也不管是否願意接受，他都別無選擇。

仲長統感覺到自己揭了曹操傷疤，既有些不忍又懾於君王之威，心下甚是忐忑，也低下頭，不敢再看他一眼。曹操卻笑了：「無怪你能寫出《昌言》這樣的書。揚雄破善惡之別，桓譚破讖緯之說，王充破鬼神之談，你索性連天命君權都給破了，敢把天捅出個窟窿，當真膽大妄為！不過句句都是說到寡人心坎裡了。」

仲長統暗甩一把冷汗，謙虛道：「微臣不過信口胡言。」

「人人都在虛言粉飾，若有一人敢說實話，那眾人眼中他自然就成了信口雌黃。」曹操又打起精神，「今日寡人就是想聽你說實話、說真話。寡人之治究竟如何？天下日後會變成何樣？我曹魏究竟能不能長治久安？你放膽說！」

「諾。」仲長統吸一口氣，似下了很大決心才道：「孝景帝時名臣晁錯算過一筆帳。估算一農夫五口之家，服役者不下二人，其能耕者不過百畝，百畝之收不過百石。春耕、夏耘、秋獲、冬藏，伐薪樵，治官府，給徭役，春不得避風塵，夏不得避暑熱，秋不得避陰雨，冬不得避寒凍。四時之間無日休息，送往迎來、弔死問疾、養孤長幼皆賴這百石收益。即便勤苦如此，不時遭遇水旱之災、急政加賦、橫徵暴斂。先朝之際尚且如此……」說到此處仲長統深施一禮，「大王恕微臣斗膽相問。今之農家以五口為計，服役者可下二人？可耕之田可有百畝？居家安泰可優於前朝？水旱、蝗蟲、瘟疫之災可輕於往昔？」

當然不會，曹操心裡有數，常年征戰奮命沙場者早超越五丁抽二的舊制，闔門父子效力於軍也不稀奇，他甚至抓民間寡婦充當軍妓。而戰亂也擾亂了土地，富家劃地兼併，雖然他百般扼制終不能阻止此趨勢；流民迫於生計當屯民，身背五六成的重賦，如今戰亂稍息，不少人寧可逃回鄉給地主當佃戶也不願再給國家當佃農，天下還剩下多少自耕之農？但曹操並未因此背負太多自責，畢竟天下未定，為了支持軍隊，龐大的開支是無奈之舉，至於瘟疫、災害只有在安定之世才能妥善治理，如今仗還沒打完，怎能兼顧？

仲長統似乎看穿了曹操的僥倖心理，又道：「微臣還想為大王再算一筆帳，試算世家豪門生計如何。井田之變，豪人貨殖，館舍布於州郡，田畝連於方國，閉門成莊劃地建園，一應衣食住行之物皆自給自足。每年正月伊始，女工織布、釀酒；二月糶粟，裁布製衣；三月開桑蠶之利；四月種禾、種瓜，糶大麥；五月、六月種豆、胡麻等；七月、八月果蔬俱豐還可種麥；九月糴粟；十月山林漁獵；十一月再屯粟豆餘糧；歲末修繕農具，收民田租，飼養耕牛，以備來年事……大王算算，一年多少收益？這還不是全部，居官者有俸祿，封爵者有歲邑，顯職者有厚賂，掌兵者有戰利，放貸收息榨民血汗，化錢鑄器與國爭利。微臣沒誇大其詞吧？」

曹操不語——他曹家在先帝年間也曾過這種日子，雖不能與郡望大族相比，收支卻也差不多。倘要豪強之家與黎民百姓相比，簡直是雲泥之別。

「大王英明睿智，專以豪強為治能否讓天下太平，想必大王心中自然明瞭。」

曹操並不明白，或者說不願弄明白，辯解道：「世家大族以經義為本，忠君順德，施恩百姓，有何不可？」其實這話連他自己說著都沒底氣，他當年何嘗不是以打擊豪門為己任？

仲長統見他矢口否認，更放膽直言：「大王之言固是出於好意，然吾恐日後之事非大王現今所能揣度。大王乃是先朝入仕，昔日外戚、宦官之家，袁氏、楊氏之流是何情狀，您還記得吧？在郡為紳，在朝為臣，子孫錦衣玉食，造就者登臨官寺，不肖者橫行鄉里。他們愛不愛鄉民百姓，您比微臣更清楚。我記得名士崔駰曾寫過一篇《博徒論》，其中譏諷一老農『子觸熱耕耘，背上生鹽，脛如燒椽，皮如領革，錐不能穿，行步狼跋，蹄戾脛酸。謂子草木，肢體屈伸；謂子禽獸，形容似人。何受命之薄？稟性不純』。恐怕那些權門大族眼中，百姓與禽獸草木無異，秉性不純，活該受苦受貧吧？以這些人為官，微臣替大王惶恐。」

曹操額角滲出一滴冷汗，手指不住顫抖，有些事他並非不知道，而是不得不這麼做。他近來對政務的玩忽不僅僅因為身體不佳尋求方術，而是對國政路線不滿又無力改變。今天這些隱憂卻讓仲長統挑明，曹操心中愴然，卻仍強辯道：「選官之事自在寡人之手，明斷優劣尚可挽回人心。」

仲長統又道：「政之為理者，取一切而已，非能斟酌賢愚之分，以開盛衰之數也。世族豪強之家盡棲朝堂，選官又豈能公平？郡望之族雖以經義起家，然門生故吏流於九州，既登權位利慾薰心，焉能再守仁德？為師無以教，弟子不受業，奉貨行賄以自固結，求志囑託規圖仕進。以頑魯應茂才，以桀逆應至孝，以貪婪應廉吏，以昏暗應明經，以怯弱應武猛。名實不相符，求貢不相稱。富者乘財力，貴者憑權勢。政以賄行，官以私進，選舉不實，邪佞遍布。吏治怎能清？人心何可挽回？」

曹操早已汗流浹背，卻越發提高聲音：「還有嚴刑峻法！孝武帝曾殺魏其侯，光武帝曾誅歐陽歙，難道寡人會坐視他們胡為？」

「臣不敢藐視君威，大王縱橫天下三十載，自然無人不服，但後世君王呢？他們必有似大王之威、如大王之德？」仲長統長歎一聲，「況君子用法至於化，小人用法至於亂。均是一法也，苟使豺狼牧百姓，盜蹠主徵稅，貪鄙掌刑獄，諂懦宣教化，國家昏亂，官吏放肆，則其法何以服百姓？百姓不服，則奸謀構亂無所不為。富者驕而邪，貧者窮而奸，諂邪居上，奸猾在下，富者恣睢，窮者仇富，世間混沌善惡不明，雖堯舜復生豈能治哉？這便是世家一黨治國的結……」

「住口！你這是危言聳聽！」曹操終於承受不住了，早忘了是自己讓人家放膽直言的，抓起案頭一卷竹簡，向仲長統用力擲去。

仲長統既驚且懼，竟沒躲開，被竹簡打得披頭散髮，冠戴落地，顧不得去拾，趕緊癱跪在地：「微臣失禮，大王息怒……」

曹操充耳不聞，氣得渾身哆嗦，在帥案後踱來踱去：「可惡……可惡……」其實仲長統對日後社稷的斷言他都能預見到，若世家大族為政，憑他一己之力雖可斧正一時，卻不能壓制一世，他死之後兒孫還有這能力嗎？恐怕用不了幾十年光景，必使寒門無在朝之士，世族壟斷朝綱，上涉君權下壓百姓，對曹氏統治而言不啻為一把雙刃劍。曹操看得一清二楚，可他有選擇嗎？若不接納世家大族，人家可以反叛，可以投奔他人。外有孫、劉未滅，內有百廢待舉，若陷入無休止的內鬥，天下還有安定之日嗎？曹家還能坐穩江山嗎？形勢逼人，須知孫權早已與顧陸朱張等江東大族融為一體，劉備也絞盡腦汁要把荊州之士捆綁在戰車上，曹魏不這麼幹何以穩定內部，何以積蓄實力與他們決戰？士族政治固然危害無窮，但若連眼下困難都解決不了，何談將來？即便這是杯毒酒，也只能強忍著往下嚥。

曹操實是無比痛苦，他擊敗了袁紹，但他卻要向自己的手下敗將低頭，接受手下敗將的為政之道，這無異於向全天下士人宣布自己這半輩子錯了！身為君王還有比這更屈辱的嗎？他自欺欺人的謊言完全被仲長統戳穿了，他氣憤填膺，不住咆哮：「你這大膽狂生！好好好……你口口聲聲說寡人不對，那你想要寡人怎麼辦？寡人還能怎樣？你說啊！」

這次輪到仲長統無言以對了——是啊，還能指望曹操怎樣？世家豪強自秦漢以來就是難治的頑症，中興二百載早已發展到無法扼制的地步。雖然曹操專橫跋扈不懼天命，但要他與數百年的歷史潮流鬥爭，這現實嗎？

「臣有罪……」仲長統不得不低頭，「大王息怒，保重身……」

「閉嘴！你等文人就會亂發狂言！誰知寡人之苦、寡人之煩？」曹操踱來踱去，越想越氣，卻已搞不清究竟是跟仲長統生氣，還是跟自己。滿腹怨煩無處可洩，抬腿一腳，把帥案踢翻了。

殿外伺候的寺人、武士早驚動了，上殿來一看——曹操如同一個瘋魔的白髮老人，一瘸一拐蹣跚著，抓起一切能抓的東西亂砍亂砸；仲長統早嚇得癱軟在地。

嚴峻心思靈動，手指仲長統，招呼眾侍衛道：「此人欺君罔上惹怒大王，還不速速拿下？」眾武士氣勢洶洶一擁而上，將仲長統死死按住。饒是仲長統膽大包天此刻也心灰意冷，料想必有一場塌天大禍，恐怕要蹈邊讓、孔融的覆轍了。

哪知曹操卻突然喊道：「誰讓你們擒他的？把他、把他……把他給我轟出去！轟回許都，寡人永不再見此人！」氣歸氣怒歸怒，無論嘴上如何狡辯，他都無法否定仲長統之預言，而且人家越是直言，越是出於摯誠。曹操殺的人多了，因言獲罪的也不少，但他從來要殺誰就痛痛快快殺；讓人家推心置腹放膽直言，卻引為把柄置人死地，曹操畢竟英雄一世，不會行此下作伎倆。

「謝大王不殺之恩……」仲長統顫巍巍咕噥一聲，不禁流下兩行熱淚——畢竟曹操對他有知遇之恩，若不是趕上這個動亂的年代，若不是有曹操這樣敢於挑戰天命的主公，焉能容他這等發「逆天」之論的人混跡廟堂？

「轟走！快快轟走！」曹操扭過頭死命揮著衣袖，彷彿是要驅走一件不祥之物，又好像充滿畏懼不敢面對。

仲長統被武士推推搡搡出了大殿，又忍不住回頭瞧曹操最後一眼——淚水模糊了視線，淚光中的曹操變得無比扭曲、無比猙獰、無比醜陋，兀自咆哮著、捽打著、掙扎著，卻顯得那麼無力，他注定無法與命運抗爭。誰是他最大的敵人？是他自己……

青春沒有了，朋友沒有了，父子親情也沒有了，匡扶漢室的本志已背棄，要當帝王的渴望還需壓抑，統一天下遙遙無期，如今就畢生的理想追求都被他自己扼殺了。都破滅了……除了那個帶給他孤獨的王者之位，他還有什麼？

第十一章

親征漢中，曹操為天下最後一搏

曹操擇陵

建安二十三年（西元二一八年）六月，炎炎夏季又到了。燥熱天氣已持續好幾天，有兩場雨也只是電閃雷鳴旋即而止，沒半個時辰又恢復原樣。四下沒一絲風，烈日流火爍金，把大地炙烤得黃焦焦、熱騰騰。從鄴城城樓向外望去，草木都蔫巴巴的，耷拉著枝葉動也不動；寬闊的驛道黃土蒸騰，與灼熱的白氣交織一片，一切都顯得朦朦朧朧。

而此時此刻，中陽門城樓上擠滿了人，有文有武還有太子曹丕和眾王子，雖然大家都換了最薄的衣服，儘量躲在蔭涼處，還是熱得汗透衣襟，人人腦門一層汗珠。這該死的鬼日子誰也不會沒事往城樓上跑，大夥都是奉魏王之命而來。曹操也和眾人一樣登臨城樓，倚在一張藤編的胡床上；不同的是他似乎全然不覺暑熱，穿錦繡長衣，戴冕旒冠，臉色蒼白，沒有一滴汗水——陰虛而火旺，這便是病態。

這兩年來群臣已見慣了他的暴怒無常，今天的曹操卻格外沉靜，甚至有一絲無精打采的垂老之態，大家又不免為他病體擔憂。自那日趕走仲長統，他大鬧一場之後就成了這副樣子，彷彿心靈一下子被掏空了，渾渾噩噩提不起精神，方士也不見了，連李璫之配的湯藥喝著也不起勁了，看來他已默認了這無奈的命運。

曹操始終默不作聲，只愣愣地眺望著城西，其實這炎熱的日子又有何景致可觀？臣僚都屏息凝神，低頭看著腳下城磚，誰也搞不清楚他叫大夥來做什麼，也無人敢問。眾大臣還好說，王子們卻有點兒沉不住氣，曹袞、曹茂還小，早熱得站不住了，巴望著要往城下鑽，可誰也不敢說話，都偷偷瞅向大哥曹丕。曹丕也揣測不清父親心思，礙於身分更不敢貿然進言，又朝嚴峻、孔桂使了個眼色。

二人會意，剛欲湊前勸曹操回宮。哪知曹操突然開了口：「你們往那邊看。」他抬手指向西面遠處一片光禿禿山岡，「那處地方貧瘠而開闊，寡人死後就葬在那裡。」

大家皆是一驚，萬沒料到他竟是在給自己挑墳地——固然曹操一天天蒼老，但他畢竟強橫一世，對曹營眾臣和北方百姓而言更是早已習慣了他的統治，猛然聽他提身後事，所有人都感到一陣莫名的恐懼，群臣齊刷刷跪倒：「大王，不可出此不吉之言。」

曹植身子一顫，伏地大呼：「兒臣願父親長命百歲，永享安康！」

曹丕更是跪趴兩步，湊到胡床前，抓住父親袍襟：「天下未平，四海未安，黎庶嗷嗷以望尊者。父王何以言死？」

曹操並不理睬他們，兀自凝望著西方，目光幽幽的，似是充滿了疲倦和迷惘：「有生就有死，自古無不逝之人，又有什麼吉不吉的？寡人自己選好陵墓，也省得你們日後操心。」

群臣幾時見過曹操這般心灰意冷，都不禁唏噓，丁儀、孔桂等更泣不成聲：「大王乃天降之神匡救亂世，您不會死，不會死的……」後面的話沒法說——您死了我們可怎麼辦呢？

曹操只長歎一聲，又道：「古之葬者，必居瘠薄之地。鄴城西岡雖貧，卻有西門豹之祠，此乃古之先賢。可在其左近之地為陵，也不必建封植樹，因高為基，簡單下葬。《周禮》有云：『冢人掌公墓之地，凡諸侯居左右以前，卿大夫居後。』漢制謂之陪陵。日後凡有功於我曹魏社稷者，死後可陪我陵。」

曹彰倒似把生死看得很開，沒掉眼淚，只道：「父王有此意願，兒等無敢不從。但父王有開創社稷之功，豈能不封不樹，草草薄葬？倘若如此，非但無以宣父王之德，恐怕世人也要譏諷我兄弟不孝。」

「不孝？」曹操瞥了他一眼，「世間有大孝，有小孝。揚我曹魏之業，吞併四海傳與萬世，才是大孝，修陵算得了什麼？昔日孝景帝遵文帝遺旨為父薄葬，至今山陵完好；光武帝英雄一世，明帝卻偏偏厚葬其父以揚帝德，結果還不是被掘墓賊盜了？古之聖人以天下為家，不別遠近，不殊內外。虞舜葬於蒼梧，夏禹葬於會稽，皆巡狩年老，道死邊土。寡人不配與聖王比德，能有一方水土為陵就很知足，更復何求？天下未寧，不可厚葬以長奢華之風。」不奢華是一方面，自新莽以來赤眉、綠林都曾幹過盜墓勾當；董卓遷都西京時幾乎把三輔富庶陵墓挖了個遍，其實連曹操自己都不能免俗，掘了梁孝王陵墓，他怎能不防備別人來挖他的墳？不封不樹，薄葬輕殮，沒什麼可盜的，自然就絕了賊人之心。

曹彰諾諾連聲，心下卻忖——您倒想開了，不過死人做不了活人的主，到時候也未必能如願。

「子桓、子文、子建，還有朱虎，你們近前來。」曹操點手喚過年紀最長的四個兒子。曹丕、曹彰、曹植、曹彪都圍跪在胡床前。

「為父三十年苦心孤詣，我曹魏基業來之不易。《公羊傳》有云：『何言乎王正月？大一統也。』帝王以九州四海為家，若非掃滅狼煙歸為一統，終不能算成就正朔。為父老了，不知來日幾何，統一天下的大業就指望你們啦！」時至今日曹操終於不再對統一天下抱有奢望，他不得不承認自己有生之年已辦不到，只能留諸後人了。

在場眾人幾時見過曹操無奈自棄？這次連曹彰都一臉悵然，曹丕卻心下怏怏——平定天下之事交代我這太子就好了，卻拉上仨兄弟，未免不倫不類。

「你們四個雖已長成，但列位兄弟尚幼，似幹兒不過三歲，日後教養之事多累汝等。」說到這兒曹操才握住曹丕的手，「你等手足一心共保社稷，萬萬要以袁譚、袁尚兄弟為鑒！」知子莫若父，曹操瞭解曹丕心胸，因而同時向他兄弟四人託付後事，讓大家有個見證，似乎這樣就能確保曹丕日後善待兄弟——但這真的有用嗎？

曹丕立刻指天為誓：「父王之言，孩兒一定銘記在心！」

「好！聽你這麼說，為父放心了。」曹操輕輕撫著曹丕肩膀——這是曹丕晉位太子以來他第一次當眾誇獎兒子，但也可能是他一生中最後一次真心誇獎曹丕。

曹宇、曹袞等小王子早哭作一團，群臣也唏噓不止。卻見曹操長出一口氣，似是壓在心頭的事終於完成了，繼而黯淡的目光忽然一閃，挺直身子道：「既然後事已交代明白……傳令中軍整備兵馬，寡人要親統大軍再征漢中！」

所有人又是一驚。曹植欲諫，卻被曹操抬手攔住：「前番吳蘭、馬超雖敗於武都，劉備賊心不死捲土重來，聽聞已調動川蜀之地所有人馬大舉壓向漢中。寡人與此賊不共戴天，必要讓他輸得心服口服。若能保住漢中，進圖蜀中，則天下之定不遠矣。」

道理是不錯，但以他現在的身體狀況還能再打仗嗎？曹操這次出兵的舉動與其說有感於形勢，還不如說是奮力一搏的衝動。眾人盡感憂慮，可這話又不能明說，倘直言他年老體衰不堪再戰，豈不觸了霉頭？黃門侍郎劉廙出班奏道：「微臣不敢阻大王遠征，但有一言還望大王納之。」

「說。」

劉廙恭恭敬敬道：「大王起軍三十餘年，敵無不破，強無不服。今孫權負險於吳，劉備不賓於蜀，此皆重山惡水偏僻之地，雖自守無以成大害。昔文王伐崇，三駕不下，歸而修德，然後服之。為今之計莫若料四方之險，擇要害而守之，選天下之甲卒歲更焉。殿下可高枕於廣夏，潛思於治國；廣農桑，事從節約，修之旬年，則國富民安，雖不征亦天下可定矣！」一來劉廙是讀書人，推崇以德服人；二來也避開曹操病體不談，繞著彎勸他別去。拿別人說事或許曹操不聽，把他推崇的周文王抬出來，他還能不聽嗎？

豈料曹操「嘿嘿」一笑，拍拍自己胸口道：「非但君當知臣，臣亦當知君。欲使寡人坐行西伯之德，恐非其人也！」你想要我學周文王，我是那種人嗎？這算是把話徹底說透了——莫看曹操每每上表自謙，聲稱仰慕周文王之德，什麼「三分天下而有其二，以服事殷」，什麼「雍雍在宮，肅肅在廟；不顯亦臨，無射亦保」。其實他心目中真拿周文王當回事嗎？他以軍功起家，以武力稱霸，欲達目的無所不為，焉能真的篤信道德？謙誠之言不過是往臉上貼金，真叫他以德服人，豈非笑談？

劉廙嘿然而退，曹丕見他故意沒把話說透，自己卻要敞開直言：「父王當真要去，只恐……」

「你放心，此番我攜你母及眾姬妾同往，隨時照顧寡人，諸醫士也隨軍侍奉湯藥，料也無妨！」

「李璫之倒也罷了，那幫方士之人……」曹植想提這事，又不忍掃父親的興，話說一半又咽了回去。

曹操眼中閃過一絲老辣：「你們真以為為父老糊塗了？就憑他們那點兒伎倆還蒙不倒我！先前郤儉、左慈等或可一信，不過寡人年事已高，即便修行也難裨益，至於後來大批左道之人皆是寡人將計就計，故意把他們誆來的。此等妖言之輩雖不能迷惑正人，卻可矇騙百姓，接奸宄以欺眾，行妖慝以惑民，昔張角以此法構亂，社稷之患不可不慎。所以寡人將他們通通招來，若真有本領顧問養生之道，若徒有惑眾之能，則拘於鄴城，使他們不至於流散民間。凡術士之輩敢離鄴城一步者，格殺勿論！」曹丕、曹植盡皆凜然，沒想到父親藏了這麼深的心機。不過曹操又是打坐采氣又是歌詠神仙，難道真的絲毫未曾迷信？這恐怕只有他自己清楚。

曹操從父子之歎中解脫，又恢復了往日霸氣，陰森森環顧群臣：「西征之事孤意已決，無須再諫！」說罷他又望向那片貧瘠的土岡，那邊是他一生最後的歸宿之地。

其實曹操知道自己身體不行，也預料到自己可能會死在外面，但他實是下定決心一搏——這世上最適合他的地方莫過於戰場，雖然理想已不復存在，但登臨戰場他依然是天下第一統帥，他依然擁有所向披靡的用兵之能，這才是他最最傲人之處。既然生命已不長久，索性把最後時光賭在戰場上，哪怕奪尺寸之地也是為兒孫社稷造福。

建安二十三年七月，曹操整備人馬發動第三次西征，這次出征的目的是對抗劉備主力，協助夏侯淵保衛漢中，如果戰事順利，他還打算一鼓作氣直下蜀中，在有生之年剷除劉備這個大患。出征之前曹操又頒布一道教令，施惠於民：

> 去冬天降疫癘，民有凋傷，軍興於外，墾田損少，吾甚憂之。其令吏民男女：女年七十已上無夫子，若年十二已下無父母兄弟，及目無所見，手不能作，足不能行，而無妻子父兄產業者，廩食終身。幼者至十二止。貧窮不能自贍者，隨口給貸。老耄須待養者，年九十已上，復不事，家一人。

這道令旨照顧的是鰥寡孤獨、殘疾之人，把不繳稅役的年齡限定在七十、九十以上，看起來似乎有些「小氣」，但是連年征戰、瘟疫肆虐造成人口銳減，魏國始終要支撐一支龐大的軍隊，能榨出這點兒油水，對曹操而言已很不容易了。至於這個國家日後將如何發展，士族政治所面臨的難題該如何解決，曹操不願去想也無力去想，兒孫自有兒孫福，就留給後人摸索吧！

發兵之日天公作美，清風陣陣萬里無雲，三軍兒郎士氣高漲。曹操以六十四歲高齡登臺點卯，檢閱將士，在一片萬歲聲中辭別鄴城。不過當他騎上戰馬的一刻，便感渾身酸麻、虛汗直淌，在嚴峻、孔桂扶持下，勉強騎了三里地就換乘車輦了。

曹操似乎是下定決心最後一搏了，至少當時他自己是這麼認為，但堅定的意志能戰勝疾病和蒼老嗎？

又生枝節

西征進行得並不順利，大軍七月出兵，時至九月還未到達長安，按理說此時秋高氣爽利於行軍，不知曹軍何以磨磨蹭蹭，耽誤兩個月之久。而留守鄴城的曹丕也很反常，按理說眼下正是他彰顯才智的好機會，可大家所目睹的卻完全不是這回事——曹丕將政務都交與相國鍾繇和眾尚書處置，他卻擺出了「垂拱而治」的姿態，不是與眾兄弟盤桓，就是整日泡在重病的太子太傅涼茂府中，除此之外幹得最多的事情是打獵。

雖說已過仲秋時節，是打獵的好時候，可這位太子爺似乎熱衷得有些過分了，鄴城百姓每隔兩天就能看見曹丕頂盔摜甲，身背弓囊，帶著人數眾多的親兵衛隊奔赴山林，一去就是大半天，直到傍晚才又見他帶著武威的將士，扛著數之不盡的雉雞、野鹿歸來。有幾次竟還打到了老虎，繞著鄴城耀武揚威。老百姓愛熱鬧，一見太子這麼威風紛紛熱烈叫好，但大多數官員看來，曹丕似乎有些不務正業了。

如此渾渾噩噩混了兩個月，這一日曹丕又帶著親兵去西山射獵，這次獵到的野物不多，直到天色漸黑才歸。未至鄴城西門，早見鄴城令棧潛手捧諫書，堵在城門口等他呢。

朱鑠道：「小小縣令也來搗亂，我去把他趕開。」

「不！」曹丕抬手攔住，「還是見他一見吧。」其實他也厭煩，但居於儲君之位不好慢待臣下，便摘盔下馬過去相見。棧潛大禮參拜，將諫書雙手奉上；此時天色已晚，曹丕為示謙誠，還是站在城下耐著性子把它看完：

王公設險以固其國，都城禁衛，用戒不虞。《大雅》云：「宗子維城，無俾城壞。」又曰：「猶之未遠，是用大諫。」若逸於游田，晨出昏歸，以一日從禽之娛，而忘無垠之釁，愚竊惑之。

父親出戰在外，兒子留守在家不該遊樂無度。道理當然沒錯，可棧潛不明白這麼做實有苦衷。曹丕卻知道棧潛也是個認死理的人，與鮑勳、司馬孚之流都是一路人，懶得與他廢話，搪塞道：「縣令所言極是，我已知過，今後不再游獵便是。」

「知過能改，善莫大焉。」棧潛信以為真，高興得手舞足蹈，「臣願太子廣修弘德，成就堯舜之業。」

曹丕又沒話找話誇獎了他兩句，便帶親兵入城了。耽誤這半天工夫，天色已大黑，連城門都該關了；太子府的人也不放心，王昶、劉劭、顏斐等早親自掌燈在外等候了。曹丕行至府門，未及下馬便問：「最近的軍報遞來沒有？」

太子舍人劉劭邊攙他下馬邊道：「半個時辰前相國剛派人送來，荊州似乎出了點兒亂子，一會兒您看過就知道了。」劉劭並不年輕，與王昶等相比幾乎是長輩，但他原本被荀彧提拔，又曾被郗慮辟用，仕途上繞了「彎路」，調到鄴城較晚，故而屈居舍人之位；不過他歷練多年經驗豐富，尤其在考察官員方面頗有心得，打理案頭之事實是大材小用。

曹丕打了個哈欠：「看來今晚又要挑燈夜戰了。」其實他遠非大家所目睹的這麼輕鬆。曹操此番出征雖任命他為留守，但某些安排令他不甚輕鬆：司馬懿臨時受任主簿，隨軍參謀；身為尚書的陳群也調去協理政務。曹丕身邊兩個智囊都被父親「沒收」，但他的死對頭丁儀卻牢牢坐守中台，還有新任校事劉慈也在，這麼兩個「耳報神」在旁窺伺，怎敢輕舉妄動？故而他在宮中理事慎而又慎，能不表態儘量不表態，生怕稍有差池授人把柄，招父猜忌，射獵實是韜光養晦之策。再者曹彰建立奇功聲勢大漲，曹丕身為太子不能統軍出戰，若再不借射獵展示一下，誰知他也有武略？不如此，何以服眾？

所以曹丕白天跟山林野獸較勁，晚上回到府邸還得背著丁儀等人研究政務、軍報，還要一封接一封地給軍中寫信，探問父親健康，表達孝心。人人都覺太子優哉游哉，背後辛勞又有誰知？

朱鑠接過轡繩，把馬往後帶；顏斐張羅親兵抬獵物。曹丕又道：「別往後面抬，堆門口吧！明早挑好的給相國、太傅、少傅還有子文、子建送去，剩下的都交給朱鑠，叫他趕車送往軍營讓夏侯尚處置。」以夏侯尚遏制曹彰雖未奏效，但也不是全無收穫。夏侯尚打完這一仗再度躋身軍界，如今也在中軍統領一股部隊，此番留守駐防。曹丕獲得獵物都交給他，然後由他分送各營將領，或賜給士兵享用，這也是籠絡軍心的手段。

曹丕忙活一天，回到堂上已疲憊不堪，軍報文書還在案頭等著，只得脫袍卸甲，好歹擦了把臉，就拿過書簡瀏覽——難怪行軍遲緩，南陽郡造反了！

劉備如今的勢力橫跨荊益兩州，固然孫權已與曹操達成妥協，但坐鎮荊州的關羽亦是後患。曹操此番有意摧垮劉備，便不能僅作一面準備，他在啟程之際也命駐守襄陽的曹仁整備軍馬，同時向南郡之地用武，即便兵力有限不能擊敗關羽，也要將其牢牢羈絆，避免其向蜀中增兵。曹仁遵令而行，怎料還未向敵動武，反倒先激出一場叛變。原來鬧了兩年瘟疫，南陽郡是重災之地，曹仁籌劃對南郡用兵，不但向民間加賦，還要增加勞役輸送軍糧。南陽民力本已大耗，此舉無異於雪上加霜，宛城守將侯音、衛開因此組織百姓數千人，扯起反旗，擒拿南陽太守東里袞，又欲轉投關羽。幸而東里袞得屬下相救逃出宛城，也歸攏一部分郡兵與侯、衛鏖戰，正向南進軍的曹仁也不得不帶兵回轉，先去鎮壓叛亂。

曹丕並未對這場叛亂感到擔憂，荊襄之地有曹仁、呂常、滿寵等得力幹將，區區一股叛軍掀不起多大風浪，但這對西征進程勢必有影響，恐怕對自己也有影響。他苦笑道：「恐怕南陽之亂不解，父親便不能放心進兵。我也不能再打獵了。這節骨眼上若被人告上一狀，當真是火上澆油，要小心了。」

顏斐又補充道：「只怕大王操心的遠不止南陽之事，年初耿紀、韋晃等叛亂，他們可都是關中士人。大王還得趁屯軍長安的機會，安撫一下關中諸部。」

「是啊！」曹丕越發慘笑，「說要放手一戰，可這千頭萬緒哪是想打就能打的？我都替父王苦惱啊……」話音未落，忽聽後堂有一女子搭茬：「太子替大王苦惱，妾身又何嘗不替太子苦惱？」說罷又是一陣清脆嬌笑——曹丕的寵妾郭氏從屏風後走了出來。

郭氏生得體態豐盈身材高挑，俊眼秀眉顧盼神飛，高挽髮髻斜插珠翠，孤燈之下越發顯得肌膚如脂、嫵媚動人。曹丕頓覺愜意，又見她捧了碗參湯遞到自己面前，戲謔道：「這瑣碎事叫丫鬟送來便是，何勞女王大駕？」

郭氏閨名喚作「女王」，聽他取笑也不禁莞爾：「非是妾身瑣碎，如今比不得從前，您與幾位大人商量的都是軍國大事。誰知哪個丫鬟嘴賤，若無意間聽去幾句，道聽塗說就不好了。」她不但美貌，且機敏伶俐頗有心計，為爭儲之事獻計獻策，又從不嫉妒，引薦其他美女給丈夫。因而曹丕對她格外寵幸，甚至已超過了太子妃甄氏。

女眷不該參與外事，何況還是姬妾，但曹丕不怪罪，別人也不便說什麼，又不宜聽他們體己話，劉劭、顏斐都默默退出去，隨手把門帶上。曹丕見再無旁人，越發口沒遮攔：「妳這鬼靈精，還說怕丫鬟不保險，我看防的不是別人，卻是防我吧？莫非妳怕哪個俊俏的又被我看上，與妳爭寵？」

郭氏舀起一匙參湯餵進他口中，笑道：「這妾身倒不怕。齊桓公宮中七市、女閭七百，只要太子不嫌麻煩，我怕什麼？」

「對啦。」曹丕忽然想起一事，按住她手腕，「今早司馬孚說起，涼太傅的病恐是不成了。南陽出了亂子，這時候我想不出頭也不行，恐怕要在中台忙上幾日，太傅那邊我抽不開身。妳若得空與甄氏常到太傅府上走走，陪陪老夫人也是好的，總不能叫人挑我這太子不尊敬師長吧？唉！左右都得顧到，真是難……」

「奴婢又不是太子妃，這等事豈輪得到我？」

「誰叫她沒長你這麼巧的一張嘴呢！」曹丕朝她臉上捏了一把，「說吧，又送參湯又說好話的，有什麼事求我？」他可不傻，見郭氏來獻殷勤就知有事。

郭氏見他已識破，索性不瞞了：「太子想必知道，妾身有個娘家弟弟在曲周縣當縣吏。這差事受累不討好，如今鮑勳外放西部都尉，求太子給他捎個信，關照關照我那兄弟。」鮑勳不善謀略又整日諫言，曹丕不勝其擾，請託鍾繇把他外放為魏郡西部都尉──一來耳根清淨，二來這樣的人清清白白，在外為官反倒能給太子府增光，實是一舉兩得。

曹丕不住苦笑：「這忙我幫不了。」

郭氏夾住他膀臂撒嬌道：「難道太子連這點兒手段都沒有？」

「鮑叔業何等樣人？莫說我，就是父王令他私情關照，只怕他也敢不從。」

郭氏卻攬住他脖子道：「他終是咱府裡出去的，又跟隨您多年，總有些情面。再說我兄弟聰明伶俐得緊，不獨唯親，也稱得起唯賢，您就囑咐他好歹提攜提攜，給他多添幾斗祿米也成啊！」說著已扎到曹丕懷裡。

曹丕一抱上她如酥如玉的身子，便心醉神迷不忍相駁了，只道：「好好好，妳這可憐見的。我就寫封信，但是否管用還得瞧鮑勳，我做不得主。」

郭氏吻著他脖頸：「太子還做不得臣下的主？」

曹丕已欲火難抑：「我就做妳的主……」摩挲她纖腰便要親嘴。

「太子！有客造訪！」窗外忽然傳來朱鑠的聲音，甚是急切。

「可惡！」曹丕趕緊整理衣衫，沒好氣嚷道：「夤夜之間豈會有人造訪？你小子是不是故意搗亂？」

「我哪還有心思說笑？」朱鑠似乎很慌張，「劉肇、劉慈來了，在二門外嚷著非要面見您，這可怎麼辦哪！」

曹丕一聽這倆名字，險些把懷裡抱著的郭氏扔地下：「他倆來作甚？莫非奉王命？」夜貓子進宅無事不來，校事找上門絕非吉兆。

「好像不是大王所差。」

郭氏反倒先沉住氣了，邊整理衣衫邊道：「盧洪、趙達死後二劉包攬刺奸之事，一留鄴城，一隨軍中，極少湊一處。如今二人同來拜謁，又是趁夜造訪。以妾身之見……是福不是禍。」

「是禍也躲不過啊！」曹丕長歎一聲站起身來，「叫他們來吧！」

郭氏退入後堂，曹丕親自動手把滿桌軍報、文書收入匣中藏好，又多點上兩盞燈，這才開門迎候——夜色已深，寒露也下來了，整個院子黑黢黢、陰森森的。眼瞅著劉肇、劉慈這兩個刁滑陰險的校事自黑暗中現身，曹丕的心怦怦狂跳，彷彿將要到來的是兩隻惡鬼！

「二位大人夤夜造訪有何要事？」

哪知這聲問罷，二劉趨步向前，直挺挺跪在他面前：「自今以後我二人生死皆繫於太子矣！」說罷連連叩首。

曹丕停了片刻，才明白這兩人有意攀附自己，卻又不敢當真：「這是作何？二位都是幕府重臣，快快請起。」

「唉！」劉肇道：「我等雖蒙鷹犬之任，實是一心一意忠於太子。在下有一份密奏，請太子莫要見疑。」

曹丕心念一動──劉肇本在軍中，必是臨時回京公幹，莫非他得到什麼對我不利的密奏？想至此再無疑惑，將二人拉起：「進來說！」

事情緊急也容不得客氣，劉肇從懷裡掏出卷文書，直塞進曹丕手裡：「這是數日前大王親書的手令，對太子甚是不利，幸而得辛毗、桓階等人苦勸，此事才作罷。在下盜來請太子過目！」

曹丕拿至燈下一瞧，果是父親手跡：

今壽春、漢中、長安，先欲使一兒各往督領之，欲擇慈孝不違吾令兒，亦未知用誰也。兒雖小時見愛，而長大能善，必用之。吾非有二言也。不但不私臣吏，兒子亦不欲有所私……

這道手令似乎沒寫完，但就是這零零散散幾句，曹丕已看得渾身冷汗。曹操有意把鎮守壽春、漢中、長安的任務分派諸王子，若當真如此，曹丕危矣──此三處皆是攻守重鎮，節制大量兵馬，倘若其他兄弟接此要職，勢力必然大增；若曹植、曹彰得此重任，後果更是不堪設想！況乎令中還言「不但不私臣吏，兒子亦不欲有所私」，這話什麼意思？是說誰才智高就能得到重用，還是說誰幹得好誰就承繼大位？那這太子當不當有何意義？即便承繼之事不出意外，這些兄弟在外握權也是麻煩，輕則尾大不掉，重則禍起蕭牆！

曹丕像是做了場噩夢，趺坐於榻上，自言自語著：「怎麼回事……究竟怎麼回事……」他無論如何也想不通，三個月前父親還拉著他手悉心囑託，神情和藹之至。可就是這短短的三個月間，竟然又變了，這究竟為什麼？難道有人暗中進讒？即便如此，父親也不會想出這等主意，諸子各領其事豈不是要步齊桓公五子爭位的後塵？這不但危害曹丕，也危害著曹魏社稷啊！父親究竟怎麼想的？

劉慈見他不語，歎道：「年邁之人喜怒無常，不可以常理揣度。」這話夠客氣，言下之意——你別想了，想也沒用，你們老爺子糊塗了。

劉肇道：「恕在下直言，大王實不該親征。他自出兵之日便感不適，這兩個月行軍緩慢固因南陽之亂，也因大王身體欠佳躊躇不定，兵過洛陽竟耽誤了十天之久。大王如此老病，又不見太子之面，絕非社稷之福。黃門侍郎丁廙乃丁儀之弟，隨侍在側，屢讚臨淄侯之德；又有孔桂在一旁唱和。雖說眾臣仗義諫言，可萬一哪天大王一時糊塗，恐太子追恨不及也！」他這話不是危言聳聽，這次的事明擺著，若非眾臣攔下，這道令傳出去非亂了不可。

劉慈又補充道：「太子以為置身事外便可保無恙？我在鄴城窺伺丁儀多日，他日日向下僚抱怨太子嬉戲無度，每隔三五日便派人往軍中給他兄弟送信，近來還偷偷拜謁鄢陵侯，這都對太子不利啊！」

曹丕更覺悚然——曹植已嚇縮手，曹彰的野心卻似乎不小；丁儀是自己死對頭，若由他穿針引線，兩股繩擰到一起，又有孔桂、丁廙之輩從中讒害，當真難以招架。

「我要去長安面見父王！」曹丕方寸已亂。

「不可！」劉肇見他神色驚懼，拋出籌謀已久的說詞，「太子若往伺候，則捨留守之重任，恐亦招大王不滿，況留臨淄侯、鄢陵侯在京也是禍患……」

劉慈又道：「但是太子若久不與大王見面，陰險之人從中進讒，太子也有失寵之危！」左右行不通。

曹丕也漸漸沉住氣了，思索片刻道：「我是太子，無論風吹浪打，坐穩這位子最重要。局勢穩對我有利，局勢亂則對子文、子建有利。父王身邊雖有小人作祟，但老成謀國之臣不會置之不理，所慮者乃是我與父王相距甚遠，一者消息不靈，二者日久恐生變，相隔路遠難以應對，到時候想穩也未必能穩住。」

劉肇、劉慈等的就是他這番判斷，立時再次拜倒：「若太子不棄，我等願窺伺軍中之事密報太子，以助太子臨機決斷！」他倆可吸取了盧洪、趙達的教訓。若想最後有個好歸宿，非但不能內鬨，還得看清以後的路。校事得罪人太多，現在魏王老了，再忠心給他賣命也是白惹一身臊，不如把安危繫在繼承人身上。眼下太子有難，若能幫他渡過難關，莫說有利可圖，能保證新君臨朝不拿他們開刀立威就很知足了——鷹犬的主子不是某個人，而是權力；當權力開始過渡時，爪牙鷹犬也就隨之過渡，即便曹操這等強勢人物也無法左右這一點。

曹丕焉能看不穿這兩人的意圖，但此時正需要他們協助，忙一口應承：「好！你二人若能為我辦事，日後就是佐命功臣！」說罷竟起身給他倆作了一揖。

「不敢不敢。」劉肇連忙擺手，「太子放寬心，軍中之事在下一力承擔，大王與丁廙若有絲毫舉動，在下一定儘快傳書告知。」

劉慈也忙表態：「丁儀與臨淄侯、鄢陵侯之事便交與我，我定將他們一切圖謀查個水落石出！」

「好，我信得過你們。」曹丕走到門口高聲喊嚷，「朱鑠，取十錠金子來！」錢壓奴輩手，跟小人打交道不單要許以前程，多少還得出點兒血，防的是他們眼光淺，遇著點兒眼前實惠就變節。

朱鑠雖不知是福是禍，但見他倆來就著手準備財貨了，聞聽招呼立時就送來了。劉肇尚知矜持，劉慈卻沒多高眼光，一見黃澄澄的金子，眉開眼笑：「給太子辦事，怎能收取財貨？這……不合適吧？」話這麼說，眼珠卻盯著金錠不忍移開。

「立功受賞理所應當。」曹丕不由分說，把金子塞入他倆手中，「本該多備財寶賞賜你們，但深更半夜你們從我府出去，萬一讓人瞅見也不好。收著收著！」

「多謝……太子！」劉慈一高興，差點兒錯叫成「大王」。

「既然如此，在下謝太子賞賜。」劉肇也收了，施禮道：「屬下奉差來京，明天一早還要趕回長安，就此別過。太子萬放寬心。」

曹丕親送二校事出府，卻恐人看見沒敢挑燈，眼望這倆鬼鬼祟祟的傢伙消失在夜幕中，不禁長出一口氣——他的境況就如同這無邊的黑暗，何時才能出頭？十多年了，從一介公子到五官將，再到太子，地位上去了，處境卻從未改變，仍是朝不保夕如履薄冰。目睹了這麼一份荒謬的手令，他都不敢想像，父親現在會是怎樣一種狀態。有時曹丕甚至會冒出一絲邪惡念頭，盼父親快點兒死！

倒不是他有多怨恨父親，只是給曹孟德當兒子，實在太累了……

一誤再誤

人的衰老總要經歷一個漫長過程，一過五十歲漸有體會，剛開始是一年不如一年，繼而是一月不如一月，再後來一天不如一天。曹操對這種體會越來越深了，雖然有李璫之時時幫他調養，但治病治不了命，衰老是無可抗拒的。早晨一睜眼就胸悶氣短、肩膀酸痛，兩腿像灌了鉛一樣沉重，這樣的折磨周而復始，在鄴城還算好辦，實在不舒服大不了往銅雀臺上一歇，在軍中卻沒法休息。

雖然他仍在堅持，但已不得不承認，自己已不適合再上戰場了；出兵之前還抱定最後一搏的想法，可幾個月下來，本來堅定的決心漸漸動搖。他精力日漸不濟，起兵之日擊鼓受了點兒累，竟一路沒緩過來，漢中蜀道之難他是很清楚的，現在憑這副病軀翻山越嶺實在有些力不從心；再者他人雖離開鄴城，心思卻絲毫不曾離開，擇陵那天說的話餘音未息，他卻早已忘得乾乾淨淨，既怕國中再生變故，又不願曹丕權柄過重。

就在這種矛盾心情驅使下，數萬曹軍成了一條懶洋洋的大蟲，在北方大地上緩慢蠕動，折騰了將近三個月才爬到長安，與杜襲會合。可即便到達長安，遠征之路也只是一半，正當曹操養精蓄銳準備前進另一半的時候，南陽叛亂爆發了。好在西面還算順利，劉備企圖繞至曹軍後方，切斷關中至漢中的咽喉要道，卻被徐晃伏擊於馬鳴閣道，蜀軍折兵近萬損失慘重，漢中暫無危險。曹操再次中止進軍計畫，派立義將軍龐德率領本部人馬趕往宛城協助平叛，他自己則駐軍長安，以防平叛之事不順。

南陽叛亂遠比預想的要嚴重，百姓苦於勞役已久，侯音在宛城一豎反旗，各縣紛紛響應，一時反聲四起。曹仁、龐德、東里袞各率兵馬東征西剿，忙了整整兩個月，直至建安二十四年（西元二一九年）正月，終於攻克宛城，擒殺侯音，這場叛亂才算平息。不過當曹仁的捷報送到長安之時，可把群臣嚇得不輕。

「屠城？曹仁把宛城軍民百姓全殺光啦！」

須知現在不是二十年前了，屠城之事固然何時都屬殘暴之舉，但當初剛剛起兵，殺人立威未嘗不是一劑猛藥。如今局勢不同，侯音、衛開雖是叛將，但南陽百姓卻是苦於勞役才舉反旗的，況且一城之中並非盡是叛黨，官逼民反最後還要不分青紅一律誅戮，不但有損曹魏形象，也是巨大損失——漢室之民說到底也是曹魏之民，數萬條性命意味著數萬農人、數萬戶租稅啊！

曹操卻顯得滿不在乎，歪在帥案邊，揉著隱隱作痛的額頭：「亂世重典乃是常理，一干叛黨有何可恕？該殺，殺得對！」

群臣暗暗咋舌——荊州諸郡唯南陽盡在曹魏掌握，是對抗孫、劉的前沿重地，此間百姓安撫還安撫不過來，反而揮刀屠戮，對穩固襄樊絕非好事。可是面對煩亂易怒的大王，誰也不敢作仗馬之鳴，隔了半晌，長史陳矯才道：「既然南陽之事已定，我軍該考慮儘快增援漢中。」

曹操卻道：「各縣叛亂餘黨尚未肅清，寡人下令關中各部齊聚長安聽候調遣，有幾支隊伍至今未至，出兵之事再等幾日。」昔日曹氏平定關中並非僅憑藉武力，很大程度上是鍾繇、裴茂等人安撫的結果，雖因馬超、韓遂之叛粉碎了一些割據，但大部分小勢力是主動投誠的，曹操也沒剝奪他們的兵馬。此番他召集各部不僅是為了增兵漢中，也是鑒於前番耿紀、韋晃之叛，誅戮關中士人甚多，要對這些領兵之人加以安撫。不過就在督促平叛的這段日子裡他已接見姜敘、楊秋、梁寬等部，剩下的也只是不打緊的小頭目，以此為辭推延出兵顯然是託辭。其實這兩個月來他在長安歇懶了，心中萌生一絲僥倖，平滅劉備不奢望了，倘若夏侯淵等人能擊退劉備保住漢中，他就無須勞苦奔波，坐鎮長安撈個退敵而歸的名義就夠了，而且徐晃在馬鳴道的勝利更助長了他這想法。

陳矯早就看穿曹操心態，堅持道：「漢中蜀地本為一體，乃天造之險。劉備既在蜀地，不取漢中終不得安，反之我軍若不破蜀，漢中紛擾終不得解。此仇若參商，不容兩立之勢，望大王早作決斷。」

這番分析鞭辟入裡，可算把敵我情勢說透了，曹操卻顧左右而言他：「再等等，關中諸部將領還有誰沒到？」

主簿楊修連忙取來名冊，邊翻閱邊道：「趙衢、姚瓊、龐恭等部皆在路上，過不了一兩日便至，但雲陽以西有一都尉，使者已去催了兩次，他都不肯來。」

「好大的膽子，寡人召喚竟敢不至。他有多少兵馬？」

「算上家眷婦孺還不足萬人。」楊修笑道：「此人八成沒覲見過大王，有幾分怯意，恐您奪他兵權。」這些關中頭目都是趁著天下大亂自己打出一畝三分地，屬下皆私人部曲，又多鄉土之人，怕曹操接攬兵馬也屬常理。

「這人叫何名姓？」

「許攸。」

「什麼？」曹操以為自己聽錯了。

楊修也覺意外，又瞧瞧名冊，並未看錯分毫：「巧了，這個都尉確叫許攸。」

此許攸非彼許攸，風馬牛不相及的兩個人。可曹操一聽這名字立時雙眼冒火——他因不滿舊友許子遠居功自傲將其殺死，一年前又誅婁子伯，這兩人的死狀時常在腦中徘徊。猛然聽到這名字，曹操霎時竟冒出個怪異想法，這個都尉許攸莫非是許子遠重生，又來羞辱藐視自己？

「大膽！」曹操一拍帥案，「這目無尊上狂妄之徒，寡人非親率兵馬滅了他不可！來人哪，整兵！現在就整兵！」

群臣面面相覷——放著漢中劉備不去打，跟一個小小頭目玩命，拿金碗去碰瓦罐子，犯得著嗎？

陳矯諫言：「此人雖有罪，不至加斧刃之誅。不若派人招懷，命其共討劉備將功折罪……」

「住口！違命抗上罪不容誅，豈能便宜了他？」曹操鐵了心要跟這小人物賭氣，「我就是要殺他，看誰還敢目無尊上，藐視寡人！」這會兒連他自己都有點兒糊塗，他氣的到底是哪個許攸。「孤意已決，再有阻諫者決不輕饒！」說罷竟拔出佩劍橫於腿上。

群臣一見盡皆膽寒，沒想到些許小事竟鬧成這樣，眼瞅著外面親兵傳令，已經開始調動馬步軍隊了，大家心中不免焦急——未至漢中已經鬧出一場叛亂了，再來一場窩裡鬥，軍心更不安；為了安撫關中，諸將花了這麼多心思，真要是攻殺許攸，不是殺將奪兵也是殺將奪兵，先前的努力全白費了。

督軍杜襲實在憋不住了，自恃受曹操寵信，出班施禮；但還未及開言，曹操便冷冷道：「計議已定，剛才的話你沒聽見嗎？」

杜襲咽了口唾沫，乍著膽子道：「若大王決策得當，臣等自當助大王成之；若大王之意不當，臣等焉能不諫？」

他這話直指曹操之意不妥，若是別人早觸了霉頭，但曹操畢竟欣賞杜襲，這幾年又委任他督軍長安，知他頗曉關中諸部之事，因而並沒動怒，只是不悅地撇撇嘴：「許攸輕慢寡人，若不懲戒何以立威？你說寡人之策不當，那你又有何處置之策？」

杜襲並不回答，卻反問道：「大王以為許攸何如人也？」

曹操白了他一眼：「不過庸庸碌碌之輩。」

「大王之言極是。」杜襲也笑了，「夫唯賢知賢，唯聖知聖，許攸這等庸庸碌碌之輩焉知大王之英明神武？」

這話正撓在曹操癢癢肉上——當年的許子遠也好，現在這個許攸也罷，曹操不能容忍的是他們膽敢藐視自己的權威。其實遠不止這件事，曹操千般苦惱皆源於此。因為治國路線改易，因為世家大族越來越多地進入仕途，更因為不能登上天子之位，他總覺得自己這個魏王底氣不足，加之老病纏身又屢經叛亂，越發覺得許多人不順服自己，蒙蔽自己，所以他總是發火，總想殺人立威，甚至對曹丕百般刁難。杜襲並不急於辯解，卻藉機恭維曹操一番，把抗命者貶為不能領會上意的愚鈍庸人，千穿萬穿馬屁不穿，這便滿足了曹操日漸脆弱的虛榮心。果不其然，曹操臉色和緩了一些。

杜襲一見有效，忙趁熱打鐵：「方今豺狼當路而狐狸是先，人將謂大王避強攻弱，進不為勇，退不為仁。千鈞之弩不為鼷鼠發機，萬石之鐘不以莛撞起音，區區一許攸，何足勞大王之神武？」杜襲本是憨直之人，現在也漸通逢迎之術了——沒辦法，誰叫他趕上這麼個老主子呢！

曹操緩了口氣：「此言有理……既然如此，此事就交你們辦吧！」

陳矯趕忙接言：「大王放心，微臣必嚴懲此豎子。」

杜襲瞅了瞅營外列隊的士兵，又道：「兵馬已做整備，以微臣之意，不妨……」

曹操知道他想說什麼，將佩劍還鞘，打斷道：「既然兵馬已備，孤就命你率兵五千先行趕往漢中督軍，你意如何？」

杜襲連連叫苦——我本欲勸他就此兵發漢中，不想他倒先把我派出去了，剛才還迷迷糊糊，這會兒怎麼又精明起來啦？想再勸幾句，卻已講下了人情，不好再推諉，只得愁眉領令。

曹操抽出令箭交給他，大大咧咧道：「你放心先行，寡人處理完這邊之事隨後就到……若無他事，你們就都退下吧！」

群臣只好悻悻告退，杜襲還得收拾東西準備登程，更難壞陳矯：「許攸之事我接下了，可究竟該如何處置？難道真要問罪？」

「哪有這麼麻煩！」楊修噗嗤一笑，「再派使者曉以利害，把他叫來向大王請罪就罷了。這不過是一時惱怒，不信等著瞧，過不了兩天大王自己就把這事兒忘了。」

桓階、趙儼等紛紛點頭——大王真是越老越像小孩脾氣了，令人無奈。可小孩鬧不出什麼花樣，大王卻是一國之君，任何舉動都關乎國家安危啊！

折傷一股

曹操的承諾終究沒有兌現，杜襲走了十幾天，中軍卻還在長安原地踏步。曹操已逐個接見了關中諸將，連許攸也戰戰兢兢給他請了罪，卻依舊沒有發兵的意思；每逢群臣提起，總是推託等病體略微好轉再動身，可他的頭風病又復發了，這種情形下群臣也不便再催了，轉而調動關中各部陸續趕往漢中。

這段日子別人還算好過，最難受的莫過陳群、司馬懿。他們隨從出征本就怕招惹是非，自從出了上次那件事更覺肩上擔子不輕，不但自己要謹慎，還要時時為太子美言，尤其對丁廙更加留心。固然現在曹操並無廢黜太子之意，也禁不起丁廙離間骨肉。麻煩的是丁廙官居黃門侍郎，職位不高卻屬近臣，司馬懿他們不能像他一般隨時請見。好在校事劉肇時時監視丁廙舉動，但凡丁廙入帳請見馬上告知他們，二人立刻尋個由頭尾隨而至。

這一日天氣晴和，百草萌動，甚有初春之態。司馬懿起得甚早，正翻閱新近從鄴城遞來的文書，劉肇一猛子扎了進來：「丁廙一大早就跑去告見。」

「防不勝防啊！」司馬懿甚為苦惱，丁廙還在清早告見，必然有背人之語，這邊自己卻尋不到入見的由頭，況且陳群不在，身邊連個商量對策的人都沒有。但無論如何也得設法應對，司馬懿只得把手中正看著的文書一揣，硬著頭皮趕奔中軍大帳。

親兵一聲通報，竟真允許他進去了。司馬懿喘口大氣整整衣冠，恭恭敬敬低頭進帳。曹操頭纏布帶臉色蒼白，神情有些委靡，瞧得出昨晚被頭風折騰得不輕，李璫之和嚴峻一左一右正為他捶背。丁廙在一旁比手劃腳說著什麼，見司馬懿進來立刻住口。司馬懿屈身施禮，腰還沒伸直，曹操便已發難：「太子在鄴城所為你聽說沒有？」

誰人不知司馬懿是曹丕心腹，這樣直白相問叫他怎麼答啊？司馬懿微笑道：「臣身在軍中參謀機要，鄴城之事不甚清楚，但微臣既為太子中庶子，關乎太子之事自然稍加留意，別人議論倒是多少風聞了一些。」

曹操不苟言笑：「太子太傅涼茂數日前病故，你可知曉？」

「微臣聽說了，涼太傅德高望重，微臣也不勝感傷。」司馬懿說的是實話。

「涼茂確是德高望重。」曹操話鋒一轉，「你覺得太子對太傅之死不加撫慰，不加賞賜，這麼做妥當嗎？」

司馬懿斜了丁廙一眼，心下暗罵——好刁狀！忙替曹丕開脫：「據微臣所知並非如此，涼公亡故之日，太子親自過府問喪，又曾饋贈太傅夫人銀錢，有何輕慢？」

曹操尚未開口，丁廙一旁插了話：「仲達何以不悟？昔年袁渙、萬潛等老臣過世，大王是如何打理？涼公曾任尚書僕射，與列卿齊名的人物，況且還是太子師長。今太子一不輟朝，二不以朝廷名義加以撫恤，卻以私財相贈，豈非輕王法而重私恩？」他這番話甚是惡毒，尤其「輕王法而重私恩」更是曹操萬萬不能姑息的。

司馬懿心內惴惴，佯作輕鬆：「丁黃門所言謬矣，太子如此行事正是顧全禮法。涼公雖為太子師長，更是朝廷大臣，輟朝恩賞當出於大王裁度，若太子擅自主張，豈不是越俎代庖？」說到這兒忙向曹操躬身施禮，「太子不輟朝、不賜縉錢絹帛正是留待大王，欲讓大王收親賢愛臣之名。」其實曹丕如此行事正是如他所言。

丁廙見他三言兩語便將道理顛倒，哪裡肯依，又道：「非也非也。大喪在即不全小禮，涼公薨於朝，士林廟堂無不悲愴；朝廷就該當即加以恩賞，一慰喪家之心，二全百官之望。鄴城長安遠隔千里，若待來往稟明，死者已下葬，豈不寒天下士人之心？太傅，上公，國之傅也。《周官》有云：『太師、太傅、太保，茲惟三公，論道經邦，燮理陰陽。』如此重臣，原不該草率處置。」丁廙之利口不弱於兄長，這是曹丕沒立刻輟朝恩賞，如果真做到了，恐怕這會兒他又來告曹丕越權行事了。在這種事上做文章實是雞蛋裡挑骨頭，反正都能說出理來。

司馬懿卻道：「丁兄又錯了。涼公乃太子太傅，非國之太傅，太子以弟子之禮操辦甚是妥當。」

丁廙微微一笑：「仲達讀書不求甚解，太傅雖上古已有之，初始就是輔弼少主之官。考本朝故事，首任太傅乃安國侯王陵，輔弼少主孝惠皇帝。」

「王陵任太傅乃是呂后所為，明升暗降，奪其丞相之權，怎能視外戚亂政為常例？」

「漢高后稱制於朝載於史冊，何以不為正法？」

「光武皇帝有訓，呂后亂政不入明堂，自中興以來尊孝文皇帝之母薄太后為高后……」

他二人你來我往互相辯駁，剛開始還就事論事，到後來竟演變為官制禮法的辯論，涼茂的喪禮應如何處置反倒拋到一邊了。莫看兩人表面上溫文爾雅有問有答，其實心裡都恨死了對方。曹操在一旁默不作聲，李璫之更是自覺有礙，不聲不響地溜了。

畢竟司馬懿老於世故更勝一籌，眼見這樣辯下去即便三天三夜也辯不出是非，那旁曹操眉頭皺起似已沒了耐心，情知不可如此糾纏，忙轉移論點，拱手道：「本朝舊制暫且不論，昔日大王出入仕途，得太傅橋玄厚愛，有師生之誼。建安七年大王親至睢陽祭拜橋公陵寢，以太牢之禮祭祀乃是出於朝儀，又以肥雞美酒尚饗乃是弟子之情。今太子所為與大王一般無二，不過是不在其位不謀其政，盡弟子之儀而讓朝廷之賞以待君王，難道有什麼不對嗎？」

「這……」丁廙不敢再辯了，再辯下去連曹操都否了！

「嘿嘿嘿。」曹操突然擠出一陣冷笑，「你們爭夠沒有？寡人昨夜因頭風發作一宿未眠，天剛亮你們就拿這等雞毛蒜皮的小事來煩我？什麼亂七八糟的，留神你們的官印！」一句話說得丁廙、司馬懿盡皆垂首——其實這事是丁廙私下進言，他主動向司馬懿提及，現在把他惹煩了倒打一耙，兩人也不敢跟他講理，低頭聽著唄！

「以寡人之命，賞賜涼茂家眷緡錢，征其子入朝為郎官。太子處置當與不當已經這樣了，此事不准再提。」曹操一錘定音，這頁就算翻過去了。

司馬懿剛鬆口氣，又聽曹操問道：「仲達請見所為何事？」司馬懿的心立刻又懸了起來，他本是窺探丁廙並無事務，聽主上詢問，急中生智將揣在袖中的那卷文書掏了出來：「南陽之叛方定，朝中有人提議分割南陽之地另設一郡，一來教化牧民嚴加管制，二來也好防備荊南之敵。臣下以為有理，奏疏請大王過目。」

不料這把刀還真插對了鞘，曹操欣然點頭：「這奏疏寡人已看過了，也覺有理。昨晚一直在想，南陽以西臨近房陵，地廣民稀而多山險，若盡歸東里袞管轄實在難以周全。我的意思是分南陽西部諸縣，以南鄉為治所，另設一個南鄉郡，你們意下如何？」

「大王聖明。」司馬懿、丁廙難得異口同聲。

曹操又道：「另外南陽叛亂也是刺史監察不力所致。李立如今年邁多病，索性一併撤換。寡人遍觀幕府群僚，傅方、胡修可堪大用，就派傅方為南鄉太守，胡修接任荊州刺史吧！」傅、胡二人都是曹魏立國後才辟入幕府的，曹操提議用這兩個人，也有提拔新人之意。

司馬懿一聽選此二人不禁皺眉，坦言道：「傅方其人處事急躁，馭下刻薄寡恩；胡修品性驕奢，又好發奇論。這兩人府中理事尚可，不適合守邊，還請大王三思。」

曹操卻當他有私心：「你道他倆不堪其才，寡人怎以為合適呢？你是覺得他倆與太子關係不密吧？」

「臣不敢。」司馬懿沒料到會招其猜忌，再不敢多言，「全憑大王決斷。」

「那就這麼定了。」曹操朝嚴峻招手，「去知會楊修一聲，叫他與祕書郎草擬教令，任命傅胡二人。」

嚴峻笑道：「楊主簿今日不在，昨晚向您告假了。」楊修之父楊彪已年逾八旬，罷去太尉之後始終位列閒職，稱病不朝，耿紀之亂以後索性告老辭官，如今隱居在長安楊氏舊宅。楊修既為魏臣供職鄴城，也難得到此，自然要抽空陪陪老父。

曹操哀歎：「唉，我這忘性越來越大了……那就直接告訴孫資、劉放，讓他們寫教令。」王粲、應瑒過世後記室出缺，繆襲、王象等輩雖文采出眾，但年紀甚輕閱歷不足，故而曹操指派劉放、孫資主管教令行文諸事。這兩人是從郡縣小吏起家幹到相府掾屬的，除了諳熟公文格律，政務也頗精通，擔這份差事得心應手。曹操又改易官名，稱二人為祕書郎，屬少府管轄，是為魏王近臣。

嚴峻領命而去，曹操又敲打司馬懿：「你是司馬建公之子，名門之後，輔佐太子當以名門正道引導，千萬別走偏了……去吧！」

「諾。」司馬懿施禮而退，丁廙再無言可對，也只得悻悻而出。兩人出了大帳不禁對視一眼，彼此皆有怒意，卻強笑著拱手而別——這次誰也沒占著便宜，就算打個平手，走著瞧。

胡鬧了一早上，昨晚又沒睡好，曹操也乏了，屈臂托額方欲小憩片刻，孫資、劉放又來了。

「微臣已擬好教令，請大王過目。」孫資雙手呈上。

「好快啊！」曹操頗覺意外，「到底還是你們這些久在公門之人辦事穩妥。」

孫資聞聽誇獎還想謙虛兩句：「大王謬讚，臣不過是公門老吏，別無所長……」

「這是什麼？」曹操翻開一看大吃一驚——根本不是任命傅方、胡修的，而是晉升何夔為太子太傅的命令。涼茂死後太傅之位空缺，讓何夔晉升補缺也在曹操籌謀之中，但此事他還沒交代，孫資怎敢自作主張私自草擬？

聽他這麼一問，孫資也覺不對，湊過去只看了一眼立刻跪下了：「大王恕罪，微臣一時疏忽。」說著忙從袖中取出另一卷文書，「這才是任命刺史的……」

「那這份教令是怎麼回事？」曹操既已過目，豈能不究？

「臣……」孫資自知露了馬腳，支支吾吾幾不能言，「大王是否有晉升何夔之意？」

曹操更火了，把竹簡往孫資身上狠狠一摔，斥道：「是否晉升乃寡人之事，爾等不過奉命擬令，何敢自專？」無論是否順應他心意，染指禁臠就是大忌，這又觸犯了他最敏感的神經。

孫資嚇得臉色煞白，倉皇頓首：「臣知罪。」

「知罪？擅專之事豈一句知罪可饒？今日不殺你何以正法度？」曹操說著便要招呼親兵。

「大王饒命！」眼見孫資癱坐在地嚇丟了魂，劉放也跪下了，「臣等非敢擅專，乃是授意而為啊！」

「嗯？」曹操一愣，「何人指使？」他首先想到曹丕。

劉放卻道：「乃是主簿楊修，他……」

「他說什麼？他敢假傳我命？」

「不是不是！」日常共事關係甚近，劉放不願害了楊修，辯解道：「楊主簿今早離營去探望他父，臨行前對我等說，大王頭風復發心緒不寧，囑咐我們謹慎伺候。另外提了幾件公事，說您有可能會頒令，叫我們最好提前草擬出來，省得臨時倉促，行文遲緩惹您生氣。其實他也是好意……」

孫資這才緩過神來，接茬道：「晉升何公與任命傅、胡二人俱在其中，微臣斗膽提前寫好了，不想方才拿錯了。」

曹操大感驚愕，追問道：「除了這兩樁事，他還提了什麼？」

劉放再不敢隱瞞，從懷中把草擬好的剩下幾道教令全拿了出來，雙手呈上。

曹操劈手奪過，翻開一看愈加驚愕——追奠南陽功曹應餘！應餘是南陽太守東里袞屬下功曹，侯音叛變之時本欲殺死東里袞，東里袞倉皇逃出，叛軍緊追不放，在後亂箭齊發，危機時刻應餘捨命護主，擋在東里袞身前，連中七箭傷重而亡。曹操也是近兩日才得聞事蹟，加之宛城屠城雖嘴上肯定心中難免惴惴，便有意褒獎應餘邀買人心，這件事還沒來得及頒布，怎料楊修已揣摩到了，竟連賜穀千斛、修繕墳墓的褒揚之法都與他所思一致。

曹操將這卷教令拋到一旁，再看下一卷，不禁由驚轉懼——任命邢顒為太子少傅！邢顒號稱「德行堂堂邢子昂」，昔日在臨淄侯府任家丞，自從確立曹丕為太子，邢顒也被調出臨淄侯府。涼茂死後何夔接任太子太傅，剩下的少傅之缺曹操暗自決定由邢顒填補。雖然曹操嘴上沒少貶損曹丕，甚至想挑選幾個可造就之子督守重鎮，但那只是出於唯我獨尊的虛榮和對曹丕親近士紳大族的為政風格有些不快，欲在親族中多提拔些後輩遏制豪族，其實還是想穩固曹丕繼承地位的。邢顒這等名氣大又無豪強背景的人自然要派給曹丕……如果說追悼應餘是籠絡人心的手段，那任命邢顒就是關乎曹魏內部統治的籌畫，而一切都被楊修料想到了。回想當初楊修槍替曹植應對考較，到轉而恭侍曹丕，再到近日邢顒之事，楊修始終把曹操的脈摸得清清楚楚。世上竟有這麼一個對自己瞭若指掌的人，曹操焉能不懼？

他心潮起伏，神色卻漸漸平靜下來，冷森森逼視著二人：「今日之事以前可曾有過？」

孫資早嚇傻了：「官樣文章皆有大體，相差無幾，我們也時常寫些備用之物，將名姓官職處空出，大王但有差事，再將……」

「沒問這個！」曹操一揮衣袖，「我是問以前楊修有沒有向你們透露過什麼？」

「這……」劉放有心回護，卻見曹操嚴厲地盯著自己，再不敢隱瞞，「以前也曾有過兩次。」

「嗯。」曹操沉默了，思忖半晌緩緩道：「擅擬詔令乃不赦之罪，但念在你等坦誠交代，又是出於好意，寡人不追究……」

「謝大王！」孫劉二人連連叩首。

「若再有下次，寡人好歹取爾等性命！」

「不敢……不敢……」

說到這兒曹操伏於案頭，壓低聲音逼視二人：「今日之事切勿洩漏，也不可告知楊修。以後他再敢與你等妄論政務，立刻稟報寡人，我必要……」

話未說完，忽見長史陳矯急匆匆闖進帳來：「啟稟大王，漢中發來緊急軍報。」他前腳進來，後面趙儼、桓階、辛毗等重臣尾隨而至，連孔桂也跟來了。

「有何消息？」曹操隱約感到情況不對。

陳矯蒼髯顫動不忍相告，群臣誰也不作聲，孔桂湊上前軟語道：「大王，您、您別著急，可要保重福體啊！」

「到底怎麼回事？說啊！」

瞞是瞞不住的，陳矯一撩袍襟跪倒在地：「三日前我軍在定軍山遭劉備奇襲，夏侯將軍……陣亡了！」

第十二章
君心不可測，楊修冤死

漢中之變

建安二十四年（西元二一九年）正月，南陽叛亂終於被平定，曹操還在慶幸沒鬧出大亂子，不料漢中局勢卻全面惡化，征西將軍夏侯淵陣亡了。

曹劉兩家的漢中攻防戰已斷斷續續打了兩年。曹軍雖多次小勝，卻始終擺脫不了被動局面。劉備的進攻一波接一波，馬超、吳蘭等將攻略武都受挫後，劉備親率大軍至陽平督戰。曹軍也調動部署，夏侯淵、徐晃屯於陽平關與劉備對壘，張郃一部屯於廣石（今四川廣元市內），為犄角之勢。初始之時劉備企圖截斷曹軍兩部聯繫，憑藉兵力優勢分而擊破，遣陳式等十餘部去切斷馬鳴閣道，不想被徐晃擊敗，死傷甚重。慘敗後劉備痛定思痛，一面籌措戰略，一面致書成都再催兵馬；屢戰不勝，連留守成都的諸葛亮都有些猶豫，幸而蜀中從事楊洪進言：「漢中乃益州咽喉，存亡之機會，若無漢中則無蜀矣，此家門之禍也！方今之事，男子當戰，女子當運，發兵何疑？」諸葛亮覺得有理，便表奏楊洪接替身在前線的法正擔任蜀郡太守，幾乎徵調川蜀所有人馬，又自民間招募新兵，齊向漢中集結。

這次劉備轉換戰略，步步為營，自陽平南渡沔水循山而進，大軍駐紮在南鄭以東的門戶重鎮定軍山（今陝西省勉縣以南），夏侯淵、張郃等也移兵於此。法正向劉備獻計，趁夜鼓噪急攻曹營，同時派兵繞到南面燒毀曹營的防禦工事，從兩方面向曹軍發起攻擊。夏侯淵也馬上部署，由張郃負責抵禦東面，自己則率部到南面救援。怎料南面只燒了鹿角，已不見蜀軍蹤影；東面卻遭劉備主力猛烈進攻。夏侯淵不敢怠慢，立刻分兵一半救援張郃，自己則指揮剩餘士卒修復工事，豈料此舉正中算計！

法正所獻乃是聲東擊西之策，東面兵馬雖多卻是佯攻，營南山上早埋伏一支精銳，由大將黃忠統領。黃忠遙遙望見夏侯淵中計分兵，立刻居高臨下發兵突襲；夏侯淵尚在修補鹿角，忽聞金鼓震天，殺聲動谷，黃忠已殺氣騰騰衝到眼前——可憐這員曹營名將，遭遇突襲，竟死於亂軍陣中。

夏侯淵是鎮守漢中的主將，他一死曹軍局勢迅速惡化，黃忠攻出一個缺口，趁虛而入殺進曹軍連營。益州刺史趙昂拚命抵禦難以遏制，死於蜀兵刀下；夏侯淵之子、年僅十三歲的夏侯榮也戰死軍中。張郃眼見兵敗如山倒，只得率領殘兵敗將突圍，撤回陽平關——此戰曹軍損失慘重，不但主將陣亡，折兵上萬，漢中的防禦優勢也喪失了。

消息傳至長安，曹操初時震驚，繼而恐懼，最終又化為悲傷。驚的是前不久還收到徐晃捷報，情勢轉變何以如此快？懼的是夏侯淵一死，前線軍心不穩，漢中戰局將更加不利。悲的是夏侯淵隨他出生入死三十餘年，又是親族故友，年少時曹操惹出人命也是夏侯淵頂罪，如今卻殞命沙場，連小兒子也一併喪命，屍首都沒搶回來。

曹操憶起昔年曾告誡夏侯淵：「為將當有怯弱時，不可但恃勇也。將當以勇為本，行之以智計；但知任勇，一匹夫敵耳！」顯然夏侯淵沒把這話放在心上，致有此敗。局勢逢此大變，無論如何曹操總要先穩住軍心，於是強抑悲痛發布《軍策令》：

夏侯淵今月賊燒卻鹿角。鹿角去本營十五里，淵將四百兵行鹿角，因使士補之。賊山上望見，從谷中卒出，淵使兵與鬥，賊遂繞出其後，兵退而淵未至，甚可傷。淵本非能用兵也，軍中呼為「白地將軍」；為督帥尚不當親戰，況補鹿角乎？

平心而論，夏侯淵之死不僅是親自作戰造成的，更因戰略失算；但曹操為安定軍心，故意將此歸為意外，避免大家對蜀軍產生畏懼。獲悉突襲是出於法正之謀後，他更是朗言：「孤故知玄德無此謀略，必為人所教也！」在將士面前把劉備貶得很低。不過話由心生，曹操不自覺間把對劉備的稱呼由「大耳賊」改成了「玄德」，恐怕他內心深處已開始忌憚這個昔日叛徒了。更值得反思的是，曹操七月出兵，耗到正月還停在長安，固然這半年間南陽有場叛亂，但他猶豫不決，以及僥倖心態更影響了行軍進程——可以說，正是他援軍遲緩才導致戰局惡化、夏侯淵陣亡，曹操本人該對戰敗負最大責任。

曹操深知己過，又被劉備激出了怒火，決意不再耽擱了，將夫人女眷留於長安，親領大軍立刻西進，出褒斜谷道向西南進軍，至建安二十四年三月，大軍終於達到陽平關。不過此時想亡羊補牢已遲，雖然在軍司馬郭淮倡議下眾將公推張郃為臨時統帥，但殘兵敗將已無力遏制劉備推進，陽平、南鄭以南盡被蜀軍控制。

蜀中地勢天下罕有，群山疊嶂無邊無際，羊腸小徑曲折蜿蜒，奇石古木、懸崖陡壁如異獸鬼怪般縱橫交錯。陽平關更是一夫當關萬夫莫開，但如今的敵人在南，蜀道雖險卻為兩軍共有。曹操由眾將攙扶著登上南山一望——清晨碧藍的天幕下，定軍山、米倉山、天蕩山、雞公山……崇山峻嶺連綿不絕，似無邊無沿的屏障，可每座山頭都插著鮮明的蜀軍旗號，迎風飄搖密密麻麻；半山腰鹿角拒馬、滾木檑石防衛森嚴；山谷間咽喉要道不是被巨木截斷，就是有蜀兵把守。南鄭、沔陽等城雖還在曹軍掌握，但敵人隨時可能逼至城邊。

曹操本就頭風復發，一見此景更頭暈目眩，叫苦不迭，深悔當初「得隴不望蜀」，終於養虎成患了。

「大王，快看！」護衛在旁的許褚抬手一指。

曹操順著他手向西南望去，蜿蜒山路間隱約有一小隊騎兵。不過望山跑死馬，過了好一陣子這支隊伍才從曲折山坳間轉出，約莫三四百騎，都持大槍長矛；統兵之將身材魁偉，看模樣三十出頭，面如淡金微有短髯，頭戴虎頭盔，身披連環甲，外罩黑戰袍，坐騎烏騅馬，身邊親兵扛一杆大旗，上書「副軍中郎將劉」。

「這小將是誰？」曹操問身邊眾人。

杜襲兩次受任擔任督軍，識得劉備部將不少：「此乃劉備螟蛉之子劉封。」

「原來是他。」曹操面露不屑——這劉封本姓竇，乃孝和帝一朝外戚、羅侯竇瓌之後；遭逢亂世年少無依，投奔其舅長沙劉氏。其時劉備正在劉表帳下，常年輾轉屢喪妻兒，還不曾養下劉禪，年過四旬只恐無後，見劉封相貌英俊還有幾分武略，認為義子收在身邊；後來隨軍聽用，征戰蜀地頗有功勳，充任副軍中郎將。

楊修進言：「劉備死守營寨多日，今此子輕兵前來，必有奸謀。我軍不宜妄動。」

「這還用你提醒？」曹操冷冷一笑，「大耳賊行此拙計，足見本領不高。」

曹操抱定靜觀其變的心思，哪知劉封率領騎兵迎面而來，竟奔至山前一箭之地才勒馬，放開喉嚨朝上叫嚷：「老賊曹操可在？你家少將軍至此，還不下來歸降？」

雖說兩軍交戰，但總該有點兒禮節，何況有身分輩分之別。劉封帶著四百人就敢叫曹操投降，大言不慚目無尊長。許褚、典滿等將都咬牙切齒，曹操卻揉著額頭強笑道：「寡人堂堂一國之君，不與狂兒計較。」聽之任之，也不叫親兵答話。
劉封早得斥候稟報，認定曹操就在山上，不聞答覆越發賣狂，又朝上嚷道：「曹操老賊聽真！想爾乃贅閹遺醜滿門奸佞：爾祖曹騰，串通梁冀禍亂朝廷，荼毒質帝罪惡滔天；爾父曹嵩，諂媚張讓構陷忠良，花錢買官厚顏無恥。爾自出仕以來，攀附王甫，諂侍何進，依附張邈，託庇袁紹，朝秦暮楚兩面三刀。欺辱天子殘害士人，加重賦於黎庶，行暴政於州郡，自稱什麼狗屁魏王，狼子野心昭然若揭！你來看……」劉封掌中大戟一擺，指向身後重山，「我劉氏父子今置甲兵百萬，連山遍野，誓要取爾狗頭！」
蜀軍至多不過四五萬，劉封竟自稱甲兵百萬，口氣大得沒邊了；而且劉備早年反覆無常跟過的主子甚多，他卻倒打一耙，把朝秦暮楚的考語先給曹操扣上了。曹營眾將都氣得摩拳擦掌，紛紛請戰；曹操也快壓不住火，卻喝止眾將，兀自忍耐。
劉封不聞山上動靜，轉而大笑：「哈哈哈……想必曹賊嚇破膽了吧？必是如此，想當年喪師汴水，兵敗濮陽，討宛城敗於張繡之手，戰官渡險被袁紹殄滅，五攻昌霸而不下，四越巢湖而不能，在赤壁被我父親打得丟盔棄甲屁滾尿流。什麼魏王？不過徒負虛名！枉你苟活六十餘載，連小將軍我都鬥不過。來來來！你下山來給我施上一禮，小將軍有好生之德，念你一把年紀饒你不死，讓你抱著腦袋滾回鄴城也就罷了！」此言一出四百騎士無不大笑，那狂妄的嘲笑聲縈繞山谷回音不絕。
這番話可戳了曹操肺管子，拳頭攥得「咯咯」直響，愈覺腦仁生疼；杜襲、楊修欲攙他下山回寨，卻被他推開：「寡人無礙，倒要看看這廝還有什麼花招。」
「老賊本就不善征戰，你們知道他最擅長什麼嗎？」劉封花樣翻新，又扯著嗓子問他帶來的騎士。
這群兵自然跟著起鬨：「我等不知，請將軍指教。」

「我告訴你們，曹操這廝最善搶人老婆！」劉封嗓音本就清亮，說到此處更提高了聲調，「我聽父親說過，他原本有個結髮之妻，卻嫌人家容貌不美，在外拈花惹草。何進的兒媳被他搶去做妾，還帶著何家的一個孩子。你們以為他到下邳討呂布為了什麼？為的是秦宜祿的老婆杜氏嬌娘。征宛城時他霸占張濟遺孀，被張繡捉姦在床，一槍戳了他屁股！上梁不正下梁歪，他那狗太子曹丕也是搶袁紹的兒媳。曹丕之母卞氏乃妓戶出身，天生的淫賤婦。一個宦豎遺醜，一個妓戶娼婦，這才叫珠聯璧合相得益彰！」

「哈哈哈……般配啊般配……」眾騎士一陣哄笑。

「是可忍孰不可忍！」曹操實在聽不下去了，不顧身分朝下大罵，「混帳小子！定要把你千刀萬剮！」許褚等也跟著叫罵起來。杜襲、楊修唯恐他們衝動，可事已至此哪彈壓得住？

劉封越發張狂，揮舞著大戟，在山前耀武揚威縱馬馳騁，從左跑到右，又從右馳到左，竟視曹軍如無物。四百騎士齊聲吶喊：「老賊千里馳援，戰又不戰，退又不退，是何道理？」這不故意逗火麼？

「混帳！」曹操這會兒也顧不上劉封有無陰謀了，回頭嚷道：「誰替寡人誅殺這廝？」半山腰有一將高聲應道：「末將願往！」乃是平難將軍殷署。

「末將也願去！」中軍小將朱蓋也叫囂討戰。

「速去速回。」楊修、杜襲欲諫，卻被曹操抬手止住，「三軍可奪帥，匹夫不可奪志。若容這廝如此辱罵，我軍豈有士氣可言？定要取狂徒首級！」

殷署、朱蓋各點千名小校，一陣吶喊沖下山岡，直奔劉封而去。哪知劉封罵得挺凶，一見曹軍撥馬便跑，四百騎士更不怠慢，瞅都不瞅曹軍一眼，跟著他們將軍就往回逃。殷朱二將氣憤而來，豈能叫他跑了，口中狂罵不已，在後緊緊追隨，繞過一道山梁直追下去。曹操一時惱怒失了理智，這會兒見劉封誘二將入山，情知不妙，趕緊傳令鳴金。可距離漸遠，二將又立功心切，竟沒聽見軍令。

朱蓋一馬當先，已繞過三道山梁，眼見就要趕上劉封。卻見劉封綽弓搭箭，犀牛望月，照定他面門就要放箭；朱蓋見機甚快，立刻伏於馬背，停了片刻卻不覺箭支飛過，抬頭再看——劉封根本沒放箭，早把弓收起，催著眾騎士又跑遠了。

「可恨！狗賊休走！」朱蓋緊追不捨，見劉封縱馬上了一座小山包，也帶兵追上去。哪知躥上土山再瞧，劉封卻已不見蹤影，連四百敵兵也無影無蹤，對面只有一片密林，蒼松翠柏荊棘叢生，左右崇山高聳入雲，呈環抱之勢。

「不好！」朱蓋才知不妙，回頭再看，不知何時自左右山梁衝下數千蜀兵，將歸路截斷，殷署已跟他們幹上了。

朱蓋頓覺惶恐，欲與殷署並勢突出，怎料還未及下山，又聞金鼓大作；朱蓋抬頭仰望——左邊山上豎起一面旗幟，乃劉備宿將魏延；右面山上也豎一面將旗，乃蜀郡舊將費觀。東南、西南、東北、西北各處山頭都有旌旗搖擺，雖然兵都不多，但四面包圍甚是可怖，也搞不清哪兒的敵人擂鼓，只覺鼓聲轟隆，如天降霹雷！

曹兵方寸大亂，正不知如何是好，箭雨也下來了。蜀軍占據地勢之利，四面八方亂箭齊下，朱蓋這群人成了活靶子！三射兩射，曹兵大潰，紛紛逃下山包；又聞喊殺聲響，隱於密林內的劉封所部衝殺而出。眨眼間朱蓋麾下一千士卒折損大半。殷署已知裡面遭了暗算，想突出谷口，卻覺敵人越聚越多，早把路封得嚴嚴實實，只得率兵衝上東面山麓，欲從半山腰繞出山谷。哪知突上去沒多遠，就聞驚天巨響——滿山坡的櫑石並排滾了下來！

殷署大驚失色，忙尋了棵挺拔古樹隱身於後；有經驗的兵也各覓掩護之物，或是大樹或是山石；但大多數人還是茫然無措轉身亂跑。人哪有滾石跑得快？石陣滾過血肉橫飛，一片慘號之聲！殷署這一千兵也折了大半，剩下的眼巴巴望著同伴碾成肉醬，腿都嚇軟了，谷口的蜀兵又簇擁而來。上有埋伏，下有堵截，殷署唯恐滾石再來，只得帶領殘兵衝入敵陣硬拚；這時朱蓋也跌跌撞撞趕來——他已身中十餘箭，所幸鎧甲厚實性命無礙，身邊卻只剩三百人了。

二將勇則勇矣，無奈寡不敵眾，堪堪命懸一線。危急時刻蜀兵陣勢漸亂，又見隱約出現兩面曹營旗幟——原來曹真、曹休見二將被敵誘去，唯恐有失，各提一千兵趕來接應。蜀兵雖眾，卻是從各寨趕來的，湊在一處互不統領，前後受敵陣勢稍亂。殷朱二將趁此良機奮力廝殺，終於衝出條血路與援軍會合。

曹真、曹休深知險地不可久留，救了人趕忙折返。饒是如此仍有些遲了，喊殺一陣接一陣，劉備麾下荊州部傅肜、張南、馮習、鄧方，益州部陳式、閻芝、詹晏、陳鳳等將各率人馬自周匝小路紛至遝來，多則上千少則數百。左右山梁也布滿弓箭手，曹軍所過之處箭雨紛飛。四將也不管射來多少流矢，有多少蜀兵斷路，低著頭縱馬直突，親兵撥打雕翎緊緊護衛，這支曹軍闖過一關又一關，總算狼狼狽狽逃出了重山——總共四千士卒，有命回來的連一半都不到。

曹操在高山上看得分明，他初次親自領教到劉備發威，這個常敗將軍如今竟會有這麼多兵馬、這麼多戰將！他揉著隱隱作痛的腦袋，又仔細觀察蜀軍兵勢，這次瞧出點兒門道——劉備這招叫反客為主，步步為營，把所有路徑山川占據住，雖然各處守兵都不多，但合起來是防禦整體。倘若曹軍深入，各山頭的兵化零為整，自四面八方圍堵夾擊。若曹軍單攻一山，各寨可齊來救援，曹軍拿下山頭得不償失，何況山勢陡峭豈是容易攻下的？圍山打援更別想，谷道狹窄幾無布兵之地，蜀軍又控制路徑神出鬼沒，仗打到這一步實是死局！

正思忖間，又聞山下吶喊聲——劉封又來了，還是那四百騎兵，還是不遠不近的距離，還是惡言激將。

曹操氣得咬牙跺腳、頭暈眼花，卻拿這小子沒辦法，不住咒罵：「劉備這織席販履之徒，竟令此假子一再辱我。我黃鬚兒若在，必將小賊擒於馬下！」他氣惱間想起了曹彰，扭頭吩咐祕書郎孫資，「速速傳書鄴城，調子文前來助戰。」

孫資一愣——這是打仗，不是比兒子；太子留守鄴城，卻把個有兵權的王子調到都外，穩妥嗎？

「聽見沒有？現在就去寫軍令！」曹操急了。

「是。」孫資不敢違拗，只好領命而去。

劉封在山下兀自哄笑不止，所罵之言也越發尖酸刻薄不堪入耳，曹軍上過一當，唯恐再中埋伏，不敢輕舉妄動。曹操實是無可奈何，在此觀看只能徒增病痛，只得長歎一聲下山歸營，勒令各部人馬不得出戰，任憑劉封罵遍曹家十八代祖宗也不理了。

夢中殺人

火紅的烈日正當頭，雖有樹蔭遮蔽，還是無法阻擋炎熱；對曹操而言，不但身外炎熱，心中更似火燒——轉眼間他兵臨漢中近兩個月，別說擊退劉備，連破敵之策都沒有，大軍羈絆於此，士氣日益消磨。更可怕的是，蜀地悶熱的夏季已到來，剛出伏就燥熱難耐，以後日子怎麼熬？

劉封不在山前叫陣了，如今又輪到曹軍叫嚣挑戰。不過劉備既行激將之法，又豈能被曹軍所激？任憑曹兵喊破喉嚨，他就是不出來。這場仗成了無聊的僵持，曹操占據城關之固，劉備據有山川之險，蜀軍討戰曹軍不出，曹軍叫陣蜀軍不應，誰都不上敵人的當，兩邊就耗著，但相較而言曹軍已落下風。劉備的老巢近在成都，大可擺著這局面長期不動；曹軍卻遠道而來，彈丸之地根本無法支應糧草，一切皆靠關中供給，不能久拖啊！

曹操絲毫辦法沒有，而且被炎熱和疾病折磨得煩躁不已，他甚至有些後悔這次出征——此時距鄴城擇陵已過去整整一年，這一年他都幹了些什麼？行軍路上猶豫彷徨，救援漢中姍姍來遲，到這裡又束手無策。戰場真是曹操最後的歸宿嗎？他老了，天下形勢也變了，他注定不能似昔日那般縱橫馳騁了。

不過人到了最後時刻總要掙扎，曹操也不甘心放棄，哪怕有一絲渺茫希望也想抓住。他甚至親自統軍至南山罵陣，而且轉挑午後觀望敵營，想趁蜀軍疲憊之際尋出破綻。但這完全是徒勞，劉備沒給他任何可乘之機，每每都是曹軍自己疲憊而退。

今日也一樣，曹兵頂著太陽罵了半個時辰，蜀軍巍然不動，幾座山頭拒馬鎖路，強弓密布，也無絲毫破綻可言，曹操只得罷手而歸。不料當他走出隱蔽的樹林時，幾支冷箭猛然從身邊掠過——劉備密派弓箭手繞小路下山，欲狙殺曹操。

「護衛大王！」許褚一聲大喊，滿身臭汗的眾將盡皆慌亂，又是護駕又是禦敵，虎豹士彎弓搭箭朝密林一通狂射，卻連敵人影子都沒瞧見——山巒疊嶂密林幽深，藏幾個人太容易了。

曹操越想越覺可怕，索性拋下眾將士，率先「撤」回營寨；但他心神慌亂，一路攀爬起伏的山岩，幾次險些滾下山坡，多虧許褚牢牢攙住，回到營中已汗流浹背。許褚也累壞了，長劍拄地氣喘吁吁，早年他以一杆鐵矛威震疆場，人稱虎侯，如今年近六旬，大鐵杆已用著費力，改以長劍護衛。曹操眼見許褚的汗水順著花白鬍鬚不住滴落，心中不是滋味——老了！就連英勇的虎將都不復當年，何況本就武藝平平的他呢？馬都騎不動了，這把年紀當真不宜再拚鬥。

稍微定了定神，杜襲、司馬懿等都趕來壓驚，曹操無意攀談，把他們都打發走了，連孔桂也轟出去。嚴峻打盆清水，幫他脫掉衣衫，仔仔細細洗去汗水，用乾手巾擦得一絲水珠不留，伺候他換上新衣，戰戰兢兢道：「大王左股有幾處痱子，奴才侍奉不周，請大王治罪。」從長安到漢中道路艱難，又要連續在狹窄谷道行軍，女眷不便相隨都留在長安；離別時卞氏夫人叮囑嚴峻小心伺候，若有差失定不輕饒，嚴峻哪敢大意？雖說只是點痱子，在其看來卻性命攸關。

曹操面沉似水，左腿起了痱子卻連瘙癢之感都沒有，左半邊身子似乎越來越沒有知覺，再這樣下去，恐怕要偏癱了！

嚴峻不明就裡，越發惶恐謝罪，曹操卻道：「不礙的，你把李璫之叫來……」一抬頭，見許褚摘去盔甲立於帳口，兀自喘息不止，又道，「慢著！你再去打盆清水幫許將軍洗洗，剛才怎麼伺候寡人，就怎麼伺候他。」

許褚聞聽此言趕忙推辭：「臣豈敢煩勞大王內侍！」

「你護衛寡人二十餘載，忠勇無二，當初官渡對壘，徐佗欲行荊軻之事，若非你當場鋤奸，寡人豈能活到今日？如今咱們都老了，不復昔日之勇，天氣甚熱你洗洗休息吧！打完這一仗我再多多賞賜，以後你安享晚年，別在軍中受罪了。」曹操話中充滿無奈的淒涼。

許褚更是悲愴：「末將侍奉大王到死，只要大王在軍中挺一天，末將就陪您一日……」他雖咬牙矜持，還是忍不住老淚縱橫。嚴峻不敢違命，搬張杌凳當讓坐下，當真似伺候曹操一般伺候他。

曹操悶坐帳中，苦想破敵之策，依舊束手無策，信手翻著幾十年間自己批註的兵法，卻覺一切計策此時都全然無用。如今劉備天時、地利、人和都占齊了，孰能奈何？又翻書匣內其他書籍，無意間摸到一卷《呂覽》，不禁想起來昔日的謀主戲志才。如果戲志才還活著，面對今日戰局又會如何籌劃？五月乃仲夏之月，《呂覽》有云，仲夏「處必揜，身欲靜無躁，止聲色，無或進，薄滋味，無致和，退嗜欲，定心氣，百官靜，以定晏陰之所成」。這月分確實該心平氣和，行此無益之爭本就是敗筆。與其這麼耗著，還不如留在銅雀臺納涼呢……曹操的心中悄悄打起退堂鼓。

典滿在外稟奏：「許都謁者郭玄信求見。」郭玄信乃潁川郭氏，與郭嘉是同族遠親，他雖在漢廷官拜謁者，卻也是曹營死黨。曹操本不想見外臣，但料想他大老遠跑來必有急務，便沒阻攔。

郭玄信風塵僕僕進帳：「卑職攪擾殿下清休，罪過罪過。此來是專程回奏天子侍從之事。」自耿紀等人叛亂後，曹操把皇宮的侍衛都打發了，如今劉協身邊只剩幾個小宦官。郭玄信只得重新為天子選拔侍從，忙了幾個月才找到兩個合適人選，送往鄴城請曹丕決斷，哪知曹丕不肯拍這個板，只好千里迢迢又跑到漢中。

曹操聽是劉協的事，先帶了三分不耐煩：「天子深居宮中，並無外務，也不必招太多侍從。」

「那是自然。」郭玄信擦著汗道：「卑職只選了兩人，一個是渤海郡人，名喚石苞，相貌甚佳，卻只是個趕車的；還有個小子是南陽人，放牛娃出身，叫鄧艾，如今在屯田都尉手下當小吏，還有點兒口吃。他倆都不過二十歲，樸實憨厚出身卑賤，想必……」

他還欲再說下去，曹操鋼牙一咬：「不行！越年輕越要提防，越是出身貧苦越不可小覷。趕車的、放牛娃就沒野心嗎？」郭玄信直咧嘴——他從許都跑到鄴城，又從鄴城跑到漢中，受了這麼多累，大王一句話就否了。

「總不能讓年長之人充任侍從吧？」

曹操面露冷峻：「有柴便要引火，我看天子侍從就免了吧，省得再生麻煩！」

「啊？這、這似乎說不過去吧……」

曹操瞪了他一眼：「有何不妥？天子又不出宮，有寡人三個女兒相伴，還不夠嗎？」

「是是是。」郭玄信不敢爭辯，心下卻覺不美——固然天子只是傀儡，但也不能做得太過分，不給人家侍從實在太不近人情，傳出去曹家面子也不好看。

郭玄信不言語了，曹操卻咄咄不饒：「你還找了個南陽人，不見叛亂之事嗎？以後對荊州之人要小心，不可使他們居要職。」郭玄信白跑一趟無可奈何，灰頭土臉去了。

他剛走，李璫之捧著碗藥走進來：「屬下剛煎好，請大王服下休息。」

曹操望著那黑油油的湯藥苦笑：「喝也如此，不喝也如此，寡人都不想治了……」話雖如此他還是拿起藥碗，送到嘴邊又突然停住，抬眼皮盯著李璫之，「你先喝一口。」

李璫之一愣，隨即明白是怕自己下毒，甚覺詫異——原先沒疑心過，今日為何多此一舉？不敢違抗，趕緊接過來喝；他膽子很小，恐曹操不信，一口氣灌了小半碗。曹操點點頭，這才把剩下的藥服了，抹抹嘴道：「頭風又犯了，你取針石為孤解之。」

李璫之道：「夏日陽氣甚重，又易出汗，不宜針灸。大王還是睡會兒吧，待傍晚暑氣漸退，屬下再施針石。」說罷親手為他整理好臥榻，這才施禮而退。

曹操躺下忍著，想叫侍衛把帳簾放下，抬眼看去卻不見許褚，這才想起已打發他休息去了。午後暑熱，侍衛也無精打采，眼皮發黏，四下靜悄悄的，曹操卻感到一陣莫名的恐懼——方才他對天子侍從不放心，這會兒疑心自己侍從。如今的侍衛雖也是至近之人，卻已不是當初隨他出生入死的；一輩新人換舊人，昔日侍衛不是升官便已老邁，似典滿、文欽等都是子承父業第二代將領，曹操連自己兒子尚且猜忌，何況別人之子？年歲大了對死亡愈加恐懼，就彷彿半個時辰前在樹林裡，若蜀軍的冷箭再準些，他這條老命就沒了；或者李璫之下點兒毒藥，他的生命也將戛然而止……曹操越想越害怕，竟覺身邊處處是危險，處處有隱患，似乎沒人可以信賴，不禁坐起來，朝眾侍衛道：「你們幾個都給我聽著。」

典滿嚇一跳，趕忙率眾人屈身施禮：「大王有何吩咐？」

「寡人要休息了……」

當兵的直納悶——您歇著就歇著唄，告訴我們幹嗎？

曹操陰森的目光掃過每個人臉頰，最後才道：「寡人以前說過，孤縱橫半世，睡覺也常夢見金戈鐵馬戰場廝殺，故夢中好殺人。所以睡覺時你們不可近前，若你們近前適逢孤睡醒，不辨真幻一劍刺去，傷了你們性命，可休怪孤無情！」

「諾。」眾侍衛半信半疑，哪敢多問。

「把帳簾放下，寡人休息。」曹操這才躺下。

侍衛撂下帳簾，不禁交頭接耳：「大王不准近前驚動，若有緊急軍務怎麼辦？在外面嚷？」真有膽小的，忙道：「嚷不得。他若夢還沒醒，放箭射咱怎麼辦？甭管離多遠，只要他想殺人怎麼都能殺……」

「咳咳！」曹操重重咳嗽了兩聲，大夥趕緊閉嘴，卻聽裡面又道：「還是挑起半扇帳簾吧！」

「諾。」典滿不解其意，卻還是把左邊帳簾掛起——其實這便是老年人心性，不喜吵鬧卻害怕孤寂。敞開半扇簾，裡面看得見外邊，眾侍衛再不敢閒言瑣語，規規矩矩站著；一會兒工夫裡面響起輕微的鼾聲，大夥總算放寬心了，也漸覺困倦，連典滿都昏昏欲睡。

「嘿！叫你們站這兒是護衛大駕，不是自己偷閒！我剛把許將軍送回去休息，這就沒人能管你們了……」小寺人嚴峻回來了，他平日常與眾侍衛玩笑，這會兒瞅見他們打盹，離著老遠就扯著嗓門逗笑。

「噓……」典滿醒過盹來忙示意他小聲，「大王睡了，別驚駕。」

「哦哦哦。」嚴峻趕緊閉嘴，躡手躡腳近前，扒著帳簾一望——曹操確實睡著了，卻裸露上身，只穿條中衣，露著肚皮，一條薄被早滾到榻邊。

「你們是死人啊？」嚴峻嗔怪眾侍衛，「沒瞧見大王被子掉了？」

他取笑。

「這麼熱的天，沒關係。」

「那也得蓋上肚子，這要鬧出病來誰擔待？你們是無所謂，回到長安夫人豈能饒我？」

「是是是。您老人家擔著干係呢，都怪我們不懂事。」侍衛瞧他小小年紀急得面紅耳赤，都拿

嚴峻邁步就要進帳，典滿忙扯住：「不可不可，大王有言，夢中好殺人，你留神性命。」

「哼，我才不怕呢！」嚴峻還當是玩笑，朝他做個鬼臉，悄悄鑽進帳去給曹操蓋被。

典滿也沒往心裡去，畢竟嚴峻是內侍近人，大王睡得再糊塗，總不至於誤認他為刺客吧？與眾人說笑兩句，揉揉眼睛繼續站崗，哪知忽聞帳內一聲大喝：「何人行刺？」眾人一驚，回頭看去——曹操竟瞇著眼睛爬了起來！

嚴峻嚇得跌坐在地：「是奴才我，給您蓋……」

曹操哪聽他解釋，轉身取下掛在榻邊的青釭劍，「鏘」地一聲，拔劍而出。

嚴峻雖伶俐，畢竟是少年，怎知曹操心術？這時他若拔腿就跑，往人多地方扎，曹操正在「夢中」也不便追；可他敬重大王如天，自以為「獲罪於天，無可禱也」，便不敢逃避，爬在地上不住磕頭央求：「小的驚駕有罪，求大王饒命……大王饒命啊……」

曹操哪裡肯聽，凶神惡煞舉劍便刺，眾侍衛也搞不清是真是假，不敢勸更不敢攔，只能在外看著。典滿疾呼：「還不快跑！」嚴峻這才想起跑來，但為時已晚，剛轉過身來，曹操已伸左臂勒住他脖子，緊接著右手青釭劍一送，後心進，小腹出——可憐嚴峻小小年紀，慘叫一聲，嗚呼哀哉！

寶劍一抽，死屍倒地，噴出的鮮血濺了曹操一身。眾侍衛眼巴巴望著這個白髮魔鬼，饒是廝殺漢子也嚇得連連後退。曹操卻瞅都不瞅他們，青釭劍一拋，倒在榻上繼續睡大覺，不多時便響起鼾聲。典滿手足無措——大帳裡躺具死屍，當然得弄出來，可大王還睡著，過去拖屍體，萬一大王

又要殺他們怎麼辦？有心高聲叫醒又怕驚駕；他睡得迷迷糊糊，不知自己殺了人，萬一賴到他們頭上，怎說得清？

典滿似熱鍋上螞蟻般繞了兩圈，才穩住心神：「趕緊把許將軍、陳長史他們都叫來，快去快去！」

哪還用他們叫？又喊又叫早驚動眾人，許褚、陳矯、楊修等接踵而至，見嚴峻倒在地上，血還汩汩流著，連軍帳都染了，不禁悚然；典滿一頭冷汗向他們解釋。圍觀的人越來越多，卻無人敢驚駕，大夥一商量，乾脆互相壯膽，齊聲呼喚：「請大王醒轉……大王醒轉……」

「嗯……」曹操這才長吁一聲緩緩睜眼，扭臉看見地上屍體，忙爬起身來，「怎麼回事？何人殺我內侍？」

群臣盡皆不語──誰好意思直言？

曹操滿臉詫異，再次喝問：「何人害我內侍？有刺客嗎？」說罷低頭，才見自己渾身血跡，恍然大悟，「莫非……哎呀！」他撲在嚴峻的屍身前，「寡人再三告誡，夢在疆場恐有殺人之事，你這孩子怎還敢近前？無緣無故害你一條性命，此乃寡人之罪也……」他頓足捶胸悔恨至極。

眾侍衛交頭接耳：「大王夢中殺人之事果然不虛，以後得小心，千萬可別靠前了。」

群僚見他自責不已，也便不再說什麼。杜襲出班道：「大王乃無意之失，也是這孩子命該如此。國君不必為一介中涓自責。」

「不錯。」孔桂趕緊附和，「小小內侍不足為惜，大王若心有不忍，尋他家人賞些絹帛也罷了。」在他看來嚴峻的死甚至是好事，今後他又可以時時湊在曹操眼前，眼下不失寵，便還有迴旋的餘地。再不齒孔桂的人這會兒也不便反駁，都點頭稱是。

「唉！這孩子年紀雖小卻很懂事，夫人也很喜歡。若非窮困人家之子，焉能閹割入宮？真是命運不濟……」曹操撫著屍身又叨叨念念好久，才起身道：「好好收殮了吧，速派人尋他家人，寡人定要重重補償。」

兩軍征戰沒什麼上好棺槨，六塊板釘個匣子就不錯了，曹操又在棺內塞了不少黃白之物，這才准下葬。群臣見大王哀傷，紛紛陪著送葬——想來嚴峻不過一內侍，死後有此殊榮倒也難得。軍事無常不敢走遠，就在大營以西尋一山林儼然之地，刨坑埋了。

眾侍衛都跟嚴峻混得挺熟，兔死狐悲難免傷感，有的還掉了幾滴眼淚。司馬懿卻覺此事可疑，但不敢多言，再看陳群、陳矯等都默然不語，似乎也明白曹操心思，卻誰也不點破。其他人有的明白，有的糊塗，唯有楊修伏於坑邊嗟歎不已——傻小子，你死得真冤枉，大王疑心甚重，唯恐侍從心懷不軌，故夢中殺人恫嚇眾小，不欲有人趁他入眠之際靠近。你不明白帝王心術，這不是自投羅網、與人作法嗎？

楊修身為主簿也是近臣，沒少與嚴峻打交道，知這孩子死得屈，不免有些動容，抓了把土扔進坑中，一時情誼所致，隨口歎道：「好糊塗，大王非在夢中，君乃在夢中耳！」

說來也怪，曹操雖上了年紀，聽別人背後閒言卻聽得越來越發清楚。楊修這話聲音不大，卻正好傳到他耳中，不禁冷森森瞥了楊修一眼，未加理會，心中卻已動了殺意……

楊修之死

傍晚來臨暑氣消褪，小雨停了，山裡漸有些涼意。施過針灸，曹操略感舒適一些，煩躁心情也平復許多，在許褚、孔桂等護衛下再度登臨南山。這次他並非要觀察敵陣，只想趁著涼快看看山間風景。

曹操猛然想起三年前平定漢中時也曾與張魯共登此山，那時的他一副勝利者姿態，指點江山傲視群雄，稱讚此地一夫當關萬夫莫摧，埋伏奇襲有虛有實，非真英雄不能駕馭。現在看來這話果真應驗了，惜乎駕馭險地的英雄卻不是他，而是昔日叛徒劉備。

夜晚將一切變得朦朦朧朧，峭壁懸崖似被磨去了稜角，幽深密林像是蒙上了帷幔，羊腸小徑、怪石深谷也都消失在昏暗之中。時而有幾隻鳥雀飛過，尋覓著棲息之處；草窠間夜蟲也開始鳴叫，隨著天色越來越黑，螢兒在林間飛舞騰繞，放出星星點點的亮光。一時間曹操忘了自己身處戰場，竟感到一絲溫馨恬靜……

他不得不承認自己錯了，或許他離開鄴城時還決心做最後一搏，但此刻他真的已經厭惡戰爭了。他老了，而且疾病纏身，戰場早已不適合他了。像他這等年紀，應該靜下心來享受恬淡的時光。可是無論命運還是他內心的執著都不允許他這樣做，他畢竟是一國之君，有實無名的皇帝，他注定還要為自己的政權而拚搏。但現在他累了，不願再無休止地思考下去，只想安享此刻的寧靜。

不過，即便這種寧靜他也沒享受多久。隨著夜色漸黑，對面敵營陸續燃起了篝火，耀眼的火光不一會兒就顯現在各處山頭，彷彿懸浮在半空中，密密麻麻令人目眩，把最後一縷溫馨也衝散了。曹操無奈搖頭，孔桂道：「天黑路不好走，就算敵人上不來，遇到狼蟲虎豹也不好，大王還是回營吧！」

下山的路曹操走得很慢，不僅因為他腿腳不便，更重要的是不知從何時起他開始厭惡軍營了，厭惡人多煩悶，厭惡沒完沒了的軍報，而且眼下的仗又打不贏，士兵私下頗有微詞，只要一走進轅門他便不由自主皺起眉頭。許褚、典滿一左一右護持，孔桂摸黑走在前面，讓曹操把手搭在其肩膀上，一行人慢慢吞吞，幾乎是背著曹操下山。

回到大帳時李瓚之早在裡面等著，一見他進來，立刻跪倒諫言：「大王未用晚飯就去攀山，這怎麼得了？要以身體為重、社稷為重！」嚴峻死了，他又接過了伺候曹操飲食的差事。這位醫官更瑣碎，乾脆收拾東西跟侍衛們住到一起，時時關注曹操起居，就溜出去觀觀景致這會兒工夫，李璫之就穩不住了。

曹操既嫌他煩又離不開他，只得點頭稱是。庖人早把膳食準備好了，都在土灶上溫著，李璫之一聲招呼，一樣樣端上來。如今的曹操不比當初，當了君王戰飯也簡慢不得，有葷有素七八樣菜擺滿帥案。曹操本就沒心思吃東西，又見這些菜冒著騰騰熱氣，更沒胃口了：「可有涼爽之物？」

李璫之卻道：「涼爽之物雖然利口，卻需脾胃克化。今大王之症乃是虛火旺而內實弱，還是用溫熱之物好。」

曹操見有一盤野兔肉，料是士卒在山裡獵的，舉箸欲夾。李璫之又道：「大王喜歡吃肉是好事，但魚生火肉生痰，適可而止別多吃，吃多了對您的病有弊，待會兒我去跟庖人說一聲，以後給您上肉禽皆改小盤。」

聽他這麼說，曹操不禁蹙眉，連吃肉的心情都沒了，轉而夾了一筷子青蔬填進嘴裡，咀嚼了兩下，卻覺沒滋沒味：「太淡了。」

「在下命庖人少放鹽巴。滋陰清熱，飲食宜清淡，這對您的病也有好處……」

「不吃了！」曹操把筷子往桌上一拍，生氣了，「寡人一國之君，天下事豈不由我？難道吃什麼東西卻做不了主？你忒狂妄了吧！」

李璫之又跪下了：「小人一介醫吏，自不敢忤大王之意。但大王萬金之軀干係家國，唯善養貴體才能安定四海。小人斗膽為之實是出於一片忠心，唯天日可鑒。請大王以身體為重、社稷為重啊……」

吃不吃鹽都能扯上社稷，曹操哭笑不得，也知道他是為自己好，只得擺手道：「罷了罷了，你起來。」心下不免懊悔，早知如此不該殺嚴峻，如今連頓合口的飯都不能吃，這也算報應吧！不必你關照了。」

曹操又拾起筷子，卻見李璫之又瞪著兩眼瞅他夾什麼，便道：「你也沒用飯吧？去吃吧，這邊

「大王趁熱吃，我去給您煎藥……我特意叫廚下給您燉了雞湯，加了些茯苓、當歸等物，一會兒您多進一些。」李璫之又嘮嘮叨叨說了一大車話，這才施禮而退。

曹操卻一點兒食欲都沒有了，撂下筷箸，在帳內踱來踱去，回頭間目光又落到帥案後掛的羊皮地圖上。既在軍營，想不考慮戰事也不可能，但眼下還能怎麼辦呢？地圖上南鄭等城不過是幾個小圓圈，而東南西北都是墨筆勾畫的起伏群山，把城池襯托得分外渺小——就是這可惡的地勢，搞得曹操猶豫不決。

戰不能勝，攻不能取，這場仗已沒必要再打了，而且曹操的身體和心智也難以支撐了，撤軍是遲早的問題。而現在費腦筋的是，漢中還有沒有必要繼續駐守？這地方本就處於山區地薄人少，當初又遷走一批五斗米教民，幾乎沒什麼百姓了，更談不到賦稅田課，完全衝著它是蜀中門戶才派兵屯駐。可就眼下局勢來說，劉備控制南邊路徑，曹軍占著這地方也無法南下；反之，從關中輸送糧草還要過秦嶺，走四百餘里谷道才到漢中，費這麼大勁僅為了維持幾座空城，單以軍費而論這完全是賠本買賣。更重要的是，即便想守也未必能守住，劉備近在咫尺，隨時可以發起攻勢，不怕賊偷就怕賊惦記著，稍不留神此地就丟了。何況有夏侯淵前車之鑒，誰還敢孤軍鎮守？即便能守住，何時才能熬到頭？

捨棄也不好。漢中乃至險之地，當初打贏張魯就有三分僥倖，劉備又比張魯難對付多了。一旦放棄，何年何月才能再奪此地，再伐蜀中？難道要坐視劉備割據下去？而且西出陽平關就是武都，昔日馬超興風作浪，又與羌氏部落熟稔，有其為虎作倀，武都豈有安穩之日？再者南鄭、陽平之地

若放棄，那以西的西城、上庸，乃至房陵郡也都難保了，雖說這些地方都委任土豪管轄，並不算曹操直接控制的地盤，但全部放手還是很可惜，也有損威名……

左右為難，該不該放棄漢中呢？

這時庖人把剛燉好的雞湯端了上來，曹操也琢磨煩了，便坐下來用湯。雞燉得酥酥爛爛，筷子一碰就散了，湯還很燙，曹操想來一片脯肉吃，哪知用手一撕只扯下一根連著少許肉絲的肋骨。他看著這根雞肋，覺得甚是可笑，如今漢中的局面便恰似這根骨頭，不禁歎道：「雞肋雞肋，食之無味，棄之可惜。」

正在這時曹真、曹休來了，立於帳外詢問今夜口令——自從兵至漢中，曹操便讓這倆子姪分擔中軍諸務，也是有意鍛鍊；如今敵我隔山相對，為防止蜀軍細作混入，軍中每晚都要更換口令，兵丁夜間營中行走，巡查之人遇見必問口令，答得不對立時正法。

曹操聽他們問這個，隨口道：「雞肋。」

「什麼？」二人沒聽明白。

曹操把手中的雞骨頭朝他們晃了晃：「雞肋。」

二人覺這口令甚為怪異，不過暗號自然越怪越好，也沒說什麼，領命而去。曹操依舊沉寂在心事中——難道真的只能放棄？他把雞肋含入口中，反覆吸吮著，只是想在無味中尋找一絲滋味。

也不知過了多久，天色已然大黑，曹操還叼著那根雞骨頭愣神，李璫之早把藥煎好送了來，一見滿桌東西動也沒動，不禁皺眉：「大王若不用飯怎能喝藥？這些菜是在下親自監工為您做的，都涼了，還是重新熱一熱再吃吧。哎呀湯也涼了，大王不該如此，要以身體為重、社稷為……」

曹操實在嫌他嘮叨，趁他不注意，躡足溜出大帳，對許褚耳語：「陪孤巡營去。」忙不迭出了中軍大寨，躲開那饒舌大夫。

此時已過定更，士兵們也早該準備休息了。燈火卻不多，大夥都各覓涼快通風之處，有的人連帳篷都沒支，枕著兵刃聊天；一片昏黑中誰也沒注意到大王從自己身邊走過，穿營過寨間甚至還有哨兵詢問口令，藉著微弱火把才看清來者是誰。曹操不想打擾大家休息，叫他們莫要聲張，自己溜溜達達走進去。

士兵大多睡得很沉，鼾聲此起彼伏，瞧得出來這些日子大夥也很累了，有些體質差的水土不服沒少受罪。曹操望著這滿地枕戈的士兵不禁思忖，如此被動，恐怕大家也不想再打了吧？若眾意如此便不可再違，明日就傳令收兵，漢中就扔給大耳賊吧！

他一邊走一邊想，逡巡來至後營。此處緊鄰陽平關，最為保險，因此囤著部分糧草，幾位原不帶兵的參謀、掾屬也居於此營；曹操依舊沒有驚動哨兵，悄悄進去巡查。說來也怪，別的營都安安靜靜，唯有此處燈火閃耀，隔著老遠就見各個帳篷間親兵進進出出，似是在收拾東西。曹操踱至一座大帳前，見裡面掌著三四盞燈，陳矯、杜襲等正整理書簡，都捆紮好了往箱子裡裝，忙得頭也不抬。曹操頗覺詫異卻也沒過問，繼續往前走，卻見每座帳篷裡都在收拾東西，還有人折疊衣服打點行囊；直行至屯糧所在，更覺人聲擾攘，管軍糧的將軍劉柱正指揮士兵把成包的糧草往車上裝，拴紮結實，似是隨時準備運走。

曹操再也看不下去了，上前質問：「為何連夜收拾糧草？」

劉柱忙得不亦樂乎，黑燈瞎火也沒瞧清問話的是誰，大大咧咧道：「快撤軍了，趁早收拾好，省得到時候麻煩！」

「放肆！」曹操立時震怒，「誰說要撤軍？何人假傳我令？」他對將士的憐憫霎時消失得無影無蹤。

劉柱才知說話的是誰，撲通跪倒，連抽自己耳光：「末將無禮，末將無禮……」眾親兵也瞅明白了，窸窸窣窣全趴下了。

曹操一把揪住劉柱脖領，惡狠狠道：「你敢惑亂軍心？」

劉柱哆哆嗦嗦道：「不是末將之意，是、是楊主簿……」

「楊修？」一聽是他，曹操愈加惱怒，「他說什麼你們就信什麼？誰是魏王？」

「今夜大王所傳口令是『雞肋』，楊修說：『雞肋乃食而無味之物。今不能克敵，遠途運糧空耗軍力，猶如雞肋，大王以此為令必生退軍之意，恐不日就將傳令，當早做準備。』」劉柱一五一十都說了。

曹操越聽越驚駭——為君者當高深莫測，可我怎麼事事都瞞不過你楊修？就這簡簡單單「雞肋」二字竟被你揣摩得一清二楚，也忒精明了吧！私擬教令的帳還沒算呢，嚴峻下葬之日出言不遜，今晚又給我來這麼一手。莫忘了你本是子建一黨，當年私造答教、槍替作弊、立子桓為嗣就該清算，不過念在你有些才識暫不理論。寡人放過你，你反倒愈加狂妄，豈有此理？如今不過稍改用人之策，給你們這些名門點兒臉面，你便不知自己幾斤幾兩。我還活著呢！我若死了，大魏朝廷還盛得下你麼？弘農楊氏四世三公又怎樣？正好拿你作法！

種種舊怨新恨齊湧心頭，曹操殺念越發篤定，反倒平靜下來，對許褚道：「速速全營舉火，擂鼓升帳。」說罷拂袖而去。

各營燈火陸續點燃，隆隆鼓聲也響起來，不但驚醒了三軍將士，也將周匝夜棲的鳥雀驚起，似沒頭蒼蠅般在營盤上空亂飛亂撞。曹操回到中軍大寨，搬了張杌凳，大馬金刀往帳口一坐。不多時各營文武紛紛趕來，楊修也來了，早聽士兵說起此事，自知已過方要上前主動請罪，曹操卻指著他鼻子大喝一聲：「來人哪！把他給我綁了！」當兵的哪問緣由，一擁而上將他五花大綁按倒在地。

眾文武有知情的，也有不明所以的，出班欲救。曹操卻擺手道：「楊修惑亂軍心身負大罪，敢諫者與其同罪論處。」一句話就把大夥嘴都堵上了。

曹操振振有詞：「寡人興師漢中，除賊之心已定，焉能無功而返？大膽楊修私言撤軍，分明暗蓄奸謀，故意擾亂軍心毀我大事，此陰險害群之徒不殺不足以息寡人之怒，不殺不足以安將士之心。」把這麼大一個罪名扣到楊修頭上，大家更沒法求情了；說到這兒曹操竟起身直問楊修：「你說你該不該死？」

楊修焉能不知他是借題發揮，卻也無可奈何，掙扎著抬了下頭，卻見火光映照下曹操的面龐猙獰可怖，似已恨自己入骨；又觀左右兩班陳矯、桓階、司馬懿等面露不忍，卻無冒險苦諫之意，霎時間了然——楊修啊楊修，虧你自負甚高，其實蠢笨至極！滿營都是聰明人，誰揣摩不出主上之意，全都緘口不言，偏偏你要作這仗馬之鳴。子曰：「中庸之為德也，其至矣乎」，聰明外露反招其禍，還以為嚴峻傻，其實你比他更傻！曹丕那關都闖過了，沒想到處事不慎又栽到陰溝裡。虧你還想建功立業成一代名臣，四十四歲便遭屠刀辱沒家門！可笑啊可笑……楊修自知再無活命之理，慘笑道：「臣蠢笨至極，實在該死！該死！」

「知道便好，推出轅門梟首示眾！」曹操一揮衣袖，都沒再看他一眼，轉而進帳，「祕書郎何在？」

「臣、臣在……」劉放早已怔住，忙緩過神一路小跑跟上來。

「寡人有書信一封寄與楊修之父，你來執筆。」

楊修畢竟是弘農楊氏四世三公之後，楊彪雖老邁辭官，名望卻還在，楊家門生故吏遍布天下，連曹營之中也有不少。既殺楊修，須給楊彪一個說法，一來做足姿態安楊家故吏之心，二來也要震懾楊彪，免得這老叟說三道四。劉放忙執筆墨，曹操不假思索張嘴就來：

與足下同海內大義，足下不遺，以賢子見輔。比中國雖靖，方外未夷，今軍征事大，百姓騷擾，吾制鐘鼓之音，主簿宜守。而足下賢子，恃豪父之勢，每不與吾同懷。即欲直繩，顧頗恨恨，謂其能改，遂轉寬舒。復即宥貸，將延足下尊門大累。便令刑之，念卿父息之情，同此悼楚，亦未必非幸也。謹贈足下錦裘二領，八節銀角桃杖一枚，青氈床褥三具，官絹五百匹，錢六十萬，畫輪四望通幰七香車一乘，青牛二頭，八百里驊騮馬一匹，赤戎金裝鞍轡十副，鈴毦一具，驅使二人，並遺足下貴室錯彩羅縠裘一領，織成靴一量，有心青衣二人，長奉左右。所奉雖薄，以表吾意。足下便當慨然承納，不致往返。

劉放邊寫邊咋舌——這封信措辭雖謙卑，卻透著挖苦的味道。說什麼「復即宥貸，將延足下尊門大累」。殺了人兒子，卻道「亦未必非幸」，拿些亂七八糟的賞賜搪塞，人家四世三公在乎這點兒東西？這難道能彌補老人家喪子之痛？這不是寒磣楊彪嗎？太歹毒了！

劉放打心眼裡覺得這事辦得不漂亮，曹操正在氣頭上，瀏覽一遍竟覺十分滿意，決然道：「就這樣吧！明天一早派人送往長安！」說罷他又環視帳內帳外林立的文武，「楊修首級懸掛轅門警示三軍，再有亂我軍心者，便同他一樣下場！不破劉備誓不甘休！」

「諾。」眾文武誰也沒有表示異議，但心裡都有數，雖然大王還在叫囂，也只不過一時嘴硬，這場仗注定無法再打下去——暴戾只是掩蓋他內心的軟弱罷了。

第十三章

失漢中，統一天下的最後一絲希望破滅

放棄漢中

曹操能殺楊修，卻改變不了被動局面，雖然他向三軍揚言要決戰到底，但明眼人都看得出來，這不過是維護面子的大話。大家心裡皆已認定，班師之日不遠了。其實曹操自己都茫然無措，反正提兵叫陣敵人也不應戰，頭風和痲痹時犯時好，與其在外面挨曬，還不如在帳內歇著。

夏季的第一場雨到來了，黏黏糊糊朦朦朧朧，曹操的心緒也被這淅淅瀝瀝的小雨搞得格外煩躁，晚上更徹夜無眠，千頭萬緒也不知琢磨的都是些什麼；好在還有孔桂在身邊陪著，時不時講些笑話……

「昨天聽說件稀罕事。」孔桂邊給曹操捶背邊道：「曹洪將軍駐兵武都，抓了幾個羌氐女子，能歌善舞。將軍與部下聚飲，讓那些女人赤身裸體，披著薄紗跳七盤舞。」

「哦？」曹操不緊蹙眉，「難道營中屬僚就沒阻攔？」

「自然有人看不下去。聽說隨軍的金城太守楊阜當時就翻臉了，說男女之別乃國之大節，桀紂淫亂也不及此。搞得將軍不得不罷宴，大夥不歡而散。」

曹操連連搖頭：「子廉這幾年確實有點兒不像話，貪財好色為所欲為。」話雖這麼說，畢竟自家兄弟，又一把年紀了，曹操也不便管太多；他遲遲不稱帝，人家也當不上開國功臣，官爵無法再進一步，難道享樂還不行？

孔桂看似說笑，實則緊盯曹操一笑一顰：「聽說太子幾年前還找曹洪將軍借過錢，將軍硬是不借，當真吝嗇得緊。」

「有這種事？」聽到「太子」二字，曹操挑起了眼眉，「他借錢做什麼？」

孔桂輕描淡寫道：「太子畢竟是太子，行圍打獵，賞賜臣下，與群臣聚會盤桓還不是常有的事？其實他還不如臨淄、鄢陵兩位侯爺，既無爵位又無封邑，就那點兒有數的俸祿，養一堆妻妾、門客，手頭緊得很。他雖嘴上不說什麼，心裡未嘗不抱怨……」

「他敢！」曹操變了臉，「他憑什麼抱怨？寡人把偌大社稷都給了他，他還不滿足？行圍打獵乃是不務正業，還聚會群臣，私加恩惠，他想幹什麼？」

這把火實是孔桂故意煽起來的，見曹操動怒心下竊喜，卻忙跪倒請罪：「臣一時糊塗，胡言亂語，並無攀附太子之意，此皆小小家事，大王切莫掛懷。莫說太子不敢有怨言，即便私下有些想法也不為過。想來他身居嫡長，坐了這麼多年冷板凳，也夠為難的……」這些話似是庇護曹丕，其實句句戳曹操肺管子，分明火上澆油。孔桂拿定主意——爭取曹丕諒解已不可能，唯一辦法是讒言詆毀，慫恿曹操廢太子，無論曹彰、曹植，只要不是曹丕繼統便性命無虞。

曹操正心緒煩躁，竟沒察覺他意圖：「看來寡人得好好訓教一下子桓了，你把孫資、劉放叫來。」他要明發教令斥責太子。

「諾。」孔桂暗喜，這道令發下去曹丕大折顏面，再有丁儀兄弟幫腔使勁，長此以往還愁太子不倒？他領命便去，哪知剛轉過身卻見帳口早已堵住一名大臣：「呼喚祕書郎何事？大王莫非有令？」不知什麼時候侍中桓階來了。孔桂深知桓階是公然力挺曹丕的，不禁咬牙——這老傢伙好長的耳朵！

桓階來送軍報，走至帳口聽裡面提及太子之事，見曹操動了火，這才趕忙進來：「國有國法，家有家規，治國以平安和順為善，居家以息事寧人為上。大王教諭太子乃是出於一片慈愛，但若明發教令，只恐勾起朝野議論，若不逞之徒從中生事，非社稷之福。剛才孔大人說得好，此皆家事，既然家事就照家法辦，命校事之輩私下給太子帶個話就行了……」說著他又笑呵呵瞅向孔桂笑，「您說是不是這個理，孔大人？」

這話入情入理，孔桂只得隨口答應：「是是是。」

經他一勸曹操也清醒多了，想起兩年前借司馬門之事明發教令貶斥曹植，搞得曹植惶惶不可終日。如今老三已經整趴下了，難道還要再整老大？折騰來折騰去，叫群臣怎麼看？便歎息道：「算了，他也三十多歲了，好賴就這樣吧！」

桓階暗自鬆口氣，這才遞上奏報：「軻比能使者已至鄴城，送來些貢品，還遣回不少流亡關外的漢人，懇請朝廷准許互市。」

孔桂見縫插針：「什麼塞外之雄，還不得乖乖給咱大王上貢？這都是鄢陵侯的功勞啊！」吹捧曹彰也就是變相貶低曹丕。

桓階不容他再多嘴，忙道：「無事獻殷勤，非奸即盜。軻比能畢竟沒與咱交戰，主動稱臣必有圖謀。朝廷素來是以胡制胡，如今步度根、素利等部皆非軻比能之敵，若再開互市，軻比能更加富庶，只怕不久就要統一鮮卑了。邦內孫、劉未滅，後又興一強敵，此事甚為可慮。」

曹操思索片刻道：「話雖如此，但他既主動遣回流民，若是不允似乎不近人情，也叫匈奴、烏丸等輩瞧著不美。咱們不妨答應他，但只能開一市，而且只能交易布帛、瓷瓦，凡糧食、銅鐵、書籍概不可外流。」銅鐵可以打造武器，讀書能增長才幹，這些不能讓胡人得到。綾羅布匹都是絲織的，瓷瓶瓦罐不過是燒熟的泥；而遊牧民族交易的卻是羊毛皮革、牛馬牲畜，如此互市漢人有賺無賠。

孔桂句句不讓：「大王英明，休說邊塞小胡無能為也，即便真敢生釁，有鄢陵侯之勇又何懼？」

「倒也是。」桓階不否認，「有鄢陵侯輔佐太子倒也穩妥。」不動聲色中將這話拐了個彎，孔桂恨得咬牙卻拿他沒辦法。曹操倏然站了起來，邁步往外走。

孔桂忙跟上：「大王去巡營嗎？臣陪您前往。」

「臣也願相隨。」桓階不甘示弱。

「不必了。」曹操陰陽怪氣道：「你們倆就留在這繼續鬥嘴吧！」一句話說得桓階、孔桂滿頭是汗，想起前幾日剛死的楊修，誰也不敢再言語了。

將近傍晚，朦朧細雨還在下，淋到身上潮乎乎的，曹操並未往遠處去，只在中軍營轉來轉去。士兵都懶洋洋的，連各處衛兵也不免懈怠，見大王過來才挺直腰板。這仗打又打不了，撤又不肯撤，又趕上這黏糊糊的天氣，山谷間想操練都找不著合適地方，天天閒著，士兵哪還有銳氣？曹操心下盤算——再熬十天吧，等大夥把楊修之事淡忘，就可以收兵了，回到長安再好好整飭。

哪知剛拿定主意，見曹真急急渴渴奔進轅門。「怎麼了？」曹操一看就知出事了。

「大事不好！敵將黃忠繞至北山劫我糧草，後營各部將軍已去截殺，請大王再發大軍接應！」

曹軍糧草是從關中經褒斜道運過來的，大營則紮在陽平關以南。黃忠膽也太大了，竟繞過曹營，跑北山去劫糧。曹操勃然大怒：「你們幹什麼吃的？敵人從眼皮底下溜過你們都不知道，全是廢物！還愣著作甚？調兵救援！全都給我去！」懶散的將士全害怕了，取兵刃的取兵刃，牽馬的牽馬，著實亂了一通，其他各營也陸續分兵。曹操也帶著親兵、謀士也出了營，登上南山眺望。

本就烏雲密布雨霧濛濛，天又快黑了，只隱約瞧見關城以西正在混戰，似乎黃忠已偷襲得手，回撤之際被曹軍堵截住了。斥候來報：「黃忠劫我糧草不多，只殺我運糧兵數百，毀糧車數十輛。」曹操懼意已退，恨心更盛：「黃忠不但壞我糧草，還是害死夏侯淵的元凶，不能放走！傳令各部一齊截殺，今日若不能擒殺這廝，所有將領一概問罪！」斥候見大王眼睛都瞪紅了，嚇得一跟頭滾下山去，跌跌撞撞趕去傳令。

黃忠不愧為荊州悍將，面對數倍的曹軍，竟越戰越勇一路突圍。但是曹軍六七萬人馬盡在此間，眾將得知軍令哪敢怠慢，源源不斷加入圍堵，黃忠渾身是鐵能打幾根釘？終於被曹軍圍在南山下，士卒死傷殆盡，旗幟都倒了。此處已切近，曹操在山崖上看得清楚，不禁摩拳擦掌：「殺啊！給我殺！把他給我剁成肉醬！」

眾謀士見他氣急敗壞狀若瘋癲，都嚇得不敢靠前，許褚在後攔腰抱住，唯恐他失足掉下去——這些日子曹操憋壞了，今天總算有了發洩：擊退劉備已不可能，若能擒殺黃忠給夏侯淵報仇，他心裡還好受點兒。

惜乎曹操沒能高興太久，就在黃忠堪堪不支之際，又從山嶺西面衝來一小隊蜀軍，似一支急箭般竄入戰陣；為首之將銀盔白袍，面龐白皙，三綹墨髯，曹操昔年就認得——趙雲趙子龍！

曹軍只一錯愕，趙雲所部已殺至垓心救了黃忠，轉而向西突圍。曹操咬牙揮拳：「廢物！別讓他們跑了！」旁觀者清當局者迷，上面看得清楚，底下可搞不清來多少敵人，曹軍七八部人馬擠作一處，建制都亂了，倉促間還是叫蜀軍逃了。所幸徐晃、朱靈、張郃等將還算機敏，在後緊緊追趕，大軍混亂一陣，也陸陸續續追下去。

天漸漸黑下來，曹操眼巴巴瞅著敵人繞過山梁，消失在暮色中，也不喊不鬧了，似乎全身的力氣都使光了。孔桂瞅他臉色不對，湊前道：「大王且放寬心，敵寡我眾，這兩個賊子跑不了。」

「跑不了？」曹操垂頭喪氣，已不抱希望，「昔日長阪之戰怎麼跑的？傳令諸將，趕不上就回來吧，夠丟臉的了，別再中人家埋伏。」

下山回到營中，曹操一言不發呆坐大帳，眾謀士也都默然無語。又過半個時辰眾將回來，以徐晃居首，都摘去兜鍪齊刷刷跪倒帳外——非但沒擒到趙雲、黃忠，衝向敵寨反遭算計，被蜀軍截殺一通，自相踐踏折了不少兵。

徐晃頓首：「我等無能縱賊逃走，甘受大王責罰。」朱靈、張郃等也紛紛請罪。

「暫且記下，若再敗陣定不輕饒！」曹操厭煩地揚揚手——不過說說罷了，豈能真的一概治罪？黃忠、趙雲能得手，不僅因為他們驍勇善戰，更因曹軍消極懈怠防衛不利。戰退不明軍心委靡，歸根結柢這責任該曹操負。

眾將起身進帳，全老實了。曹操斜倚在帥案上，回頭瞧著屏風上的地圖，隔了好久忽然發問：「西出陽平關便是武都，我軍若捨漢中，武都必遭兵鋒，有何良策可禦之？」

眾文武皆一凜——什麼叫「我軍若捨漢中」？略一思索才明白，要撤軍了！

曹操終於下定決心放棄漢中了。這一戰就是教訓，士氣已鬆懈到敵人能從眼皮底下溜過，就別等十天了，再耗下去非栽大跟頭不可。況且他親自鎮守尚被劫糧，其他將領更不免閃失。遙遙四百里糧道，倘若斷炊，後面想接濟都接濟不上，這破地方實在沒法守。放棄已勢在必行，但曹操羞於張口——楊修血跡未乾，怎好意思說撤？

大家也都明白這點兒意思，礙於大王臉面也不說破，但武都安危確實是個問題。羌氐諸部多與馬超熟識，昔日張魯就曾支持馬超在此興風作浪，劉備更甚張魯，該如何應對？雍州刺史張既出班道：「以臣之意，不妨堅壁清野，遷徙武都之民。」

「也只得如此，不過那些雜胡久居此地，願意離開嗎？倘若處置不當，立時倒戈投敵禍不旋踵。」

張既已有成算：「臣久在西州素知氐人心性，貪利而輕義。現今關中貧弱，地廣而人稀，大王可頒下教令，使諸部北出就谷，先至者多賜金銀予以重賞，先者知利，後必慕之，定會爭相前往。不出一個月，武都羌胡必能遷個乾淨。那時大王再加以編制，規劃屯田，一者綏靖安眾，二來也可存糧備戰。」

「甚好。」曹操抽出令箭交與張既，「能者多勞，此事便交你全權處置，今夜就動身前往郡府，越快越好。眾將聽令……」

「在！」

曹操無比沉重地說：「曉諭將士整備輜重，三日後……收兵。」

所有人都鬆口氣，折磨總算結束了。這一晚連曹操都睡得很香甜，或許他內心深處早已把戰爭當成負擔了吧！

似乎連老天爺都在戲弄曹操，到了第三日，晦暗的天空也放晴了。混沌的濕氣漸漸吹散，朦朧雨霧也越來越稀薄，逐漸消失在清風中；幾縷金黃的陽光如利劍般從雲間刺下來，直插在水珠瑩瑩的山林間。土地的氣息和鮮花的芬芳清新撲鼻，幾隻燕雀盤旋翱翔，羽翼在陽光下閃著光輝，牠們那麼自由，那麼無憂無慮……這是一片多美的天地啊，從此就歸劉備所有了。

曹操心有不甘駐足良久，最終還是由眾親兵攙扶著顫巍巍登上馬車，不住自言自語：「算啦！不爭了……實在爭不動了……」

孫權不可能被消滅，劉備也注定割據西南，曹操知道，他有生之年不可能拓土開疆了。他已身心憔悴，無力再向命運抗爭，只想回歸鄴城安安穩穩度過餘生。

敵進我退

兵法有云：「善用兵者，屈人之兵而非戰也，拔人之城而非攻也。」劉備反客為主拖垮曹軍，可謂盡得此中三昧，漢中爭奪戰也是他畢生征戰中最閃亮的一筆。漢中易主，蜀軍士氣高漲，劉備一鼓作氣，又派孟達、李嚴率部東進，西城太守申儀、上庸太守申耽乃一方土豪，鑒於曹軍已退，見風使舵不戰而降；繼而諸部與劉封合兵再攻房陵，房陵太守蒯祺抵禦不住城池陷落，被蜀軍擒殺——至此，漢中及其以東三郡盡被蜀軍占據，劉備終於奪取了整個益州。

曹操尚在回師路上，壞消息就接踵而來，但他已顧不了這些，做好防禦漢中的準備才是當務之急。張既遷徙羌氐的計謀甚是厲害，教令頒下，先至者有賞，武都各羌氐部落躍躍欲試，不過旬月之間，遷往扶風、天水等郡的漢胡百姓達五萬人之多。蘇則、楊阜、游楚、楊秋等西州官吏安撫來者，劃分田地；又調在淮南有屯田經驗的綏集都尉倉慈赴任關中，另辟軍屯隨時備戰；武都郡則堅壁清野，自此成為曹劉兩家征戰的緩衝帶。西路如此安排，東路的籌畫更巧妙，曹操大筆一揮，把防禦漢中的據點圈定在褒斜道、大散關以北的陳倉（今陝西省寶雞市）——此地古來即遏制蜀中兵勢的重鎮，曹軍大踏步後退，無疑是把綿延四五百里的險惡谷道拋給了劉備，給蜀軍北伐造成了巨大麻煩。

建安二十四年（西元二一九年）五月，曹操終於安排好一切，回到了長安。此番撤軍固然不能與昔年赤壁慘敗相提並論，可對曹操內心的打擊卻有過之而無不及——就算雍州防禦安排得天衣無縫，但彼此的地域界限也就此劃定，北伐不易，南征更難；孫權坐斷江東，劉備獨霸蜀中，曹氏雖擁北方之眾，也不可能在短期內消滅孫、劉，三足鼎立的局面已形成！

留守長安的主簿趙儼、黃門侍郎丁廙等皆在十里驛亭迎接，卞夫人也帶著環氏、秦氏、宋氏等乘車前來——唯王氏、趙氏子嗣尚幼，留於鄴都未曾隨軍。大家恭敬施禮絕口不提戰事，連句恭維的話也不敢說，唯恐拍馬屁拍在馬蹄上。

曹操坐在馬車上環顧眾人，同樣無言可對，猛一眼瞅見于禁一身官衣立於人群中，強笑道：「文則，叫你白跑一趟，辛苦了。」

于禁與張遼等留鎮居巢，此番西征原本要調他同往的，哪知先是南陽出了亂子，後來曹操又因夏侯淵陣亡急速進軍沒等他；于禁協助曹仁戡亂後緊趕慢趕來到長安，剛與杜畿籌備好糧草準備馳援，曹操已下令撤軍，他只得屯軍待命。

「奉命驅馳臣所應當，談何辛苦？不過末將有一事奏明，還請大王……大王節哀……」

「怎麼了？」曹操見于禁素來矜持沉穩的臉上竟流出一絲不忍言表之態。

「七天前居巢守軍上報，樂文謙病故了。」

曹操沒有傷感，也沒有歎息，只是眉宇間輕輕抽動了兩下，默默低下了頭——樂進是他兗州舉兵後提拔的第一位將領，身先士卒忠勇果敢，征戰三十年，立下無數汗馬功勞，官至右將軍，有假節之權。幾年間李典、韓浩等相繼離世，漢中折了夏侯淵，如今又少一樂進，當年隨他起家打江山的人越來越少了。曹操未落一滴眼淚，但心中卻甚是難受，除了傷感，更多的是無奈，統一天下不可能了，說不定哪天自己就會隨這幫老將一起去，畢生抱負無法達成，真有些英雄末路之感。

「大王保重福體。」于禁撩袍跪倒。

曹操想下車攙扶，臂上連使三次力，竟沒撐起身，重重倚在扶手上，歎道：「你才該多多保重。往者已矣，傷感亦徒然，如今你可算這營中資歷最老、功勞最高的將領。寡人老了，無能為力……」說到此處曹操臉上流露出一絲苦澀，「今後國家有事還要依仗你，你保養好身體，寡人還指望你為我子孫後輩多效幾年力呢！」

「大王……」于禁聞聽此言不禁哽咽，酸甜苦辣湧上心頭——他身入曹營半輩子，從來沒聽曹操說過這樣的話，即便赤壁之敗曹操也未嘗言棄，如今卻自認老邁無能，囑託後世之事，怎不叫人辛酸？但酸楚之餘又覺溫暖，大王這麼看重他實是無上榮耀。程昱卸任養老，樂進又已去世，張遼雖也戰功赫赫，但論資歷畢竟遜了一籌，論仕途心術更是不及；至於徐晃、張郃等輩崛起則更晚，拋開曹氏、夏侯氏宗族不算，于禁不啻為曹營眾將之魁首。

在場眾人多加勸慰，于禁這才拭去眼淚，與群臣一起護衛車駕，同歸長安。行了一陣子，剛望見長安城闕，又見遠處塵土飛揚，繼而有人來報，前方有一彪軍馬。眾人面面相覷還在五里霧中，卻見兩騎奔馳而來，當先一人金盔金甲虎背熊腰，正在盛年，頷下黃鬚飄揚，正是鄢陵侯、驍騎將軍曹彰。

曹操見兒子跳下馬給自己行禮，不禁詫異：「吾兒為何前來？」

曹彰更不解，氣喘吁吁道：「不是父王徵調兒臣嗎？」

「哦。」曹操這才想起，前番在陽平關憤於劉封，因而急調曹彰前來助戰，要跟劉備鬥鬥氣。其實那是一時氣憤所致，事過之後連他自己也忘了。但曹彰可苦了，從蜀中到河北萬里之遙，接到召令立刻提兵動身，沒日沒夜往這邊奔，哪知曹操已收兵，因而在長安相遇。曹彰身後那員小將也過來行禮，乃是驍騎司馬夏侯儒——這夏侯儒乃夏侯尚之從弟，也是親睦太子之人，召曹彰提兵助戰曹丕不敢不放，但又怕這個弟弟再建奇勳，甚至擁兵在外趁勢坐大，因而通過台閣臨時任夏侯儒為軍司馬，名為輔佐，實是牽制曹彰。

曹操看著滿面風塵的兒子，也覺得有點兒過意不去：「你來了也好，為父身體不佳，要在長安休息幾日，順便觀望西路諸郡形勢。你既來了，就與諸將一同處置營中之事吧！」

「諾。」曹彰雖答應了，但沒能再上戰場還是有些失望，又去給母親問安；夏侯儒回去喝止人馬，就在長安城外紮營。

長安城乃漢之西都，經王莽、赤眉之亂焚於大火，董卓遷劉協於西京之際雖稍加修復，畢竟不成體統。城西的建章宮幾乎破敗成瓦礫場，城內東側長樂宮、明光宮還像個樣子，不過已為官衙所據，至於東面的未央宮、桂宮已不復存在，昔日李傕、郭汜等逆臣的宅邸、產業也歸於他人，多有西京老臣致休後在此閒居，加之鍾繇、衛覬等人的經營，雖不比昔日的宏偉，倒也不至於市井蕭條。

曹操也不願驚擾黎民，未下令警蹕，乾脆把王駕留於城外，上了卞氏夫人的馬車，入城休息，營裡的事就交給曹彰打理。卞氏見丈夫上下車步履愈加艱難，心情亦甚沉重，老夫妻並坐一處，勸道：「大王實在不宜再征戰了，即便不為自己想，也懇請為我母子想想，一把年紀還在外面打打殺殺，叫我和孩子們如何放心得下？倘有一差二錯，難道要讓孩子們擔不孝之名嗎？」

這次曹操再不抗辯，木然點頭：「不打了……打不動了……」也不知他是說身體衰邁打不動了，還是劉備根基已穩打不動，或許兩者兼有之吧！

卞氏見他自暴自棄，也不免傷感，卻道：「你們男人家畢竟不如我們想得開，成敗不就那麼回事嗎？一輩子圖個心安理得便罷，子孫禍福誰可測？」這種話即便只是私下說，恐怕也只卞氏有資格。

「唉……禍兮福所倚，福兮禍所伏。有些事還真說不清好壞。」曹操語重心長，「還記得昔年官渡之戰嗎？劉備汝南作亂，抄掠沛國，張飛擄去夏侯氏一女，沒想到竟名正言順娶其為妻。妙才死在漢中，多虧此女出面講情，劉備才將他父子收斂安葬。妳說這是善緣還是孽緣？」

卞氏聽他道「善緣孽緣」，猛然想起兩件事，見丈夫滿面苦笑，這會兒似乎不便提起，卻又忍不住想說，躊躇再三還是道：「前日丕兒來信，說均兒病死了。」她所言「均兒」乃周姬所生之子曹均，已經成年，兩年前受封樊侯，出繼曹操幼年夭折的兄弟曹彬，變成了姪子——其實曹彬死時曹操也才三四歲，根本沒什麼印象，此舉不過是要為曹氏充實宗族。

曹操又是一陣嗟歎：「妙才走了，文謙走了，連兒子也走了。」

「還有，聽說夫人也……」能被卞氏尊稱為「夫人」的只一人，那便是曹操分居多年的正妻丁氏。

曹操眼神一亮：「她怎麼了？」比之那個不怎麼疼愛的平庸兒子，他更關注曾經的妻子。

卞氏輕輕搖頭，歎了口氣。

曹操沉默了──走了，她也走了。到最後也沒原諒我，不尷不尬病死在民間。是她活得太執拗，還是我太放不下面子？同患難而不能同富貴，或許這就是常說的「有緣無分」吧……不知不覺間，曹操的眼睛模糊了，隱約看見丁氏的身影浮現，那是一個坐在織機前的背影，無論如何呼喚都不肯回頭。

卞氏眼見丈夫垂淚，忙掏出錦帕為他拭去；哪知曹操卻一把攥住她手，靠著她肩膀放出悲聲：「我一生行事，於心未曾有所負。倘若死而有靈，有朝一日我魂歸九泉與昂兒相見，他若問：『我母所在？』我將何辭以答？我的妻兒啊……」這會兒曹操已忘了魏王的尊貴，他只是個失敗的丈夫、未盡責的父親。

這還在長安大街上呢！所幸卞氏的香車垂有珠簾，外面的人看不見，但左近侍從之人誰聽不見？不知道他們老夫老妻怎麼回事，誰也不敢問。卞氏卻也顧不得體面了，攬著痛哭的老伴，陪著默默垂淚。那隱約的幽咽和咯吱作響的車輪聲交織一處，迴蕩在長安大街上。

過了一陣，車至明光宮前，曹操畢竟還要有君王的體面，在車裡待了好一會兒，才整理衣冠下車；卞氏也早已拭去眼淚。老夫老妻由內侍攙扶著下車，還在抬頭瞻望儀門，又聞不遠處士兵有呵斥聲：「哪來的野老？沒見來了貴人嗎？繞開走！」

曹操畢竟沒乘王駕，衛兵這麼訓斥行路百姓似有些不公，便想叫他們收斂，哪知側目一望，那被攔住的老叟竟是楊彪——此時楊彪已年近八旬，白首皓髯，彎腰駝背，雙眉耷拉著，手裡拄著根青竹杖，不住唉聲歎氣。

楊彪閒居長安，近來又喪子，時常心中愁煩街上散步，不料今日與曹操不期而遇。若楊彪得知曹操到來，必定關門閉戶，怎能與殺子仇人相見？偏巧曹操未曾警蹕乘鑾，冤家路窄。他不願見曹操，其實曹操更不願見他，見面說什麼？況且因惑亂軍紀之罪處死楊修，現在自己卻撤兵回來了，臉上好看嗎？

四目相對僵持片刻，還是曹操先開了口：「明公清瘦了不少啊！」這本是句客氣話，但此刻說出卻不甚合適——你不把人家兒子殺死，人家何至於這麼憔悴？

楊彪混沌的老眼閃過一絲怨咒的光芒，嘴角皺紋輕輕抽了幾下，卻欲言又止，最終只是苦笑道：「愧無日磾先見之明，猶懷老牛舐犢之愛。」說罷再不瞅曹操一眼，拄著竹杖篤篤去了。

先朝孝武帝寵信匈奴王子金日磾，他兒子也受到武帝寵愛，養於宮中用為近臣，後來其子與宮女淫亂，金日磾一怒之下將兒子殺死，後人往往稱道金日磾大義滅親，有先見之明，能為家族消弭禍患。楊彪自稱「無日磾先見之明，猶懷老牛舐犢之」，自是衝著曹操先前給他寫的那封信說的，什麼若不處死將延足下尊門大累，巧言令色虛偽至極。

曹操心下茫茫然有些不是滋味，卞氏自然瞧得出來，忙攙扶他邁入宮門。長安宮中雖陳設簡略，倒也空曠好納涼，一應盥洗臥具早就備好，草草進些飯食，在李璫之一再嘮叨下又灌了碗湯藥，曹操躺下歇息，叫眾夫人也各自安歇，連內侍都不聲不響退了出去——自嚴峻死後，這些寺人一見曹操睡覺，莫說上前照顧，連這屋都不敢停留！

一路奔波本已疲乏，可這會兒曹操又失眠了，只要一閉眼就看見丁氏的背影，這個遺憾已終身無法彌補。推枕輾轉間又不禁想起楊彪。楊家雖為四世三公，現在也跟敗落差不多，楊彪這耄耋老叟也不可能掀什麼風浪，倒是方才那番話招人同情。他時至今日還在為曹昂傷痛，卻親手扼殺別人的子嗣，還寫下一封挖苦人的信，這事做得太差勁了。自己這六旬老翁尚舐犢情深，何況八十老叟，情何以堪？

曹操再無睡意，披衣漫步，寺人侍衛欲過來攙扶，卻被他斥退，獨自一瘸一拐在破敗的宮廷裡轉來轉去。夏日午後驕陽正烈，越發曬得心緒不寧；不知不覺走到殿西一處偏閣，正是卞氏暫居之地，百無聊賴手挑碧紗簾向裡觀望，卞氏正斜坐案前搦管沉思。

曹操跟卞氏過了一輩子，從不曾見她寫什麼東西，也不禁好奇，悄悄溜進去湊到她身邊。卞氏早見他進來，卻也沒說什麼，依舊低頭思忖。曹操隨之觀看，原來是一份竹板手啟，上書「漢丞相、魏王婦卞氏致書諫議楊公夫人袁氏」，立時豁然——原來是給楊修母親的信。

曹操一顰一笑怎逃得過老妻眼睛？卞氏見他聞聽楊彪之言面色凝重，便知他心內怏怏。但曹操畢竟好面子，身為一國之君也不好對楊家表示愧疚，因此卞氏修書一封給楊彪夫人袁氏，軟語撫慰以示補過。這位楊門袁氏也非同尋常，乃汝南袁氏，袁術長姐，昔日嫁與楊家，也是知書達理之人。卞氏以內眷身分致書楊家內眷，既不失禮數又保全了曹操的臉面，這辦法倒妥當。

曹操心內感激，卻也不動聲色，倒要看看妻子如何做這篇文章。卞氏思考良久提筆而書，雖說寫寫停停，終究還是寫完了。其書曰：

卞頓首：貴門不遺，賢郎輔位，每感篤念，情在凝至。賢郎盛德熙妙，有蓋世文才，闔門欽敬，寶用無已。方今騷擾，戎馬屢動，主簿股肱近臣，征伐之計，事須敬咨，官立金鼓之節，而聞命違制，明公性急忿然，在外輒行軍法。卞氏當時亦所不知，聞之心肝塗地，驚愕斷絕，悼痛酷楚，情自不勝。夫人多容，即見垂恕，故送衣服一籠，文絹百匹，房子官錦百斤，所乘香車一乘，牛一頭，誠知微細，以達往意，望為承納。

曹操看罷不住點頭——這信措辭甚是妥當，如果說他先前那封信是堂而皇之結怨氣，卞氏便是卑躬屈膝求諒解，相較之下倒比他更近人情。雖說她無正室名分，畢竟天下無人不知她是曹家主婦，能頓首以拜，懇請「垂恕」，也算仁至義盡了。

「沒想到夫人有這等文采。」曹操看看書信，看看妻子，難相信這是她寫的東西，更難得的是一筆字也珠圓玉潤，似是沒少用功，他竟絲毫沒察覺過。

卞氏自謙：「有何文采可言，不過女人家東西。」

曹操凝望老妻漸漸了然——是啊，天下最有才情便是歌伎，唱的是詩文歌賦，觀的是世情百態，怎會做不出文章？遙想四十年前與她初次見面，翩翩麗影、綽約手姿，一見傾心愛不能釋，現如今人老珠黃兩鬢如霜，韶光易逝、紅顏易老啊！曹操伸手摸著她斑白的鬢髮：「妻啊，妳這筆好字若不能落於懿旨之上當真荒廢了，我封妳為后。」

卞氏一怔：「大王取笑。」

「不是說笑。」曹操的語氣越發愛憐，「我早該封妳為后了，只因丁氏始終讓妳屈居偏室，真委屈妳了。咱孩子都這麼大了，若再不給妳正位，實在於心有愧。」

「無所謂，我不在乎。」

「不！」曹操斷然道：「我已對不起一個女人，再不能對不起妳了。」

卞氏焉能真不在乎？她這幾十年間有正妻之實，卻無正妻之名，嘴上雖不說，心裡不知幾千幾萬次埋怨老冤家薄情。直至今日才圓這心願，霎時情不能抑，口上雖道：「無所謂，真無所謂……」卻早已熱淚盈盈。

《易傳》有云：「男正位乎外，女正位乎內；男女正，天地之大義也。」宮闈規制是禮法的一部分，帝王為一國男子之表率，王后便是一國女子之魁首，謂之「母儀天下，德配坤靈」，歷朝歷代無不重視立后之事。曹操偏偏例外，屈指算來曹魏建國已六年多，王后位置卻還空著。

他之所以這麼久不立王后，很大程度是因為原配丁氏，雖然夫妻長期分離，已無感情可言，但曹操仍無法否認丁氏的地位，畢竟她是結髮正妻；另一方面，恐怕也是有感漢室衰敗的前車之鑒。自孝安帝以來，造成王綱不振的主要原因是外戚干政，曹操青年時親眼目睹竇氏、何氏的權勢，而他本人現在也是國丈身分，操縱天子於股掌，怎能不防備自己的國家被外戚擅權？如今太子曹丕三十三歲，曹彰、曹植也年近而立，已不存在子幼母壯的問題，外戚顧慮已削減大半。所以他得聞丁氏已死的消息悲固悲矣，但拭去眼淚後馬上決意立卞氏為后，並頒布策命：

> 夫人卞氏，撫養諸子，有母儀之德。今進位王后，太子諸侯陪位，群卿上壽，減國內死罪一等。

曹魏中宮無主的尷尬總算結束了，其時正是建安二十四年七月，距卞氏正式嫁入曹家已隔四十年之久，這四十年她雖無嫡妻之名，卻早有嫡妻之實，勤勉持家相夫教子，實在不容易；無論是從入門先後論，還是從母以子貴的角度考慮，王后的位置早該是她的，卻到今天才如願以償，惜乎已是六旬老嫗了。王后既已確立，其他偏妃也隨之訂立，設夫人、昭儀、婕妤、容華、美人五等。環氏、杜氏、秦氏、尹氏或入門甚早子已長成，或容貌靚麗曾得厚寵，皆受封夫人；王氏雖無子，卻極得曹操寵信，又過繼陳妾之子曹幹，故僅次於環氏等，獨享昭儀之位；其下曹彪之母孫姬、曹整之母李姬、曹均之母劉姬、曹徽之母宋姬、曹茂之母趙姬，乃至未曾誕育之姬妾皆有封賜不等。

曹操因立后之事在魏國境內頒布赦令，消息傳至許都，天子劉協也不得不回應。卞氏既為曹操嫡妻就成了天子岳母，於是在諫議大夫董昭慫恿下，劉協錦上添花，賞賜王后輿服、彩絹、珠玉等物甚眾，裝了好幾車。

董昭帶著豐厚賞賜前往長安，一路不斷思忖——劉備既得漢中，只恐十年八年之內撼動不了，而今魏王年邁，天下之事已盡力，也該動稱帝的念頭了吧？這十年間董昭不知勸進過多少次，連自己都覺得煩了，還落個獻媚邀寵的惡名，可天下事總要有人去幹，誰又理解他的苦衷？

浮想聯翩之際車馬漸近長安，又在官驛遇見一隊東來的人馬，皆青旄翻蓋，有甲士護衛，絕非尋常之輩。董昭心下詫異，差人詢問，原來是衛將軍曹瑜、國舅卞秉等眾——原來曹丕在鄴城得到冊封其母的詔命甚為喜悅，無奈坐鎮留守不得擅離，卻又急於向父母道賀，便請閒居無事的叔公和舅父代勞，諫議大夫賈逵也自告奮勇願意相隨，此舉一是賀喜，二來也為緩和戰敗而歸的氣氛，三來更為獻上太子一片孝心，免得曹彰近在咫尺日益得寵。

全是賀喜的，眾人相見自有一番寒暄，索性合在一處共赴長安。幾位都是曹氏親近之人，一經通稟無不准之理，你謙我讓同往參駕；未到正殿，見司馬懿手執書簡迎面而來。

「喲喲喲，這不是仲達嗎？」卞秉最好詼諧，拿後生開起玩笑，「前番還見你在太子府裡外張羅，今兒又在魏王跟前湊趣，就屬你們司馬氏最精明，曹家上下都叫你們伺候好了，八成大王要升你官吧？這兩步小跑不疾不徐，腳底生風，瞧把你美的。」

「國舅，我這是急的！」司馬懿全無玩笑之意，「劉備越發張狂，竟自稱王爵，還讓手下一百二十多人聯名給他寫了篇勸進表，堂而皇之送來長安，說是要進呈天子。荊州關羽又趁勢調兵犯我襄陽之地，可把大王氣壞了！」

原來劉備奪下漢中，又併東三郡之地，氣勢愈盛，已不滿足屈居曹操位下，於是自稱漢中王，建立朝廷，諸葛亮、法正錄尚書之事，又立劉禪為太子，公然與曹操分庭抗禮。最值得玩味的是，當年漢家老祖宗劉邦也是自漢中起家，興劉氏四百年帝業，劉備步劉邦之後，豈不是故意向曹操宣示他也有一統天下之志？

「有此等事？」董昭甚覺驚駭，不容分說搶過表章展開便看：

平西將軍都亭侯臣馬超、左將軍領長史鎮軍將軍臣許靖、營司馬臣龐羲、議曹從事中郎將軍議中郎將臣射援、軍師將軍臣諸葛亮、蕩寇將軍漢壽亭侯臣關羽、征虜將軍新亭侯臣張飛、征西將軍臣黃忠、鎮遠將軍臣賴恭、揚武將軍臣法正、興業將軍臣李嚴等一百二十人上奏：昔唐堯至聖而四凶在朝，周成仁賢而四國作難，高后稱制而諸呂竊命，孝昭幼冲而上官逆謀，皆馮世寵，藉履國權，窮凶極亂，社稷幾危……

（李朝《漢中王勸進表》）

董昭只看了開頭這些署名，竟然笑了：「有趣！」

「什麼時候了，您還笑得出來。」司馬懿不免嗔怪這位老前輩。

「我原以為劉備已得蜀人之心，見這表章才知，也不過爾爾。」

「願聞其詳。」司馬懿對他的話頗感好奇。

董昭指著這十一個冠首的人名一一解析：「關羽、張飛、諸葛亮、法正、黃忠之流自不必說，皆劉備心腹。至於這頭一個署名的馬超，雖自詡平西將軍，卻帶著三分客情，他乃窮途末路之人，投靠劉備也未必能得信任，現今武都雜胡又皆遷徙，他施展不出本領，寄人籬下的滋味恐怕不好受吧？」

司馬懿覺得有理，不禁點頭。

董昭接著說：「許靖乃一老清流，有虛譽而無實才；龐羲本劉璋手下權臣，東州派首腦；射援乃三輔移民首領，也屬劉焉舊黨。劉備讓這三人當他的長史、司馬、從事，乃是拉攏人心，樹為標榜。至於賴恭，原本是劉表舊僚，受任交州刺史，因與士燮、吳巨不睦，被逐北還，其時荊州已為劉備所據，賴恭無所依仗才投靠劉備。李嚴也是劉表麾下舊屬，劉琮投降之日他逃亡蜀中，被劉璋任為成都令，劉備入侵之時劉璋派他去抵禦，哪知他一箭未放反而率師降敵，換得劉備器重……瞧瞧這幫人，除了各方舊黨便是失意之徒，可有一人是土生土長的蜀中之士？足見劉備根底不牢，還在玩提拔親黨、拉攏各派的把戲，如此實力有何可懼？」

司馬懿心下暗歎——好個董公仁！果真不止勸進那點逢迎本事，天下官場之大，任何角落竟都逃不過他眼睛，真把人情世故揣摩透了！

一旁賈逵卻不住搖頭，接過表章歎道：「話雖如此，畢竟劉備也稱了王，咱拿他沒辦法。」這倒是實情，劉備跨荊益二州翅膀已硬，拋開實力不論，漢中王與魏王至少名義上平起平坐，即便曹營不承認也是掩耳盜鈴。

賈逵仔仔細細看完，轉呈曹瑜之手。曹瑜赧然：「老朽不識字。」轉而又給卞秉。卞秉如今是正牌子國舅了，身分非比從前，哪知如此軍國大事他看都不看一眼，拂袖道：「我才不管這閒事，別給我看！」他身在曹營一輩子，因曹操壓制外戚，有功不賞，有過先罰，至今還只是別部司馬，與姐夫賭氣稱病在家概不問事，這次若非姐姐受封，曹丕磨破嘴唇請他出山，他才不來長安呢！

司馬懿收回表章：「這還要發往鄴城，請太子和列公過目。在下少陪了，諸位多勸勸大王。」說罷忙不迭走了。

四人都有些咂舌，料想曹操又要發脾氣，各自盤算心事，慢吞吞才到殿前——卻見殿上挺安靜的，曹操斜倚在一張草榻上，一副無精打采的樣子；孔桂在身後不住給他推拿，于禁、朱蓋、殷署等將叉手立於西首，曹彰和曹真、曹休也在；東邊卻有一位長髯士人獨坐，乃河東太守杜畿。

曹操見他們進來並沒說話，指了指東邊的坐榻，示意他們坐下，繼續對眾將道：「大耳賊稱王亦無用，許都台閣握於寡人之手，我不認他這個王，他便名分不正。」

董昭聞聽此言不免苦笑——曹魏稱王又豈是天子所願？你既能稱，別人勢力大了自也能稱，反正現在天子詔書已可有可無，實力決定一切，你不承認人家，人家卻也沒在乎你承不承認啊！

曹操自己似乎都覺得這話沒意思，轉而道：「蜀中之事可不問，但關羽攻我荊州實是肘腋之患，曹仁、呂常兵少，只恐城池受困，雖有龐德駐軍南鄉，也是杯水車薪，當發大軍援助，無奈寡人有疾不便前往……」

朱蓋、殷署聽到這裡已摩拳擦掌，準備請令，曹操卻目視于禁：「關羽之勇天下盡知，前番南陽叛亂大傷元氣，不能再出差錯。能者多勞，還是文則辛苦一趟吧！」

于禁見曹操點名叫自己統禦大軍，甚覺傲然，拱手道：「受封驅馳，何談辛苦？關羽雖勇悍，但張狂挑釁乃自取其辱，末將仰賴大王神威鴻德，必能建功而返。」

眾將聞聽此言都暗暗搖頭，論戰功于禁沒說的，但此人生性媚上壓下，禦兵嚴而少恩，與其他將領的關係也不好；尤其朱靈當年曾被他奪營，幾乎勢如水火，一聽他說「仰賴大王神威鴻德」這種話，不禁輕蔑冷笑。曹操卻甚是受用：「很好。荊州刺史胡修、南鄉太守傅方已籌集糧草，修繕軍械，在何處拒敵你與他們商洽。惜乎徐晃、張郃尚在西州駐防，等他們歸來我再派去助你。」

于禁卻道：「區區荊蠻不在話下，末將一力承擔，何必更勞他人？」他現在牢牢坐定曹營第一將的位置，不願別人分功。

「也好。」曹操想的卻不一樣，關羽自荊州北侵，只恐劉備也將從漢中北上；畢竟羌民遷徙人心未穩，于禁若能撐住局面，讓夏侯惇、徐晃、張郃在關西多屯駐些時日也是好事，耗到關羽退卻，就可安心回鄴城了。想至此便道，「那麼除本部之外，可在中軍另擇七部人馬，皆由你一人統禦，援助襄樊之事便全權託付與你了。」

曹操一生用兵多親臨戰陣，即便方面重任也是授與親族之將，讓一介外人統轄七部人馬是從未有過之事，這是莫大榮耀。于禁信誓旦旦：「赴湯蹈火不負大王之恩！」

「你且提兵先去，過幾日寡人移師洛陽遙作聲勢，給你助威。」曹操說罷又手指曹彰，「西線也不可不防，就由子文與杜襲一同留守長安，接應諸部。」

「諾。」有幸坐鎮一方獨當一面，曹彰實是狂喜，卻仍做一臉憂慮，「不過父親有疾在身，孩兒不能在身邊伺候，好不慚愧。」

以往提起這話，曹操才不屑兒女之態，但如今卻期望兒孫繞膝，苦笑道：「出外一年了，為父和你娘也不願再與你等分別，惜乎國家事大，子桓留守又不得抽身。你且留長安，過幾日我召子建來，順便幫為父分擔些瑣碎政務，等一切忙完，咱們再一同歸京……唉，為父征不動了，也想過幾年安穩日子。」曹操自中平六年舉兵，至今三十年，三十年中只建安十五年未用兵，那也是因赤壁、合肥連番受創，不得不休養實力所致。以「好戰」概括曹操一生毫不過分，可現在他卻說想過幾年安穩日子，這其中恐怕更多的是無奈吧！

曹真、曹休對望一眼，心下皆感不安——王子擁兵已是大忌，如今又叫曹彰鎮守長安，而且還召曹植來，這都對曹丕不利啊！正思忖如何阻諫，卻聽曹操又點名道：「子丹、文烈！」二人忙拋心事叉手施禮。

「寡人精力衰頹，中軍事務頗雜，自今日晉升你二人為中護軍、中領軍，多替寡人分憂吧！」

曹真、曹休甚至懷疑自己聽錯了，中領軍、中護軍乃是魏王以下中軍的最高長官，大王這豈不是把管轄中軍的權力下放給他們倆了？這簡直是做夢都不敢想的好事，二人一時愣住了。

曹操滿懷期望看著這倆子姪：「你們也不小了，家國之事早晚要擔負，趁現在多多歷練，將來才挑得動擔子。放手去幹吧，不過不可自恃親族慢待部署，遇事多向大家請教。」

「諾。」兩人雖喜，可看到曹操的眼神又不禁有些悵然——當初他老人家何等自負？莫說中軍之事，連虎豹騎都要親自統率，如今卻不得不服老，怎不令人唏噓？

曹操似乎一眼就看穿他們想什麼，轉過臉擺了擺手：「下去吧，你們都去吧！」好強一輩子，始終被人仰望，不習慣被人同情關懷，甚至在他看來這是很丟面子的事。

待眾將退下，曹操才理會卞秉等：「你們大老遠趕來，就只是向寡人賀喜嗎？」

眾人一陣沉默，曹瑜先憨笑著開了口：「大王立國六載，今太子、王后都立了，咱曹魏一天比一天興盛，家鄉父老也感念大王恩德。我府上最近來了幾個老鄉，都是故舊之人，子姪也都長大了，大王能否稍加垂恩？」這位叔父一門心思就是提攜親戚朋友，常言道「無利不早起」，恐是吃了賄賂，一把年紀說他什麼好？

曹操默然不答，賈逵又道：「選官易制初有改觀，但地方州郡尚有酷吏苛政，南陽之叛可謂一鑒，懇請大王頒布詔令，放寬法度沙汰酷吏。」這提議冠冕堂皇，曹操卻不能接受，他已經親手扼殺了唯才是舉的選官制度，又不再對世家大族尋釁打擊，這已經是妥協，難道有生之年還要把自己所有為政理念都推翻？說是放寬法度沙汰酷吏，法令傳下去就變味了，到頭來放縱的是豪強之家，遭排擠的是寒門之吏。曹操已暗下決心，不管後世如何，反正他活一天法度就不會變，任憑賈逵這些人說得天花亂墜，他始終報以沉默。

卞秉也大大咧咧道：「姐夫您再好好想想，讓彰兒留駐長安合適嗎？丕兒當太子已兩年了，你叫彰兒統兵在外，叫植兒到身邊伴駕，丕兒卻既不能領兵又不能與你相見，他心裡怎想？」這話倒也有理，但曹操也清楚，這位舅爺也是「太子黨」，未必不是有意偏袒曹丕。

這幫人各打各的小算盤，曹操實在煩了，索性誰也不理，扭頭瞅了眼坐在一旁的杜畿：「知道把你找來做什麼嗎？」

杜畿雖在外任，曹操對他的寵信卻不亞於王粲、和洽，一任河東太守連當十五年，天下還有第二人嗎？杜畿略一思忖道：「兩次西征都是敝邑供給軍糧，算來還有餘剩，農乃強國之本，莫非大王想詢問些農墾安民之類的經驗？」

「對！」曹操陰陽怪氣道：「總算還有人知道寡人想什麼，不拿亂七八糟的事來煩我！」這句指桑罵槐，說得曹瑜等盡皆臉紅。

董昭始終沒開口，冷眼旁觀心裡已有成算——大王老邁了，無論身體和思想都已衰頹。救援荊州派部將，軍中事務也下放子姪，眾人說的那些事若放在從前，即使不辦也要有個明確態度，現在卻只敷衍拖遝。不過他對治理民政有點兒興趣，似是想在民間積些功德，這又是出於什麼意圖？劉備稱王，要與大王平起平坐，大王要高其一等的最好辦法就是稱帝，三家並立難以改變，若不在有生之年撈個皇帝，豈不太委屈？現在可是勸進的好時機。

董昭欲言又止，反覆提醒自己沉住氣，荊州戰事未結束，還差一時三刻之工，等到擊退關羽，天下無事便圓滿了。興許于禁還能來場大捷，錦上添花就更好了，再等等，過不了多久大王定會稱帝的，這最後半步遲早要邁出去。

但董昭完全想錯了，對荊州戰局的預料也錯了。

第十四章

水淹七軍襄樊慘敗，曹魏面臨重大危機

水淹七軍

一片漆黑中，曹兵緊緊靠在一起，不單是為了抵禦暴雨的寒冷，更為了驅趕恐懼。搞不清什麼時辰，也不知何時才會天亮，所有人濕漉漉的，沒有軍帳遮風避雨，火把也點不燃，伸手不見五指，天地沉寂在黑暗之中，只有滂沱的暴雨、呼嘯的狂風、隆隆不止的轟雷震撼著每個人的心緒。時而閃電劃破長空，大家瞪著恐懼的眼睛努力張望，而一瞬間看到的只是狂舞的樹木和翻騰如開鍋般湧動的洪水……

這種情形已持續兩天兩夜，士兵饑寒交迫，卻沒一人睡去，也沒人說一句話，大家仍覺得這半月的經歷如此不真實，彷彿是一場還沒熬到盡頭的噩夢。

曹軍七部精銳三萬餘眾，在左將軍于禁率領下開赴荊州，星夜兼程很快到達郾城，與荊州刺史胡修、立義將軍龐德、南陽太守東里袞會合，繼而與據守樊城的曹仁取得聯繫，將大軍屯於樊城以北的罾口川，秣馬厲兵隨時準備交鋒。雖然魏王沒能親臨前線，但各路曹軍總計五萬，相較關羽兵力上占優，再者此番用武目的是防守，逼退敵人即是勝利。漢水以南的襄陽自劉表統治時就是聞名遐邇的堅城，如今守城的裨將軍呂常又頗具才智，即便關羽號為名將，也不可能單從南面攻拔，他若向漢水以北包抄，曹軍正好半渡擊之，給他致命一擊；曹操也準備移駕洛陽遙作聲勢，軍中士氣旺盛，尤其立義將軍龐德，其兄長龐柔如今仕蜀，常恐同僚因此猜忌，故而下定決心要在陣前與關羽一決生死以表忠心——照常理推敲襄樊不會有閃失，關羽進不能取勢必偃旗息鼓，曹軍若抓住時機追擊，說不定還真能如于禁所言，取關羽之首級獻與魏王駕下。

一切準備就緒，還未及交鋒，仲秋的第一場大雨卻先來了，昏天黑地電閃雷鳴，一下就是兩天。雖說添了些麻煩，于禁卻樂得如此，這麼糟的天氣，關羽不可能進攻，挫挫敵人銳氣豈非好事？哪知曹軍還沒來得及晾乾衣物，僅隔一天，第二場雨又來了，這次雖不似前番猛烈，卻斷斷續續連下十餘天。剛開始曹兵還幸災樂禍，但隨著帳內積水逐漸沒至小腿，于禁才意識到情況不妙——漢水至襄樊一帶趨於平緩，積水不下皆因河水滿溢，罾口川雖是兵家要地，地勢卻甚低窪，若雨再不停，七部人馬必將盡困水中。

險地不可久留，于禁傳令北退，欲撤回郾城再做定奪，事起倉促連營寨都沒拔，只帶輜重、糧草狼狽而走。哪知行了不到一里，雨勢愈大，積水已沒過膝蓋，探聽才知，附近淯水（白河）、沘水（唐河）盡皆漲溢，齊湧罾口之地，曹軍大駭，捨棄大半輜重倉皇遁逃。怎料蒼天不佑，行至傍晚忽聞水聲滔滔有如萬馬奔騰——漢水上游決口，滾滾洪流挾拔樹倒屋之勢向曹軍撲來！

水火無情甚於敵寇，生死關頭再威嚴的軍令也沒用了，將士如沒頭蒼蠅般四散奔逃，三萬大軍霎時崩潰。有的丟盔棄甲攀上附近丘陵山岡，有的就近覓棵粗樹往上爬，上去的人越來越多，枝椏承受不住立時折斷，一樹的人盡墜水中；有的兵方寸已亂，只一個勁向東逃竄，但人哪跑得過洪水，終被巨浪覆沒；即便有人會水，在這滔滔洪流中也無可施展，三兩下就被洪流捲去。逃上高坡也未必能活命，一座座山頭都成了孤島，雨還在下，水還在漲，今日未淹沒，誰知明日如何？曹兵就在這冰涼的暴雨中，在無邊無沿的恐懼中苦苦煎熬了兩天。

黑夜比白天更可怕，什麼都看不見，聽到的又只有雷雨聲，過去的一晝夜間水位還是不停上漲，士兵再疲勞也不敢睡，唯恐睡夢中就被洪水奪去性命。大夥摟抱著，攙扶著，默默祈禱著，希冀蒼天平息憤怒。漆黑之中也不知過了幾個時辰，那持續十餘天的雨聲竟真的停了，卻無人歡呼，誰能斷定這不是下一場暴雨前的短暫喘息？也沒人動彈一下，只怕腳下一滑跌進水裡。

天色漸漸亮了，四外一片幽藍，兵士稍鬆口氣，拭去睫毛上的水珠，瞪著迷離的眼睛張望水位，發現蕩漾不止的水痕已悄然不動了，這才流下劫後餘生的眼淚。約莫又過半個時辰，東邊的天空泛起了魚肚白，灰黑的雲層慢慢褪去，繼而半個紅球出現在遙遠天際，那是久違的太陽——半個月的陰雨天宣告結束。

曹兵並沒慶幸太久，又被眼前的景象驚呆了。沒有混沌的雨幕，眾人終於看清了一切，丘陵間的坦途大道沒了，豐收在望的田野沒了，遠處的村莊沒了，曹軍百餘車輜重糧草全沒了，都化作了一片澤國。水上還漂浮著零星的枯枝木板，以及一具具腫脹的屍體，都被初升的太陽染得殷紅，彷彿是一汪混沌的血水。

嗚咽聲縈繞著這片看不到邊際的澤國。天光大亮，困在各山頭、樹頂的士卒開始互相喊話，一座不起眼的「小島」上，幾個士兵操著嘶啞的嗓音高呼：「將軍在這裡……將軍在這裡……」

那本是座突兀的山崗，如今卻成了方圓數丈的小洲，百餘名士兵躲在上面，早被洪水折騰得狼狽不堪，還有人不知是生病還是受傷，倚在山石間奄奄一息；山上斜插著一面鮮紅旗幟，已剮破大半，斗大一個「于」字只剩上半截那一橫，猶自風中招搖。七軍統帥于禁臉色蒼白髮髻散亂，身上鎧甲依舊鮮明，此刻他端然穩坐一塊大青石上，面無表情雙目低垂，直勾勾盯著腳下的洪水。

莫看他表面平靜，其實心中急若油煎。事到如今該怎麼辦？舉目四顧，殘兵分布於綿延二三里的無數「小島」上，多則數百，少則三五，喪生洪流的更不知多少，現在已談不到救援襄樊，如何歸攏殘兵脫離險境？軍中本來預備了一些舟楫，但不是拋在罾口，就是被大水沖擊漂往他方了，眼下若要把大家歸攏起來，只能等洪水消退。可這場大水淹沒足有數丈，靜候消退不知要多久？只怕挨不到那一天，大夥就活活餓死了。

軍中本來有充足的糧草，皆被大水毀於一旦，士卒身上不過少許口糧，且被雨水浸泡得發霉發脹，熬過兩天差不多也快吃完了。暴雨雖然停了，將士們仍在死亡邊緣掙扎，有些山頭的人餓得剝樹皮，吃樹葉，撈水裡的穀穗；偶爾漂過一頭死馬，便被士兵七手八腳拖去，連生火的工具都沒有，就那麼血淋淋地撕咬生肉果腹。吃洪水浸泡的死畜焉能不病？但能活一天是一天，總比餓死強啊！

更令于禁擔憂的是戰況，七軍受困於洪水，襄樊的局勢又如何？會不會已經遭受關羽攻擊？如今兵馬被沖散，各部將佐、參謀皆不知去向，身邊連個商量的人都沒有；最要命的是，荊州刺史胡修和南陽太守東里袞也在軍中，連地方官都遭了難，就別指望能有人組織鄉民援救了。

除了自救別無他策，于禁穩住心神傳下一令，叫大家薅草搓繩，打落浮木，儘量捆紮木筏，這是唯一的脫險之策。可傳令本身就是難題，親兵嗓門再大能嚷多遠？只能一座「島」至一座「島」，由近至遠傳達，又挑了十幾個會水之人，四處尋找散落各處的將佐。

如此逐個傳達，將近正午才算把軍令傳下，找到了幾位將領，各處也開始動手做木筏了，但就地取材談何容易，忙活半天也搓不出一條結實繩子，照這速度進展，大部分人注定無法逃生了。于禁強打精神眺望東南——此處離樊城只十里之遙，腳下本是山坡，應該很容易就看到城樓；可不知為何，樊城卻已不見蹤影，目光所及除了茫茫大水就是零星「小島」，或許樊城也困於水中，成了遠方的小洲，分辨不出來了。

「快看！有船來了！」有個親兵手指正南方喊了一聲。

所有潦倒的士卒都蹦了起來，簇擁著向南望去，果見天水相接處有幾個黑點，繼而幾艘舟楫的輪廓逐漸清晰，緩緩接近遠方「小島」。眾人歡呼雀躍，都以為得救了；于禁瞧見心中卻是一凜——襄樊正在敵鋒之下，焉能抽兵力援救？反之關羽早備船隻欲侵漢水之北，已過兩天兩夜，來的該不會是敵船吧？果不其然，沒多久吶喊聲從遠而近傳來——關羽的水軍來了！

「怎麼辦？」所有士兵都在向于禁問計。

「慌什麼？都給我沉住氣！」于禁嚴厲地呵斥一聲，卻也沒指示該怎麼辦——人為刀俎我為魚肉，他又有何辦法？只能靜觀其變了。南來船隻越來越多，漸漸已不清數目，大大小小布滿水面，一路推進包圍諸高地，模模糊糊也瞅不見發生了什麼。親兵紛紛揣測，有的說必是把上面人都殺了，有的說恐是他們降了，七嘴八舌說什麼都有，于禁喝令把旗幟拔了，免得引敵人注意——拖一時是一時吧！

雖然瞅得見，距離卻很遠，一番議論之後所有人都沉默了，悄然注視著主帥。于禁雖極目遠眺，也知大夥都在看自己，他卻沒與任何人目光相接，兀自愣在那裡——戎馬一生戰功赫赫，被曹操褒獎為眾將魁首，怎料今日竟落到這般田地？水淹七軍，功敗垂成，何顏面對大王，何顏面對三軍？

一片沉默中過了半個時辰，敵船越來越近，連荊州兵的旗幟都瞧得清清楚楚，島上的情形也看明白了。大多數士兵早疲餓不堪，跪倒在地哀哀乞活，荊州兵收去他們僅有的幾件兵刃，丟點兒乾糧，自有後面的船容納收編；也有忠勇之輩誓死不降，靠投擲石塊禦敵，結果被敵人弓箭射成了刺蝟，還有的連射都不射，就把他們扔在孤島上，讓他們自生自滅。還有些曹兵畏懼敵人，跳入水中拚命北游，可逃得一時又如何，後面的小洲早晚也會被敵船侵襲。

「將軍！咱們怎麼辦？」士兵們再也憋不住了，早忘了于大將軍不可侵犯的威嚴，焦急問策。

于禁兀自矜持，回頭瞅了瞅趕製的木筏——繩子搓好了，卻沒撈到多少能用的木料，一兩個時辰內筏子造不成；其實做出來也沒用，木筏跑得過敵船嗎？就算真跑遠，沒糧食能堅持多久？于禁最後一絲希望破滅了，握住腰間冰涼的劍柄，低聲道：「隨我盡忠！」

「對！拚了，殺一個夠本，殺倆賺一個！」親兵隨著喊了幾聲，但低頭再看，底氣又有些不足了——沒兵刃！大水來時都顧著逃命，誰還攥著兵刃？只剩十幾杆戈矛，弓箭也沒多少，親兵的腰刀、佩劍倒不缺，但敵人根本無須短兵相接，一陣箭雨就完了，找誰拚命啊？大家挖腳下的岩石，準備用以投擲。

匆忙間敵人愈近，已駛向十餘丈外一處較大的孤洲，于禁方才已探知，與他配合多年的監軍浩周就在那洲上，立時緊張起來。眾親兵也暫停挖石頭，不知浩監軍將如何最後一搏。哪知敵船未近，洲上先是一陣大亂，混亂中眾曹兵推搡出兩個衣衫襤褸的士人——監軍浩周與南陽太守東里袞竟被自己人擒拿，獻與荊州軍請降！

于禁眼巴巴瞅著二人被敵人繩捆索綁押上戰船，卻束手無策；眾親兵見此情形更是惶恐，他們跟隨于禁多年還算忠誠，唯恐身邊也有不逞之徒欲行此舉，不少人抽出兵刃護在于禁身邊，大夥你瞧我，我瞧你，又是猶疑又是恐懼，都不知對方能不能信任。浩周、東里袞既被出賣，于禁的行蹤便無法保密，過不多久，分布各方的十餘艘大小船隻盡數靠攏，繞過其他小洲，齊向這邊駛來。

正午的太陽給水面鋪上一層耀眼的白光，十幾條船逼近，正中央漸漸凸顯出一艘雙桅鬥艦，船頭高豎一杆紅火焰的戰旗，上書「關」字。于禁心內狂跳，他效力曹營三十年，威名赫赫功勳無數：征戰呂布廣立功勳，宛城之敗力挽狂瀾，官渡之時坐鎮危城，誅殺昌豨殄滅叛亂，累積軍功而得曹魏左將軍之職、假節之貴，曾招來多少羨慕嫉妒的目光，今日一切盡皆成空了嗎？

抗拒是送死，降敵又損威名，且負曹氏厚恩，怎麼辦？于禁牙關一咬，將佩劍抽出尺許，可望著寒光森森劍芒，又畏縮了，世人誰不貪生？他的手顫抖起來，只覺這劍有千鈞之重，還剩一尺多在鞘中，卻怎麼都抽不出來。可惱的是敵船行至一半突然盡數止住，離著十丈的距離卻偏偏不再近前，連聲呼喊都沒有，就讓于禁慢慢品味這生死一線的味道。

「將軍……」有個親兵顫巍巍咕噥道：「昔日關羽也曾在大王帳下聽用，您也算與他有舊，咱……」雖沒敢把話說完，但目光中已露怯意。

又有人顫抖著道：「快看幡竿！那是……」眾人瞧得分明，「關」字旗旁懸著顆人頭，雖已髮髻散亂，滴滴答答還在滲血，但眾人一見那橫肉虬髯的面孔還是認了出來，乃立義將軍龐德！

于禁更是一驚，難道再過片刻自己的人頭也要懸於敵船之上？他眼前一黑，頹然坐倒在大青石上，又聞「撲通」之聲連響，十幾個兵跳水而逃，剩下的人更六神無主了。慌亂間對面又有了動靜，關羽的船沒動，卻從其側蕩出一葉孤舟，上面站定一人，四十左右三綹墨髯，錦衣飄擺氣定神閒。

「胡使君！」大家都認了出來，「真是胡使君，還穿著新衣服。」

荊州刺史胡修前一日就已降敵，如今竟成了關羽的說客，離著老遠便抱拳拱手：「于將軍，今日之事乃是天定，非將軍之過耳。洪水肆溢功敗垂成，足見天不佑曹，還不歸降更待何時？」

于禁瞅瞅掌中的佩劍，心頭一陣惱恨，他想衝上去一劍把這叛徒刺死，最後一搏跟敵人拚了，但胸中這口氣卻怎麼也提不起來。他憤然起身，只邁了一步，突見對面敵船上已張滿弓弩，霎時身子一軟寶劍脫手，繼而癱倒在地，腦中一片空白；只聽周匝兵刃落地之聲不絕，緊跟著是親兵嗚嗚咽咽的哭聲……

太子岌岌

嘉樹吐翠葉，列在雙闕涯。
旖旎隨風動，柔色紛陸離。

這首《槐樹詩》乃繁欽所作，歌詠的是魏宮文昌殿前的兩棵參天古槐。其實魏宮興建僅數載，苑囿本無古樹，但文昌殿乃朝會正殿，曹操為襯托其雄偉莊嚴，特意從民間移植了這兩棵。枝椏繁茂的古槐與斗拱飛簷的殿宇相得益彰，引得鄴下文人吟詩歌詠。大家品評高下，公認繁欽這首詩言簡意賅最為傳神。每逢夏秋之際，雪白的槐花如珠串般飛舞在幽幽碧葉間，加之驕陽映照、清風弄舞，當真葳蕤陸離。

昔日文會如幻如夢，而今樹在詩亦在，詩人卻沒了——記室繁欽因病亡故。曹丕聞訊悲愴，一連三日上門弔祭，親自為其料理喪事。

其實他倆關係也談不上多親密，不過繁欽性情圓滑，善於在諸王子間遊走，既是曹植府上常客，又與曹丕做了多年筆友，常以書信交流詩文；加之鄴城文士唯他是潁川人，不免使人另眼相加。因而曹丕得知噩耗頓足泣涕，率闔府掾吏登門弔唁，又是獻酒祭靈，又是贈送財帛。

旁人看來，曹丕的舉動未免小題大做，繁欽雖以文采馳名，畢竟不能與陳琳、王粲之輩比肩，除了舞文弄墨別無建樹，堂堂太子何必為一介刀筆老吏忙上忙下？然而不在其位不知其憂，他們不瞭解太子的苦衷——除了忙這些喪葬禮儀之事，曹丕還能幹什麼呢？

君臣父子自古最難相處，曹操又是猜忌多疑之主。曹丕勤勤懇懇誠心任事，在他看來是迫不及待搶班奪權；曹丕清靜無為韜光養晦，在他看來又庸庸碌碌，難堪大任；曹丕親近群臣，他懷疑結黨營私；曹丕疏遠臣下，他又說太子心胸狹隘，簡慢無恩——這也不是，那也不是，把曹丕擠對得暈頭轉向。留守鄴城情同監國，但曹丕既不敢荒廢政務又不能過於熱衷，只能粗弘大體；即便如此還是屢屢得聞父王不滿之言，眼瞅著曹彰統領軍馬獨當一面，曹丕欲與之爭而不能，若再不做點兒禮賢下士的舉動，何以鞏固人心？因而他在這些婚喪之事上大做文章，前番曹均病故他泣涕漣漣表現得像個仁兄，這次繁欽發喪他又忙裡忙外表現得像個摯友。

三分情誼，七分無奈。曹丕心裡一鍋滾油，臉上強裝肅穆，三天喪事忙完，倚在車中便昏昏欲睡。忽而一縷晚風拂起車簾，曹丕迷迷濛濛望見御苑宮牆，猛然想起一事，忙打起精神，掀開車簾細看——車仗由西向東回歸府邸，正行至西宮止車門前。

「停車！」曹丕嚷了一聲，「今天什麼日子？」

司馬孚就策馬跟在車旁，不過他處事過於刻板，聽到問話先跳下馬來拱手作答：「回稟太子，今日乃八月十七。」

「巧了，這會兒何叔龍還在中台當值吧？」不久前曹操傳下命令，太子太傅何夔調任太僕，少傅邢顒晉位太傅，算來還有三天便要正式冊命。按朝廷禮法，列卿受封前三天要齋戒，今天正是何夔齋戒守夜的日子。雖說何夔居太子師傅之位，僅是每月初一拜謁東宮，師生聊幾句冠冕堂皇的話，但他畢竟名望甚高，又兼管選官之事，曹丕一直想找機會推心置腹。如今他要調任太僕，以後私下見面的機會更少，曹丕想請他一同齋戒，趁機請教自固之策。

主意雖拿定，曹丕卻不敢輕易入宮。父王征戰於外，連母后也在軍中，宮中只幾位年輕子幼的姬妾；沒國家大事，這般傍晚時刻曹丕絕不敢入宮閒逛，瓜田李下，若引人閒話非同小可。更需顧忌的是，主管宮門守衛的中尉卿乃是楊俊，此人素來親睦曹植，若此事傳到他耳朵裡豈不是自找麻煩？曹丕忍了又忍，隨手寫了份手啟，派司馬孚進去邀請，自己駐車門外，望著宮中古槐靜候消息。

八月秋風已涼，又時至傍晚，曹丕倚在車上竟有些瑟瑟發抖，望著秋雨過後墜落滿地的槐花，心下越發戚戚——先前他藉母后受封之機請卞秉、曹瑜等去軍中道賀，實際想讓他們在父王面前替自己多進美言，誇讚他留守的功績。哪知他們反倒被父王留下了，沒過幾天又傳來命令，叫曹植到軍中侍奉湯藥，曹丕滿心不悅卻不敢不從。兩個弟弟又掌兵馬又侍奉父母，反倒把他這太子拋在京城，到底誰受寵？況孔桂、丁廙等陪王伴駕屢進讒言，每當想到這些，曹丕惶惶不安，只盼父王早日回轉鄴城，父子相見便不愁不能以仁孝取悅上心，可是襄樊之役何時才能終結？提心吊膽的日子幾時熬到頭啊！

片刻工夫司馬孚就出來了，卻只他一人：「何公言，臣下與太子一同齋戒不合常例，不肯前來。」朝中耳目甚雜，特別是丁儀時時留心諸臣舉動，何夔當然不便應允；但司馬孚也是個死腦筋，若換了他兄長，再三懇求把話講透，又有太子書信，人家也不至於斷然拒絕。司馬孚倒乾脆，人家說聲「不去」，他就回來了。

曹丕跟這個榆木腦袋急不得惱不得，宮門處旁觀的兵丁又甚多，不便久留，只得擺手作罷，窩在車裡暗暗憋氣。車過宮門沒走多遠，又聞對面馬蹄疾響，曹丕不禁詫異，誰這麼張揚無禮，竟敢在宮牆外馳馬？撩開車簾一看，更生氣了——乃尹夫人之子何晏。

這何晏與秦朗一樣，都是曹操假子，其母尹氏本是何進的兒媳，帶子嫁入曹家，只因何晏相貌俊朗又有幾分文采，頗得曹操寬待。在城裡馳馬倒也罷了，可惱的是他身穿明黃錦衣，頭戴沖天冠，這不是太子服色麼？曹丕敢怒不敢言，現在是樹恩德的時候，結善緣還來不及，若與何晏撕破臉，尹氏母子對父親吹起枕頭風，處境更不妙了，只得把怒火壓了又壓。

回到東宮天色已晚，曹丕胸中鬱悶無可排遣，一進府門又見郭氏哭啼啼跪在園中，口口聲聲請夫君做主——原來鮑勳任魏郡西部都尉，查出郭氏那個在曲周當縣吏的弟弟曾盜竊官家資財，判成死罪。郭氏聞知再三懇求，曹丕便寫信給鮑勳為其說情；無奈鮑勳公正無私，非但不聽，反將案卷上報朝廷，將郭氏之弟典刑處斬，郭氏焉能不向丈夫訴苦？

曹丕三把火攢到一起，再也忍不住了，頓時大發雷霆：「大膽！鮑叔業想幹什麼？還嫌我不夠丟人！姬妾家人都不能保全，外姓假子都敢跟我穿一樣衣服，全騎到我脖子上拉屎，我算什麼太子？人善被人欺，不拿鮑勳作法，都當我好欺負。明天……不！現在就給鍾公、徐公送信，定要罷鮑勳的官！」

司馬孚苦勸：「不可。郭氏之弟犯法在先，鮑勳依律而行，這也是為您樹深明大義之美名……」

「何談美名？」曹丕愈怒，「外戚之家誰乾淨？難道二弟、三弟就沒有蠅營狗苟之事？偏我叫人看笑話，他這是吃裡扒外，故意往我臉上抹黑！八成是見我式微改換門庭，焉能容得？」

這邊司馬孚連聲苦勸，那旁郭氏梨花帶雨，曹丕正嚷得沸反盈天之際，忽有寺人來報：「鍾相國、華大夫、常尚書等齊來拜謁。」曹丕不禁駭異，這幫重臣連夜告見必有大事，立時把邪火拋到九霄雲外，招呼侍女攙走郭氏。

府門一開，鍾繇、華歆、常林一齊進來，見太子不及施禮先奉上軍報——七軍遭洪災受困被關羽擊敗，刺史胡修叛國投敵，于禁、浩周、東里袞盡被關羽擒獲勸降，龐德抗拒不屈為敵所殺，七部兵馬全軍覆沒，襄陽、樊城孤立無援，情勢萬分危急。

三萬精銳部隊竟會不聲不響化為烏有！最被父王倚重的大將于禁竟會被俘投敵！曹丕驚出一身冷汗：「這是何時之事？」

鍾繇也一臉慘白：「軍報至此恐已過了十日，大王今在洛陽，已急調各州各部人馬匯聚洛陽，連夜差校事劉肇歸來，調鄴城留守部隊參戰，請太子速速傳令發兵。」太子畢竟名義上總督留守諸務，沒他批准兵馬不能動。

其實留守部隊還不到兩萬，但當此之際曹丕不敢保留，令賈信、夏侯尚即刻典軍一半，連夜啟程，鄧展、呂昭率剩餘部隊嚴防守備；致書魏郡太守徐宣，隨時準備徵募新兵，又命鄴城令棧潛彈壓地面，防止奸民作亂。相國和眾尚書都在，東宮成了臨時台閣，一道道指令隨寫隨發。

送走群臣，曹丕更換戎裝，要親自出城監督典軍，順便向夏侯尚叮囑些私話。

郭氏這會兒也顧不上哭弟弟，跟眾侍女一起伺候曹丕更衣，張羅備馬護衛；收拾俐落未出府門，又見朱鑠引校事劉肇而來。曹丕匆匆佩劍，沒工夫停下腳步，邊往外走邊問：「襄樊情勢如何？曹仁是否有危？」

哪知劉肇一把扯住他袍襟：「曹將軍是否有危尚不可知，但太子今已危矣！」

曹丕似被錐子刺了一下，剛邁出府門的腳立刻收回來：「關門！」揮退親兵，扯著劉肇、朱鑠進了側室，「何出此言？」

劉肇疾馳一天一夜從洛陽趕來搬兵，早累得雙腿打晃，手扶門框氣喘吁吁道：「小的自請搬兵之任，就是要將軍情告知太子，大王已將救援襄樊的重任委以臨淄侯！」

「什麼！」曹丕眼前一黑，險些栽倒。

「自臨淄侯隨軍侍奉，大王屢加讚賞，王后也頗愉悅。丁廙趁機重提立臨淄侯為嗣之事，說臨淄侯『天性仁孝，發於自然。實天所以種福於魏』。大王言儲君已定，不可改易，卻也未加訓斥。後襄樊兵敗消息傳來，大王痛心疾首，又恨于禁降敵，因而猜疑眾將。丁廙提議以臨淄侯為帥，徐晃等充其部署再救襄樊，陳矯、陳群等盡皆阻諫，大王不聽，已封臨淄侯為南中郎將，領征虜將軍，再過兩天便要率軍出征了！」

曹丕聽罷只覺渾身冰冷，僵在那裡一動不動，額頭滲出密密一層汗珠——曹植督軍絕非打場仗這麼簡單，這意味著死灰復燃。況襄樊乃北上門戶，七部全軍覆沒已撼中原之勢，此時他臨危受命，若打贏這仗便立下救國之功。那時功蓋社稷，掌握兵馬，若再有人提及更易太子又當如何？即便曹丕僥倖無虞，兩個弟弟都功勳卓著，一個驍騎將軍，一個征虜將軍，各擁兵馬各具勢力，以後如何駕馭？

僵立半晌，曹丕驀地攥住劉肇：「你幫幫我，去跟軍中群臣講，務必要阻止三弟領兵！」他語音微顫，幾近懇求。

劉肇卻道：「非臣等不盡力，實是大王不納。如今連陳矯、董昭之言大王都聽不進去，在下小小校事，愛莫能助。」說著又瞅外面，「臣奉命搬兵不可久留，太子好自為之。」說罷施禮而去。

曹丕真有上天無路、入地無門之感，沒心情去校場了，頹然癱坐於地。朱鑠在旁聽得清清楚楚，卻毫無辦法，只得好語勸慰：「太子切莫掛心，臨淄侯不諳軍務，未必能建奇功。」

「你懂什麼！即便是諸將功勞，到頭來還是要算他頭上；若不能得勝，孫、劉並起社稷有危，難道是好事？」

如今吳質、陳群、司馬懿都不在，朱鑠不過是個武夫兼佞臣，哪有主意，一張嘴就錯了，只能抱著胳膊大罵：「丁儀、丁廙這幫混蛋，唯恐天下不亂！太子諳熟政要從軍多年，有什麼不好？臨淄侯除了寫文章還有何本事？詩酒流連，縱情聲色，大王也是老糊塗了！」

「你說什麼？」曹丕猛然站了起來。

朱鑠嚇一跳，連忙掌嘴：「我錯了……大王英明，不是老糊塗。」

「沒問你這個，你方才說什麼？」

朱鑠叫他問糊塗了，撓頭道：「沒說什麼啊。」

「不對！你說三弟詩酒流連，縱情聲色。」曹丕緊鎖眉頭反覆咕噥著，「詩酒流連，縱情聲色……」

朱鑠如墜五里霧中，見他一副認真的樣子，也不敢打攪，半晌才問：「太子思忖什麼？」

曹丕緩緩站定，低聲道：「兵馬尚未調齊，三弟出征還需時日。聽你方才一言，我倒有個辦法使三弟不能統兵，不過此計須絕對隱祕。」

「是何妙計？」

曹丕附到他耳畔輕輕說了，朱鑠聽罷瞪大了眼睛——他跟隨曹丕十餘年，此刻竟覺眼前這個人從來不曾認識，這位道貌岸然的太子竟會想出如此下作伎倆算計手足兄弟！

「你隨我同去洛陽行此計策，如何？」

朱鑠訥訥道：「此計忒險，若觸怒大王……」

「當斷不斷，反受其亂！」曹丕決然道：「自古成王敗寇，要保住太子之位只能弄險。你幹不幹？」

朱鑠情知自己涉事太深，早無路可退，趕緊抱拳道：「在下生死相隨！」

「好。」曹丕抖擻精神，快步出閣。司馬孚早就備好馬匹，招來護衛在院外候著：「請太子速往城外典軍。」

曹丕接過韁繩：「我和朱鑠先走一步。你去吩咐後面，把府裡藏的好酒盡數取出，再叫夫人選十名歌伎侍女，一併送往夏侯尚營中。」

「這是作甚？」

「我要隨軍前往洛陽，覲見父王犒勞眾將。」

司馬孚忙諫：「太子身負重任，沒有召令焉能擅自離京？」

「哼！」曹丕翻身上馬，「等有召令，一切都晚了！」再不聽他囉嗦，帶著朱鑠策馬而去，不多時就消失在夜幕中。

威膽俱喪

七軍覆沒造成的危機是遠在鄴城的曹丕根本無法想像的，此時的曹營已人心惶惶。

曹操在長安停留半月稍作休養，繼而將守備之事託付曹彰、杜襲，準備出關至洛陽，一方面便於探聽軍情，另一方面也是做班師準備，只待擊退關羽，于禁和關中諸將歸來，便可布置防務回轉鄴城。算來他離朝一年，征戰不順心情鬱悶，厭惡了打打殺殺，盼望回到宮廷，安安穩穩度過餘生。可樹欲靜而風不止，軍隊未到洛陽就聽聞戰敗的消息。

昔日南征敗於赤壁，荊州難以保全，曹操捨棄了長沙四郡，捨棄了江陵，卻緊握襄樊不放，不僅因為此地是抵禦孫、劉的重鎮，更因襄樊乃北方門戶所在。建安元年（西元一九六年）曹操遷漢都於許縣，盤踞南陽的張繡雖實力薄弱，卻數載不能定，很大程度是因為豫州四戰之地無險可據，一旦敵人站住腳，便會陷入反覆角逐的拉鋸戰；如果敵人兵力過硬，隨時可以一馬平川推進至許都，兵力不濟也可龜縮待機，如此反覆爭奪，整個中原都要亂了。中原一亂勢必波及周邊，耿紀、韋晃作亂，曹操誅戮關中士人不在少數，繼而又棄漢中，遷移民，現在正是關中人心最不穩的時刻，一旦中原有變，劉備自蜀中北伐，或關羽兵入武關，豪傑亂民群起影響，只恐半壁江山不復姓曹——此乃曹操最最擔心的，可眼下時局恰恰就是朝這個方向發展。

一招棋錯，滿盤皆輸。去年侯音叛亂，曹仁大肆屠城多興誅戮，此番于禁失敗，屠城的惡劣影響終於出現了：南陽民眾聞知曹軍敗績紛紛再舉反旗，流亡的山賊草寇也下山劫掠；南陽以西的南鄉郡地處敵鋒，太守傅方為人驕橫不得民心，遭此變故毫無應對之策，有心棄地而逃又怕曹操要他腦袋，走投無路竟投降了關羽，將一郡之地拱手相讓，局勢越發不可收拾。南陽以北沛國、汝南乃至潁川，吏民惶恐不安，郟縣一帶冒出個叫孫狼的草寇，竟串通關羽，遙領將軍之職，組織了一幫匪類騷擾鄉野，破壞屯田；許都也受其影響，甚至有朝廷吏員棄官而逃，連身居宮中的天子劉協也寢食難安。

更倒霉的是洪水不但摧垮了七軍，也使襄樊二城陷入險境，本來關羽圍困二城並非易事，但這場水不啻十萬雄兵，將曹仁、呂常牢牢困住。呂常駐守襄陽還倒猶可，樊城本就城小，又在江北重災之地，城牆已被淹沒至只剩幾尺，還有何險可據？城內士兵僅數千，既要應付洪水，又要抵抗進攻，糧草堪堪將盡，曹仁還能撐幾日？

最大的麻煩是無援兵可派。于禁喪師三萬，張郃、朱靈等部尚在關中，曹營連親兵都湊上才兩萬人，怎麼破關羽救樊城？曹操一面催徐晃速來，一面召集各地郡兵齊來助陣，鄴城的守軍都調動了，連遠在青州的臧霸也派出一支部隊星夜奔赴洛陽；可即便臨時湊到四五萬兵，魚龍混雜未加訓練，根本沒有破敵把握。而且南陽已亂，籌糧也是難題，於是又在潁川征糧，委派代北之戰功勳卓著的田豫接任南陽太守，組織戡亂安撫民眾。

表面問題還容易解決，更嚴重的是七軍覆沒對曹操也幾乎是致命打擊。他先前對政局力不從心，轉而西征欲最後一搏，卻已不復往日之威。萬般無奈放棄漢中，自知今生再無進取之力，打算回鄴城安度晚年。可老天竟連這最後一點願望都不讓他滿足，一場敗仗震撼中原，三十年開創之業岌岌可危，他實在累透了，煩透了，傷透了！

短短幾天間，曹操回軍長安以來剛恢復的那點精氣神兒又丟了，滿頭白髮蓬如荒草，頭風之症復發，左腿已麻木到不拄拐杖無法行走的地步，連日來幾乎是半臥在榻上處置這些紛擾，頭暈眼花看不清奏報，全靠曹植讀給他聽。

公事之餘便是哀歎，天災致敗無可指責，只是于禁臨難降敵大失顏面——跟隨自己征戰沙場三十年的宿將，臨危之際還不如新近歸順的龐德，怎不痛心？出征前的豪言壯語言猶在耳，人心怎麼變得這麼快？還有胡修、傅方，當初重用他們時司馬懿就表示反對，他卻執意授予重任，結果這次雙雙投敵，于禁還勉強算是情勢所迫，傅方竟將南鄉郡拱手獻與關羽，胡修還替人家當說客，真真可恨至極。

曹操寒心了，如果連最器重的將軍和親自提拔的人都不可靠，這世上還有什麼人可以相信？故而他不顧臣下反對，定要讓曹植為帥，由兒子掌握兵權才放心。無論調兵還是調糧都需時日，明明有難卻不能救，這不僅對受困樊城的曹仁是考驗，對曹操更是煎熬。

此刻將近申時，晚風一起，吹得軍帳呼呼作響，還夾雜著一股柴禾的灰煙，嗆得守門親兵直咳嗽。不過大帳中卻一片沉默，群臣連同曹操、曹植父子都眼巴巴注視著攤在帥案的一份奏報，這是半個時辰前剛從南陽送來的——關羽親統兵馬進入酈城，已沿山落寨修繕守備。

長安方面還是一團亂麻，敵人已開始著手準備。若容關羽憑險布陣修好工事，即便二路援軍殺到也無懈可擊，襄樊必失無疑。無奈之下曹操只得硬著頭皮幹，命曹植、徐晃率領剛東拼西湊起來的三萬雜兵前去救援。群臣雖對曹植領兵多有異議，但大王堅持如此，局勢危急時不我待，也只得聽之任之；不過在他安排完軍務後，又宣布了一個驚人的決定——他要護衛天子將漢室都城從許縣遷往河北！

軍中諸臣簡直有種天塌地陷的感覺，所有人都忘記了君臣之別，抬起頭直愣愣望著他們的君主——這位老人家當真被這場敗仗「打回原形」了，這哪裡還是霸氣磅礴、以天下為己任的曹魏大王，分明只是個懦弱猥瑣的老人。漢室雖只是傀儡，卻還擔負著朝廷之名，許都畢竟在中原之地，象徵天下正朔，倘若遷往河北，中原之勢當真無可挽回了。況河北之地已屬魏國，漢天子遷都至曹魏之地，一國二主算怎麼回事？到時候誰都可指責此舉為劫持，豈非倒持干戈授人以柄？這麼淺顯的道理，曹操怎麼就不明白呢？

「萬萬不可！」諫議大夫賈逵第一個出班諫言，「今兵雖敗績，尚可征戰，倘此時遷都，無異於示弱於敵，三軍奪氣。關羽愈加囂張，襄樊二城豈能保全？」

辛毗也道：「前番捨棄漢中，關西民心甚是不穩，今若再行遷都之舉，只恐西州之人盡懷叛意。」

曹操緊鎖愁眉：「話雖如此，但南陽戰事一時難休，又有孫狼等匪盜猖獗，倘一時不慎，賊臨許都，豈不結千古之恨？」

賈逵道：「許都城高堅固，各路援兵又皆趕來馳援，不出一月便可集結，莫說襄陽、樊城二城未陷，即便城池陷落，我軍以南陽為城、淯水為池尚能拒敵，豈可棄中州之勢？」他這是做了最壞的假設。

曹操望著被風拂動的帳簾，怔怔道：「寡人並非捨棄中原，乃欲遷天子以求萬安，我親奉天子歸河北，中原之事暫交子文、子建代行。有他們在猶如寡人親臨，何言無可挽回……」他想得倒挺好，但別說曹彰、曹植，就算太子曹丕，有那麼高的威望嗎？常言道「有事弟子服其勞」、「殺雞焉用宰牛刀」，但牛刀可割雞，雞刀卻不能屠牛。

「大王！」長史陳矯再也聽不下去，撩袍跪倒，「受國之垢，是謂社稷主；受國不祥，是為天下王。今大王遷天子而去，與捨棄中原之地又有何異？」這算是把話說透了——你這是逃避！

若換在平日，誰也不敢說這麼重的話，但此時陳矯實在怕他一時糊塗鑄成大錯，竟放膽直言。群臣也緊跟著全跪下了，哀哀懇求：「請大王收回成命。」

曹植就侍立在側，他也覺得群臣的話有道理，想隨著勸兩句，卻見父親低眉歎息，三綹長鬚盡皆皓然，臉上皺紋如刀刻一般。老人家提議遷都不也是一番好意嗎？一把年紀了想回鄴城休養難道不對嗎？曹植實在心疼父親，滿腹規諫之言扼於咽喉，只有暗暗下決心，明日出兵一定要打贏關羽，為父王解憂。

陳矯、辛毗等多希望曹植出言相助，卻見他猶豫不決，不禁心下暗忖——到底還是遜一籌，這是國家大事，豈可顧念父子小情？無可奈何只得再次哀懇：「大王三思……」

其中道理曹操也明白，卻還沉溺在焦慮中。此時此刻他不是一國之君，也不再是一個將軍，只是個白髮蒼蒼、疾病纏身又憂心忡忡的老人，旁人無法體會他的想法——打了一輩子，誰才是最大敵人？是自己，是無可抗爭的命！

陳矯等人還在苦諫，卻聽帳外斥候稟報：「河北援軍已經趕到，距此半里下寨，太子親自過營覲見。」

「太子？」眾人皆感詫異——曹丕怎麼來了？當此危機之時，沒有大王召令焉能擅離京師？

曹操也從幽邃的遐想中回過神來，輕輕瞥了曹植一眼，那眼神甚是怪異，似是欣慰，卻還蘊含著一絲莫名的不安……

第十五章
手足相殘，為儲位曹丕強行灌醉曹植

天倫之樂

曹丕抱著放手一搏的心思來到行營，事實卻出乎意料，曹操對他的不宣而至並未斥責。當曹丕心懷忐忑偷眼仰視的那一刻，倚在臥榻上的父親也正凝然注視著他。不知為何，曹丕的心似被人用力揪了一把那樣難受——分別僅僅一年，父親憔悴如斯，那布滿魚尾紋的雙眼投來的分明是欣慰，還夾雜著酸楚，似乎早盼望他來。這不是君王該有的眼神，完全是老父親對兒子的愛憐。

那一刻曹丕幾乎動容，無論他們父子間有怎樣的隔閡，畢竟血脈相通，那是賜予他生命的人啊！父子倆四目相對，竟半晌無語，直至左右群臣施禮問安。

「參見太子」的問安聲打破了沉默，也把縈繞在父子間的那絲溫情打散，一切又回到現實。曹操緩緩垂下眼瞼：「你不該擅離京師。」話雖這麼說，卻並沒有深責之意。

曹丕就勢跪倒：「孩兒經年未見父王，心中思念，又聞荊州戰敗，父王心緒憂煩，勞病不癒，故情不自抑斗膽前來，望父王贖罪。」

曹操稀疏的眼眉輕輕抖了一下——固然有思念之情，恐怕更多是心內不安吧？他這麼想卻沒點破，他寧願自欺欺人相信兒子完全出於孝心，寧願不去設想兒子會做出哪怕一丁點兒傷害他感情的事。

曹植上前給兄長施禮，曹丕緊緊握住他手，滿面堆笑：「這幾日辛苦弟弟了。」

曹植對他依然那麼恭敬：「哪兒的話？太子身負家國重任，臣弟不過替兄長略盡人子之道。」

群臣一旁聽著他父子兄弟間的私話，未免有些尷尬，但遷都之事沒議定，誰也不敢走，便往帳口退了退。也有不嫌討厭的，丁廙主動湊到曹丕眼前，施禮道：「微臣斗膽進言……太子孝悌固是大德，但輕棄職守恐失權衡。今國有禍亂民心未寧，大王與太子皆不在朝，倘若京師生變又當奈何，豈不貽害社稷？」他表情恭敬無比，但這話的分量卻很重。

曹丕自身居太子後對曹植已沒多少芥蒂，若非丁氏兄弟野心不死，不會走到今天這一步，故而對丁氏兄弟之恨更甚於前。但當著父親和眾臣的面，只能一臉謙和微笑：「丁黃門所言極是，是我思慮不周。」

丁廙更向前一步，朝上施禮：「大王可還記得田銀、蘇伯之事？當年遠征雍、涼，宵小奸徒謀亂於後，彼時太子在京尚不能及時察覺，況今朝中無主？懇請太子速速回朝。」

昔年留守時發生叛亂是曹丕一直無法掩飾的痛，沒想到時隔多年丁廙還拿這事做文章，曹丕恨得牙根癢癢，卻不敢辯駁。曹操輕歎了一聲：「敬禮所言甚是。你就暫留一日，明天一早就回去吧！」

「諾。」曹丕不禁捏了把汗。

丁廙雖摸不透曹丕所來為何，卻總覺事有蹊蹺，似乎曹丕多停留片刻都極具威脅，更欲再言；司馬懿卻搶先一步陪笑道：「太子大駕到此畢竟是好事。來得正是時候，明早臨淄侯便要領兵出征了，父子重逢、兄弟團聚就只今日，大王也煩心軍務這麼久了，今日該高興些才是。」

「不錯。」這話倒很合曹操心思。丁廙想說的話全嚥了回去，竟沒敢再多口。

曹丕聽司馬懿說明日便是出兵之期，暗自慶幸，忙道：「孩兒知軍情緊急，隨軍帶來不少羊羔美酒，不妨賜予將士，今日盡興而歡，也好激勵士氣赴危解難。」

曹操微笑道：「你想得很周全，就將一應犒勞之物都送到徐晃營中，今晚大家都過去餞行，鼓舞將士。」這次救援兵少勢微，把握並不大，若再士氣不振，真的沒法打了。

「諾。」群臣齊應一聲，卻無人退去，似有言未盡，眼巴巴看著曹操。長史陳矯實在按捺不住，拱手道：「遷都之事……」

「好了好了，」曹操不耐煩道：「明日子桓不就回都了麼？有子桓坐鎮京師，子建領兵解難，子文備戰長安，我還有什麼不放心？寡人就安心在洛陽坐鎮，遷都之事不提了。」他口氣中充滿著信心，似乎因為有三個出色的兒子而驕傲。

群臣可算鬆了口大氣——方才還左右說不通，這會兒太子一來漫天雲霧皆散。人活到這把年紀，情義往往比道理更容易被接受。群臣紛紛頷首，即便不贊同曹丕擅離職守的人，此時也不得不承認父子相見是好事。

兄弟攙扶父親回了後帳，曹丕又給母親叩頭。卞氏才無心管什麼國家大事呢，見兒子到來焉能不喜？撫著曹丕的背笑了又笑，時而誇兒媳甄氏恭順知禮，時而問孫兒近來有沒有長高。不多時午宴擺下，四口人像尋常百姓家一樣共案而食。獨悶壞了孔桂，今天連進內帳資格都沒有，在外面踱來踱去——父子情終究是割捨不斷的，無論他平常進過多少讒言，無論曹操發過多少埋怨太子的牢騷，只要他父子相見共享天倫，一切都不是問題。

用罷午宴又聊京師之事，曹操並不提軍國要務，不過問問諸王子生活學業、王昭儀與曹幹母子近況等等。曹丕陪笑作答，少時李璫之進湯藥，曹植不由分說遞到兄長手中。無論作為臣子還是兄弟，曹植都夠賢明，自己伺候父親這些天，也該兄長盡孝道，討父母歡心了。曹丕一匙一匙，把湯藥吹得不涼不熱，餵進父親口中。曹操竟覺今天這藥味都不苦了，不多時還打起了哈欠——自兵敗之日一直沒睡踏實過，今日兩個兒子左右相陪，心情寬鬆不少，有些睏了。

卞后命侍女整臥榻，伺候曹操躺下，兄弟倆親手為他按摩左臂、左足，直至他微微發出鼾聲。卞后噗嗤一笑：「老傢伙，這副模樣還逞強。兒子們都在眼前，舒心了吧？」一句話說得兄弟抿嘴直樂。

曹丕道：「母親也要保重身體。」

「嗯。」卞后漸漸收起笑容，見丈夫睡熟，口氣漸漸認真起來，「老大啊，你父年高有疾，有時難免發些牢騷，論國事你是太子，論家務你是長兄，要受得委屈，擔得沉重才是。」

「母后教訓的是。」曹丕雖不畏懼母親，但聽她這麼說仍不免忐忑。

兒子間的隔閡卞后心知肚明，可一則不便僭越幹問，二則也實在沒勇氣把話挑明，便只籠統道：「有些事你父王安排看似偏頗，但有他的道理，你們兄弟還有彰兒，都不要多想，規規矩矩做自己的事，過自己該過的日子。我這做娘的只盼你們和和美美，永遠都似今天一樣……」

曹丕不等母親把話說完，忙拉起弟弟的手：「雖說家有千口主事一人，但天下畢竟是咱曹家的天下，我兄弟共用富貴，請母后放心。」曹植也連連點頭。

作為母親，卞后對孩子永遠是慈愛的、信賴的，她瞧著兩個兒子真誠的笑顏，心頭的鬱悶豁然而解，眼角隱約閃過一絲欣然的淚光。

鶺鴒紛飛

午後的時光安詳寧靜，連平素嘈雜的軍營也變得十分靜謐。明日即將出征，將士們早已整裝完畢，安臥帳中休憩，唯獨空中時而飛過一群南歸的燕雀，發出幾聲啼鳴；早上還涼風颼颼的，這會兒卻驟然晴朗，天空藍得叫人感覺不安。

父王、母后都休息了，曹氏兄弟在各營巡視查點糧草，曹丕時而贊許時而指點，格外投入公事；曹植心裡卻不安穩，總覺得兄長今天的態度太謙和了，對母親的表態也真誠得有些過了。他們兄弟的矛盾誰不知曉？如今他又要和徐晃領兵出戰了，兄長真的絲毫猜忌之意都沒有？

眼看巡遍各寨，朱鑠也將酒肉送到徐晃營中，兄弟並轡出離轅門，曹植終於尋到開口的機會：「太子殿下，臣弟明日……」

「沒有旁人，何必君臣相稱？」

「是。」曹植雖聽他這麼說，心裡卻仍忐忑，「小弟明日就要領兵趕赴襄樊了，兄長可曾知曉？」

「方才已聽說。」曹丕直言不諱，「當此危難之際，三弟蒙受重任要全力而為才是。」

曹植聽這話似實又虛，更覺不安，索性挑明：「我與兄長君臣而兄弟，按理說不該僭越兵權，可……」

「別說了！我明白。」曹丕無奈苦笑，「這全是父王的主張，他老人家之意誰能違拗？」

曹植稍覺踏實了些：「兄長放心，此番征戰無論成敗，班師之日小弟必繳回兵馬，辭去將軍之位，絕不叫兄長為難。」

曹丕凝視他片刻，繼而苦笑搖頭。

「莫非兄長信不過我？」曹植急於表白。

「傻兄弟，我哪曾信不過你？莫說三四萬人馬，就是把傾國之兵交付你手，兄長也信得過。咱們從小一起長大，我知你是謙謙君子、良善之人。」說到這兒曹丕卻頓了頓，「不過其他人就難說了。」

「其他人？」

曹丕回首營寨，森然道：「古人云：『賤不逾貴，少不凌長，遠不間親。』可世上偏有好亂幸進之徒。費無極佞幸進讒，遂有太子建出奔；劉屈氂構禍巫蠱，致使太子據敗亡。就算罵名千古的胡亥，他也未必想過要當秦二世，終究架不住趙高蠱惑……別人且不論，就是咱的父王，當年乃是大漢純臣，可是建功立業得隴望蜀，再有董昭等輩時時勸進，心志也就不一樣了。」

曹植聞聽此言打了個寒戰，倏然下馬，單膝跪地伸手指天：「兄長既有此言，小弟對天立誓——今生今世恪守臣道，忠於兄長，絕不聽信旁人蠱惑。皇天后土實鑒此心，若有分毫違背，叫我天打雷劈屍無葬埋！」

「哎呀！」曹丕匆忙下馬，「我不過隨便說說，何至於此？」伸手欲攙。

「但欲兄長能知我滿腹摯誠，暴虎馮河又豈能拒？」

曹丕聞聽此言甚是動容，把牙一咬：「也罷！」一撩袍襟隨之跪倒，「昔日相士朱建平斷我壽過八十，我曹丕今朝立誓——倘若我無情無義苛待手足，叫我損陰折壽不得正命而終！」

「兄長……」望著曹丕真摯決然的面孔，曹植滿胸熱意，內心中最後的一絲防線融化了。

「喲！太子與侯爺做什麼呢？莫非哥倆犯了童心，一塊兒捉蛐蛐玩？」朱鑠開著玩笑趕上來。

這荒郊野外的，哥倆在地上跪著確實不雅，曹植不禁莞爾一笑，與兄長相互扶持著站了起來。曹丕拉過轡繩，瞥了朱鑠一眼：「越來越沒規矩，竟拿我們取笑。」

朱鑠喜孜孜道：「太子和侯爺當賞小的。」

「你以下犯上取笑我們，反而要討賞？」

朱鑠道：「犒軍的酒肉都送完了，小的做事謹慎，方才仔細看了看。也不知誰幫太子籌辦的此事，其中竟有十幾罈常山郡進貢的上等佳釀，這麼好的酒叫那幫兵痞灌肚子豈不可惜？我偷偷把這十幾罈好的挑了出來，太子留著自用。」說罷往身後一指——果見有十幾名親兵懷裡抱著酒罈跟上來。

曹丕擺擺手：「犒軍的酒帶回去豈不惹人閒話？你把這些酒都送到臨淄侯營中吧！」

曹植有些不好意思：「大哥，這……」

「幾罈酒算什麼？你素來好飲，收下吧。權當為兄一點兒心意。」曹丕滿不在乎。

一來盛情難卻，二來曹植也確實好酒，昔日臨淄侯府門庭若市之時，他與劉楨、劉修等風流客哪一日不飲？若不是喝得大醉，焉能闖出私開宮門的大禍？這會兒見了美酒，曹植躍躍欲試，忙湊過去啟開一罈嗅了嗅：「確是好酒！既然兄長執意賞賜，小弟受之不恭。」

朱鑠更湊趣道：「太子與侯爺多日未會，逢此佳釀何不小酌？」

「子建明日還要領兵，這不好吧？」

朱鑠已經提出來了，曹植怎好推辭，忙道：「時候早得很，喝喝酒又何妨？不瞞兄長，小弟也迫不及待想嘗嘗這佳釀滋味如何。」

曹丕仰面大笑：「也罷！乾脆今晚我就住到你營中，喝罷了酒咱兄弟抵足而眠，明晨一起應卯。」

「對對對。」曹植心下五味雜陳——兄弟間正該如此，若早這麼彼此交心，省卻多少麻煩！誰坐那個位子還重要嗎？

拿定主意兄弟同奔曹植軍帳，朱鑠也張羅一干親兵去護衛。太子與一般王子有別，曹丕到曹植營帳等同君入臣宅，轅門帳口的親兵皆被朱鑠帶的人頂替。兄弟倆淨面落坐，剛說了兩句閒話，美酒饈肴便紛紛擺上——朱鑠早有準備，令人在自己營中做好了菜肴，用提盒攜了來；曹植的庖人也不敢怠慢，又進了些酒肉；卞后時常賞給曹植些果品，這會兒也一股腦兒端出來，甚是豐盛。

酒香四溢的佳釀滿上盞，曹丕瞧曹植迫不及待的急相，心下暗暗好笑，把盞道：「賢弟明日督軍，我先敬你一盞，但願平定荊蠻馬到成功。」

「請！」曹植毫不推辭一飲而盡，隨即仰面而笑，「好酒！這是十年陳釀。」曹氏父子皆好酒，曹植更是此道魁首，入口便嘗了出來。

曹丕親自把酒滿上，舉盞道：「這第二盞酒我還要敬賢弟，這段日子多虧你侍奉爹娘膝前承歡。」

「自家兄弟何必提這個？」

曹丕卻執意要提：「人言當官不自由，其實當太子又何嘗不是？我為長兄本當率先恭奉父王，無奈國事在身，這也是忠孝難以兩全。以後還多指望你，望你出兵早日得勝，侍奉父王早早回京，也免得我時時惦念。」話說到這份上曹植也不好推辭，又飲了。

曹丕第三次滿酒，但這次未曾開言先長歎一聲。曹植不禁相問：「兄長為何歎息？」

「想起以往你我爭儲之事……」

「咳！兄長怎又提起？」

曹丕連連擺手，示意他聽自己說完：「過往之事皆可不論，只是弟媳之事令我久久不能安心哪！」

此言一出，曹植的笑顏消失得無影無蹤——崔氏之死是他撫不平的創傷，其實他也因此對父親有所埋怨，可身為人臣人子無法表露，只能積鬱於心。壯年公侯豈能為鰥夫？妻子死了當擇名門續弦，不過崔氏在曹植心中烙印實在太深，他無心再娶親，只是把側室陳氏扶正草草了事。此刻曹丕把他心頭最不能觸及的隱痛挑明，曹植焉能不悲？方才的談笑風生全然不復，他信手搬過酒罈，自斟自飲起來，彷彿是想用這烈酒麻痹內心的傷痛。

曹丕也滿面愁容，靜默片刻才道：「談起你妻愚兄有愧，她雖非因我而死，可父親是為了扶我為太……唉！叫愚兄如何是好……」

「此事與兄長無干。」曹植猛地把一盞酒灌下肚，決然道：「我不怨你，也不怨父親。這就是命！誰叫我們夫妻攤上這等命運！」除了把這不幸歸結為命運安排，他還能怎麼排遣呢？可話雖這麼說，曹植眼中卻閃過一絲淚光。

曹丕連連搖頭：「其實可憐的何止你妻，多少人死得可惜……」說到這兒他撩起衣袍，摘下佩劍置於案頭，「你可識得這柄劍？」

曹植斜目一瞧，越發感傷——那不是楊修的王髦劍麼？

「楊德祖出身名門德才兼備，實是一代奇士，僅因妄議退兵之事而誅，可悲可惜！」曹丕這話出自真心，自從楊修贈劍傾訴衷腸，他便不再把楊修視為敵人，日後他繼承父業，若能有這麼個四世三公名門之後效力於朝是榮幸之事。

曹植與楊修的交情更勝於兄，回想昔日一同吟詩作賦，一同暢談天下大事，回想楊修為了使他問鼎儲君不惜冒風險洩漏考題。如今劍在人亡，曹植豈能不悲？他伸手撫摸著劍柄，再難忍住淚水。

曹丕語重心長：「多少年來物是人非，崔公、毛公、路粹、荀惲都已作古，其實全為了咱兄弟的這點兒芥蒂。咱兄弟若不能同甘共苦協力社稷，當真愧對這些死去的人啊！」

曹植攥住兄長的手，咬牙忍淚連連點頭。酒入愁腸話語漸多，又論起劉楨、王粲、應瑒一干過世文友，兄弟倆皆有哀傷之意，邊說邊飲不知不覺間已過一個時辰，親兵早進來掌燈了。朱鑠樂呵呵走了進來，施禮道：「啟稟太子和侯爺，群臣已赴徐將軍營中犒軍餞行。」

曹植匆忙起身：「我們兄弟也該去一趟才是。」

朱鑠卻道：「侯爺不必勞煩了，大王身體不爽也沒過去，派國舅主持諸事，您老二位就在這裡小酌吧。大王若知你們兄弟情長，高興還來不及呢，焉能嗔怪？」

「是是是。」曹丕接過話茬，又給弟弟滿上酒，「明日分別，今晚盡興莫管旁人。」

「既然如此，小弟恭敬不如從命。」曹植多喝幾盞也有些乏了。

曹丕滿指案邊幾罈酒道：「反正這麼多也喝不完，不如賞給營內眾親兵，讓他們也高興高興，來日也好輔保三弟多多效力。」

「還是大哥細心。」曹植點頭應允。朱鑠趕緊遵令而行，命人搬了四五罈，叫自己手下陪著曹植的兵士同飲。

這邊一罈酒也見了底，曹植意猶未盡，信手又啟泥封。曹丕趁機起身，舒展臂膀，信步踱至帳口向外張望——天色已黑了，營內四處燃起篝火，曹植的親兵得了美酒無不興奮，東湊一群西圍一處，守著篝火划拳行令熙攘痛飲，竟沒人多留心帳內之事，只朱鑠帶幾個侍衛看守營門。

曹丕見此情形愈加膽壯，朝朱鑠使個眼色，轉身又入大帳，卻已換做笑臉：「方才怪我多言，不該提起傷感之事，戰事在即豈不有礙雄心？大家得了賞都很高興，你我為三軍表率，也該信心滿滿才是，愚兄自罰一盞。」說著他自斟一盞當先飲下。

曹植連連頷首也陪飲了，剛放下酒盞，就見朱鑠再次進來施禮：「小的斗膽，為太子和侯爺送來些下酒之物。」

曹丕仰面大笑：「我倒忘卻了，還是你小子機靈！快快帶進來。」

曹植還在詫異，卻見朱鑠退下，繼而從外面走進一群靚麗鉛華、懷抱絲竹的女子：「兄長，這……」

曹丕笑道：「這是你嫂夫人在府中教養的歌伎，平日宴請賓客助興之用，現今帶來是進獻母后和眾夫人的。一來可充侍女服侍起居，二來軍中苦悶也可為夫人們解解悶。」

「既是進獻母后之人，我等焉能……」

「尚未稟告母親，今晚且令她們為咱歌舞，又有何不可？」曹丕大大咧咧，「來！快給侯爺唱上一曲！」

眾歌伎齊道萬福，有的捧笙，有的撫琴，有的弄管，有的吹簫，奏起了《高山流水》，一時間那樂曲高亢激昂，峨峨兮若泰山，洋洋兮若江河，將方才悲凄之意滌蕩而去。曹植初始未在意，少時卻覺曲聲悠揚頗為悅耳，又見一干女子個個容顏俏麗，妙齡可親，美人操弄更勝於尋常之樂，不知不覺間也綻開了笑容；曹丕雖頻頻勸酒，自己卻已停盞不飲。

一曲奏罷，曹植撫掌而笑：「妙！妙！」

曹丕卻不悅：「這等舊章有何意趣，把那新近排演之曲唱來聽聽。」

「諾。」眾歌伎再度響樂，卻是樂府齊瑟之曲，並無新意。

曹植搖頭而笑，哪知卻有兩個美貌少女出班而唱：「名都多妖女，京洛出少年。寶劍值千金，被服麗且鮮……」

曹植一口酒險些噴出來——這不是我寫的詩嗎？

「哈哈哈。」曹丕見他窘態不禁大笑，「吾弟文采斐然稱冠於世，連邊疆偏僻之地尚且傳唱，我府中歌伎唱此曲有何奇怪？」

詩篇能被天下人傳唱實是莫大榮耀，曹植由驚轉喜，也漸漸隨這兩位美人唱和起來，酣暢淋漓心中大樂。曹丕見他意興正濃，偷偷湊到他耳邊道：「有句話明說只怕不恭，愚兄私底下告訴你。將來一日我若居尊者之位，必要倚重你。天下廣大非一人所能治，我哪裡管得了許多？二弟驍勇善戰，到時候我必要讓他統轄兵馬號令諸將；三弟你風華絕代，我欲使你坐鎮風雅，品評詩賦，統率天下文章。」

曹植眼前一亮——詩賦文章乃畢生摯愛，若能成為天下文人領袖何等幸事。他不禁倏然起身，給曹丕施以大禮：「多謝兄長垂愛。」

「哈哈哈……」曹丕越發大笑，雙手攙起，再度為他斟酒，又道：「你才思敏捷，此情此景可能即興吟詩一首？」

「這有何難？」曹植把酒一乾，蹙眉片刻便誦道：

白日曜青春，時雨靜飛塵。
寒冰辟炎景，涼風飄我身。
清醴盈金觴，肴饌縱橫陳。
齊人進奇樂，歌者出西秦。
翩翩我公子，機巧忽若神。

（曹植《侍太子坐》）

此時此刻曹植看來，大哥的關愛恰如紅日暖寒、涼風避暑一般，他真是對哥哥充滿了感激和敬意——卻絲毫不察曹丕真意。

曹丕叫他吟詩絕非興起，乃是觀察他有了幾分醉意，見他雖眼神迷離口齒略拙，畢竟一蹴而就，情知他能再喝，於是揮手喚過兩名歌伎：「還不給臨淄侯敬酒？」這兩個引吭高歌的少女豆蔻年華，嬌羞美豔，得太子之命忙給曹植見禮，又是斟酒又是布菜。曹丕一旁敲邊鼓：「吾弟莫小覷她們是女流，也是通曉詩樂的。這位綠衫姑娘名喚『瓊樹』，舞姿俏媚宛若玉樹瓊花；這位紫衣妹子名喚『巧笑』，本姓段，還是咱沛國鄉人呢！」

瓊樹顧盼神飛勝於西施，窈窕之姿堪賽飛燕；巧笑美目倩兮不弱褒姒，秋波流轉可比妲己——確是脂粉利器！

曹植本有幾分醉意，又聞兄長器重之言更覺暢快，早心馳神蕩，正是酒不醉人人自醉，把來日點卯之事全然忘卻。這會兒又有兩個尤物敬酒，千嬌百媚燕語鶯聲，索性來者不拒，一盞接一盞送入腹中。只半個時辰的工夫，又一罈酒喝得精光，幾乎全是他一人飲下。

曹丕還不甘休，揮手道：「來來來，再給臨淄侯唱一曲助興。」

這次以瓊樹、巧笑為首的歌伎一齊起身，提裙揮袖，如穿花蝴蝶般載歌載舞，唱的是樂府名篇：「王子喬，參駕白鹿雲中遨，戲遊遨。上建逋陰廣里，踐近高結仙宮，過謁三台，東游四海五嶽，上過蓬萊紫雲臺……」

曹植視線漸漸模糊，只覺那些翩翩起舞的歌伎變成了雲髻長袖的仙女，在身旁飄來飄去，彷彿自己也真成了跨鶴遨遊的神仙王子喬。美酒和脂粉的香氣融為一體，化作另一種沁入心脾的清香，如此令人陶醉……恍惚間曹植置身一片草原之上，大地無垠，蘭蕙遍野，仰面望去便是赤日蒼穹，有一位高貴的王者，頭戴冕旒冠，身披袞龍袍，腰佩王髦劍，坐騎驊騮駒——那是他胸懷坦蕩、可親可敬的大哥。二哥曹彰也在，頂盔擐甲，手持大戟，統領金甲武士侍立在左；而他自己峨冠博帶，手捧印綬，與一群飽學之士伺候在右；身後還有許多人，相國列卿、文武百官，數不清的官吏士卒，好不威武。頃刻間，漫山遍野的花草又不見，化作無邊無際的老百姓，他們在跪拜，在歡呼：「大王萬歲！曹魏萬歲！」這就是曹魏的明天嗎？即便無緣王位，若能手足齊心開創一代盛世，此生又有何憾？

曹植滿心激動，也隨著放聲高呼：「曹魏萬歲……哈哈哈……」

曹丕放下酒盞，抱住狂笑的弟弟：「子建，你醉了。」

曹植兀自沉寂在那個美夢之中，攥住哥哥的手：「沒醉……大哥如此待我，小弟此生不枉……大哥穿上吉服，真是看好……」

曹丕聽著這沒來由的醉話，心下仍不免猶疑，又試探：「子建，再飲一盞如何？」

「好！我敬兄長！」曹植晃晃悠悠舉酒，卻已醉得天旋地轉，竟送不到嘴邊，只斜斜地灌下一口，剩下大半盞全灑在身上。

「你呀，當真醉嘍！」曹丕自己滿了一盞，笑嘻嘻扳住他肩膀，「來，哥哥幫你。」不由分說灌進他口中。

曹植已經不能再飲，被這盞酒灌得直咳嗽，癱軟在曹丕懷裡，卻還傻笑道：「多謝兄長……咳咳……多謝……」

正在此時，朱鑠又急匆匆跑進帳來：「太子，已經二更天了，您與臨淄侯喝夠了沒有？」他不知曹植醉到幾成，出言還算隱晦。

曹丕見弟弟醉眼迷離，呼吸輕緩，輕輕把他放倒，倏然起身拍手——眾舞伎皆知是號令，立刻停下舞姿，吹簫撫琴之人也趕緊施禮。曹丕點頭道：「今晚歌舞甚妙，我與臨淄侯都很受用，不過帶妳們來不只為了消遣，現今母后和諸位夫人皆在軍中，缺少侍候之人，妳們立刻改換侍女衣裝，就留在這裡伺候諸位夫人，一會兒曹真將軍給妳們安排。」

「諾。」眾歌伎施禮而退。

朱鑠再無顧忌，三兩步搶上前：「方才丁廙來過，被我擋回去了，我怕他冒險請見大王。」

「他不敢的，深更半夜中軍營也不會放他進去。別慌別慌……」曹丕雖這麼說，卻也明白此事瞞不住，他把曹植灌醉不能領兵，等到酒醒曹操焉能不問？這計謀遲早要露馬腳。「險地不可久留，趁著天沒亮速速啟程。」

「回鄴城？」朱鑠驚懼，「這邊的事怎麼辦？明早大王尋不到該如何應對？」

曹丕早有算計：「我現在就去中軍營，將應對之事託付子丹；你速把此間之事告知文長、仲達，倘若事情敗露，請他們代為說情，到時候辛毗、陳矯等人也不會不救的。」

「這、這行嗎？」朱鑠沒把握。

「行不行也只能如此。我若留於軍中，到時候與父王當面對質更不利，倒不如避一避風頭，有諸公代為說情，前線戰事又吃緊，父王事務繁多也未必深究，等戰事完結再設法開脫。」曹丕只能顧眼前，若坐視曹植統軍，情況將無可挽回，現在至少闖過一關，至於以後的責難，到時候再說吧！

朱鑠別無良策，只得應允：「既然如此，太子速往中軍，我去叫親兵備馬，西南面乃是王忠駐防，他素與咱們親厚，從那邊繞出聯營也少些麻煩。」

「且慢！」曹丕回頭望了一眼爛醉如泥的弟弟，仍覺不放心，「你將他扶起來。」

「還要作甚？」

「快扶！」曹丕厲聲喝令。朱鑠不敢違拗，上前拖起曹植。

曹丕扭項四顧，見幾案側還有罈酒尚未啟封，忙上前啟開，雙手提起：「掰開他的嘴！」

朱鑠雖是膽大妄為之輩，也不曾以下犯上幹這等事，可太子有令又不敢不從，顫顫巍巍掐住曹植下顎；曹丕不由分說一罈酒灌下去。曹植固然醉了，也覺這滋味不好受，立時手刨腳蹬渾身扭動，連几案都踢倒了，杯盤狼藉果菜滿地。曹丕的心也慌了，初時酒罈沉重還拿得穩，繼而半罈酒下去，看著痛苦掙扎的弟弟，實在按捺不住緊張，晃晃悠悠灑得遍地，連朱鑠都濺了一身——他終於親自下手了，這哪是灌酒，分明是把他們的兄弟之情澆滅了！

罈子空了，曹丕踉蹌退了兩步，手上一鬆，酒罈掉在地上摔了個粉碎，他望著醉死過去的弟弟，愣在當場。

朱鑠也被震撼了，好半天才緩過神來：「還不快走！」

「哦。」曹丕這才踉踉蹌蹌奔出營帳，早有心腹親兵在外候著，見太子出來匆匆跟上。曹丕作賊心虛，竟以為有人抓自己，瘋了般在黑夜中亂跑，直至跌倒在地被追來的親兵扶起，才漸漸穩住心神。他咬牙趕奔中軍營，士兵見是太子前來不敢怠慢，立刻把值夜的中護軍曹真請出來。曹真一見曹丕的神態就知道出事了，欲問明情由，又恐親兵聽去，不敢往軍帳裡領，拉他進了中軍大寨。這會兒夜深人靜，中軍帳燈早熄了，一片漆黑。曹丕就在纛旗下把剛才的事說了；曹真訝異不已，既驚且歎──驚的是他膽大包天，竟辦出這等事；歎的是如此算計親手足，自此情若參商再難挽回了。

曹丕道：「事已至此我必須得走。明晨父王問起，你就說京中有急務，我夜半請辭，見他睡下不敢驚動，便不告而去。」

曹真連連搖頭：「紙裡包不住火，事情敗露如何收場？」

曹丕森然道：「末大必折，尾大不掉，箭在弦上，不得不發。今我不阻子建，日後必反遭其危，況子文窺覬在側，這也是迫不得已。若父王震怒，就靠列位大人從中說合了……」

剛說到這裡，忽聽有個嚴厲的聲音嚷道：「誰在那裡？」

曹丕、曹真險些癱倒在地──這聲音太熟悉了。

一星燈火伴著篤篤的拐杖聲從中軍帳後面飄來，在這漆黑深夜，曹操蒼老的面孔被那盞小油燈照得甚是陰森，宛如鬼魅。他身畔並無第二個人，獨自拄著杖，舉著燈，在營中徘徊。

此時躲避已然不及，二子倉皇跪倒：「參見父王。」

「嗯，還真是你們。」曹操越走越近，「有事嗎？」

曹丕手心都捏出汗了，強自鎮定道：「兒臣……來向父王辭行。」

「太早了吧？」曹操的聲音顯得有氣無力。

「京中還有要事，兒臣須儘快回去。」

「怎麼了？河北有緊急軍備？」

「沒有……」曹丕的謊快編不下去了，「中台尚有不少奏疏要處置。」

「那些有相國他們處理，你也不必急於一時嘛！」

「這……」曹丕乾脆轉移話題，「父王怎還沒睡？」

「唉！老了，昨天午後歇了個盹兒，晚上就睡不著了。」曹操話說至此瞥了眼曹真，「子丹，你回你的營帳吧！」

「諾。」曹真哪放心就這麼走，為難地看了一眼曹丕，卻又不敢違拗王命，正左右腳打架，曹操忽然提高了聲音：「寡人叫你走！我跟我親兒子說話，你要聽嗎？」

曹真自被義父收養，視同親兒寵信有加，深宮內苑都暢行無阻，幾時分得這般清楚？此刻見他這麼嚴厲地打發自己，已知曹丕不妙，再要相助為時已晚，只得訥訥而退。

曹操見他消失在黑暗中，語氣又平和下來，盯著曹丕的頭頂道：「好，真是好。真兒與你親睦，休兒也同你一心，還有咱家的好女婿夏侯尚，你還真是會做人，這些親戚都與你好，勝過同胞手足吧？」

曹丕的心都快蹦出來了，不敢抬一頭，乾笑道：「父王說哪裡話？還是子建、子文最親。」

「抬起頭來……我令群臣至徐晃營中犒軍，你為何沒去？」

「我與三弟多日未見，在一處聊天。」

「好，都聊些什麼？」

「無非家常瑣事，敘敘兄弟之情。」

「好，子建現在何處？」

「已經安睡。」

「很好，你現在把他給我叫來。」

「這深更半夜的把他折騰起來，不好吧？」曹丕自己都能感覺到自己聲音在顫抖。

「好樣的！真沉得住氣，有問必答。」曹操的眼神越來越犀利，燈火映在他眼瞳之心，甚是可怖，「非得我說出來嗎？你把子建灌醉了，讓他不能領兵，這就稱了你的願啦！」

曹丕呆若木雞：「父王，您、您怎……」

「我怎麼知道？我當然知道，從你進營我就預感到了，我太瞭解你啦！」曹操蒼髯不住顫動，不知是氣憤還是痛心，「我明知你心懷不軌，還是很高興你來，我一直對自己說，我錯了，我老糊塗了，丕兒不會有什麼陰謀，可還是……我要是什麼都不知道該多好，我要是個老糊塗該多好！」

「父親原諒孩兒。」

「你不願他們領兵，為什麼不能坦坦蕩蕩對為父說？我等了你一個晚上，你就是不來，你寧可詐行詭計都不肯向我坦言，事到如今還滿口謊言。你究竟有沒有半分真心，有沒有一句實話？」

曹丕滿心黃連有苦難言——叫我坦蕩直言，您可聽得進去？十年間立嗣之事一再反覆，怎麼放心跟您說實話？遂叩首哀告：「孩兒一時糊塗。」

「呸！」曹操越發震怒，「什麼一時糊塗，你糊塗多少年了？聽吳質之言，在我面前抹眼淚，也是一時糊塗？子文為帥領兵，你安插夏侯尚掣肘也是一時糊塗？你當為父是聾子還是瞎子？」

曹丕頓時感覺自己似墜入冰窖一般——多少年來為奪嫡固位施展的手段竟全沒能瞞過父親。

「你說！」

曹丕已無話可說，愣愣地道：「孩兒也是迫不得已。」

「好個迫不得已！」曹操掄起拐杖劈頭蓋臉便打，「陷害手足也成了迫不得已，等明天點卯，我當眾宣布廢了你，我辛苦一世焉能立你這不肖之子！」

「孩兒想當魏王，還想問鼎九五一統天下，想創一番事業，真是迫不得已啊！」曹丕不知是嚇糊塗了還是一時慌亂，竟把野心之言都吐了出來，眼淚奪眶而出。

曹操落下的拐杖倏然停住——迫不得已！這世上有太多迫不得已。我不做能臣做奸雄就是迫不得已，我自操權柄架空皇帝是迫不得已，我想當天子是迫不得已，我又當不了天子也是迫不得已！但只一句迫不得已能掩蓋一切嗎？傻小子，總算說實話了，你想坐天下，我又何嘗不知你想？我是一直壓著你，可我更想幫你！要兄弟們輔佐你不好嗎？你為何非要與手足兄弟過不去啊……老天何必這麼折磨我？我一輩子爭權，你卻又要我兒子們爭得你死我活，這是對我的懲罰嗎？我是曾威逼天子，誅殺漢臣，可誰叫這天下大位從古至今只能由一人來坐呢！

曹操忽然想起《八伯歌》（上古歌謠，相傳為唐堯所唱），竟與此刻心境甚和，隨口吟道：「明明上天，爛然星陳。日月光華，弘於一人。」這世道從堯舜之時就是一人獨尊，帝王夢，多少人為了這個夢而死，多少人為了這個夢而捨棄一切，任何卑劣的手段都可以施展。我口口聲聲教訓兒子，可我自己不也一樣齷齪嗎？只是我不曾有個與我爭位的兄弟，我不曾體會帝王家手足之間的微妙情仇……寧養賊子，不養痴兒，對於繼承社稷而言，是一個有膽有識手段毒辣的繼承人好呢？還是僅僅是恭謹孝悌事事柔順的兒子好呢？

曹操的心彷彿墜入比這深夜更黑暗的無底洞中，他無法回避曹丕的心計，更無法否認提攜另兩個兒子將來有可能會威脅曹丕的位子。如果他們手足親睦這也不成問題，可權力是不承認親情的，為了穩操至高權力，哪怕一絲一毫潛在威脅都要剷除。往事歷歷在目，為了權力，袁紹、袁術爭得頭破血流，袁譚、袁尚因此喪失家邦。即便曹操欽佩一輩子的英主光武帝，他又能保證骨肉不彼此相殘嗎？駕崩之日屍骨未寒，山陽王劉荊就打著廢太子的旗號要造親哥哥孝明帝的反！

皇權也好，王權也罷，那是「殺活之劍」，要把任何情感斬斷。曹操一生不可謂不狠辣，創業功臣、昔日舊友說殺就殺，但對兒子們實在難以割捨。難道作為君王，真的一丁點情義都不能保留嗎？眼望著大放悲聲的兒子，曹操迷惘了。他實在搞不清，他們父子究竟誰錯了，這一切究竟歸罪於誰？

此時此刻他的心情無比複雜，有迷惘，有悲憤，有悽楚，有苦澀，竟還有一絲對曹丕手段的讚賞。手中拐杖緩緩落下，只是在曹丕肩頭輕輕戳了兩下：「寡人沒挑錯，你果然是所有兒子中最適合當君王的……」話雖這麼說，口氣卻不是讚許，倒像是無奈，「承繼社稷非你不可，一切任你為之吧……」

曹丕正伏地痛哭，還以為自己聽差了，抬起頭抹抹淚眼，卻見父親已轉身而去，忙跪爬兩步抓住衣襟。曹操冷冰冰道：「走吧……為父不難為你，回鄴城安安穩穩當你的太子去吧！」說罷再不言語，抽出袍襟蹣跚而行。

「父親……父親……」無論曹丕怎麼呼喚，他都不再回頭。

漆黑的夜晚只有那一盞油燈徒勞地散發著微光。曹丕望著父親模糊的背影，一時間悲意凝咽——那背影如此疲憊，如此淒涼，雖不高大，但在兒子們眼中曾如此雄健，如此偉岸，承載著天地的分量，為全天下所膜拜。如今卻似一座低矮小山，在無情寒暑中日益風化，隨時都有可能崩塌，淹沒在歲月的長河裡。曹丕雖有千言萬語卻如鯁在喉，淚汪汪瞧著那孤寂的身影消失在黢黑的營壘間，只得唏噓而去……

卯時天明，擂鼓升帳，眾文武神情肅穆排班而立，以徐晃為首的三萬將士早已頂盔擐甲，鬥志昂揚，只等出發的號令，可是身為名義統帥的曹植卻遲遲不至。群臣漸漸緊張起來，都詫異地望著曹操——他們不明白，為何大王面對如此嚴重的延誤軍情竟視若無睹，既沒有生氣，也沒流露出絲毫焦急，反而面無表情，二目空洞，如一棵枯死的老樹般無聲無息。

傳令官徒勞地點了三次卯，依舊未見臨淄侯蹤影，曹操輕輕歎息一聲，伸出綿軟的手顫巍巍拿起支令箭：「趙伯然聽令……」

「在！」趙儼趕忙出班施禮。

「三軍不可久候，臨淄侯怠忽職守不堪為帥，今令徐晃為主將，你權領參軍之職，即刻出發。」臨危受命不得推諉，趙儼只得重重應聲「諾」，雙手接過令箭，都沒來得及換身征袍，隨便叫上幾個親兵，匆忙出營而去。大夥剛鬆口氣，忽聽帳外一聲高呼：「懇請大王為臨淄侯做主申冤！」黃門侍郎丁廙急匆匆闖進帳來。

丁廙當真氣瘋了，自昨日曹丕一入軍營他便心神不寧，總覺得要出事，卻見他們父子兄弟相處甚睦，不便攪擾；傍晚又奉大王之命，與群臣同往徐晃營中餞行，夏侯尚裝作親熱，竟執意拉他同席，斟酒布菜甚是殷切；卞秉又與眾將叫囂不醉無歸，任何人不准逃席。國舅發話誰敢不給面子？丁廙不得脫身，直鬧到定更天才罷宴，匆忙趕奔曹植處，卻見守門侍衛已換成朱鑠等人，硬生生把他擋在外面。丁廙情知不妙，有心連夜面見曹操，卻又不能——且不論深夜冒見有驚駕之罪，如今曹真、曹休掌中軍，能准他進去才怪呢！丁廙心急如焚，圍著營一圈圈繞，耗到三更多才見曹丕門禁撤去，闖進帳一看，杯盤狼藉酒氣熏天，曹植早醉死過去了；捶了又捶，叫了又叫，鼾聲如雷全無反應。曹植大過其量，沒三五個時辰絕醒不過來。五更天明轉眼即到，丁廙用盡辦法，涼水澆頭都喚不醒曹植，耳聽征鼓已響，號角已鳴，他氣憤已極，這才紅著眼闖進大帳，要打撞天官司。

群臣幾曾見這位平素溫婉的青年才俊如此失態？但見丁廙衣冠不整，步履蹣跚，因憤恨已極，渾身上下都在顫抖，「咚」的一聲重重跪倒：「昨夜太子故意將臨淄侯灌醉，致使侯爺不能統軍，大王明察！」

此言一出四眾譁然，陳群見勢不妙，忙出班附言：「丁黃門所言過矣。太子與侯爺兄弟相逢，一時高興貪飲幾盞也在情理之中。」

「是是是。」群臣無不附和——誰都明白丁廙所言是實，但蕭牆之爭駭人聽聞，又關乎曹家臉面，怎好當眾挑明？

丁廙見群臣如此表態，才覺自己急糊塗了，轉而又生懼意。卻見曹操依舊面無表情，只輕輕咕噥一聲：「散帳。」

「諾。」群臣唯恐是非沾身，施罷一禮，全躲了出去。

丁廙不走，跪在那裡急切懇求：「臨淄侯確是被太子灌醉，懇請大王主持公道。」

「他自己心機不密，遭人算計，怨得誰來？」

丁廙沒想到曹操會是這種態度，膝行至帥案前：「太子與臨淄侯皆大王骨肉，同胞兄弟行此伎倆，大王豈可不問？」

「同胞兄弟？嘿嘿嘿。」曹操露出一絲不耐煩的冷笑，「鄭莊公克段於鄢，孝文帝逼死劉長，君王豈有手足之情？」

「這……」丁廙立時語塞，跌坐於地。

「寡人管得今日，管不得明天了，管得兒子，也管不得孫子。帝王之家古來如此，誰叫這位子只能一個人坐？我累了，不想管了，任憑他們吧！」

丁廙聞聽此言渾身冰涼——曹操可以放手，但他豈有退路？遂強諫道：「國之副儲關乎長遠，若手足尚不能相容，豈能包容天下？心正而後身修，身修而後家齊，家齊而後國治，國治而後天下平，望大王三思！」這話說得很露骨，就差坦言反對太子了。

曹操卻只是冷笑：「秦嬴政殺弟逼母，高祖為了逃命連妻兒老父都能捨棄。修齊治平，他們做到了嗎？別拿這虛言糊弄人了，寡人聽夠了。儲君已立，名分已定，好歹也就這樣了。你去吧，子建酒醒也打發他回京，不必過來辭行了。等前線軍情有些頭緒也調子文回去，我這邊一個兒子也不留，我用不著他們。」說著話曹操微微合眼，疲倦地倚在靠枕上，此時此刻除了勉強保住半壁河山，他對一切都已不再關心……

鄴城逆案

從洛陽回鄴城路上的兩天兩夜間，曹丕一直在顫抖——此前無論兄弟間有何芥蒂，畢竟沒有撕破臉；可這一次他親自動手了，他親自布置陷阱，把同胞手足推了下去。

曹丕茫然騎在馬上，望著豐收後空曠的田野，心緒也隨著道路的顛簸而起伏。不知多少次，他恍惚看見田間有三個小男孩在嬉戲，是那麼天真，那麼友愛，那麼無憂無慮，可只一瞬之間，那虛幻的景象又不見了。

奪嫡的十年間曹丕從沒顧念過手足之義，如今卻不由自主回想起少年時情形，但這一切美好的記憶都被他親手毀滅了。曹植在他榮登太子後已經心灰意冷，即便黨羽分飛，妻子被逼自盡，曹植也只是逆來順受，連曹丕也承認這一點。但樹欲靜而風不止，若不是丁氏兄弟野心不死，若不是二弟曹彰意外崛起，若不是父王異想天開要讓兄弟們都領兵，曹丕絕不會施此非常手段。沒辦法，絕對權力不容共用，更不能容忍絲毫潛在的威脅，為了保證順利繼位他只能這麼做……可他今後該如何面對單純良善的弟弟呢？虛偽的表演已拆穿，他卑鄙冷酷的真面目已毫無保留地暴露在弟弟面前，那殘留的一絲溫情已蕩然無存。

更令曹丕不安的是父親的態度，雖然父親表示要遂他所願，讓他安安穩穩當個太平太子，卻絲毫沒有寄予厚望的意思，與其說許諾，還不如說是無奈，他保住了太子位，卻永遠失去了父親的期望。曹丕久久不能忘卻父親的背影，那個疲憊沉重離他越來越遠的背影，再沒有回看他一眼——父子如此，兄弟如此，連母親都被他欺騙了，這個家還剩什麼？除了權力和妥協，還有一絲一毫真情嗎？

不知不覺間曹丕哭了，在他出生以來的三十三年間，他極少為親人動情，甚至連他自己都承認自己的狹隘自私，可直到今天他才意識到，他原本有一個多麼美滿的家啊！

哭泣並不意味著悔恨，邁出的步伐收不回來，至高權力始終是他的夢想，只要達到目的，付出任何代價都在所不惜。所以當他馳馬進入鄴城時早已拭去淚水，恢復了平日的莊重矜持，就像什麼事都沒發生。

鄴城還是老樣子，一切井井有條，襄樊敗績似乎並未引起波動，曹丕不及盥洗更衣先入宮，至台閣與群臣相見。莫看朝廷表面無事，群臣都快急瘋了——危難之際太子擅離京師，連招呼都沒打一聲，這時候若出了亂子誰負得起責任？鍾繇、華歆等老臣對太子嚴詞厲色，曹丕也自知理虧，一概諾諾稱是，對大家好言撫慰。

亂了好一陣子，又談了談軍中現狀，群臣懸著的心總算放下了。這六七天的工夫早積壓了大量公文，雖說尚書們都處理完了，卻還等著太子審批用印呢！曹丕不敢再延誤，命從人一併捆紮，帶回府慢慢看，這才回轉府邸。東宮司馬孚、王昶等人這幾天也是六神無主，見他歸來無不加額慶幸。曹丕對灌酒之事諱而不談，只說父王的病體，又親手寫了問安的手劄，命人給太子太傅邢顒送去。

該料理的都料理完，又沐浴更衣，洗去風塵，曹丕才踏實下來，將公文逐一翻看，皆是各地鎮壓平民、秋收糧秣的奏疏，並無棘手之事。這會兒他哪有心思理會這些瑣碎雜務？眼睛瞅著這些官樣文章，手中茫然畫諾，心思卻完全跑到了別處——曹植已被灌醉，父王又會如何安排軍務？等到襄樊之戰結束，父王班師還朝，如何再討老人家歡心？曹植已被壓制，可曹彰還在長安，這根釘子又該怎樣拔？曹丕要應付的問題還多著呢，他籌劃著命劉慈再行搜集情報，還打算寫信至朝歌，向吳質問策……

正胡思亂想間，朱鑠又來稟報：「長樂衛尉陳褘求見。」

「哦？他來做什麼？」

「在下不知，但他說有重要的事一定要面見太子。」

「危言聳聽！」曹丕一笑而置之——陳褘新近提升為長樂衛尉，職責是護衛後宮，如今王后與多數宮妃皆在軍中陪駕，陳褘哪有什麼要緊差事？但笑過之後曹丕還是允許接見了，畢竟也是宮內近臣，多結交還是有好處的。

哪知陳褘上得堂來，未及施禮直挺挺跪倒：「有人陰謀造反，請太子速速決斷！」

「什麼？」曹丕腦子裡「嗡」的一聲響——當年父王西征關中就有田銀、蘇伯叛亂，怎麼這種事又叫我攤上了？

事情起源於相國西曹掾魏諷魏子京。這魏諷也算奇人，一介書生憑著魏王鄉人的身分和三寸不爛之舌遊走鄴城做客百家，竟謀得相國掾屬之位，還真有點兒本事。不過在他擔任相國西曹掾後，漸漸發現仕途之路並不似他預想的那麼容易，鍾繇雖任相國，並沒多大權力，充其量只是元老之首；而相國掾屬實際只是一幫無所事事、坐而論道的閒人，就如同靈帝朝以前的三公掾屬一樣，充當這職位只是摸到了入仕的敲門磚，以後的路還長著呢！

但魏諷自負甚高，又自認為才智超凡，欲建奇勳而登顯位，可不願這樣一天天熬。更令他苦惱的是，他發覺自己入仕的第一步竟然邁錯了——曹家倚重的是以潁川之士為首的中原大族，可他交往最深的卻是一群年紀甚輕的荊州人，這些人雖恭維他，崇敬他，卻對其仕途沒有任何幫助。反之這些家鄉根基在劉備控制下的荊州人，本不入中原名門的法眼，魏諷與他們走得這麼近，也被視為異類，連辟用他的鍾繇也對他日漸冷淡，長此以往還有何前程可言？

換作別人或改弦更張，或心灰意冷，偏偏魏諷頗具奇思妙想——既然在曹魏已不可能驟然而貴，何不投敵叛國以圖發展？恰逢襄樊兵敗，關羽威震中原，魏諷自以為遇到好機會，暢想在鄴城發動叛亂回應關羽，若把此事辦成，豈不為劉備立下大功？莫說封侯拜將，八成還能當開國功臣哩！於是召集心腹友人共商大事。

稍有頭腦的人都能看出這「妙計」多不靠譜。且不論鄴城守軍、魏都官民能否容他造反，即便僥倖拿下城池，曹操大軍反攻，能抗拒幾日？關羽遠在襄樊千里之隔，救應都來不及。就是這麼個餿主意，那幫與他交好的荊州後生竟深以為然：一者，這些人本來不得志，想另謀出路；二來，荊州乃他們故土，又是劉備根基所在，輔佐劉備自比在曹魏前途要好；再者這些荊州後人年紀輕輕眼高於頂，全不曉得天高地厚。於是這場陰謀開始了。

無論魏諷還是這幫人都無一兵一卒，能召集的只是家奴僕僮，有耿紀、韋晃前車之鑒，單靠這些人是成不了事的，所以魏諷一黨繼續煽動旁人擴大隊伍，但凡聽聞誰對朝廷稍有些不滿，就湊上前問一句：「想造反嗎？」八字還沒一撇，就串聯一幫人，怎能不出問題？魏諷竟然還找到了長樂衛尉陳禕的頭上，請他在叛亂之日控制宮廷，劫持大臣。或許陳禕也是偶爾不順，又與魏諷有些交情，一時糊塗就應承下了，可事後越想越不對，自己身為曹氏近臣，跟這幫傾危之徒瞎摻和什麼？隨即向曹丕出首告變。

事情已經出了，曹丕再厭煩也得硬著頭皮辦，好在叛亂未起就已敗露。曹丕當即傳令大理寺逮捕魏諷，並據陳禕指認捉拿反叛。鄴城內外立時兵馬齊動，四處抓捕叛黨。魏諷還在相府裡做春秋大夢呢，抓他的人已衝到眼前。可歎這位自以為運籌帷幄的魏先生，到了堂上刑棍都沒動就已嚇得腿軟，竹筒倒豆子般一五一十全招了；又有陳禕從旁指證，參與陰謀者盡數落網——其中包括已故侍中王粲的倆兒子、博士宋衷之子、黃門侍郎劉廙之弟劉偉等，幾乎全是荊州中下級臣僚。

大理卿王朗連續兩天審問下來，既感荒謬又覺可怖。魏諷不過一無兵無權的小小僚屬，想出這麼個不著邊際的餿主意，竟還有人樂於參與，豈不荒唐？可王粲、宋衷之子皆在幕府掛職，都是曹營官員下一代，這些年輕人竟然鐵了心要反父輩讓他們效忠的主子，豈不可怕？但眼下最要緊的不是如何處置，而是案情該如何呈報。曹操還絲毫不知呢！謀反大案不上報是不可能的，但是若嚷得滿城風雨人心惶惶，無論對曹操病體還是前線戰事都沒好處，再說太子奉命留守也有責任，辦到怎樣一個程度才算恰到好處？

王朗不敢自專，攜帶案卷去找曹丕商量，東宮衛士不敢阻攔，請他老人家自便。王朗邊走邊忖度太子心思，漸漸來至正堂，正見曹丕立於階前，廊下有一布衣老叟在跪地施禮。他初時不解，細細打量才看出，那頹唐老者竟是相國鍾繇。

此案一發，鍾繇如坐針氈，魏諷是他屬下，他豈能不受連累？尤其魏諷當的是西曹掾，負責吏員署用，其他屬員多多少少與其有接觸，一條臭魚攪得滿鍋腥，所有屬員一律要到大理寺受審，相府鬧得沸反盈天，他這相國還怎麼當？

鍾繇做人做事一生謹慎，如今在曹魏位極人臣，想不到晚年攤上這麼個案子。事到如今就別等人家摘帽了，故而褐服免冠自捧印綬，來向曹丕請罪。

曹丕顯得很開通，降階相攙，並無責備之語：「高祖明睿，錯委陳豨鎮邊；鄧禹善謀，誤用馮愔守栒。人非聖賢，孰能無過，相國又何必如此？」

鍾繇聽他口口聲聲叫自己「相國」，越發汗顏，歎道：「老朽錯用一人險些亂國，就算太子寬宥，老朽也無顏再居宰輔之位，還請收回印綬另擇高賢。」

「即便罷職也要等大王詔命，非小可所能作主。您老不必掛心，朝中的事該管的繼續管，實在沒心思做事就休養休養。放寬心，誰謀反也牽扯不到您頭上。昔日王業未定，您老人家坐鎮弘農獨當一面，那時若坐視高幹、韓遂侵害關中，我曹家焉能有今日？父王念您勞苦功高必加寬恕。」曹丕得立太子以來頗得鍾繇幫襯，於公於私都要偏袒老人家；再者罷不罷官是他爹的事，放著順水人情豈能不做？

「唉！借太子吉言。」鍾繇慚愧至極。

王朗見他們把話說開，這才過來施禮，呈上案卷。鍾繇身涉其中自知要避嫌，連忙告辭，卻對王朗道：「我已將掾屬盡數滯留，大理寺隨傳隨到；闔府上下所有公文書箚也已封存，王公若需查驗，這便派人送去。」王朗甚為尷尬，只微微拱手。

曹丕回轉堂上，翻看案卷，時而蹙眉時而搖頭，通篇覽畢將竹簡一捲，捏了捏眉頭道：「以王公之意當如何處置？」

王朗料到他得把這燙舌頭的菜夾回來，好在這半日一直在忖度，已成竹於胸：「以臣之見，首惡魏諷自不能饒，必處以極刑，其餘共犯嘛……畢竟反狀未發，叛亂與蓄謀還是有差別的，況且年輕人少不省事，又皆舊臣子姪，嚴加懲戒不可免的，卻未必非要處死。至於向大王呈報……如今襄樊吃緊，事情鬧大了未免對軍心不利，太子酌情而定吧！」當年曹丕曾因留守時發生叛亂而受責，如今又來這麼一次，固然曹丕無纖毫之過，也難保大王不會遷怒。故而在王朗想來，他必要大事化小，才把話說得留有餘地。

不料曹丕聽罷連連搖頭，把玩著卷宗道：「謀反就是死罪，何論情節輕重？當把所有人犯盡數誅戮以儆效尤！」

「是。」他肯實事求是秉公而斷，王朗自然求之不得。

哪知曹丕接著又道：「救難當急，除惡當速。以我之見，不必事先請奏大王，可將魏諷等人先行問斬，懸首市曹震懾人心，再向大王稟明不遲。」

「先斬後奏？」王朗不禁詫異——太陽打西邊出來了？這位謹小慎微的太子今天怎這麼大膽？

正說到這裡，司馬孚領著校事劉慈也來請見。司馬孚雙手奉上一卷書信：「此乃中尉楊公手書，他已自解印綬懸於堂上，並搬離府邸，派人致書向太子請罪。」因魏諷之事丟帽子的不只鍾繇，中尉楊俊掌宮廷宿衛，與他共事的陳禕被魏諷拉攏他竟不知情，能沒責任嗎？

一聽楊俊請罪，曹丕既感喜悅又覺憤恨，喜的是這個力挺曹植的眼中釘可算丟了九卿之位，恨的是卸職請罪竟然不親自來，就弄一份書信搪塞，分明還不把太子放在眼裡——其實曹丕以小人之心度君子之腹了，楊俊本質上是個文人，生性呆板，叫他過來屈膝說軟話，他張不開嘴啊！

曹丕看都不看那書信一眼，冷冰冰道：「案子未判，王命未下，楊中尉這便卸官而去，也太清高了吧？告訴送信之人，他們大人既然一心辭職，我也就不挽留了。」這態度相比對鍾繇簡直是天壤之別。

司馬孚奉命而出，劉慈又呈上份卷宗，諂笑道：「這是太子要的名單，都是素常與魏諷有過接觸之人。」

王朗正在喝水，聞聽此言險些嗆住——這是要作甚？

曹丕一邊瀏覽一邊冷笑：「魏諷不過小小掾吏，何敢行此大逆？必有對朝廷不滿、心懷怨謗者煽動，謀反一黨固然要殺，可怨咒之人也不可姑息，凡是與魏諷有過交往者，及親友為官者必要一併下獄。我已叫校事擬了份名單，王公照此捕拿即可。」說罷起身，親自遞到王朗手上。

王朗低頭一看，上面洋洋灑灑列了百餘人，手都哆嗦了：「這怎使得？魏諷之事案情簡單已經審明，豈可大肆株連？又與怨謗何干？請太子收回成命。」

「不然。」曹丕搖頭道：「縱然無干怨謗，這些人或交友不慎，或知情不舉，或親友通謀，豈能斷定無纖毫之過？咱們寧可謹慎過度，也不可姑息養奸。」

陳禕告發伊始，曹丕覺得這是個扎手的差事，但經過幾天思忖，又與吳質書信協商，漸漸發覺這案子對他而言不是壞事。不論如何，既然曹操已許諾不再掣肘於他，那何必事事小心，藏著掖著？反過來想，這興許還是個好機會呢——一來能擺擺威風，顯顯煞氣，叫滿朝文武敬畏；二來把父親平素不喜之人牽扯其中，借此機會一併處置，討父親歡心；三來曹丕所依仗的乃是中原豪族諸家，若能把荊州一派勢力連根拔除，等於幫他們除了搶飯碗的人，可以穩固己黨；再者，鍾繇雖全力扶持他，但畢竟官高年長，留守諸務還要尊其為上，如今藉著這機會讓老人家退下來，曹丕的地位無形中有所提高；最後，似楊俊那樣他自己不喜之人也可一併打擊，若不是費盡心機都尋不到丁儀和魏諷有絲毫聯繫，早把他名字也寫進去了！

王朗怎知他心裡的小算盤，越看越覺驚愕，手都哆嗦了，眼見連宋衷、王凱、劉廙、文欽等人都囊括在內，實在看不下了：「請太子收回成命！這些人老臣敢保他們並無謀反之意，似宋仲子老先生，固然養子不肖，但他老人家學術精純又已年逾古稀，豈會萌悖逆之心？」王朗說這話還有點兒私情，他兒子王肅就是宋衷的弟子，沒少得人家傾心傳授。

曹丕擺手道：「誰叫他老人家無石子先識之明，[1] 教子無方，老逢此災，怨得誰來？」王朗欲起身再辯，卻被他一把摁住，「王公無須為他們開脫，暫且捕拿收監未必就是要處死，我將名單呈報大王，若有其情可憫者大王自會寬赦，咱們就不必操這個心了。」王朗一肚子話頓時噎住了——曹丕大撒網，叫他爹得個寬赦的美名，這事還不能攔，他若執意不辦，那邊名單呈上去，豈不是連他也落個包庇之嫌？

王朗望著這個道貌岸然的年輕人，背後竟生寒意——你想得倒挺好，可這是拿人命當兒戲。你老爹如今喜怒無常，叫他殺他說不定真敢殺啊！宋衷名震天下，自馬融、鄭玄之後再沒這樣的鴻儒了，萬一殺了豈不可惜？劉廙當過你的掾屬，竟把他也豁出去了。文欽乃文稷之子，又是你們同鄉，你也不肯保全。王粲就倆兒子，因為此案都完了，你還要把王凱牽進去，當初誰在王粲靈前又學驢鳴，又信誓旦旦要照顧王家？你比你爹還狠啊！

曹丕不緊不慢微笑道：「王公不必多慮，有罪便是有罪，無罪便是無罪，暫叫他們委屈幾日，難道您不相信我父王能明辨黑白？」

他這麼說王朗焉敢否定，顫巍巍道：「就、就依太子之意吧！」

曹丕終於滿意了，還是那副恭恭敬敬的架勢，親自將王朗送出東宮，又叮囑了幾句。司馬孚也辦完差事回來了，秉道：「我在街上聽人傳言，臨淄侯回來了。這事兒真奇了，前幾日還說要讓他領兵去救襄樊，怎麼又打發他回來了？兄弟歸來，太子當盡兄長之情，今晚請他來東宮宴飲如何？」

司馬孚並不清楚這幾日發生了什麼。

曹丕得意洋洋的臉上蒙上一層陰霾，眼望著喧囂的大街喃喃道：「不必了……我們兄弟一輩子的酒都喝盡了……」

---

① 石子，即石碏，春秋衛國大夫，他兒子石厚與公子州吁通謀，弒殺衛桓公；石碏設下計謀剷除州吁，並將兒子石厚一併處死，成語「大義滅親」便出自此事。

第十六章

聯手孫權，有驚無險保住中原重地

陣前相會

建安二十四年（西元二一九年）九月，曹丕處理魏諷謀反案的同時，救援襄樊的戰事已經開始。

平寇將軍徐晃率領三萬兵馬趕到荊州，不過等待他的是重重困難——首先，襄陽、樊城已被困兩個多月，敵軍阻隔消息不同，關羽已駐軍郾城修築營壘，做好應對曹軍的準備；其次，從郾城至樊城一段洪水尚未退盡，道路泥濘，繞過郾城只救樊城也不可能；再者南陽境內還有反民流寇，徐晃遠道而來無暇旁騖，這些小疾可能掣肘於後；另外災後生疫，又值秋末，北方士兵最害怕的瘟疫也在蔓延。

徐晃麾下雖有三萬兵馬，也不過與關羽在郾城的部隊勢均力敵，何況這三萬人東拼西湊，未加訓練，憑這樣一支隊伍怎與關羽爭鋒？無奈之下徐晃兵馬屯於陽陵坡，與關羽作對壘之勢。郾城並非大縣，城池矮小不足據守，關羽分遣部下結營於四周，阻塞要道遍栽鹿角；陽陵坡恰位於郾城以北，地勢頗高，徐晃便命士兵張大連營、步步推進，雙方工事最近之處相距僅三丈。

兩軍都快連在一起了，徐晃依舊未尋到半點漏洞。幸而這段時間後續兵馬陸續趕到，曹操在後方召集諸部，但凡湊起一支隊伍立刻派到前線，徐商率五千兵趕到，呂建帶來三千、朱蓋帶來四千……雖說曹軍日漸壯大，徐晃依舊沒有必勝把握，始終不敢發動進攻，唯恐蹈于禁之覆轍。

轉眼間已過半個月，兩軍對峙的局面沒絲毫改觀，徐晃每日忙的卻是督促士卒操練——這幫新兵可算領教了徐將軍的嚴厲作風，以前就聽說「不得晌，屬徐晃」，跟著徐將軍打起仗來顧不上吃飯，眼下還沒交鋒怎麼也不能歇啊？徐晃有他的盤算，久不交鋒士兵懶散，若放任不管，即便時機成熟也沒法打了。莫看他表面威嚴，心中萬分焦急，眼見紅日西斜，這一天又將蹉跎而逝，卻還一籌莫展，便親至前營觀望敵營動向。

夕陽下兩軍兵戈旌旗熠熠生輝，壕溝對壕溝、拒馬對拒馬、箭櫓對箭櫓，可這三丈寬的距離卻始終無法逾越。對關羽而言很簡單，只要耗到襄樊陷落就是勝利，根本不用交鋒，可曹軍耗不起啊！

正焦慮之際，小校忽然指道：「將軍快看，敵將也在巡營。」

徐晃凝聚目光仔細端詳，果見對面箭櫓下有群親兵簇擁一位將官，此人身高八尺，雙肩抱攏虎背熊腰，頭戴鐵兜鍪，身披綠錦戰袍，紅撲撲一張臉，天庭飽滿、地閣方圓，丹鳳眼、臥蠶眉，頷下五綹長髯飄擺——正是昔年曾在曹營的關羽關雲長！

說來也巧，關羽駐軍郾城與曹軍對壘，原以為徐晃領兵來救必有一番惡戰，哪知一連半月只見曹軍整備、不見叫戰，故而心中起疑。今日趁著天晚出來巡查，窺探曹營動向，不料與徐晃想到一塊去了，在這兒見了面。

徐晃南望關羽，關羽也正北瞻，兩人目光相遇，皆是一愣，繼而又都露出了笑容——兩人交情不淺啊！關羽昔日仕曹，與兩個人關係最好。一是張遼，因劉備任豫州刺史時駐軍小沛，與呂布分分合合，關、張皆豪邁之人，久而久之竟成朋友；另外一人便是徐晃。關羽是河東解縣（今山西運城）人，徐晃是河東楊縣（今山西洪洞）人，他倆算半個同鄉。當年曹操勢力還不大，帳下諸將除宗族外便是兗州舊黨，尤以于禁、樂進為尊，徐晃出身白波軍、張遼降自呂布，更與同為降將的關羽感情親厚。

昔日相交莫逆，今朝兩軍仇讎，徐晃未免有些尷尬，正欲悄然而退，卻見關羽抖擻精神大步迎來，揮臂高呼：「公明兄！公明兄別來無恙？」

這一舉動出乎所有人意料，連徐晃都有些錯愕，愣了片刻隨即也迎了過去。親兵諫道：「兩軍爭鋒暗箭無情，只恐有詐。」

徐晃卻道：「關雲長何等心高氣傲，豈會行此下作伎倆？」手指前方，「你們好好看看。」眾親兵仔細觀瞧，但見關羽全無顧忌，只帶兩名隨從信步踱至拒馬邊，正朝這邊拱手施禮。既然人家這麼豪爽，曹營也不能在氣勢上輸給人家，親兵也知徐晃的性情，只兩三個驍勇之士相隨，其他人遠遠落在後面，卻都手按劍柄不敢鬆懈。

敵我營壘最近處相隔只三丈，兩軍主帥各至壕邊欲敘以往之情，此真古今戰爭中少有之奇景——須知強弩在側、箭櫓林立，這麼近的距離任何一方都可暗箭加害，若是主帥都死了，這仗還打什麼？

距離近了些，徐晃這才發現，關羽的體態比昔年胖了些，鬢邊略見白髮，長鬚亦顯蒼然，不免感歎：「多年未會，雲長發福了。金鼓狼煙催人老，咱們都不復往昔了。」

關羽卻未有傷懷之態，也是新近得勝心緒正好，笑道：「公明兄何必作此兒女之歎？你我奮命沙場快意一世，留功名於後世，也不枉在這世間走一遭。」二人言語皆河東鄉音，倍感親切。

「還是賢弟所見高人一籌。」徐晃不住點頭，「妻兒家小可好？」

怎料關羽聽罷，拍拍身邊一個披甲頂盔的魁梧小將肩膀：「還不快給徐伯父見禮？」那小將連忙躬身插手。

「莫非便是賢姪？」

關羽手捋長髯頗為自得：「犬子關平早過舞象之年，隨在身邊學些兵事，日後也好承繼我業。」

徐晃見關平相貌極似其父，頗有威儀，更是感慨：「虎父無犬子，我等自歎不如，晚輩中並無可造之材，唯樂文謙之子樂從軍，去歲文謙過世，大王已命他統轄其父舊部。」

關羽生性高傲，在其看來樂進不過一勇之夫，並不如何欣賞，轉而相問：「文遠可還安好？」他最看重的依舊是張遼。

「張文遠早得假節之位，大王信賴有加。不過先前他與我戲言，監軍武周調任尚書，李曼成死後更無人與他爭執，倒也無趣。」

「哈哈哈……我前番得勝擒獲于禁，雖對貴國有礙，倒也為兄長和文遠出口惡氣！」關羽也知于禁不合於眾。

徐晃也笑了：「于文則不失為當世名將，惜乎對上失於諂、馭下失於暴，背同鄉之誼而誅昌霸，屯軍竟陵奪朱靈之兵，怎能不遭同袍忌恨？也是天不遂其願，使之橫遭大水落於你手，一世英名付諸流水，倒也可惜。」拋開私怨，徐晃還是很為于禁惋惜的。

「于禁勢窮而降，卻也是不願七軍將士再遭殺戮。我沒為難他，已將其送往江陵。雖說我與他並無深交，但看在以往同殿稱臣的情面，小弟願意結納他。」關羽這話說得含糊，言下似有拉攏徐晃之意——連于禁那等沒交情的我都願意接納，兄長若來豈不更好？

徐晃心思縝密，怎會聽不出？他避而不答，卻道：「賢弟坐鎮荊州多年，難歸故里倒也可憐。今杜畿任河東郡守，輕徭薄賦愛民如子，雲長若有幸回家鄉看看該有多好啊！」這話也暗藏機鋒。

關羽順水推舟：「嗯，是該回去看看。不過魏王雖有七軍之失，畢竟兵多地廣，若要小弟兵至河東著實不易。」

「哈哈哈。」徐晃仰面大笑，「好你個關雲長！」

關羽森然道：「我與漢中王名為君臣、情同手足，昔年魏王恩賞有加不曾更易我心，如今我主坐擁荊蜀愈加雄武，小弟蒙一方重任、督統三軍，豈能心生異志？」

徐晃也道：「愚兄昔日不過白波軍一渠帥，蒙魏王不棄，拔擢於行伍、效力於疆場，封侯拜將妻榮子貴。弟既不忍背主，愚兄又焉能行不忠之事？」

他二人各抒胸臆針鋒相對，氣氛霎時緊張，兩邊兵士拔刀摸箭，卻見兩位將軍對視良久忽然齊聲而笑。關羽慨然道：「昔楚宋交兵，華元登城見子反，雖兩國仇讎推誠相待。既然人各有志，不可更易，彼此傾心坦坦蕩蕩也就夠了。」

徐晃雖不似關羽熟讀《春秋》，卻也大體明白這話意思，也道：「大丈夫在世，敬重忠義君子，不齒反覆小人。我若受恩而背主，哪還配賢弟敬重？反之你若不保劉玄德，也就不是關雲長了。」

世事便是這麼無奈，二將雖惺惺相惜卻勢同冰炭，再深的友誼只能化作疆場刀箭了。

一陣苦笑再無話可言，徐晃拱手道：「兩軍陣上刀槍無眼，雲長多多珍重。」說罷轉身而去。

關羽無奈點頭，哪知徐晃剛走了幾步，忽然對麾下兵士高聲喝道，「爾等識之否？此人便是關羽，他日陣前能取其首級者，賞金千斤！」

關羽訝異：「兄長何出此言？」

徐晃再未回頭，只冷冷道：「此國事耳！」

關羽眼望徐晃背影，再度抱拳：「兄長放心，來日陣前小弟必盡全力相搏！」

迫敵讓路

天色漸漸轉黑，徐晃一聲不吭邁著沉重的步伐。方才的偶遇並未使他心緒好轉，反而愈加愁煩——大戰在即關羽談笑自如舉重若輕，足見胸有成竹、不取襄樊誓不甘休，看來必有一場硬仗啊！思忖間已回到中軍營，卻見帳簾高挑燈火通明，幾員將佐不約而同盡在帳中。

朱蓋雙手掐腰緊鎖眉頭，立於帥案旁，似是恰與眾將發生爭執，見徐晃歸來竟不施禮，劈頭蓋臉問道：「何日與關羽決戰？」

徐晃並不作答，也沒追究他失禮之罪，只是掃了一眼列座兩廂的賈信、徐商、呂建等將，緩緩道：「我並未召集列位，你等何故盡在這裡？天色將晚，快些各歸各營安排守備吧！」

「諾。」徐商、呂建便要起身。

「且慢！」朱蓋伸手攔住，「今日眾將都在，還請徐將軍給大家一個準話，何日與關羽決戰？」

徐晃不禁皺眉，卻強壓心頭火，冷冷道：「軍戎之事豈能預言？暫且謹守營盤以待時日。」

朱蓋卻壓不住火了：「防守、防守！守到何日才是盡頭！難道只守不攻就能解襄樊之圍嗎？」呂建欲勸卻被他揚手推開，「誰也別攔著，今天即便治我個抗上之罪，也得容我把話說完！征南將軍被困樊城將近兩月，內無糧草外無救兵，危若累卵命懸一線！大王病厄在身臥於洛陽，時時期盼前方捷報，而將軍卻在此地磨磨蹭蹭不思進取！倘襄樊陷落玉石俱焚，將軍何顏以對大王，何顏面見三軍將士？」

怕什麼來什麼，徐晃早料到這幫人懷裡都揣著鬥蛐兒，一連半月按兵不動必有微詞，朱蓋這一鬧算是把話挑明了。本來大王籌劃得也不錯，由臨淄侯充任主帥，即便諸將再有意見，只要有曹植這棵大樹倚著，誰也不敢不聽徐晃調遣；哪知莫名其妙一場醉酒，計畫全盤打亂。徐晃明知他句句咬在理上，可如今倉促交鋒確無勝算，只得好言撫慰：「你所言之理我已盡知，怎奈關羽坐鎮衝要營壘堅固，一時難尋破綻，待……」

朱蓋根本不聽他這套：「誠然敵營難撼，但襄樊岌岌可危，我軍人馬現已多於關羽，豈不能強攻？」

「強攻硬拚損兵必眾，即便能破郾城，怎救重圍？況兵貴精而不貴眾，我軍人馬雖多，大半是新募之兵未加操練，倉促交戰怎是對手？」

「縱然如此總要一拚！」朱蓋急得跺腳，「況有後續救兵源源將至，事已至此，就算拿死人墊出條路也要趕到襄樊！」

徐晃見他如此固執，實在是講不通，索性擺擺說：「算了算了，有何軍務明日再議。散帳回營！」說罷落坐帥案，展開地圖詳思戰策。

朱蓋兀自喋喋不休，卻被徐商、呂建拉住，不容再多言——其實徐呂二將何嘗不急，只是與徐晃共事稍久，盡力維繫面子。賈信一直旁觀不語，見三人囉唣不清，趁機湊到帥案前，陰陽怪氣道：「將軍務在持重，但對峙於此終非長久之計。將軍若實在不敢交鋒，不如讓末將試著攻一攻敵寨，倘損兵無功，末將甘受責罰；如能稍見功勞，也算將軍多少出了點兒力，不至於讓人看笑話。」這番話甚為惡毒，分明是給朱蓋幫腔，取笑徐晃膽小懼敵。

徐晃涵養可欽，聞聽此言怒滿胸膛卻強自隱忍，並不瞅他一眼，只斬釘截鐵道：「不准！」

賈信激將不靈，也束手無策。那旁朱蓋卻越發得理：「賈兄說得對，我願率兵與你同去，打敗了頂多咱們拚死敵陣，終不能做縮頭烏龜。膽小之輩怎上得了戰場？呸！故弄玄虛大言不慚，懂什麼用兵之道？」

徐晃畢竟是廝殺漢，饒是胸有城府也受不了這般折辱，立時拍案而起：「你的道理？你是鼠目寸光的道理！前有漢中之失，後有七軍之敗，今無必勝把握，若一戰失利重蹈于禁覆轍，到時候眾心披靡、三軍瓦解，非但襄樊難救，整個中原之地又怎保全？大王辛勞半世創此基業，若有一差二錯誰能擔待？」

朱蓋分毫不讓：「你問我，我還要問你呢！救援不及襄樊失守，這罪過又有誰能擔待？」

「我來擔待。」一個和緩的聲音打破二將的爭執——參軍趙儼走了進來。

眾將皆是一愣，見趙儼和顏悅色，戰事拖了這麼久，竟絲毫沒半點兒焦急之態。朱蓋歎道：「趙公，這節骨眼上你又來和稀泥！」

趙儼連連擺手，笑道：「非我信口哄騙，大王對徐將軍早有吩咐，若兵力不濟可屯兵稍待，等大軍集結再戰，本官親耳所聞怎有假？」他雖是一介文臣卻頗能壓眾。一來大家皆知他乃大王倚重之臣，由他口中轉述大王之言八成不假；二來這慢性子最能軟磨硬泡，他一屁股坐到徐晃那邊，自是更難撼動決策了。

其他人都再不言語，唯朱蓋嘮嘮叨叨：「趙公啊趙公，你怎這麼偏向他？」

趙儼還是那副不緊不慢的模樣，耐著性子解勸：「本官並未偏向徐將軍，我偏向的是道理。今敵圍甚固，積水猶盛。我軍實力尚弱，即便能過郾城怎破重圍？況乎曹仁隔絕不得同力，為今之計不如坐待後援。料曹將軍乃大王宗族，手下皆勁旅，滿寵胸有良謀為其羽翼，也不至於一時半刻就陷落。只等後面援軍陸續到來，咱裡應外合一齊出擊，何愁關羽不破？如萬中有一襄樊果真陷落，本官願替諸位將軍受過。」說著他又湊上幾步，一邊替朱蓋撫平戰袍，一邊柔聲細語道：「別著急，都是為國家之事嘛！我剛接到郡兵，明日平難將軍殷署就將率兵趕來，過幾日朱靈也要來，不愁關羽不破。小不忍則亂大謀，別這麼大火氣……」

曹操以趙儼充任參軍看似臨時起意，卻是深思熟慮的選擇。趙儼最大長處是心思細膩不懼瑣碎。當年南征時于禁、張遼、張郃、朱靈、李典、路昭、馮楷七部屯軍章陵，幾員驍將各負勇名互不服氣，整日惹是生非，曹操便命趙儼一人都護七軍，他憑著耐心和抹稀泥的本事，把這七條猛虎哄得無話可說。前番曹操屯漢中，命雍州刺史張既發一千二百士兵趕去助戰，這些兵皆關中籍貫，驟然背井離鄉趕往前線，與妻小分別淚流滿面；當時趙儼恰在長安，見此情景唯恐士兵半路生變，竟馳馬追到斜谷，將一千二百人挨個慰問一遍——這份耐心實在世間罕有！

這會兒他又拿出了和稀泥的本事，朱蓋無從辯駁，一屁股跌坐在杌凳上：「我不是跟你們過不去，也不怕擔責任，是恐誤國家之事。這半年咱們東撞西撞疲於奔命，竟無一場勝仗，我心裡窩得慌！大王染病在身沮喪已極，若襄樊再有閃失……唉！」這個堂堂七尺男兒滿心積鬱無可排遣，竟語帶哽咽，抽出佩劍重重插在地上。

徐商、賈信等也不禁悵然——他的話不假。即便當年赤壁慘敗，損兵折將之際大家也不曾喪失鬥志；現在卻處處受阻、處處不利，皆因當初「得隴不望蜀」，一招棋錯步步受制，欲戰不敢戰、欲棄不能棄，荊襄亂子沒完，雍涼是否遭敵尚未可知，張遼尚在居巢與江東對峙，數萬兵馬在漢中荊楚間團團轉，擺脫被動局面的出路在何方？

趙儼還在那裡說著安慰之言，徐晃卻已無心聽下去，目光又集中到那張看了不知多少遍的地圖上，隔了許久倏然打斷道：「殷署率領多少援軍？」

「四千餘眾。」

「明日定能趕來？」

趙儼想了想道：「應該不成問題……」

徐晃蹙眉片刻突然提袍而起：「固然不能死拚，空守待援也不是辦法，事到如今只能試試計謀了。」

「計謀？什麼計謀？」朱蓋立時來了精神。

「挖溝！立刻動員三軍往東南方向挖壕溝，日夜不停地給我挖，務必張大我軍陣勢。」

「這是作甚？」眾將不解。

徐晃緊閉二目，深吸一口氣：「眼下也沒有更好的辦法了，只能試試看。我要叫雲長主動給咱讓路……」

荊州軍本是一副穩坐釣魚臺的架勢，萬沒想到在對峙半個月後局勢悄然發生變化，一夜之間曹軍向東挖掘壕溝，延長工事達數里，關羽的第一反應自然認為這是徐晃發動總攻的準備，於是立刻跟進，也沿曹軍壕溝修築守備。於是你進一尺、我進一丈，兩軍又開始枯燥的對壘。如是者四五日，當關羽再登上城樓俯瞰陣勢，不禁驚出一身冷汗——曹軍的壕溝輾轉蜿蜒自陽陵坡向東南延伸，呈半月之狀，已圍攏郾城東面。

關羽沒料到一向老成持重的徐晃會行此險招。固然他占據衝要之地，曹軍也越聚越多，即便非精銳部隊，挖壕溝總不成問題，想憑有限的兵力在修築工事上勝過曹軍是不可能的。照這個勢頭發展，用不了幾天曹軍壕塹就將環繞郾城一周，自己必將陷入包圍。那時荊州軍困曹仁於樊城，而他也被曹軍圍困在郾城，兩邊主帥各懸孤城互扼咽喉，局勢將難以捉摸。

關羽權衡再三，自認為穩操勝券，豈容徐晃將他拖入混戰？於是棄城而走，欲另覓他處阻擋曹軍。徐晃正待此時，即命諸部列開陣勢齊頭並進，關羽阻擋不住，退往樊城再做守備——救援之路終於暢通了。

曹軍步步推進，前後歷經一月之久總算將部隊開到樊城以北。但此時數萬荊州軍早已密布漢水兩岸，樊城孤零零挺立在敵營間，杳無聲息，彷彿一座鬼城，但見殘破的曹軍旗幟兀自飄揚在城頭。

徐晃仍感抑鬱不安——近在咫尺也可能是遠在天邊，關羽圍城甚久，不拿下二城誓不甘休，而一旦城池陷落，荊州軍在漢水以北有了穩固的立足之地，一切努力化為烏有，看來不給關羽重創不行啊！

戰鬥只是一方面，更讓徐晃心煩的是他近來感到一種前所未有的壓力。雖然他半生戎馬，但以往的戰爭總有曹操在身邊，與將士同甘共苦，分享喜怒哀樂，也充分理解士卒。現在曹操老了又厭倦戰爭，不能親眼目睹戰況，加之晉升君王威嚴的提高，無形中成了一種壓力——彷彿有個聲音在耳邊，時刻催促他速戰。

徐晃不敢想像曹操的死亡，但又不得不想。以後若沒有曹操，將士們會是何等心情？繼統之人還能似曹操一般親自督戰、熟知兵事嗎？如果君王不知前線情勢又以王命任意指揮、催促進軍，仗該怎麼打？秦之白起是怎麼被逼死的？先朝名臣盧植怎麼被打入囚車的？從命則兵敗，違命則獲罪，前方後方不啻為兩個戰場，為將者如何抉擇？徐晃突然感到生於亂世、跟從曹操，對武夫而言是一種幸福，因為從古至今大多數將領其實都受朝廷節制，都在前後兩個戰場上奮戰！如今曹操老了，魏國禮法也日漸完善，君主與將士們同甘共苦的日子走到頭了，以後的日子恐怕永遠要站在兩個戰場上了……

孫曹聯合

建安二十四年十月，徐晃兵至樊城以北，挖掘地道飛箭傳書，總算與曹仁取得了聯繫，與此同時各路兵馬陸續趕至洛陽聽用，南陽的糧草問題也解決了。出豫臨危赴任，到達治所立刻頒布一令，將牽扯前一年侯音叛亂羈押在牢的五百多犯人盡數釋放，開其自新之路。這些人重獲自由感恩戴德，發誓效忠曹魏，又四處宣揚新任太守之德，不到一個月南陽境內的反民漸漸平息，軍糧也籌集上來。陸渾縣反民孫狼攻城奪地不能得手，又遭郡兵追擊，轉為流寇向南逃竄——曹魏穩住了陣腳，中原人心也漸漸安定。

不過對曹操而言這一切都算不上什麼好消息，他本來是稱王稱雄的天下霸主，如今淪落到千辛萬苦保守半壁河山，聲勢一落千丈。這不僅是利益問題，還關乎他的尊嚴，臣僚們都能覺察到他急切的心情，隨著各地援軍和募兵的增加，短短半個月間，他就向前線陸續派遣了徐商、呂建、殷署、朱蓋、賈信、朱靈等十餘部兵馬，他太想撲滅這場戰火了，太急於挽回顏面。而更使他愁煩的是，鄴城又傳來謀反的消息，自晉位元稱王以來嚴才叛亂、耿紀叛亂、烏丸叛亂、侯音叛亂，現在一幫還不懂事的孩子也要造反，曹操心中苦悶可想而知。

大帳的氣氛沉悶緊張，曹操面前擺著曹丕擬定的那份名單，他手中握朱砂筆，只要這支筆往誰名字上一落，便要歸為逆黨身首異處。諫議大夫董昭、長史陳矯、尚書桓階為首的群臣圍攏在帥案前，大家誰也不敢直視曹操的臉色，卻偷眼盯著那份名單，唯恐自己親友牽扯其中。

頭一個映入曹操眼簾的名字是張泉，其實沒寫在第一列，但依然首先注意到。張泉乃張繡之子，身居閒職，卻承繼亡父爵位，享二千戶封邑。殺子仇人的兒子，焉能不留意？

只一剎那曹操便意識到此中玄機——魏諷謀反是欲呼應關羽，所涉及的人大部分與荊州有關，張泉怎會牽扯其中？若說他與荊州派有聯繫，無非當年張繡曾依附劉表，這是二十年前的舊帳了，劉表之子劉修都沒牽連其中，張泉反而在內？想必這又是子桓的鬼點子，他知我懷念昂兒又無法追究此仇，故意將張泉網羅在內，叫我殺之洩恨。這小子本性難改，還跟我耍滑頭啊！

曹操猶豫了，他與張繡的糾葛實難扯清，論功勞張家沒得說，況且又與曹氏聯姻，可是曹操年紀越大對以往的仇恨就越記憶猶新，難道兒子的仇就坐視不理了嗎？半年前樊侯曹均過世了，他本為曹操與周姬所生，兩年前過繼與曹操早夭的庶弟。而恰恰就是曹均與張家聯姻，娶了張繡之女、張泉之妹。對這個平庸兒子的死，曹操並沒太多悲傷，不過現在想來，曹均之死意味著曹張兩家的婚姻斷了，曹丕正是看準這一點，適時地將張泉裹挾進來，真是處心積慮啊！

想到屍骨無存的昂兒、想到殞命沙場的愛將典韋、想到愛姪曹安民、想到至死不歸的丁氏、想到諸子相爭令人心寒，昂兒活著哪有這許多愁煩？曹操恨意陡增，重重在張泉名字上劃了一筆——哪個廟沒有屈死鬼，就這樣吧！

或是心中激憤，判死張泉仍不解氣，曹操筆下連劃，一連勾了七八人。桓階站得最近，看得直揪心，欲要說情，卻見他忽然停下筆，歎口氣道：「怎麼王凱也牽連下獄了？這是個老實人，王家兩個孩子都處死了，就放過他吧。唉！王粲效力寡人十載，無纖毫之過，雖說孩子有罪，我若親理此案也絕不至於讓他絕後啊！將王凱釋放，令其過繼一子續王粲之後。」

「大王寬仁。」群臣連忙施禮。

「宋衷也放了，一介腐儒又這麼大歲數了，不至於謀反。兒子是兒子，老子是老子，兒大不由爹啊！」曹操如今對這道理體會深刻。

不過幸運者是少數，曹操大筆連揮，依舊勾去不少人，轉眼看見劉廙的名字也在其中，想起一年前自己出征時他曾盡力挽留，便發了善心：「劉恭嗣任事勤勉，寡人聽聞他也曾規勸其弟，然劉偉泥足深陷無可救藥，今劉偉已伏誅，劉廙不坐其弟之罪。」看到後面又瞅見文欽之名，苦笑道：「這些孩子交友不知謹慎，當真可氣。瞧在同鄉面子上，文欽也饒了吧，但需責他五十鞭子，叫他長長記性！陳禕也一樣，雖然是他告密，畢竟還與魏諷有來往，狠狠鞭笞，革掉官職貶為軍吏，叫他從頭做起。鍾繇用人不察已主動請罪，罷去相國之職，以後再說。」果如曹丕所料，曹操並無深責鍾繇之意，這種罷職只是暫時的，過後還會另委重任，即便不能再當相國，列卿、侍中之位總是跑不了的。

丁廙很適時地開了口：「因過免官者不止相國，中尉楊公也已卸職。不知怎麼回事，太子未經請示就做了決斷，將其外放平原太守，未免有些苛刻吧？」他早得兄長密信，盡知京中細情。

曹操連跟曹丕發脾氣的興致都提不起來，只道：「過段時日再把他調回京就是了。」

丁廙還欲再言，桓階忙提高聲音打斷：「楊俊之事不緊要，中尉掌管宮禁乃是重任，不可空缺。」

曹操點頭：「不錯。魏諷所以敢生亂心，正因爪牙之臣不能遏奸防謀，安得如諸葛豐者，以代楊俊？」①

桓階躬身施禮：「徐奕正稱其職。」

丁廙暗暗咬牙——這老貨好狡猾，列卿之中唯有楊俊擁戴曹植，現在楊俊貶出京，竟提議讓與曹丕親厚的徐奕補缺，那九卿豈不全是太子黨！這一案牽扯的人大半原屬荊州，你桓階當年不也是出自劉表帳下嗎？若不是黨附曹丕，這名單上焉能無你？他瞧得透，曹操焉能瞧不透？但已對後嗣之事無奈，懶得管這麼多，便道：「就依你之言吧！」心中卻不免賭氣，手中朱筆一落，竟把剩下的名字全勾了，「就這樣，勾到名字的一律坐魏諷之罪，傳令去辦。」說罷把名冊往祕書郎孫資處一丟，卻因手上沒勁掉落在地。

群臣低頭一看——長長一份名單大半被勾去，朱筆的印跡血淋淋的，觸目驚心，又是數十條人命啊！

國事不寧屢生禍端，雖說這場叛亂未曾萌發就被扼殺，終究不是好事。面對滿臉倦容的曹操，大家該如何勸慰呢？靜了片刻陳群出班施禮：「大王無須痛心。魏諷之叛雖牽連甚眾，卻未嘗不是件好事。大浪淘沙去偽存真，乃天佑我大魏，假此逆案使奸邪之輩反狀盡露、一舉殄滅，自此忠良在朝國泰民安，大王高枕無憂。」

司馬懿在旁不禁蹙眉，頗感陳群畫蛇添足，偷偷朝他擠眼，示意他閉嘴；陳群卻全沒留意，兀自朗朗陳辭。果不其然，曹操聽罷倏然坐直身子，凝視陳群怒火中燒——對誰而言是好事？誰能高枕無憂？是你們吧！先前耿紀叛亂殺了一批關中士人，這次魏諷逆案又差不多把僅有的一點兒荊州之士誅戮殆盡，旁支別派都沒了，今後就只剩下你們這幫中原大族了，高枕無憂的是你們吧？這不是我想要的朝廷，這不是我想要的局面！

曹操想發作卻又忍了回去——算了吧！廢止唯才是舉，改以德行舉士，早就開始走這條路了，抗拒又有何用？我活著能遏制一時，身後又怎樣？這不是謀反不謀反的問題，為了半壁江山的太平，認了吧！陳群既是高門又是子桓死黨，以後必然重用的人，何必為難他？我這輩子殺的士人夠多了，難道要擠對得這幫手握筆桿的士人，在我死後指著我靈位暗暗咒罵麼……想至此曹操沉重地點點頭：「好，大家高枕無憂就好。」此案落幕意味著南方士人銷聲匿跡，此後中原望族在曹魏朝廷占主導地位，江東豪族盡歸孫權麾下，荊州之士皆與劉備一心——三分天下的格局已定，如今三家的主政士人也奠定了！

陳群已見大王變顏，自感險觸龍鱗，灰溜溜退入班中；群臣亦知他這些天心氣不順，身體又越來越糟，誰都不敢再說一句話，大帳又靜了下來。曹操皺眉良久，突然又開了口：「明早起兵，我要去襄樊親自督戰。」

群臣皆覺不妥——先前鬧著要遷都，如今稍見希望又嚷著親赴前線，這時風時雨的性子真難捉摸！大王的身體已經很糟糕了，又帶著王后等女眷，折騰到前線也不可能親自指揮作戰，況且現在中軍也沒多少兵，何必跑這一趟，若是再出點兒意外就不妙了。

曹操察覺到大家的表情，斥道：「難道你們覺得寡人打不了仗？」

「不敢。」群臣忙順著他說：「前線吃緊，非大王親往不能定。」

① 諸葛豐，西漢名臣，諸葛亮遠祖，稟性剛直不阿，漢元帝時任司隸校尉，因彈劾鋤奸馳名。

桓階腦筋一轉，前邁一步和緩道：「臣斗膽相問，大王以為曹仁、徐晃等輩無退敵之能嗎？」

曹操聽他貶低諸將，忙否認：「並非此意。」

「莫非怕二將不肯出力？」

「不是！」

「那為何還要親往？」

「我恐敵人後續兵馬太多，他們應付不了。」

群臣面面相覷——大王腦子都亂了，這話都自相矛盾！既然放心諸將又怎怕他們應付不了？已連派十餘部兵馬，恐怕現在前方的兵力比關羽還多，這邊不剩多少兵了，還跟著一群女眷，幹什麼去啊？說到底，他急於退敵和先前提議遷都的初衷一樣，他對戰爭厭惡至極，太想早點兒結束了。

桓階摸透了他心思，順勢引導道：「今曹仁、呂常處重圍之中而死守無貳，必是內懷死守之心，外有強救之援，以此料之，襄樊必定無虞，大王何憂於敗？以臣之見，大王若決意要去，無須奔赴前線，可在徐晃之後擇廣袤之處安營列寨，遙作聲勢，諸將聞訊必當愈加奮勇，關羽知我還有後援也勢必膽怯，如此豈不更好？」

曹操推敲半晌，歎息道：「也好……何處適合屯兵？」

這桓階還沒想到，隨口說：「去許都如何？」

「不！」曹操甚是決然——自從昔日與天子決裂，他再沒去過許都，即便嫁女兒都沒入朝參駕，行軍經過也不停留，至死不入許都一步！

司馬懿出班應道：「郟縣東南有一湖，名喚摩陂（今河南郟縣東南），沿岸地勢高廣可以駐紮。」那地方離襄樊說遠不遠說近不近，守著湖邊山清水秀的，這哪是遙作聲勢，是讓他療養吧？

群臣也揣摩到了，都道：「對對對，摩陂好！」

大家都說好，曹操也只得點頭。司馬懿又道：「微臣還有一計，請大王斟酌。」

「講！」

「于禁等為水所沒，非攻戰之失，於國家大計未足有損。劉備、孫權外親內疏，關羽得志，權必不願也。可遣人勸孫權奇襲其後，許割江南以封權，則襄樊之圍自解。」

「嗯？」曹操眼前一亮──不錯！繞來繞去，我怎沒想到？既然三家鼎力之勢已成，我固不願襄樊失手，孫權覬覦襄樊已久，又怎會甘心劉備坐大？先前南征孫權已口盟稱臣，這便有聯手的可能，我封他江南之地不過空頭人情，他若能乘勢取關羽之地卻是實惠。況乎若因此使其與劉備結仇，二賊不能並勢，豈不是一舉兩得？三家角力，合二打一，天下的形勢變了，我的策略也要隨之而變才行，還是年輕人腦子靈活，也不枉子桓寵信他，倒是頗有才智……想至此不禁瞄了司馬懿一眼：「就依仲達之言，明日啟程，到摩陂立刻派人聯絡孫權。」

他話音剛落，忽見帳簾一掀，曹休急不可待地闖了進來，竟沒披甲戴盔，跪倒在地納頭便拜：「大王……」

曹操頗感意外：「怎麼了？」

曹休抬起頭來，已淚水漣漣：「小姪得家僮急報，我娘親……」說到一半便哽咽住了。

「唉！」曹操已猜到，「老嫂過世了？」

曹休垂淚點頭：「懇請大王准我回京，安排母親喪事，在靈前盡孝。」按理說軍務在身，一般將領家裡死人也不得擅離；可曹休乃是獨子，少年喪父，母子流落異鄉多經磨難，與尋常之家大不相同。

曹操不禁淒然：「好孩子，你最孝順，回去奔喪吧！也不必太難過，人早晚有這麼一遭，就是寡人也說不定什麼時候……真不知我的兒子們能不能似你哭母親一般哭我！」

「大王……」所有人都跪下了，「莫要出此不吉之言，臣等情何以堪？」

曹操疲憊地擺了擺手：「不說了，都散了吧，明日清早啟程。」

次日清晨中軍拔營起寨，從洛陽到摩陂並不甚遠，不過是一天多的路程，不過大家恐曹操不適，故意放慢了行軍速度，孔桂引導儀仗走得不緊不慢，走了近三天才到摩陂。兗州刺史裴潛早得消息，親領麾下親兵前往等候，又把糧草、供奉等物準備妥了。

曹操在湖畔忙了半日立寨已畢，方要依司馬懿之計派人去江東，不料人家的使者卻先一步到來——孫權窺覬荊州已久，早在當初議和之時就在打小算盤。他將謀奪荊州之事委以呂蒙，魯肅死後打算任命一介文人嚴畯督軍陸口，以此麻痺關羽之心。怎奈嚴畯頗有自知之明又不識是計，一再推諉不肯接任，孫權只得另做打算，派使者過江向關羽提親，願以己子娶關羽之女，假作秦晉之好。關羽又嚴辭拒絕，甚是傲慢，孫權憤恨至極強自隱忍，只待天時。

侯音叛亂、漢中易主，關羽出兵襄樊，水淹七軍于禁敗績。呂蒙斷定此乃吞併整個荊州的良機，便向孫權獻計，詐稱有病，改請任用資歷較淺的偏將軍陸遜統領陸口軍務。陸遜乃吳郡陸氏之人，娶孫策之女，年紀輕輕溫文爾雅，卻暗懷韜略，一到陸口立刻致書關羽，以書生自居，措辭謙卑，盛讚關羽「動足以長世，雖昔晉文城濮之師，淮陰拔趙之略，蔑以尚茲」。奉承關羽為超越重耳、韓信的名將；並自稱「僕書生疏遲，忝所不堪。喜鄰威德，樂自傾盡」。

關羽正在郾城布兵，得信甚喜，料想呂蒙已病、陸遜不過一懦弱文士，遂對江東不加防範，把留駐江陵、公安的兵馬大半調去助戰，僅留糜芳、士仁分屯兩地籌運糧草。孫權見時機成熟，一面任命呂蒙為大都督，與孫皎等將籌劃奇襲荊州，一面派校尉梁寓出使曹操以求聯手，夾擊關羽。

曹操接見梁寓、讀了孫權的親筆書信，心內實是歡喜，假作不屑之態，只道：「奪不奪荊州本是你家主公之事，並不與寡人相干，但前番江東既已許諾稱臣，卻無貢使朝賀，今又以兵事相求，未免不恭。」

梁寓早知他要得便宜賣乖，笑道：「同情相成，同欲相趨。江東拓土，陛下解危，兩家結好乃是天意。若能共破關羽，何事不成？」

曹操實在太想結束這一仗，連面孔都板不住了，立刻就坡下驢：「既然如此，寡人恩准。」

梁寓大禮稱謝，又道：「我軍遣兵西上，江陵、公安皆重鎮之地，關羽失二城必然奔走，襄樊之圍不救自解。望陛下勿將此機宜洩漏，致使關羽有備。」

「那是自然……來人哪，備下酒食款待使者。」

梁寓被典滿恭恭敬敬讓了出去，幾位重臣皆在一旁觀聽，見梁寓走遠，董昭立刻進言：「軍事尚權，期於合宜；祕而不露，非是上策。大王不妨暗命徐晃洩漏與敵。關羽聞孫權偷襲，若還軍自護，則解圍更速；又可促兩賊爭鬥，我軍坐待其弊。」

「公仁之言正合孤意，速派人將此事告知徐晃。和議已成，烏巢也可暫時撤防，調張遼回師，圍剿流寇孫狼。」曹操手捋蒼髯，終於露出久違的微笑，不過只笑了片刻又漸漸收斂——強橫一輩子，最後竟要靠敵人從旁相助，夠可悲的！

最後一戰

孫曹聯手之事很快傳到樊城，曹營諸將著實鬆了口氣，又依董昭之計，遍做文書詳述孫權奇襲江陵之事，捆綁弓箭射入樊城以及關羽聯營之中。

曹仁得訊士氣大增，愈加堅定守城之志；關羽的反應卻甚冷淡。轉眼間又僵持十日，荊州軍非但不退，反將漢水以南之兵大舉北調，圍城之勢更強。其時曹營已聚合十餘部兵力，在徐晃統領下皆屯樊城以北，總人數將近七萬，足可與關羽一爭高下。怎奈荊州軍守備森嚴，一時尚難取勝。

諸將登臨高地舉目南望——荊州軍座座營壘占據衝要、層層工事封鎖道路，箭櫓高壘時時警戒、強弓硬弩處處布防。數萬雄兵四面包圍，把樊城困個風不透、雨不漏；雲梯衝車日夜攻打，滾滾征塵彌漫半空，守兵苦苦招架疲憊不堪，時有屍身墜落城下。城池正北又立前軍大寨阻隔救援，中軍帳前高豎關羽纛旗，兵士齊整營寨森然，斥候飛騎往來不息，輜重車載絡繹不絕；鹿角柵欄十餘重，層層皆有兵卒戍衛，刀槍如麥穗、劍戟似麻林，陽光之下兵鋒熠熠令人膽寒。張弛有度進退得法，好一座無懈可擊的連營！

朱蓋一見此景，氣往上撞：「匹夫關羽也忒囂張！老巢都快丟了，還在這裡耀武揚威。等著瞧，再過幾日前後夾擊叫你片甲不留！」

殷署大感疑惑：「孫權出兵早已飛書告之，敵人竟不退，是不是不相信咱們，當成偽報之計了？」

「不。」徐晃卻已洞察敵意，「關羽想必已證實荊州之事。但他以為江陵猶可堅守，非旦夕可破，故而欲先取襄樊，再乘得勝之威回師再救江陵。水淹七軍有如天助，若半途而廢前功盡棄，不知何年何月復有此勢，大利當前也無怪他戀戰不退。」出於私交他也為關羽捏把汗——當退不退，貪利不捨，此為將之大忌。關羽決心賭一把，可若賭不贏，必然前後俱失一敗塗地，風險實在太大。

賈信在旁觀望良久，不無憂慮：「我軍雖過郾城，敵人卻也合兵一處，攻城之勢愈猛。照這勢頭發展下去，曹將軍堅持不了幾日，只怕不等孫權得手樊城就已陷落。存亡安危，勿求於外，咱不能光指望孫權。況且即便能假孫權之手解圍，也……」他話說一半終覺有礙，把後面的話咽了回去。

徐晃瞥了他一眼，已明白其心事——接連遭遇慘敗，曹軍的跟頭摔得夠慘了，即便假孫權之力解圍，終究顏面掃地。眼下不僅是救援的問題，還得為曹操挽回顏面。

「拚吧！」朱蓋又叫囂起來，「咱們人多勢眾輪番上陣，即便拿不下敵營，至少也能擾其攻城。」

眾將盡皆附和，徐晃卻不忙於表態，只道：「固然要拚，卻不能死拚。」他抬首向左右瞭望，仔細觀察荊州軍的部署，最後目光鎖定在西南方向一處高地──關羽在那裡另設了四座別寨，分兵一萬，由都督趙累統領，一旦曹軍進攻關羽，趙累便從旁阻擊掣肘於後。

觀察良久徐晃揚手一指：「有辦法了，聲東擊西調虎離山。」

「調虎離山？」眾將面面相覷──這計策本不出奇，但關羽之營守備甚固，即便能分散前營一些兵力，十餘重鹿角守備豈是簡簡單單就能突破的？

徐晃也非成竹於胸，又問參軍趙儼：「可還有後續援軍未至？」

趙儼道：「十餘部兵馬除張遼和臧霸別部之外皆已趕到，青州別部不過數千倒也無關痛癢，張將軍正追剿孫狼，據說連連告捷，再過幾日就將來此會合。」

「事情緊急，不能等文遠了。」徐晃逐一審視諸將，最終目光落在朱靈身上，「文博，能者多勞，這次又要靠你打這頭陣了。」

朱靈也以勇悍馳名，且常與徐晃並肩作戰，他二人關係比之旁人更為親近，笑道：「客套啥？大王不在、征南將軍被圍，這裡就你說了算，你指哪兒我打哪兒。」

「好！」徐晃放心指派，「明晨天亮，你率領劉若、馮楷、徐商、呂建四位將軍強攻西南四營。」

此令一出不僅朱靈詫異，所有人都一愣──這五位皆軍中大將，他們率部出擊就分走了將近一半的兵馬，剩下的人攻關羽豈不更難？徐晃不容朱靈質疑，厲聲追問：「可否領命？」

「行！任憑你安排。」

徐晃微微一笑：「若要引蛇出洞，假戲也要真做。」

「放心，我這輩子從來不懂什麼叫作假。你讓我攻，我就跟趙累玩真的，不破敵營誓不收兵！」

「這便最好。」徐晃漸漸收起笑容，「餘下諸部集結待命，各選精銳敢死之士，由我親自統領強攻關羽大營。」眾將無不凜然——徐晃向以老成持重聞名，這次卻要親率前鋒出擊，看來當真是要玩命了！

次日清晨卯時剛過，曹營戰鼓隆隆，朱靈五將各率本部兵馬踴躍而出，直奔西南方向殺去。趙累也得軍報，匆忙調遣固守。徐晃則與殷署、朱蓋、賈信等將剩餘所有兵力調至前營，命大家席地而坐不准言談，以防敵方斥候察覺。

朱靈諸部兵馬數萬遠過於敵，趙累占據高地憑險死守，頓時殺個平分秋色。曹兵一次次衝殺，又一次次被弓箭射回，朱靈仍自揮兵前擁；趙累被曹軍聲勢所駭，指揮將士竭力抵禦，急得手忙腳亂。其實曹營眾將心中更急，斥候一撥撥往來，卻只有趙累的動向，全無關羽方面的消息。西面戰事已膠著，可對面大營無半點兒動靜，調虎離山虎不出，如何是好？大家都盯著徐晃，徐晃卻很沉得住氣，盤腿坐在旌旗邊，自顧自擦拭著大刀。

眨眼間兩軍交戰已有一個時辰，曹軍終不能突入敵營。佯攻早已變成真打，朱靈眼見強突無用，退後列開陣勢，呈三路包抄之勢圍攻敵營。霎時間雙方箭雨往來猶如穿梭，荊州軍畢竟有寨牆防護，還倒猶可；曹軍乃是仰攻，將近兩萬士卒布於山坡，立時死傷甚重。軍報傳至營中，眾將更為憂慮，連趙儼都有點兒坐不住了，質問徐晃：「此計果可行乎？」

徐晃放下大刀又整理箭囊，隨口道：「關羽唯恐我軍大舉突擊，另設西南四營以為犄角之勢，此乃兩相救應之法。若趙累有失，攏城據守兵馬再多亦為孤軍，故四營乃必救之地。今攻其必救敵卻不出，定是疑我有聲東擊西之計。可再稍候一時，待趙累危難已極，關羽必出。」說罷回頭吩咐小將樂綝，「你且將所部人馬分一半，虛打我之旗號前往助戰。」

樂綝領命而去，又帶走兩千兵馬，眾將已急得摩拳擦掌。徐晃卻兀自沉穩，低聲勸慰：「關羽亦智勇雙全之輩，欺之不易。劉備畢生用武極少分兵，可一旦分兵必授關羽，足見其用兵得力。與此等名將交手且不可心浮氣躁。」

徐晃叫樂綝虛張自己軍旗前去，既是迷惑敵人，也為激勵將士。這會兒朱靈、徐商等早忘了本意是佯攻，各自身先士卒，冒著流矢向上衝殺。敵人見曹軍湧至營壘，忙分兵出去阻擋，中路已呈白刃相接之勢；馮楷、劉若自左右兩路攻打，荊州軍又投滾木檑石抗拒，好一場惡戰！

這邊曹營斥候絡繹不絕，卻仍無關羽動向。眾將心急如焚，觀看日頭將近巳時，前方戰報朱靈已殺至趙累轅門。朱蓋實在按捺不住，一躍而起：「算啦！我領兵去助朱靈，即便關羽不出，拿下西南四寨也可……」

「報——」

話未說完，又一騎斥候奔來：「關羽大營西門已開，有一隊兵馬出營馳援趙累。」

朱蓋聞報一怔，繼而三兩步奔至轅門箭櫓，手腳並用攀上杉篙，親自向外觀瞧，一望之下頓時欣喜：「是關羽！老虎離山啦！」

下面眾將躍躍欲試，都站了起來。徐晃猶存懷疑，坐在地上冷冷喝道：「坐下別動……你沒看錯？」

「錯不了！」朱蓋在上嚷道：「領兵的就是他，化成灰我也認得。」

徐晃又問：「帶多少兵？」

「少說也有五六千！」

關羽自荊州率部出，連破兩郡頗得降卒，又收編七軍部分人馬，此時總兵力也有五六萬。這些部隊，圍城襄陽、樊城占去兩萬，布於漢水兩岸諸營及守備鹿角者亦有萬餘，趙累別屯西南分有一萬，前軍主營頂多還剩萬餘人馬，不過仰賴工事森嚴無懈可擊。現在關羽親自馳援便分走一半兵力，主營更顯空虛，此時不下手更待何時？

賈信等紛紛請命：「是時候了，動手吧！」

徐晃不慌不忙起身，眾將以為要傳令，哪知他只是走到自己戰馬前緊了緊鞍韂：「情勢未老，猶有變數，再等等。」

諸將急得咬牙跺腳卻也拿徐晃沒辦法，都牽各自坐騎，時刻準備出戰。朱蓋攀到上面瞧得分明，不錯眼珠盯著關羽的隊伍。又過一陣子，他猛然回頭高呼：「關羽已與樂綝接戰！」

徐晃連連點頭：「好，好，好……」三個好字說罷，縱身上馬，一攥掌中大刀，「三軍兒郎起身聽令！救援樊城在此一役，敞開寨門隨我衝啊！」

將近兩個時辰的漫長等待，將士們早卯足勁兒了，聞聽號令盡皆跳躍而起；曹營轅門寨門全部敞開，擂鼓震天勢如奔牛——將近三萬之眾盡數湧出。

真正的戰鬥到此才剛開始，關羽雖已出，十餘重鹿角守備尚在。曹軍一千敢死士衝鋒在前，頭一排騎士已懷必死之志，披雙層鎧甲，也不管對面飛來多少流矢，硬生生直奔鹿角柵欄而去！鹿角之後皆有敵人戍衛，霎時間一連串戰馬嘶鳴，皆被長槍大戟刺入馬頸。但徐晃早有安排，這排劣馬原本就是要損的，另有步兵緊隨其後；騎兵衝擊力道甚大，後面步兵趁著敵人槍戟拔不出，躍上前去各揮刀斧，荊州軍兵刃盡被斬斷；再後面一排又湧上來，一陣砍瓜切菜，劈碎鹿角殺死敵兵——關羽精心安排的守備就這麼被攻破了。

饒是徐晃深謀遠慮早有調度，敢死之士勇悍無前，只攻破四重鹿角就已是強弩之末。畢竟戰馬寶貴，不能都糟蹋在此，況後面敵人觀望既久便知曹兵戰法。待到第五層時所備馬匹用完，敢死士只得揮刀相搏，槍來刀往血肉橫飛，有人攀上柵欄未及交手便被當胸刺入，兀自高舉陌刀向敵人撲去，塹溝幾乎被屍身填平！

堪堪殺至第六道鹿角，敢死之士差不多折盡了。徐晃情知兵貴神速不可耽擱，縱馬高呼：「今日相搏有進無退，退後一步者斬！全軍突進！」命令傳下先調一隊騎兵突擊。箭在弦上不得不發，這隊騎士也管不得前面是敵軍還是自己人，打馬揚鞭橫衝直撞，有的縱馬躍過鹿角，有的踏著死屍勉強而過，更多的則中槍倒斃填了壕溝；後面曹軍層層湧上，生生擠過了這道防線。

十餘道鹿角突破一半，此時想收手也不可能了。賈信、殷署等將也顧不得軍令不軍令，各率兵馬齊向前擁，諸部已是齊頭並進之勢，猶如一股巨浪席捲而過。一來是曹兵奮勇相搏，二來也是荊州兵大為驚撼，數道防線一突而過。但如此強攻硬打曹軍損失甚大，所過之處死屍遍野，後面的人就是踩著戰友的屍身往前衝。

烈日當頭正在午時，眼瞅著已衝到最後一層防線，曹軍實在筋疲力盡，荊州兵大開營寨，盡驅弓箭手布於轅門，陣陣箭雨間不容歇。此刻曹軍早失去建制，諸部兵馬混作一團，號令無法傳達，又被飛箭射得自相踐踏。徐晃揮旗吶喊全然無用，乾脆把心一橫縱馬而出——兩軍將士眼望這員威風凜凜的大將冒著飛矢馳騁而過，身中數箭亦不退縮，轉眼已到陣前，黑色戰馬縱蹄而躍，有如一團烏雲掠過鹿角；馬蹄落處正是敵人陣中，大刀橫劈豎砍驍勇難擋。

曹軍已號令混亂，而此時主將行動就是無聲的號令！混亂的士卒登時安定下來，眼瞅著徐晃落入敵圍性命可危——數萬勇士莫說建功立業，若連自己的主帥都不能保全還算什麼當兵的？眾將士一陣震天動地的吶喊，齊向最後的防線撲去。萬人齊心移山倒海，荊州兵弓矢再多亦難抗拒，這最後一道防線也被突破了！

白刃相接一通混戰，兩軍將士都被籠罩在血霧中。曹兵將士眼見敵人轅門近在咫尺，人人都似瘋了一般叫囂著，手中兵刃毫無章法地狂揮亂舞著，只盡情往人多地方撞。朱蓋率領親兵一馬當先，殺入重圍先救徐晃，但見將軍已中十餘箭，幸乎鎧甲堅硬尚無大礙；朱蓋難抑敬佩之情，贊道：「從前只知將軍治軍嚴整，今日才知將軍勇烈不讓樂進、張遼！末將慚愧……」徐晃卻無暇與他多言，忍著傷痛左右馳騁催促士兵速進。

荊州兵所仗者就是這十餘重鹿角壕溝，現在盡被曹軍突破，早已六神無主，拚殺一陣便已不敵，那些弓箭手更無抵抗之力，被曹軍殺得四散奔逃。賈信正呼叱騎兵速進，猛一眼瞅見轅門下有一敵方軍吏揮舞令旗正在指揮，竟是叛國投敵的原荊州刺史胡修。

惡自心頭起，恨向膽邊生。賈信舉刀一指厲聲暴喝：「叛臣胡修賣主求榮，大家先誅此賊！」這一聲呼喝猶如晴天霹靂，胡修嚇得肝膽俱顫撥馬欲遁，怎奈未進營寨背後連中數箭，忍痛不住跌落在地，竟被荊州敗軍馬蹄踐過，踏為肉泥！

所有障礙盡被掃清，雖說曹兵此時已無建制可言，但勝利就在眼前，士卒都已忘卻傷痛，吶喊著殺入大營。前方敗績死者甚眾，此刻營中空虛已極，唯關平督帥餘人尚有戰力。小將真不愧虎將之子，心如鐵石武藝出眾，奮力搏殺全然不懼，勇固勇矣，惜乎寡眾懸殊已無力挽回。曹兵源源不絕湧入，逢人便殺、見車便挑、遇營帳便刺，營中已一片大亂。

正在此時忽聞西面有呼喝之聲，荊州軍又至——原來關羽知大營遇襲，匆忙趕了回來！關羽之勇享譽天下，號為「萬人敵」，昔日亂軍之中擊殺顏良，何人不知哪個不曉？此時見他趕回來救，曹軍將士早已疲憊，又生怯意，只一交鋒便已不支。徐晃此刻帶傷無力再戰，可事已至此必要保住勝果，又料定關羽驟然折返後面必有己方追兵，情急之下當眾大呼：「莫忘前約，誅關羽者賞金千斤！」

重賞之下必有勇夫，徐晃重提舊事，真有幾個人勇氣倍增，重操兵刃迎敵便上。有一個帶頭的就好辦，後面的人互相壯膽，都跟著擠過去。這哪是要鬥關羽，分明要爭那一千斤黃金！

關羽倒是來者不拒，無奈麾下士卒已無法承受——江陵遇襲之事數日前便已確認。荊州之士家眷皆在後面，早已歸心似箭，無奈將軍戀戰，不破襄樊誓不回師，大家只能強忍憂心在此效命。如今十餘重防線皆被曹軍突破，莫說攻克樊城，連大寨都快保不住了，倉促回援呂建、徐商還在後面追擊掩殺，這仗還怎麼打啊？情勢使然，荊州軍崩潰了……眼見士卒奔逃不聽號令，關羽再無扭轉之力，只得衝殺一番救下兒子，父子倆率領殘兵突出東寨門，向別部營寨撤去。

此座大營既被曹軍所得，便與樊城北門相鄰，圍城之難總算解了。但勝利帶來的不是狂歡，而是沉默，士卒全都癱倒在地——雖有聲東擊西之計，但連突十餘防線，長驅直入虎口拔牙，何時打過這麼艱難的仗？

徐晃卻仍不得閒，一邊拔去鎧甲上的箭枝，一邊傳下命令，派人進城聯繫曹仁、打發斥候再探關羽動向，又是收斂繳獲糧草，又是盤查俘虜；剛緩了口氣，卻見殷署綁來一人：「你們看，我把誰抓住了？」

眾將一見群情激奮——原來是納土降敵的南鄉太守傅方！

「無恥叛賊，可料有今日之事？」

傅方體似篩糠、悲泣哀懇：「望列位看在往日同僚情分，好歹留我性命……」

徐晃怒道：「你乃大王親手提拔之人，不忠不義獻城投敵，還有臉道情分二字！若不殺你何以告慰死難之士英靈？何以解大王心頭之恨？推出去——斬！」哪還用刀斧手用刑？殷署照定後心就是一刀，其餘眾將也恨他不過，一擁而上亂刀剁為齏粉。

正在此時斥候馳馬來報：「關羽收兵傳下一令，捨棄江北諸營。荊州諸部盡皆撤防，趙累營寨也被朱將軍奪下，敵之舟船壅塞水路，正向南岸撤退。」

朱蓋仰天大笑，又來了精神：「諸位，趁此良機速速追襲，非但襄陽之危可解，興許還能搶其輜重、活捉關羽！」

怎知他話音未落，有人連聲制止：「不可不可，大王若在此間必不允你。」諸將回頭一看——但見參軍趙儼由一隊親兵護衛著匆匆趕來。

朱蓋不禁苦笑：「趙公來的總那麼不是時候。」

「眾將辛苦啦！」趙儼下馬作揖。

徐晃蹙眉相問：「公素能知主上之意，可否為我等解惑？」

趙儼微笑道：「今關羽已敗，雖退據南岸但軍心惶惶，襄陽城高池固必無憂矣。我軍當以修復樊城、撫恤士卒為重，任關羽自撤，留待其與孫權相殺；若深入追擊，則孫權必疑我有漁利之心，或與關羽重敘舊好，將生禍患於我。大王也必以此為慮不得安心。」他這番話表面上有道理，卻經不起推敲——搶奪荊州乃孫權之夙願，不會半途而廢；況江東已與曹魏同盟，又壞關羽大事，重歸於好談何容易？其實事情的根本並不在於形勢，而是曹操疲乏已極，保住襄樊便可，不希望再捲入別的戰爭了。

徐晃明白趙儼的心思，直到此時他才長吁一口氣，渾身氣力彷彿一瞬間都耗盡了，撫著肩頭的箭創喃喃道：「到此為止吧，能讓大王安心便好……」

第十七章

魂斷故都，梟雄離世

索然無味

建安二十四年（西元二一九年）閏十月，就在徐晃力敵關羽之際，荊州戰局已發生重大轉折。江東大都督呂蒙自潯陽出兵，以商船暗藏精銳溯江而上，晝夜兼程奇襲江陵。荊州守軍薄弱，加之公安守將士仁與關羽不睦，開門揖盜；南郡太守麋芳獨木難支，也只得投降；孫皎、陸遜、朱然、潘璋等部隨即大舉侵入荊州。

關羽雖在襄樊，卻已得到曹軍飛書透露消息，初始只當是惑亂軍心之計，繼而後方流言也甚囂塵上。按理說江陵乃關羽根基所在，突遭襲擊必當回救，但有利戰局實在難得，放棄良機日後難圖，況猝然收兵亦恐曹軍掩殺於後。關羽一念之差戀戰不退，怎奈徐晃英勇奮戰攻破前營，樊城之圍已解，曹軍氣勢大漲，再戰下去已無勝算，只得放棄襄陽回救荊州。

正如趙儼所料，曹操始終沒有下達追擊的指示，他對臣下宣稱要讓孫權、關羽兩賊相殺，從而使兩家徹底翻臉勢不兩立。這固然是個說得通的解釋，但明眼人都瞧得出，能保住襄樊曹操已經夠慶幸的了，他實在沒有心情和毅力再糾纏下去。

曹仁、呂常、滿寵大難不死，重新修補守備，再不敢像侯音叛亂後的屠殺那樣以嚴刑峻法激起事端，對曾經投敵的吏民予以寬大，漸漸恢復了對南鄉郡的控制；不過經歷了這麼大的水災兵災，又有瘟疫爆發，要想重振雄風非一朝一夕之工。徐晃收斂關羽所棄糧輜回轉洛陽，張遼也剿滅叛匪孫狼班師北歸；曹操不顧病體，出摩陂七里迎接，盛讚徐晃之功，明發軍令宣稱「賊圍塹鹿角十重，將軍致戰全勝，遂陷賊圍，多斬首虜。吾用兵三十餘年，及所聞古之善用兵者，未有長驅直入敵圍者。將軍之功，逾孫武、穰苴。」誠然徐晃功勞不小，但更重要的是保全了曹操霸主的顏面——襄樊解圍根本原因是孫權釜底抽薪，曹操強橫一生，不會甘於借助旁人之力挽救危局。有徐晃這場勝仗，他總算能對世人宣稱是自己擊退了關羽。對於王者而言，還有什麼比尊嚴更重要？

此時各路趕來救援的兵馬匯集摩陂，總兵力將近八萬；原地休整幾日，曹操便傳令拔寨回轉洛陽，這場戰事到此結束。不過就在他剛剛抵達洛陽之際就得到消息——關羽死了！

原來荊州軍雖撤兵回救，但為時已晚，江陵已然易主，關羽及麾下將領家眷全被江東軍控制。呂蒙嚴申軍法、優待俘虜、保護府庫、安撫百姓；關羽麾下皆荊州之兵，家園陷落早已惶恐，幸而得知家眷子弟皆受優待一切安好，人心浮動更無鬥志。繼而孫權又趕到公安親自坐鎮、招降納叛，荊州重臣潘濬、郝普等相繼歸順，各路人馬盡占南郡之地。

時至建安二十四年十二月，關羽之兵日漸叛離，眼見窮途末路已無回天之力，轉而向西暫屯麥城。孫權派人勸降，關羽假意應允，在城頭偽插旌旗，趁夜出逃欲奔蜀中。怎料孫權已有防備，早命朱然、潘璋布置埋伏，關羽力竭勢孤，身邊僅剩十餘騎相隨，最終在當陽縣漳鄉一帶被潘璋麾下司馬馬忠截獲。關羽及其子關平、部將趙累等均被斬首——惜乎一代名將關雲長，從水淹七軍威震華夏的人生巔峰，到敗走麥城身首異處的悲慘結局，其間僅僅四個多月。

關羽既死，孫權揮師南下，襲破劉備麾下樊伷、陳鳳等部，搶奪武陵、零陵之地；又命陸遜領兵西進，取秭歸、枝江、夷道等要塞，屯兵夷陵，守衛峽口以防蜀軍——至此劉備勢力被徹底趕出荊州。

江東使者梁寓再度出使曹營，把樁樁件件大事都向曹操做了匯報，曹魏君臣都不免有些意外。關羽兵敗不難預見，但孫權竟能在這麼短的時間內吞併荊州，威力實在駭人。曹魏君臣一則以喜、一則以憂：喜的是關羽乃劉備第一心腹幹將，待若手足、獨當一面，現今關羽已死、荊州易主，不但劉備東西兩路北伐的戰略化為烏有，孫劉兩家的聯盟隨之徹底破滅。憂的是荊州除狼而得虎，曹劉紛爭遂使孫權漁翁得利，坐斷東南實力大增，一場辛苦為誰忙？

不過此時孫權恭順得像隻小貓，梁寓反覆強調這場勝利全是託賴魏王之威、蒙曹軍相助得以成功，甚至主動提及被囚於江陵的于禁、浩周、東里袞等人已被「解救」，不久將把他們連同昔年被擒的廬江太守朱光一同禮送鄴城，並提議南北互市，流通財貨以示親善。

曹操深知這些表態皆虛情假意，孫權無非想把荊州易主之責分給他，借重曹魏的力量防備劉備復仇。但曹操也期望孫、劉進一步反目，分而破之，便全盤接納孫權的「好意」，並表奏梁寓官職，將其留於營中以便來往溝通。

不管孫權臣服得多牽強，這畢竟是三年來曹魏取得的唯一成就，曹魏君臣無論如何都要向全天下宣揚。群臣張羅著犒賞三軍，並準備上表許都獻捷；又逢年終之際，遠在鄴城的太子曹丕也派魏郡太守徐宣來洛陽恭賀問安；曹操設擺酒宴，酬謝文武慶賀新年。

這是曹操畢生最沉悶的一次新年宴會，就在中軍大營進行，沒有相國列卿，也沒一個兒子陪在身邊，因為眾將在場，王后也不便出席，主角只是他自己。隨軍諸臣皆知他身體不佳，故而說話都很輕，也沒有人往來敬酒，就連張遼、徐晃為首的眾武將也變得溫文爾雅。傍晚涼風徐徐吹過，雖不甚冷，卻也人人加了寒衣。初升的一彎新月在雲層間若隱若現，加之火炬被晚風撫弄得忽明忽暗，竟給人一種落寞惆悵的感覺，完全沒有新春的喜氣。

按照禮制，群臣該依次向大王敬酒，事實上卻只有為首的陳矯、董昭獻了祝詞。曹操眼望後面排成長龍的眾文武，不耐煩地擺了擺手——無外乎什麼功蓋古今、德越堯舜、長壽齊天之類的話，他早聽膩了。從酒宴開始他就不聲不響自斟自飲，群臣也揣摩不清他到底思索什麼，場面十分冷清，只有樂工在一旁演奏著毫不協調的喜慶音樂，蓋過了所有人的低語。

以往這等場面必有人進獻詩文，如今王粲、劉楨等輩俱已作古，祕書郎不過是承敕擬旨，也缺了這份才情。在座若論及詩文首屈一指的當屬丁廙，孫資一個勁向其使眼色，示意他獻詩湊趣。丁廙卻渾然不覺，面無表情只知灌酒——他也有他的心事，大王的身心狀況任誰都瞧得出，丁家的塌天大禍已越來越近了。

倒是孔桂腦子靈，起身施禮：「大王文采冠天下，逢此佳期何不賦詩一首？」

群臣馬上跟進，有的道：「襄樊之勝震古鑠今，正當留詩篇傳頌後世。」有的道：「冬末春初，陰退陽進，請大王以詩賦舉燭，訓臣等為政之道。」還有人道：「久不聞大王傑作，臣等也期盼得很。」這倒不是奉承，他一代大詩人的地位毋庸置疑。

但曹操卻只無精打采搖著頭：「寡人沒心情。」

孔桂碰個軟釘子，眼珠一轉，又扮作一臉苦相道：「大王不作詩真是遺憾。最近微臣也想習學吟詩作賦，正欲聆聽佳作勤加仿效。」

他這麼一說，群臣紛紛冷笑——一介不學無術的諂媚之徒，能學什麼詩作？說這等大話不怕閃了舌頭！

「哼。」曹操不當回事，「你呀，今生無望附庸風雅，不必白費工夫了。」

孔桂一聲長歎：「唉！微臣自知少小荒廢根底不佳，作詩也純屬妄想，不過近來閒暇之時倒是讀了些書，肚裡攢些墨水，方不負大王賜予的官帽。」

曹操更是不屑：「別逗寡人了，你也知讀書？讀了什麼書啊？」

孔桂故作赧然，笑道：「桓譚所著《新論》。」

群臣交頭接耳，誰都沒想到這廝竟會研讀如此精深的書籍；也有人全然不信，暗暗嗤之以鼻。曹操更是搖頭不信：「桓譚的書豈是你能讀懂的？有何心得不妨說說。」

孔桂抓耳撓腮道：「心得倒談不上，只是其中有句話實在太妙，堪稱至理名言，令微臣日夜難忘。」

「哪一句？」

孔桂屈身拱手：「吳之翫水若魚鱉，蜀之便山若禽獸。」

這句話有何出奇？群臣初始一愣，慢慢思忖，竟不約而同地大笑起來——原來孔桂尋章摘句不過為說笑話。吳之翫水若魚鱉，蜀之便山若禽獸；這句話本身不出奇，但若放在現今天下之勢來看，豈不是諷刺江東孫氏是烏龜、蜀中劉備一黨皆禽獸嗎？

曹操臉上也艱難地綻出幾分笑意，酒宴的氣氛也隨之而活躍了些。正有人欲起身敬酒，忽見轅門外跑進一侍衛：「啟稟大王，揚州刺史轉來孫權表章。」原來孫權稱臣之事初定，為表示誠意，已禮送于禁等過江，又趁新春之際再上賀表，並送來關羽首級向曹操「表功」。

四四方方的烏木匣子被親兵捧了進來，就放在宴席中間，頃刻間所有目光都聚攏到這個小方盒上。昔日白馬坡刺顏良的一代勇將竟落得身首異處的下場，真令人難以置信。

「大王，打開查驗嗎？」親兵問道。

曹操剛有的一點兒笑靨又已不見，強掙著起身：「寡人親自來。」繞過帥案，慢慢踱至匣前，伸手欲掀蓋子，但還未碰到匣子又停住了——雖然關羽當年棄他而走，二十載隨劉備與他作對，乃至擊敗七軍擒獲于禁，但曹操並不記恨。為將者貴在忠義，關羽畢生對劉備忠誠不貳，這是任何人君都應提倡的。人與人之間總要講緣分，他與關羽便是無緣。

猛然間曹操想起一事，當年官渡之戰關羽辭行時曾立一誓，只要曹操不犯劉備，關某絕不主動提兵攻曹，若悖此言身首異處不得全屍葬埋。沒想到如今這誓言果真應驗啦！難道冥冥之中真的有定數？想至此他又覺荒謬——背信就一定應誓嗎？若果真如此，他自己這一生說過多少謊言，又有哪次真的遭了報應？

「唉！算了吧。」曹操的手慢慢縮回來，「雲長也稱得起一代名將，身首異處已是莫大恥辱，寡人何忍再讓他首級曝於眾？」說著從臣下案頭取了盞酒，悄然灑在那匣前，「一盞水酒了卻恩怨，尋僻靜之處葬了吧！」他固然有垂憐之意，但更重要的則是籠絡之術。尊重別人麾下的勇士，也是尊重自己的勇士，那些血性漢子們見了則越發覺得他們的主子值得效忠。雖然曹操身心俱已老邁，但他高明的御將之術還在，早已深入骨髓與靈魂融為一體，難辨其用情真偽。張遼、徐晃也是五味雜陳，隨之篩了碗灑下祭奠，這才容士兵捧走。

曹操回轉座位，一頭倚在胡床上，顯得格外傷神，疲憊地朝劉放擺擺手。劉放會意，趕緊接過孫權的表章當眾朗讀——這份表章不知何人捉刀，真可謂滿紙逢迎之辭，一賀曹操穩固襄樊之捷，二表江東臣屬誠意，把曹操褒為開天闢地以來第一英雄；最後竟公然勸進，稱曹魏之德遠邁漢室，應行武王代商事，江東之邑願為藩屬，甘居臣子之位。

群臣立時騷動——孫權上表並獻上關羽首級的目的顯而易見，就是進一步轉嫁劉備仇恨，借曹魏之力自固。但這等卑躬屈膝的措辭誰都無法想像，勸進之舉更駭人聽聞。

議論聲中董昭站了出來：「臣斗膽附議，孫權雖割據之徒，然此表章之意未為無理。大王之功人所共見，魏室之權更是天下共知。值此新年之際，大王何不從善如流？除舊布新，成就帝王之業！」所有臣僚中，董昭是對勸進之事最積極的一個，幾乎到了無孔不入的地步。緊接著眾將也開始附和，叫嚷著要讓曹操當皇帝。

「哼哼……」曹操發出一陣乾澀的苦笑聲，「孫權之言未可信矣。他父孫堅興兵討董卓，其兄孫策因袁術僭號與之反目，雖懷逆於胸，終以道義自詡，未敢冒瀆漢室，何以向寡人獻勸進之言？依我看來，此兒是把我放在火上烤啊！什麼願居藩屬永遠稱臣？我若當真僭位，只怕第一個跳出來罵我亂臣賊子的就是他孫仲謀！」

董昭卻道：「十分天下大王已有其九，可戰之師不下十萬，兵鋒所指賊人披靡，何懼吳蜀蕞爾小邑？」他所言雖然誇大，但果真兵戎相見，曹魏不懼孫、劉倒是實情。這些年就是這麼過來的，更何況如今孫、劉反目，二敵不能並勢。

曹操只得把他翻來覆去說了半輩子的話又端出來：「寡人一門世為漢臣，不可有負國恩。公仁不必多言，明日你就赴許都向天子報捷。」

董昭心有不甘，還未及言，又有一人道：「昔日辛毗曾為大王解二袁相爭之事，今孫權勸進亦可作如是觀。大王無須問其意真偽，但觀天下之勢可斷矣。」眾人轉眼觀瞧，說話的是陳群，「漢室自安帝以來政去公室、國統數絕，至今唯存名號，尺土一民皆非漢有，期運已盡，曆數已終。桓靈之間精通讖緯者皆言『漢行氣盡，黃家當興』。大王應期，十分天下而有其九，猶屈尊事漢，遐邇怨歎，故孫權在遠稱臣，此天人之應。臣以為虞、夏不以謙辭，殷、周不吝誅放，畏天知命，無需謙讓。恭請大王早登大統君臨八荒，上應黃天之數，下慰黎庶之心。」

論爵祿資歷，陳群不及董昭，但他乃中原名門陳寔之後，在士林中的威望首屈一指。如今連他都公然這麼講，別人更有何顧忌？長史陳矯為首的所有文武盡數跪倒：「恭請大王早登大統君臨八荒！」

「都起來……」曹操既沒表現出詫異，也沒有任何喜悅之色，他的眼神宛如深邃的古井，「寡人知你等誠意，但我不能做皇帝……」這次他沒有給出任何理由，也懶得再編造藉口了——不論曹操如何膽大妄為，畢竟修儒家之學長大，他無法抹殺前半生食漢粟、受漢恩的事實，連他自己都認為以臣謀君是天大逆事，哪怕自欺欺人當無冕之皇也不敢邁出這一步，此其一也；三十年來他每有所圖必「三讓而後受」，不斷表示要忠於漢室，如今反目不啻為自打耳光，失信天下，此其二也；他畢生以拯救危世為志，自詡「奉天子以討不臣」，視孫、劉為亂世縱橫之徒，一旦稱帝漢室從此不復，孫劉也勢必要各謀九五，天下便成三帝同尊之局，要曹操與孫、劉為伍，實在心有不甘，此其三也；華夏自古重一統，今卻未得歸一，做半壁河山的皇帝終究不圓滿，怎配與秦漢開國之主比肩？與其被後世小覷，不如不做，此其四也。

這些顧慮條條在理卻不可言傳，但群臣也差不多全能揣摩到——話說到這份上依舊不允，他們實在拿這個畢生追求完美，卻偏偏得不到完美的人沒辦法啦！

群臣無奈，紛紛起身。卻有一人跪地不起，正是與曹氏至親至近的夏侯惇：「大王！我有一言實在難忍。」這半年多他主持漢中撤軍、與張既安排百姓遷徙、七軍敗後籌措募兵，日夜操勞染了場病，至今尚未痊癒，臉色蒼白聲音嘶啞。

「說吧……」

夏侯惇驟然提高嗓門：「天下皆知漢祚已盡，殿下戎馬三十年，功德著於黎庶，即便稱帝應天順民，復何疑哉？」

夏侯惇這話聽似老生常談，其實別有一番深意——你那些不稱帝的顧慮固然有理，但說穿了不過「臉面」二字，都是別人怎麼看你；而你忘了最重要的是你自己！

那一瞬間曹操幾乎動容——不錯，任何人活著都是為自己，別人怎麼看真的重要嗎？三十餘年戎馬春秋機關算盡，為的不就是最後這一步嗎？有生之年這步沒邁出去，對得起自己嗎？

董昭見他有動容之色，正欲再添把火，哪知還未開口，又見曹操搖了搖頭，表情甚為苦澀，卻說不清是悲還是喜：「施於有政，是亦為政。若天命在吾……吾願為周文王矣。」

本已熱鬧起來的宴會又變得寂靜無聲，所有人都暗暗品味這話的深意。孔子曾評價周文王：「三分天下有其二，以服事殷。周之德，其可謂至德也。」曹操以文王自詡，便是但行好事莫問前程，就算天命所歸也未必要抓住。「施於有政，是亦為政」，掌權一世造福眾生也就夠了，何必非要圖那個虛名？不過群臣很自然地順著這思路繼續延伸——周文王固然屈尊事殷，可到他兒子武王之時還不是要取而代之？莫非曹操的意思是他當文王、太子當武王？

但不論他們如何揣摩，曹操顯然不願再提此事。他慢慢合上眼：「你們剛才說想聽寡人作詩，那我就作一首……」靜默了片刻，輕輕吟唱道：

厥初生，造化之陶物，莫不有終期。
莫不有終期……
聖賢不能免，何為懷此憂？
願螭龍之駕，思想昆崙居。
思想昆崙居……
見欺於迂怪，志意在蓬萊。
志意在蓬萊……
周孔聖徂落，會稽以墳丘。
會稽以墳丘……
陶陶誰能度？君子以勿憂。

年之暮奈何，時過時來微。

（曹操《相和歌・精列》）

世間萬物終歸於黃土，即便「思想昆侖居」、「志意在蓬萊」，早晚要面對死亡。周公、孔子那般聖人都逃不過，誰又奈何生死？曹操總算勘破了，他不再慷慨激昂唱著「老驥伏櫪，志在千里」（《觀滄海》），也不再如痴如幻地吟誦「願登泰華山，神人共遠遊」（《秋胡行》）。該來的時候來，該走的時候走，無論天子還是庶民，無論你風光無限還是委委屈屈，兩腿一蹬都一樣——人這輩子其實就這麼回事兒，到頭來有什麼虧不虧的？

群臣聽著他滄桑而又低沉的嗓音，品味那玄妙而又淡雅的詞句，那是對生命的感慨、對往昔的留戀、對世事無常的無奈，伴著曹操越來越微弱的歌聲，這絲情愫化作濃烈的憂傷縈繞在每個人身上……沉默了好一陣才有人發出句讚頌：「清雅脫俗，意境非凡，大王真乃當世詩人之魁首也！」緊接著，其他人也隨之附和，那些老生常談的歌功頌德聲又開始此起彼伏。

「噓……」孔桂突然起身，朝大家連連擺手。

群臣屏氣收聲，仔細觀察才發現他們的大王仰在胡床上，雙目微閉一動不動，唯有修長白鬚在微風中悠悠飄擺。

群臣霎時感到一陣恐懼，但誰也不敢做聲，忙朝左右近侍使眼色。近侍臣也不敢上前，一怕驚駕獲罪，二者嚴峻殷鑒不遠，誰敢往前湊？大家面面相覷，最後乾脆互相壯膽，一起躡手躡腳圍上，才聽見微微的鼾聲——原來迷迷糊糊睡著了。

大夥這才心中一塊石頭落地。李璫之忙解下自己的狐裘，輕輕蓋在他身上，湊到他耳邊柔聲道：「大王……外面涼，回帳裡睡。」

「嗯……」曹操靜靜吁了一聲，卻懶得睜眼，「大夥都散了吧！」

「大王保重身體。」群臣低應一聲，躡足退去。

李璫之為他輕輕揉捏著肩膀，卻嗅到一陣醺醺然的氣味，不禁一陣蹙眉，低頭審視杯盞——曹操不再遵從醫囑以水代酒了。

故都遺夢

襄樊的善後事宜還沒有結束，孫曹兩家還在為稱臣納貢等事討價還價，洛陽周匝近十萬曹軍尚未分遣駐地……軍帳裡文書奏報堆成山，而曹操卻對一切失去了興趣。

一場危機度過，曹操似乎心裡一下子掏空，對什麼事都不再熱衷。衰老是漫長的過程，年過五十後，因歲月流逝所帶來的力不從心感更明顯了。但日子還得繼續，光陰就在疲倦中度過，時時刻刻都能感覺生命的流逝，卻束手無策。

卞王后、環夫人陪在他身邊也不能使他擺脫失落，鶯歌燕舞看著心煩、詩賦文章讀著眼花、美味佳肴嚼著費勁也消化不動、飲酒不到兩口李璫之就跪地苦諫——怎麼越活越沒滋味了呢？

他所能做的只是在軍營蹣跚漫步，百無聊賴地熬過一天又一天，等待天氣大暖、等待諸事完畢……然後又如何呢？他自己也不知道。他反覆問自己，還能做些什麼？打仗，沒精力了；勤政治國，可自己篤信一生的為政理想卻已破滅；想登上帝位，卻不敢；想幫兒子忙，兒子又不念他好心。甚至他都不想回鄴城，回去有何意思？還要費心費力小心維繫與兒子間若即若離的關係，他再沒有信心去面對未來。人若能活到老邁昏庸一場糊塗的時候，也就不再有痛苦；痛苦的是他並不糊塗，一切都明白卻無力改變。

親兵侍臣寸步不離跟著他，曹操發怒了，沒有任何理由地發怒，歇斯底里當眾咆哮：「你們老跟著我做甚？能不能別這麼卑躬屈膝，寡人看膩了！看煩了！」然而所有人以無辜的眼神向他請罪，然後更加卑躬屈膝地尾隨他。咆哮過後曹操也覺得自己鬧得莫名其妙，可他就是心煩。最後還是眾侍衛提議，大王若是心情不暢，何不到營外散散心。

建安二十五年（西元二二〇年）的正月比往年暖和不少，先前多個閏十月，這幾天又陽光明媚，簡直不像正月。雖說乘車出行，李璫之仍執意要他穿裘皮大氅，反覆苦諫他別貪涼，曹操實在受不了他喋喋不休，加之眾王妃也一旁幫腔，終於不情不願地把裘衣披上了。他沒帶多少從人，不過一輛小車，孔桂、典滿等幾名隨從，目的地不是春風醉人的郊外，而是洛陽城。

大漢舊都依舊屹立在中原大地，不過如今卻幾乎是座殘破廢城。昔年董卓火焚洛陽，把這一片繁華地變成廢墟，二百里內居室蕩然，大漢氣數由此而衰。曹操遷都於許，雖口口聲聲喊著有朝一日恢復舊都，卻只不過是稍微修補一下殘破的城牆，勉強能用於守備，至於荒廢的皇宮官寺還是舊模樣。八年前曹植隨他西征關中由此經過曾寫下哀詩，稱洛陽「側足無行徑，荒疇不復田。中野何蕭條，千里無人煙」（曹植《送應氏》）。

馬車徐徐北行，曹操命人挑起車簾四外張望。太學舊舍化作荊棘瓦礫，蔡邕鐫刻的六經石碑盡沒荒草之間，光武帝溝通天人懸掛圖讖的明堂、辟雍、靈台等建築早已坍塌敗壞，而今只剩下殘破的基座。曹操暗暗傷懷——他對洛陽的情感是複雜的，這裡是漢室舊都，象徵著大漢的強盛，曹操不願重建，大漢的印跡消失得越徹底越好；可洛陽城又承載著他三十六歲以前的人生，年少的記憶、昔日的沉浮，這裡埋葬著他曾經的忠貞不渝，曾經為舊王朝付出的青春。

今關中穩固，洛陽城沒多少兵，屯衛將佐又到營中奉職了，不過只留下百餘士卒看守，還淨是老弱之輩。這些不入流的雜兵得知魏王駕到嚇得不知所措，跪在城門前，連接駕該說什麼都不懂。

曹操卻無心挑剔，扶著孔桂的臂彎緩緩下車，蹣跚而入，似是要尋找往昔的記憶。

可城裡又能找到什麼？昔日車水馬龍的平陽大街已成揚塵土道，鱗次櫛比的官寺官邸毀於烈火，城中最多的建築不過是兵丁搭的窩棚破屋，即便有未完全損毀的老房亦成殘垣斷壁，胡亂覓些木石碎料支撐著，像是舊衣服打了補丁。南宮、長樂宮已夷為平地，御園遍是荊棘荒草，濯龍池已乾涸；遠處北宮還在，不過也是一片灰暗；張楊修的楊安殿，說是宮苑太過狹小，說是官寺又太高大，既突兀又難看。幾棵老樹矗立廢墟間，這些見證漢室百年興衰的古木僥倖未死，被大火折磨得枝椏枯毀，枝葉盤結扭曲，彷彿一群猙獰的怪物。

曹操默默無言蹣跚前行，竭力想從中找尋昔日的影子，結果卻是徒勞。他氣餒了，洛陽城如同外面那個世道一樣，都不可能再回到從前。曹操對今天的一切並不後悔，但回憶起往事還是忍不住歎息，有時連他自己都感到詫異——三十載歲月，彈指之間，怎麼稀裡糊塗地就走到今天了呢？

繞過一條生滿雜草的街巷，曹操倏然止步，望著斜對面一座破敗的院落，凝然出神。

「大王。」孔桂湊了上來，「您認識這地方？」

曹操呆呆愣在那裡，似全然沒聽見他問話。孔桂迷惑不解，又問相隨來的士兵。兵卒道：「這原是什麼所在我等也不知，只是見它原來的院牆高大，重新修了修，現在是堆放雜物的庫房。」

「庫房？庫房？哈哈哈……」曹操不禁苦笑。

這座院落四面高牆倒了兩面，改以破土坯填堵；原先的高大門樓還在，卻被煙熏得烏黑，瞧不清本來面目，匾額青瓦都不見了。黑漆大門只剩左邊半扇，斑駁破爛布滿泥垢，右邊半扇是後補的柴門；綁著舊鐵鍊，掛著一只大鎖。雖然這院落已不成樣子，曹操還是一眼就認了出來——這便是太尉府！

昔年老臣喬玄任太尉，傾心提拔晚生後進，曹操發跡便始於此；後來他父曹嵩又以一億錢買得此職，一時間風光無限，他對這地方太熟悉了。洛陽的三公府地都在皇宮周圍，如今南宮已不復存在，勉強修繕起來的新城牆又比原先北移了一里左右，故而太尉府如今已成了城牆左近的雜務庫。

「寡人想進去看看，把門打開。」

「諾。」當兵的甚感詫異，卻不敢違背。

孔桂欲攙扶曹操進去，卻被他一把推開：「你們都在外面候著，誰也不許擾我清靜。」說罷便一瘸一拐地邁過門檻。

廣闊的大院，如今變作野草叢生的荒地；東西兩廂房舍數十間，皆掾屬辦公所在，一把大火全燒光了，如今只剩幾間後來搭的茅屋，裡面堆著生鏽的刀槍。太尉府正堂還在，房頂卻整個塌了，兩根大柱兀自橫在地上，掛滿了蛛網；一邊角落裡放著輛軸木折斷的破馬車。

「哼哼……」曹操淒然苦笑──昔日太尉府何等榮耀？莫說問鼎三公主持國政的前輩宰輔，漢家用人重征辟之法，即便掾屬之流又有多少後來成了名臣？如今這兒卻成了存放破爛的倉庫！

他在院中踱來踱去，摸摸朽壞的窗櫺、撫撫枯死的古樹，最後發出一聲歎息，癱坐在堂前石階上，望著滿院荒草，心下一片茫然──昔年富貴地，今朝破爛屋，世事無常何人能度？莫說漢室社稷，聖人謂周之德為至德，也不過享祚八百載，八百年後照樣花落春去。自古無不滅之朝，現今的曹魏雖是顆冉冉升起的新星，卻不知它能閃耀多久，千百年後曹家的樓台殿宇又怎樣？璀璨的銅雀三臺是殘垣瓦礫還是荒蕪澤國呢？

想到這裡他又覺得無所謂了，反正到時候兩眼一閉，安危禍福又豈能礙？可早知道什麼也帶不去，又為何要拚命追求？人活著究竟是為了什麼？這真是一輩子都想不透的難題。漸漸地他累了，倚著斑駁的門框微微合上眼……

「咯吱……咯吱……咯吱……」

什麼聲音？如此熟悉而遙遠，曹操緩緩睜開雙眼，發覺自己躺在榻上。這是一間古樸的房舍，敞開的窗櫺在微風中輕輕搖曳，和煦的陽光斜灑進來，暖洋洋照在他身上。

曹操對這一切都覺得無比熟悉，卻又想不起是哪裡，只覺被陽光曬著挺舒服的，竟一時間不願起身，朦朦朧朧合上眼。

「咯吱……咯吱……咯吱……」

那沉悶的聲音還在響，是窗子搖擺發出的？不，但他一定聽過，如此親切，這是……曹操驀然坐起，果見腳畔有張織機，一白髮婦人正背對著他織布穿梭，這背影他永生永世不會忘記！

「夫人！」曹操不再遲疑，一猛子站起來——說來也怪，渾身輕飄飄的，絲毫痛楚麻木都沒有，許久沒這麼輕快過了。

丁氏卻似乎沒聽到他的呼喚，依舊頭也不回地織布，對他的一切都置若罔聞。曹操氣餒了，時至今日妻子還是不能寬恕，他怔怔退了兩步，剛要坐定卻見門外閃出兩個親衛，一併屈身施禮：「大王怎還在此耽擱，列卿都在外面候著呢！」

「哦。」曹操順口回應，可轉頭一看不禁大駭——這倆親隨人高馬大，精悍健碩，竟是樓異與王必！

「你們……」曹操滿心狐疑，但未及開言便被他們攙扶著往外走。

院中景致更是離奇，既非花園林池、亦非殘垣斷壁，而是廣闊的場院，石碾子、稻穀堆，遠處東北方向有棵枝葉繁茂的老槐樹。曹操想起來了，這是家！是譙縣曹家的舊莊園！不對，這裡不是已經改為行宮了嗎？正思忖間見東廊下有一武夫正揮汗練武，此人長相凶惡，頭如麥斗、膀闊腰圓、肚大十圍，掄動一對大戟，不是典韋又是誰？西邊有塊青石案，兩位文士正專心對弈，一人虯髯虎目相貌雄逸，一人短鬚質樸神色凝重，那不是曾被他倚為膀臂的崔琰、毛玠嗎？還有一人正挽起衣袖霍霍磨劍，可是一代奇士何伯求？有一老者精神矍鑠手撫桑樹，那不是老隱士郭景圖嗎？有人臥於涼棚，自顧自飲著酒，正是老友丁冲丁幼陽；有人粗衣芒鞋負薪背柴，乃是救命恩人秦邵秦伯南；還有人端坐撫琴，自我陶醉，似風雅前輩蔡邕蔡伯喈；在一旁聽琴的富貴老者很像老常伯劉邈……

怎麼回事？他們都還活著？曹操糊塗了，樓異、王必不發一語，兀自攙扶他往前走。也不知怎麼回事，前方倏然出現一座門樓，像是魏宮司馬門，大門左右敞開，眾官員垂手恭候，有一人快步迎來施禮：「恭賀大王！」

「是桂兒啊，有何……」話未說完曹操愣住了。這人哪是孔桂？顧盼神飛、睿智英朗，竟是他念念不忘的郭奉孝！

郭嘉喜上眉梢：「大王不曾聽說嗎？劉備憤於荊州之敗，盡發蜀中兵馬東征，在夷陵與江東軍一場惡戰。劉備兵敗，歿於陣中，麾下張飛、黃忠一乾親党盡皆覆滅，劉巴、劉璋獻土歸我天朝。孫權僥倖得勝亦折兵數萬，帳下勇將死走逃亡，被江東顧陸虞魏等郡望驅逐，也欲北上歸服。天下即將歸為一統，漢天子感念大王安民濟世之功，要效仿堯舜以社稷相讓，許都蓋好受禪臺，就等大王承接傳國玉璽、身登九五。微臣恭賀大王……不！恭賀萬歲！」

曹操怎料這一切來得如此突然，半信半疑，卻見群臣齊刷刷拜伏於地，高聲呼號：「魏室承祚，受命於天。萬歲萬歲萬萬歲！」為首的兩位大臣峨冠緋袍、端正儒雅，原來是荀彧、荀攸叔姪。

「令君……軍師……你們都在啊！」曹操喜不自勝。

二荀恭順施禮並不作答，再往後看——袁渙手持白旄符節，涼茂捧著魏王寶璽，萬潛懷抱兵符令箭，陳琳手捧文書簡冊，老臣荀悅、邴原、張範捋髯而笑，王粲、劉楨、阮瑀誦起詩篇，後面還有國淵、劉馥、荀衍、蒯越、蔡瑁、楊修、路粹、竇輔、司馬朗等一眾臣子，無不滿面笑容，連盧洪、趙達也在其中。其中一布衣長者搖頭晃腦：「《呂覽》有云：『天子不可強為，必先知道。道者止彼在己，已成而天子成，天子成則至味具。』願陛下悟道修德，創遠邁秦漢之盛世。」

曹操大奇：「戲志才，你也來了？寡人甚是思念你啊！」

「陛下快上馬，漢天子在受禪臺等候您呢！」小宦官嚴峻喜孜孜牽過寶馬良駒——原來是昔年曾在汴水救過曹操一命的白鵠馬。

人逢喜事精神爽，曹操腿腳也靈便了，毫不費力翻身上馬。頓時鼓樂聲起，東邊樂進、孫觀、高覽、龐德等將盔明甲亮，西首李典、李通、史渙、韓浩揮舞令旗指揮儀仗，曹純身披金甲率虎豹騎護衛，張繡一馬當先在前開道，後面三軍鼓噪而進，壓隊的竟是夏侯妙才。曹操左顧右盼得意洋洋，真要當皇帝了，這輩子從沒似今天這般風光過！猛一瞥間，發覺身後不遠處跟著三騎，左邊是小兒曹沖，右邊是姪子曹安民，當中之人乃是他文武雙全、忠孝節義的嫡長子曹昂。

「吾兒！想煞為父，我要傳位於你！」曹操話未說完，一陣狂風刮起，飛沙走石不能視物，再睜眼瞧——兒子不見了，群臣不見了，將士們也不見了，只他孤零零一人駐馬荒郊野外。

萬籟俱寂，世上只剩他一人，曹操悲從中來仰面大呼：「為何，為何你們都棄我而去？」來去匆匆奔波一世，憧憬終究是場空，他的淚水不禁簌簌而下。

猛然間，又覺塵沙滾滾戰鼓隆隆，迎面殺來兩支人馬——左邊一隊畫戟森森，為首之將金盔金甲、寬額大臉，正是官渡敗績的袁紹；右邊一隊鐵蹄奔騰，統兵之人束髮金冠、瀟灑英俊，乃是白門樓遭擒的呂布。

袁紹滿臉不屑語帶譏諷：「曹阿瞞，虧你大言不慚，說什麼『任天下智力，以道御之，無所不可』。今唯才是舉之道可行得通？不過拾人牙慧步我老路，巧言令色羞也不羞？」

呂布怒髮衝冠厲聲質問：「昔日你怪罪我反覆無常、殘暴不仁，然你奸詐反覆、屠害生靈豈不逾我十倍？今日不將你碎屍萬段，怎消心頭之恨？」說罷舞動方天畫戟，數萬兒郎齊向他殺來。

曹操撥馬而逃，後面兵士緊追不捨，堪堪被獲遭擒，又見東邊竄來一騎，馬上將官披甲紅袍手舞大槊，面色黝黑目光如電，斷喝一聲：「孟德速退，我且抵擋一陣！」

曹操一見暗叫萬幸，救駕之人乃鮑信，滿腹衷腸欲訴，怎奈追兵甚急，只得囑咐一聲：「二郎小心！」交馬而過繼續逃難。

無常索命惡鬼窮追，曹操連頭都不敢回，伏於馬背死命奔逃，渾身大汗淋漓。也不知逃出多遠逃向何方，四下景致怪異至極，時而高峰突兀、驚濤駭浪似是碣石高山，時而滾滾揚塵、溝壑無邊像是關西之地，時而茫茫奔流、波濤映日似萬里長江，時而怪石嶙峋、密林幽谷又像是漢中蜀道……漸漸地，追殺之聲沒了，曹操卻已窮途末路，四下盡是崇山峻嶺，荊棘斷路險不能行。

這又是哪裡？曹操茫然四顧，眺望良久，隱約見山嶺雲霧間坐著兩隱士，雖白衣披髮，面貌依稀可辨，原來是許攸與婁圭。曹操趕忙相問：「二位賢弟，此乃何處？欲歸鄴城當覓何途？」哪知兩人盤膝而坐不理不睬。曹操心下焦急，苦苦央求：「望二賢弟念故交之情，助我脫難。」

許攸宛如一具枯木，並不作答，只目視前方喃喃道：「據財不能以分人者，不足與友。」那旁婁圭也毫不動容，兀自叨念：「居世間，當自為之，但觀他人乎？」

曹操一見此景氣往上撞，罵道：「豎子無情！你二人至今還發此謗言，怨我殺……」話說一半猛然醒悟——他二人皆被我殺死，何能復生？是啊，這半日所見所遇皆是死人！

他心中恐懼不知所措，耳畔響起車輪滾地之聲，回頭望去，悠然行來一輛馬車，趕車人衣裝儼然，還有十幾個僕僮左右相隨，似富貴人家。曹操心中迷惘再不敢端架子，馬上抱拳拱手：「行路人迷途於此，懇請尊駕指點。」

趕車人勒韁，轉身挑起車簾，但見車中穩坐一老者，白衣長袖、仙風道骨，鳳目炯然有神，頷下皓髯修長，一見曹操微微搖頭：「孟德何故流落於此？」

「是您老人家！」曹操險些落淚——這不是對他恩重如山的先朝太尉喬玄嗎？

喬玄長吁短嘆：「昔日老朽對你屢加教誨傾心提攜，望你能復興漢室為一代治世能臣。怎料事與願違，反栽培出一個亂世奸雄。唉……你曹氏四代蒙受國恩，封侯拜相妻榮子貴，大漢朝何負於你？你上欺天子下壓群臣，屠害忠良濫殺無辜，欲遷龜鼎於自家，有何臉面再來見我？」

「這、這……」一席話說得曹操汗流浹背無地自容，支吾半晌才分辯道：「恩師良苦訓教，學生本不敢頂撞。然漢室凌遲三光不明，百姓嗟怨士人離心，冰凍三尺非一日之寒。學生既掌大權騎虎難下，府營親隨亦欲攀龍附鳳屢加勸進。若學生放歸權柄，非但眾心瓦解天下復亂，只恐我曹氏一門求長安布衣亦不可得。還望恩師寬宥……」

「哼！時至今日還花言巧語避重就輕，推說天下大勢如此，難道你就一身乾淨？你捫心自問，難道不曾覬覦金鑾想當皇帝？」這一聲質問振聾發聵——固然有種種藉口，但不可否認他作夢都想當皇帝。

曹操體似篩糠無言以對，卻聽喬玄又道：「痴兒怎還不悟？你仔細看看我是誰。」喬玄面孔倏然一變，化作另一位老人，粗麻布衣、皺紋堆壘，原來是他舉兵以來第一個冤殺的呂伯奢！

「呂伯父……阿瞞、阿瞞錯了……」

呂伯奢二目帶淚咬牙切齒：「我與你父八拜之交，不畏王法容留於你；怎知你這狂徒恩將仇報全無心肝，害我一家老小性命。老朽恨不得食爾之肉、寢爾之皮！今日至此還想活命嗎？」

一旁趕車人也變了臉孔，白皙淨面俊眼修眉，乃是王子服，憤然喝罵：「亂國賊子！你害我漢室宗親、盜掘先王陵墓，玉帶詔在此，速速誅此狂悖之臣耳！」左右僕僮各自抽劍，竟是董承、耿紀、韋晃、吉本、陳宮、邊讓、袁忠等輩。

曹操大驚失色撥馬欲退，驀地一道人影攔在馬前——是袁術懷抱傳國玉璽，尖聲大笑：「哈哈……曹孟德，你口口聲聲罵我是偽帝，可我好歹明著來，不失為堂堂男兒漢。你卻矯情掩飾，敢做不敢當，有何臉面笑我？咱們是蛇鼠一窩，來來來，老兄成全你！」金鑲玉璽當頭擲來，打得他眼冒金星跌落馬下。

曹操一身泥汙就地翻滾，猛一抬頭又見兩個蓬頭垢面渾身血跡的婦人。伏皇后幽閉而死，臉色烏青，鮮紅的舌頭吐出四寸有餘，咯咯怪笑：「我東海伏氏與世無爭，你就為了讓女兒當皇后，殘害我伏氏百餘口性命，連我兩個皇兒都不放過。快還我兒命來！」伸手便扼住曹操咽喉。

後面那女子腹部隆起、身懷有孕，正是董貴人，嗚嗚痛哭：「狗奸賊，你為什麼殺我？連我的孩兒都胎死腹中，你看看……」手中多了把尖刀，說罷刺入肚子，刀口一劃，伸手從裡面掏出一個血淋淋的嬰孩，繼而朝曹操拋來。

「救命！救命！」曹操眼見那死孩子肋生雙翅、頭上長角、爪如鋼鉤、滿嘴尖牙，張開血盆大口向他撲來……

孔桂正在院外與親兵聊天，忽聽裡面連呼救命，還以為有刺客。眾人一擁而入，卻見曹操癱坐堂屋廊下，正倚著門框打盹——原來是囈語。

孔桂鬆口氣，輕聲呼喚：「大王，您怎在這兒睡？」

曹操漸睜迷離睡眼，才知南柯一夢。此夢好生可怖，嚇得他汗流浹背，厚厚的裘氅都濕了，黏糊糊裹在身上甚是難受；哆哆嗦嗦解開絨繩，裘衣陡然落地，身上透汗蒸騰而出，立時涼爽許多，依舊倚著門框閉目喘息。

孔桂等人面面相覷——醒了還是沒醒？按理說該過去攙，但皆知大王「夢中好殺人」，嚴峻殷鑒不遠，誰敢往前湊？

曹操喘息半晌才穩住心緒，顫巍巍而起：「奉孝……哦不，桂兒過來攙我。」

「諾。」孔桂這才敢上前，哪知還沒碰到他手臂，悄然刮來一陣涼風。曹操身子忽然定住了，他目光詭異地斜了一下，嘴角極不自然地向左歪了歪，隨即晃悠悠倒在塵埃之中。

其鳴亦哀

董昭再度勸進又遭拒絕，反被派往許都向天子報捷。誰人不知大權皆在曹氏之手，這純粹是個走形式的差事，他沒耽擱幾日便從許都歸來。但令他始料不及的是，就只這三五天的工夫，洛陽已發生不少變化。

諸部兵馬將近八萬，原本好好地屯駐在都亭，怎料曹操發下一令盡數遷移，如今都遷到洛陽城以南。董昭一頭霧水回來覆命，險些找不著軍隊，糊裡糊塗在連營裡轉了好幾圈才尋到中軍大寨，而且曹操還不在，中軍一應事務皆由曹真、夏侯尚暫時代理。問起移軍緣由，曹真說是大王在軍中無聊，到洛陽城裡散心勾起舊事回憶，故而搬至城裡暫住，隨行官員也進城理事，命三軍在城外拱衛。

董昭當年曾隨天子東歸，對故都再熟悉不過，洛陽幾乎就是一座廢城，平白無故住到那裡面做什麼？況且以曹操的身分，若暫住洛陽勢必下榻舊皇宮，這太容易遭人詬病了。那邊還向天子報捷呢，這邊卻住進皇室宮殿，完全不合道理！董昭連連追問，但曹真他們也不知內情——眾將已三天沒見到大王了。

董昭差事在身不敢耽擱，趕緊出營進城，卻又遭守門士兵盤查。原來守城兵卒已換成虎豹士，官員進出一律要有公文憑據，至於諸部將領一律不得進城滋擾。董昭這次是覆命，也沒請得什麼天子詔書，硬是被擋了駕，耐著性子解釋半天，多虧遇見個相熟的將佐，這才容他進了城。

來到楊安殿一看——更熱鬧！隨軍官員和幕府掾屬都搬進來了。這座大殿當年就是為應付朝會在南宮遺址上蓋的，除了空曠的正殿，連配房都沒幾間。魏廷官員一股腦兒遷進來，還帶著大量公文書籍，根本容納不下；院裡都支起帳篷，幾位參與軍機的重要幕僚住在殿裡，白天一起批閱公文，晚上一塊打地鋪，根本不成體統！

董昭左望右望，才見長史陳矯正坐在角落裡，旁邊的書簡堆得跟小山似的，忙湊過去一把拉住：「究竟出了何事？」

陳矯眼中閃過一絲焦急，卻稍縱即逝，只道：「也沒什麼，大王身體不佳，想在城裡住幾日。」

董昭何等精明，一聽便知病勢不輕，但陳矯不肯明告，想必已得主上之命不得外傳，便單刀直入道：「陳公既諱而不言，我只問一句話，可否容我見大王一面？」

陳矯有些為難，想了想道：「大王與王后、諸夫人在北宮後殿，我若無急務也見不到。你既要請見，我可以試著請奏，不過大王能否見你可就說不準了。」

董昭連連作揖：「這便承情。」

其實陳矯只去了一刻工夫，但滿心焦慮的董昭卻似等了一年。事情倒還順利，大王聽說他請見立刻就准允，還派來個小寺人，專門引他進去。

因為昔年天子東歸無處安歇，北宮曾略加修復，但也僅是勉強能居住，宮牆依舊破爛烏黑，複道青磚都挖去補城牆了，露著下面的光土地，多年無人打理已長滿雜草。董昭步步緊隨寺人，經兩次侍衛盤查，直至通過一道只剩門柱的儀門，這才到北宮正殿前。

此處原本是漢家帝王起居所在，如今卻淒涼敗落，漸成鳥雀野蟲棲息之所，牆根的荒草足有半人高。董昭也無暇顧及許多，連忙提袍上殿，但見空曠的殿內一排杌凳坐著四人——夏侯惇、許褚、孔桂、典滿。四人都滿面蒼白、神情委頓，看來這兩天他們一直守候在此，已經很疲倦了。

夏侯惇臉色尤為難看，見董昭到此，只略一點頭：「大王在後殿休息，你去吧！」董昭也沒客氣，疾奔後殿而去。

皇家大殿皆坐北朝南，設有御座、屏風，如今這些都沒了，後室之門就暴露在外，只是掛了一道黑色幔帳遮蔽。到這裡董昭便不敢再唐突了，提高聲音稟奏：「臣諫議大夫董昭告見。」話音剛落布幔掀起，卞王后攜環夫人、宋姬等女眷走出來，董昭忙大禮參見，她們卻無心理睬，只顧掩面而泣。

動手掀幔帳的並非宦官，而是一位個子不高、花白頭髮的士人。董昭一見也趕緊施禮——此人乃國舅卞秉。

卞秉陰沉著臉道：「進來吧。說話輕聲些，大王剛醒轉。」董昭低眉而入，才見裡面情形。後殿並不甚大，卻點了六只炭盆，比外面暖和許多；曹操仰面躺在榻上，瞧不清氣色；李璫之正跪在榻邊為他診療。

這時曹操開了口：「公仁來了，寡人有話對他說，快扶我起身。」那聲音有氣無力甚是微弱，而且口齒似乎還不太清楚。

說是起身，但此時曹操已不可能離榻，他左半邊身子完全癱瘓。李璫之與卞秉一個抱腰、一個塞靠背，這才勉強使他坐起來。董昭早揣摩到他病勢不輕，但抬眼觀瞧仍禁不住心頭一顫——曹操頭纏幅巾，臉上白得沒一絲血色，最為駭人的是他眼睛極不自然地向左乜斜著，左邊嘴角也近乎扭曲地向下耷拉。

「大王！您、您……」董昭撲倒在地，淚水簌簌而下——從建安二十一年稱王起，日蝕乾旱、瘟疫肆虐、嚴才叛亂、許都叛亂、烏丸叛亂、宛城叛亂、漢中兵敗、水淹七軍、魏諷作亂，四年間無一件好事；如今總算風平浪靜撥雲見日了，大王卻病重至此。老天何故如此作弄人啊！

卞秉忙勸：「董公莫泣，大王見你如此心裡更難受。」李璫之畢竟只是一介醫官，不敢旁聽他們說話，悄悄退了出去。

曹操雖口眼歪斜不能動彈，神志卻還清楚，故作輕鬆道：「寡人這般模樣，把你嚇壞了吧？」

董昭強拭淚水，跪爬到他身前：「臣若不能面君，心內終不得安。」

「唉……寡人快不行了。」

董昭親眼見到此強橫一世之人說自己「不行了」，簡直有些身在夢中的感覺，忙叩頭道：「天路維艱，真人多難，大王福祚非尋常人可比。此不過小恙，用心調養一定會好的。」

「不必再說寬心話，寡人心裡有數……」曹操本就氣息艱難，嘴唇又合不攏，說話模糊不清，「這次連李璫之都沒把握，恐怕熬不了幾天了。」

卞秉見他講話實在艱難，索性代為講述——原來前日曹操在城內忽然中風，孔桂喚他不醒慌了手腳，只得派人快馬回營召來李璫之和夏侯惇等幾位重臣。李璫之幾針下去，人是醒了，卻已口眼歪斜半身癱瘓，再探脈象更是可怖，乃大限將至之兆！大駕在外，兵馬屯聚，太子又不在，此事若傳揚開來必軍心騷動，況且營中尚有江東使者，絕不能將病情洩漏。在夏侯惇、陳矯建議下，曹操強打精神傳令，命眾后妃、官員一律遷至城內，對外封鎖消息；諸部兵馬一律遷至城邊落寨，由中軍諸將代為管轄；又冊封孫權為驃騎將軍、領荊州牧，晉南昌侯，命其使者梁寓速攜印綬回江東覆命。都安排完畢，曹操昏昏沉沉暈厥，被侍衛抬進北宮。

董昭聽得心驚肉跳，倉皇道：「今大駕在外軍心仰望，病勢固然能隱瞞一時，可若有一差二錯又該如何決斷？」他話說得委婉，意思卻很清楚——您想好後事了嗎？

曹操慢吞吞道：「昨晚已派人回轉許都，召太子前來……孫權那邊早晚瞞不住，孤今晨已派張遼率部出屯陳郡以防不測，不過現今他與劉備反目，應該不敢此時發難……」他只說了幾句，口水便順著嘴角滴下來，卞秉趕忙為他擦拭；他緩口氣又道：「西涼近來有異動，遷徙的胡人與豪族不睦，所幸曹洪、張郃他們在，應該不會出大亂。至於此間屯駐的兵馬……唉！大戰方歇眾心疲憊，初春之際各地糧食也沒籌好，不便將他們遣散。我現在這樣子，也沒法率他們回河北，只能維持現狀……倘若寡人熬不到丕兒趕來，恐怕要勞煩諸公安撫軍心了……我曹魏以北方之大敵吳蜀偏僻之地，積威日久必成大業；若孫、劉尚有能臣勇將，未得朝夕而定，切記——東守合肥，西據陳倉，中固襄樊，此三邑不破，便可立於不敗之地。」看來曹操思忖良久，不但對後事有所準備，而且對日後天下大勢揣摩得也很清楚。

事既至此董昭也無可奈何，只能說好話：「大王不必憂慮，國有賢臣、軍有勇將，一切都會好轉的。」

曹操掙扎著搖搖頭：「智者千慮，總有一失。你素來心思縝密，替寡人想想，還有何不妥。」

董昭低頭凝思，突然想起一樁要緊事：「有句話本非臣下該講，但大王既然相問，臣敢不進言？」

「說。」

「鄢陵侯乃大王愛子，驍勇善戰頗有雄心，如今尚在長安駐守，倘若……倘若……」董昭終是不敢挑明——倘若你一死，你那二兒子不服兄長，在長安擁兵自重，甚至提兵前來奪位，那可怎麼辦？

家事常比國事更難，曹操如此精明，卻始終拿捏不好與幾個兒子的關係，千算萬算還是失了一招。曹彰的隱患其實他自己造就的，聽董昭提起，心中甚是傷痛，縱然有些愛惜曹彰之勇，為了保全大局也只能割捨：「速速派人去長安宣命，叫彰兒將兵權移交杜襲，也到洛陽來待命。」

董昭反覆思量仍覺不妥：「臣冒死妄言。若太子能火速趕來自是最好，若事有差失，不如……」他跪爬兩步，把嘴伏到曹操耳邊悄悄把那應急之策說了。

「嗯，還是你想得周到。」曹操點頭應允，「那你就回許都吧！」

卞秉在旁聽得詫異——董昭剛從許都回來，為何又奔許都？但這是他倆隱蔽之言，也不敢插嘴詢問。

一切都安排妥了，曹操似是心力交瘁，艱難地歎息一聲，望著滿面關切的董昭，不免心生憐意：「公仁，寡人對不住你啊……」

董昭愣住了，趕緊強笑道：「臣得遇明主乃平生之幸，大王何出此言？」其實他心裡明白曹操的意思——荀彧、毛玠皆死，程昱告老隱退，論資歷如今沒人能與董昭比，可他至今無緣公卿，不過是無甚權力的諫議大夫，而且常在許都遠離魏廷，曹操待他確實薄了點兒。

「並非寡人故意薄待你，實有難言之隱。」曹操歎息道：「你的功勞我全記得。結好張楊助我逢迎天子、河內之戰單騎入城說降敵將、遠征幽州時修漕運糧、協助寡人稱公稱王……你的苦楚我也清楚，一次次力主勸進，旁人不理解，反落得諂諛之名……其實天下人行天下事，欲使世道亂者總要攪動乾坤，欲使世道安者也總要擁立一強主，方能統馭吏民、早熄狼煙……你並非諂媚之人，而是急功近利，欲使天下早日一統……」曹操肯定了董昭的作為，但這也等於進一步肯定自己。

董昭被他戳中傷心處，眼淚又湧上來，斗膽握住他手：「大王別說了，臣明白您苦衷。」

曹操卻偏偏要掙扎著把話說完：「我沒用你為列卿，一者是無奈世情風語，二來也是看你精於保養身體強健，想留著你給後世效力。你一定保重，將來好好輔佐孤的兒孫……」

「臣明白，臣全都明白……」董昭咬破嘴唇，卻還是止不住眼淚滑落。卞秉只得再三勸慰。

「走吧。」曹操已淚光盈盈，「天下無不散筵席，許都的事就託付你了。」

董昭踉蹌起身，擦著眼淚退至門邊，卻忍不住再望曹操一眼。他明白這就是最後一面，從此生死相隔，於是撩袍跪倒：「容臣再向大王見上一禮。」說罷納頭便拜。三個頭重重磕罷，略一起身卻又再度跪倒——他連起連拜，竟給曹操施了個三跪九叩大禮，即便抱拳拱手，「臣辭別萬歲！」這一聲「萬歲」無比響亮，卻又無比沉重。曹操今生無緣至尊，就把這私下的呼喚當做最後的安慰吧！

董昭拭淚而去，曹操也大傷精神，倚在那裡出神良久，才慢吞吞道：「阿秉，你還在身邊嗎？寡人怎瞧不見你？」

卞秉苦笑：「大王眼睛偏向那邊，又怎看得到我？」

「嘿嘿……」曹操竟自嘲地笑了兩聲。

卞秉忙繞到左邊伺候：「唉！大王對我偏見一輩子了，我也早就習以為常。」這雖是玩笑話，卻透著埋怨——卞秉是國舅，又是曹營元勳，可至今仍居小小的別部司馬，爵位也甚低。曹操有鑒於漢室因外戚而衰，故意壓制卞家，他空負才智難以施展，如今也將將六十歲了，這輩子還有何指望？但不忿歸不忿，終究曹操是他姐夫，他嘴上雖埋怨，伺候得卻很殷勤，不住地為其按摩。

曹操愧然望著舅爺，卻發覺他袖中有突兀之物：「你揣著什麼？」

「唉！您都這樣了眼力還這麼尖，我算服了。」說著他從袖中掏出支黝黑的紫竹笛子——卞氏姐弟乃歌伎賣唱出身，卞秉小時候全憑吹笛討營生。

「你還能吹嗎？」

卞秉淒然道：「多年不曾吹奏了，帶它在身上不過是把玩把玩。為人不可忘本，好歹這是當年一起混飯吃的老夥計。」

「唉！」曹操越發苦笑，「聽你一言寡人慚愧，看來這輩子我全是瞎操心，你根本不會成為竇憲、梁冀之徒。吹一曲吧，我想聽。」

「既然大王想聽，容我思之。」卞秉蹙眉思忖，回憶舊時曾吹奏的曲目，想了好一會兒才開始；不過笛聲清亮悅耳、演技純熟精湛，猶有當年神韻。

曹操閉目傾聽，竟覺舒服了些，那悠揚的笛聲似清泉流水注入他的心田，每處起承轉合無不令他愜意，彷彿回到年輕時。那時候天是藍的、樹是綠的，父親的話永遠是對的，書上之言永遠是真的，朋友是親密無間的，曹阿瞞是率性灑脫的。那時沒有軍隊沒有戰爭，更沒有曹魏王國，卻有一個純真少年……

「咳、咳、咳……」悠揚的笛聲戛然而止，卞秉不住咳嗽。

「怎麼了？」曹操緩緩睜眼。

卞秉扶著胸脯，喘了兩口大氣：「老了，吹不動了。」

「唉……你這張嘴當年最精明伶俐，會吹笛，又能言善辯，罵起人來厲聲得很。」

「大王還拿我取笑。」卞秉邊說邊探過衣袖，拭去曹操嘴角流下的口水。

「不是取笑。」曹操乜斜的眼瞅向他，「治國之道貴在用人，世人形形色色，卻皆有所用。笛子你吹不得了，罵人可還能行？」

卞秉一怔：「大王何意？」

曹操疲憊地合上眼，定了半晌才吞吞吐吐道：「我叫你罵一人。」

「什麼？」卞秉莫名其妙。

「你給我狠狠罵一個人。」

「罵誰？」

「此乃寡人身後之事，須絕對隱祕。若我熬過這幾日，一切安安穩穩，你就把此事忘掉；若我實在熬不過，你……」曹操緊閉雙眼，說話已越來越吃力，越來越不清楚。

卞秉忙將耳朵湊到他唇邊努力聆聽，這才明白姐夫叫他做什麼，立時驚得瞠目結舌：「我、我豈能……」

曹操卻不容他推託，喃喃道：「此為曹氏安，更為天下安。況且這件事只有你能為之。你不是埋怨我不升你的官麼，此事若成，你富貴無憂、兒孫不愁……」話到最後已細不可聞，恍恍惚惚又昏睡過去。

分香賣履

病勢惡化得遠比預想要快，就在曹操接見董昭的轉天，他的生命就走到了盡頭。

三更時分曹操從混沌中醒來，感覺說不出的難受，天旋地轉頭暈目眩，渾身上下時冷時熱，麻痹蔓延全身，手腳似乎都不再聽使喚，腹內也有鼓脹之感。王后與眾侍臣伺候他小解，卻尿不出什麼，躺下又腰酸背痛，針石鎮痛完全不見功效。如此折騰到五鼓天明，他面色慘白、渾身發涼，喘氣都很費勁，睜眼視物皆已模糊，說話也越發不清晰。庖人獻上稀粥，環夫人親自餵到他口中，可費勁全力弄得渾身是汗卻吞咽不下去，順著歪斜的嘴角往下流。

李璫之當即伏地請罪——粥不能進，湯藥便也無用，到這個地步莫說是他，華佗再世也救不了！

環氏、尹氏等女眷早忍不住啜泣，到底是卞王后識大體，趕緊喚許褚、孔桂等人進來，將曹操連人帶榻抬至前殿，傳召隨軍諸臣領受遺命。楊安殿內群臣一直坐臥不寧，雖然彼此不敢多言，照舊辦各自的差事，但大家心照不宣，主上大限八成就在這幾天，所有人都和衣而臥，故而雖在清晨事出突然，大家卻衣冠齊整旋踵而至。衛將軍曹瑜居首，丞相長史陳矯、侍中辛毗、諫議大夫賈逵、尚書桓階、陳群、議郎趙儼、魏郡太守徐宣、黃門侍郎丁廙乃至司馬懿、劉肇等輩盡數跪倒榻前——到這會兒誰也不再多言，說吉祥話也沒用，祕書郎劉放鋪紙研墨、孫資搦管捉刀，眾人靜悄悄的就等他遺言。

曹操倚著靠背已上氣不接下氣，眼前一切都模模糊糊，只知來了不少臣子，卻瞧不清他們面孔，耳朵能聽見的只是眾姬妾的哭聲。他下意識地掙扎著抬起右臂，卞王后一見此景趕忙握住他手，噙住淚水哽咽道：「大家都來了，大王有何囑託？」

曹操神志已有些模糊，但他畢竟強橫一世，到這最後時刻也要夠氣魄，他強撐著道：「天下無不去之人，此是常理……」但是眾女眷聞聽此言越發悲楚難抑——卞王后乃一國之母不愁將來，可其他女人，尤其那些未曾養下一兒半女的姬妾，日後指望誰？

這些女人都曾被他寵幸，至少在他自己看來都曾是真愛過的，他對他親手締造的王國珍視無比，對這些女人也同樣割捨不下：「妳們別哭……寡人死後葬鄴之西岡，妳等可居銅雀臺，西望便見吾塚……家國新立府庫不豐，切不可耽樂鋪張……孤平生所得天子賞賜及絹綬之物皆存白藏庫，足夠妳等安度餘年……」

說到此處，曹操越發呼吸困難，腦海中卻不禁浮現出曾經的結髮妻丁氏，她雖不美麗卻儉樸勤勞，身為宰輔之妻尚每日織布女紅，從來不用香薰之物。卞氏也隨之效仿，以至於後來他也傳令宮禁之中不許浪費熏香。想起這些他竟恍恍惚惚道：「冰井臺還儲有不少香，以前不准妳們使用，我死以後妳們可以把它分了……家國一理唯在勤儉，可以學著織布做鞋，賣出去貼補用度，莫滋擾中宮……」

曹操臨終之際留戀妻妾，囑咐她們分香賣履，雖居君王之位，仍不失為有情有義之男子，但群臣都急壞了。如此重要時刻，多少大事等他確定，卻還跟女眷絮絮叨叨，這不活活急死人麼？可大家又不敢催，只能等他把話說完。孫資、劉放代筆遺令，早就一頭冷汗——此刻曹操說的每一句話都要記錄下來，但官樣文章講究體統，這些瑣碎雜務斷不能寫在軍國要事之前。他倆只好停筆等待，暗掐指頭先默記下來。

夏侯惇就跪在病榻之側，眼見曹操目光迷離，口齒已越發不清，卻兀自囑咐家務，甚至還提到衣物、幔帳，再這麼耽誤下去，還來得及囑託群臣嗎？夏侯惇實在憋不住了，伏到他耳側打斷道：「大王，諸位大臣皆在，等您吩咐呢！」

這句話似點醒了曹操，他努力瞥向群臣，眼前卻早已一片凌亂，彷彿天地間萬物都在旋轉，他只能對著臣子方向道：「吾在軍中執法甚嚴，今後當遵行不違，至於激憤過失之類不可仿效……天下未寧，一切從簡，崇實務本，不可因循古制……」只說了這兩句，忽覺嘴唇麻木、舌頭綿軟，氣也喘不上來，言語萬分艱難，「吾應愁嗡，自謙捉襟，入見持……」後面的話已不成句，匪夷所思。

群臣完全不明所以，急得滿頭大汗面面相覷，李璫之趕緊上前為他摩挲胸脯，卻依舊順不過這口氣。正在手足無措之時，孔桂竟插口道：「大王好像說『吾因頭病，自先著幘，入殮時當換王冠大服』。」大家一怔，卻見曹操眨眨眼睛似是肯定——孔桂伺候曹操多年，早對他的言語好惡諳熟於心！

這會兒大家也管不得孔桂是何樣人了，忙推他到榻邊轉述。曹操的嘴歪了，口齒本已不清，這會兒又氣息艱難，只能微微叨念。孔桂幾乎把耳朵貼在他唇上：「大王說……四海未定，當遵先前之令薄葬……」

「寫下來！快寫下來！」辛毗催促孫資記錄。

孔桂歪著腦袋努力去聽，又道：「下葬後宗室百官立刻除孝……各處屯戍的兵馬不得擅離駐地，還有、還有……我也聽不清了，大王再高聲些……」

曹操的嘴唇還在翕動，卻已發不出半點聲音，甚至連一絲氣息都呼不出，彷彿有一隻無形的大手扼住了喉頭。他聽不見自己說的話，也聽不見孔桂說什麼，甚至聽不到姬妾的哭聲，世界好像一下子變得寂靜無聲了，他心裡除了焦急更多是恐懼……他原以為自己想開了，以為自己可以坦然面對死亡，事到臨頭才發覺錯了，他依舊有許多話想說、依舊有許多事割捨不下，愛也好恨也罷，他依舊留戀人世——他還不想死！

但此時此刻他已無能為力，漸漸地連眼珠都無法轉動了，歪斜地視線越過孔桂的髮髻，只能模模糊糊看到楊邊一隅，那裡恰好放著他未能吃下的那碗粥。民以食為天，人活著就要吃東西，從吸吮第一口乳汁開始，生命得以延續；無論活成什麼樣、遭受何種苦難，只要能果腹就能活下去。曹操再也喘不上一絲氣息，但求生的本能似乎告訴他，只要能吃就能活。

或許曹操一生中最艱難的一仗不是官渡、不是赤壁，而是為一碗粥。此時他無法與人交流，只能靠自己！他顫抖著抬起渾身上下唯一能動彈的右手，掙扎著去拿那碗粥，卻離得太遠摸不到。他告訴自己這就是戰場！堅持住！再努把力！他橫下心鼓足勇氣，猛地使出全身最後一股勁……

孔桂兀自伏在他身邊，突覺他身子劇烈地一顫，趕忙後退躲避；卻見曹操僵直地向上挺了一下，右手莫名其妙地抓了一把，繼而身子一歪撲倒楊邊，再也不動了！

「大王！」群臣一聲驚呼。

李璫之臉色煞白，戰戰兢兢在他腕上摸了一把，隨即朝眾人搖了搖頭——建安二十五年正月甲子（西元二二〇年三月十五日），一代梟雄曹操病逝於洛陽，終年六十六歲。

號哭聲似炸雷般轟然而起。大家雖有心理準備，但畢竟已習慣了曹操的權威、曹操的統治，甚至習慣了他的喜怒無常。現在一瞬之間這座擎天大柱崩塌了，簡直無法面對這殘酷的現實。是有感他的知遇之恩也好，是對將來未知的恐懼也罷，或僅僅是對逝去生命的愛憐，總之一切情感都化作痛哭，所有人止不住潸然淚下！

女眷們抱作一團相擁而泣，群臣伏在地上嗚咽不止，眾侍衛咧開嘴似狼嚎般大慟。突然間許褚「哇」的一聲大叫，緊接著一口鮮血迸射而出——這位忠勇的衛士失去了跟隨一生的主子，太過悲痛大口嘔血。

「許將軍……」眾臣趕緊七手八腳去攙扶，李璫之忙分開人群為其診脈；哪知還未摸清楚病情，又猛然聽到一聲鎧甲碰地的悶響——夏侯惇仰面暈倒了！

群臣更是一陣騷動，李璫之沉住氣：「許將軍悲痛過度傷了肺脈，倒也無大礙。」說罷又到那邊診夏侯惇，摸了左脈又摸右脈，立時皺起眉頭，「不妙……左脈虛微、右脈無力，夏侯將軍早有風寒在身，積鬱日久病入五臟，又操勞過度傷損經脈，這病不好治了。」顧不了死的先顧活的，趕緊叫幾個親兵把暈厥不醒的夏侯惇抬去偏殿。眾人越發放聲大哭，撕心裂肺地呼喚著大王。

號啕聲中陳群頭一個緩過神來，匆匆爬到孫資身邊，偷眼看那道遺令。孫資雖老於案牘，畢竟生平頭一次遇到這樣緊迫的詔令，又被群臣催促，心都提到嗓子眼了，多虧劉放幫他默記才沒漏掉什麼，卻哆哆嗦嗦的，一筆好字都寫走樣了。只見七扭八歪寫著：

吾夜半覺小不佳，至明日，飲粥汗出，服當歸湯。吾在軍中持法是也，至於小忿怒，大過失，不當效也。天下尚未安定，未得遵古也。吾有頭病，自先著幘。吾死之後，持大服如存時，勿遺。百官當臨殿中者，十五舉音，葬畢便除服。其將兵屯戍者，皆不得離屯部，有司各率乃職。斂以時服，葬於鄴之西岡上，與西門豹祠相近，無藏金玉珍寶。吾婢妾與伎人皆勤苦，使著銅雀臺，善待之。於臺堂上，安六尺床，施繐帳，朝晡上脯糒之屬。月旦十五日，自朝至午，輒向帳中作伎樂。汝等時時登銅雀臺，望吾西陵墓田。餘香可分與諸夫人，不命祭。諸舍中無所為，可學作組履賣也。吾歷官所得綬，皆著藏中。吾餘衣裘，可別為一藏。不能者，兄弟可共分之……

陳群暗叫糟糕——遺命看似面面俱到，甚至細節瑣碎都提到了，但偏偏最關鍵的事曹操隻字未提，曹丕尚未趕來如何繼位？真有心添一句「太子勿待洛陽迎喪，受詔即為承統」，可多少雙眼睛互相監督著，私改遺令是天大之罪，誰擔得起？身家性命還要不要了？

陳群以袖拭淚暗自焦急，卻覺有人拉他衣袖，側臉一瞥——司馬懿湊了過來。二人互相攙扶假作悲泣，偷偷退出人群。司馬懿也發覺問題嚴重：「遺令欠妥，當速召太子前來……」

話未說完見長史陳矯晃悠悠站起來，老眼垂淚語帶哽咽：「大王猝然駕崩，還望諸公承主上遺志，以國事為重。速將遺命重新謄錄，派人齎詔赴鄴城通報太子。」

司馬懿不禁蹙眉：「他們忙出頭緒還不知要多久，那邊倉促接詔也耽誤工夫，此刻分秒必奪，得派個心腹快馬加鞭搶先稟報太子，越快越好。」

陳群想得更周全：「太子那邊缺得力幫手，再派個人去朝歌告訴吳質，叫他速去鄴城幫襯。」

「我這就去辦。」司馬懿趁眾人不備，偷偷溜出殯殿。

陳群混進人群繼續哭喪，心中卻仍不安穩。曹操死了，但這並不意味曹丕的時代立刻開始，還有個難關沒過呢！

第十八章

步步驚心，曹丕繼位

奪喪護駕

縷縷香煙飄散在空中，時而似一條遊龍，盤旋於梁柱間，時而似朦朧暮靄，漸漸消弭於寧靜。雖然靈堂已擺了好幾個月，早就沒人來祭弔了，曹休還是日日陪伴母親靈前。

漢家原本注重居喪之禮，士人守孝三載乃常例，孔子所謂「君子之居喪，食旨不甘，聞樂不樂，居處不安」；尤其經學大盛之時，「孝」成了評價士人良莠的準則，不乏借守孝坐抬身價之輩，袁紹就是因為給父母守孝六年而名聲大噪，但戰亂以來禮儀從儉，已很少有人拘泥此道了。不過曹休卻暗下決心要守滿三年，他倒不是坐抬身價，也非抱殘守缺，實是因為母子感情太深了。

曹休乃曹操族叔曹鼎之孫，曹鼎雖歷任吳郡太守、尚書令，卻是個惡名昭彰的貪官，最終下獄而死。曹休自幼沒享過富貴，又幼年喪父，孤兒寡母相依為命。董卓入京中原大亂，幼小的曹休隨母親逃難流落江東，在吳郡太守府中為役，後來回到故鄉才得以邁入仕途。曹操念他仁孝，稱他為「吾家千里駒」，格外照顧，所受待遇與曹真一般無二，他母也移居鄴城安享晚年。尤其近兩年，曹休統率人馬效力疆場，晉升中領軍，成為曹家後輩中最受人矚目的一個，當真前程似錦。

但人不能忘本，曹休總是回憶少年時的經歷，回憶那段流亡他方的日子。在困苦的歲月裡，母親含辛茹苦把他拉扯成人，經歷了多少磨難？曹家親眷中沒有哪對母子比他們受的苦更多，如今母親去世，若不在靈前盡孝，實在良心難安。其實若按他心思辦，歸葬譙縣之後該在堊室住上三年，不離墳塋；但曹丕再三苦勸，一趟趟派人催促，只得回到鄴城，改在府邸靈堂內守孝。這幾個月來他一直穿著孝衣，時時沉寂在悲痛之中。其實他早把昔年舊事翻來覆去想了多少遍，卻依然難釋傷感，彷彿只有陪在母親靈前心緒才能平靜；葷酒自然不動，連素齋白飯也難以下嚥，正因為如此，他形銷骨立憔悴不堪，鬚髮也亂糟糟的，哪還像個縱橫沙場的將軍？

這個清晨天色灰濛濛的，曹休亦如往常，頭不梳、臉不洗，起來就到靈堂跪著。妻子撤去昨天的供品，親自下廚，與眾僕婦準備今天的祭禮，忽然一陣急促的敲門聲打破了居喪之家的寧靜。

曹休也不甚在意，他早就吩咐過，守孝期間概不見客，若有急務可作書簡傳達，這些事僕僮自會打理，他依舊從容不迫給長明燈續上香油。哪知過了片刻，卻聞聒噪之聲——訪客竟闖了進來！

「文烈！出來！」

「這位先生不可如此，我家大人居喪謝客……」

「胡言！耽誤大事你擔待得起嗎？」

「先生且慢……先生且慢……」

曹休一怔，只覺這聲音甚是耳熟，卻想不起是誰，起身至堂口，但見有個青衣士人慌慌張張跑進院來。此人四旬出頭，身材不高寬額大臉，頭上還纏了條白飄飄的孝帶，不知是遭遇急事還是方才與僕僮有一番撕擄，搞得冠帶歪斜，風塵僕僕滿頭大汗，抬頭間與曹休四目相對，不禁長吁一聲，似是心頭一塊石頭落了地：「快跟我走！」

曹休怔住了，思忖半晌才認出來者：「吳、吳季重？你不是在朝歌任縣令麼？怎會……」

吳質一把攥住他手腕：「別管這麼多，快跟我走，大王駕崩啦！」

「什麼？」曹休本已憔悴不堪，聞此噩耗，眼前一黑險些暈倒。

吳質嚇得滿頭冷汗：「文烈！太子還指望你，你可不能有差失！」其實吳質也已疲憊不堪，他這兩天可謂驚心動魄——昨日正午他猛然接到司馬懿密報，立刻星夜兼程飛馬趕來鄴城，一路上水米未打牙，現在還覺頭昏腦脹。按朝廷制度，外官未得命令不可擅離職守。但大王駕崩於外，陳群、司馬懿、曹真皆不在鄴城，吳質只能趕來助一臂之力，當此時節曹丕若不能順利繼統，他身為太子黨中堅，日後生死尚不能料，還談何前程？

曹休漸漸定下神來，流下兩行眼淚：「我才離開幾個月，想不到大王就……子桓可曾前去奔喪？」

吳質擦擦冷汗：「我來便為此事，太子召你護駕！」

曹休卻露為難之色：「我也在為母守喪，不能……」

「什麼時候了，還計較此迂腐之禮？快走！」

曹休搖頭不已：「我母養育不易，此份孝心出於肺腑，想必子桓也可寬宥。」

「鄢陵侯手握兵馬近在長安，倘若先下手為強，太子豈不危險？太子倘若有失，能你有好果子吃？」

曹休凝望母親的靈位，不為所動：「人事已盡，禍福憑天，我已立下重誓，要安守靈前當個孝子。」

「你、你……」吳質急得直跺腳，猛一眼瞅見供桌，三兩步奔至靈前，撩袍跪倒叨叨念念：「老夫人魂靈在上，晚生哀哀叩拜。我奉太子之令請文烈出山，此事也關係您兒孫日後安危禍福，還望老人家寬恕晚生之唐突！」重重磕了三個頭，倏然起身抓案上的供酒。

「你做什麼？」曹休還沒反應過來，吳質已撲過來扼住他下頷，將滿滿一壺酒灌入他口中——

守孝之人不可動葷酒，這酒一沾唇，孝可就破了！

「咳咳咳……」曹休嗆得咳嗽，酒撒了一身，瞪著吳質。

「你別怪我！」吳質比他火氣還大，劈頭蓋臉數落道：「你為太子想想，為社稷想想！齊桓公一世霸主九合諸侯，只因身後諸子爭位，使齊國一衰而不可振，難道曹魏要重蹈覆轍？今局勢未明人心惶惶，孫、劉作亂於外、鄢陵侯窺伺於側，倘有不逞之徒行胡亥、趙高之事，非但太子不保，曹魏社稷就此傾覆！」

曹休聞聽此言不禁打了個寒戰。

吳質見他動容，又道：「你身居中領軍，有管轄中軍之權，此時除了你誰能統轄兵馬護衛太子周全？現在不是守小節的時候！」說罷連拉帶拽把曹休攙起，「太子有命，你速隨我去！」扯著他便往外走。曹休仍淚流不止，每一步都似踩棉花，踉踉蹌蹌踱至堂口，一把抓住門框，留戀地望著母親靈位。

吳質實在沒辦法，只能苦勸：「太子要當魏王，你便當不成孝子，是他當還是你當？你雖為宗親，畢竟還是人家臣子，身不由己。忠孝不能兩全啊！」

曹休淚水簌簌，聽到此處牙一咬、心一横，仰天長歎：「罷了，罷了！我去便是……」

吳質這才鬆口氣：「太子若繼統，你至少能掙回個千戶侯，光耀門楣那才叫大孝！」曹休都沒來得及向家人囑咐兩句，便被他扯著出了家門。

曹操之死是天崩地裂的大事，但此時此刻鄴城卻靜得可怕。鄴城各門皆已關閉，唯中陽正門大開，城內守兵宮廷侍衛齊出，三步一崗五步一哨，百姓不明就裡，見這陣勢誰還敢上街？其實報喪使者還沒到，倒是陳群的人和吳質搶先密報曹丕，故而提早準備以防有人作亂。

這會兒管不得什麼禮法，吳質在正陽大街策馬奔騰，口中大呼：「奉太子之命公幹！」士兵聞聽此言不敢阻攔，紛紛閃開道路，曹休揮鞭緊隨其後，卻不往太子府，直奔王宮而去；來至宮門躍下馬，將轠繩一丟，邁步便入掖門——顯而易見，為了這一天到來，曹丕早就打點妥當。

宮內依舊靜悄悄的，甚至感覺不到任何異樣。曹休跟隨吳質連穿三道宮門，直至聽政殿前才覺大變——原來王昶、劉劭、司馬孚等東宮屬官及太子太傅邢顒已到，個個面色蒼白眼神呆滯；中台常林、傅巽、薛悌、武周等尚書也已侍立在側，唯獨缺一丁儀。匆忙之際曹丕未及更衣，還穿著便服，背著手在殿階上踱來踱去。

「子桓！我來了！」

「文烈……」曹丕三兩步奔下殿階，一把攥著他手，卻再說不出什麼，一陣哽咽。曹丕這兩日好似做場噩夢，昨天午間剛得到奏報，說父王病重，讓其安排好政務速去；哪知手頭紛擾還沒處置完，今晨天不亮便接到喪訊，簡直是五雷轟頂！

曹休只覺他手攥得那麼緊，彷彿要把自己骨頭捏碎。想起他身為儲君多年，卻提心吊膽如履薄冰，至最後時刻還要冒險，又憶起大王生前對自己種種恩德，不禁悲意上湧——兩人執手而立，欷吁不已。

吳質卻沒心思傷感：「現在還不是哭的時候！太子速發手令，派文烈至城南大營接管兵馬。」說罷又問眾人，「準備得如何？」

王昶甚感為難：「已吩咐寺人置備孝衣，後宮諸貴人也已告知，只是未得軍中通報怎好舉喪？」曹操死訊斷無可疑，但沒有洛陽來的正式通報，不能私自赴喪。

吳質瞥了眼殿前的銅壺滴漏，已近卯時三刻：「事情多著呢！稍一耽誤就是半天，顧不了這麼多——舉喪！」

王昶哪敢做這個主？回頭看列位尚書，常林、傅巽盡皆點頭，誰也不敢明確表態。太子太傅邢顯見狀忙道：「人子盡孝不拘小節，即便失禮亦當寬宥，梓宮在外恐生不測，當早登程。」連他都這麼說，眾尚書便默許了。

命令傳下，魏廷大鐘敲起，雄渾肅穆的聲音籠罩鄴城，王宮寺人和東宮掾屬紛紛出動，前往列卿、諸王子府邸報喪。不一會兒便喧鬧起來——不少心思縝密之人清早見城內異樣已揣摩到幾分，鐘聲響起更無可疑，未出家門先披孝衣，悲悲啼啼徒步奔王宮而來。一傳十、十傳百，只一盞茶的工夫，掖門外已擠滿了人；曹丕索性傳令將司馬門敞開，任大家自入。

司馬門一開，王子列侯、九卿諸臣、各部郎官、幕府掾屬、泮宮學士，一股腦兒都擠了進來。霎時間聽政門外群臣伏倒一片，號哭聲已蓋過黃鐘大呂。有人頓足捶胸、有人仰天悲泣，程昱等老臣年紀高邁跪不下，抱著儀門大柱，哭得上氣不接下氣，乃至宮人宦官也跟著咿咿呀呀抹眼淚。宮中這般情景自也瞞不住民間，且不論曹操一生對百姓如何，鄴城首善之地，黎民自是念曹氏恩德。噩耗傳開士農工商盡皆舉哀，家家門戶洞開，百姓匍匐於道放聲慟哭，悲愴之聲縈繞殿宇直沖九霄。

此刻曹丕立於殿階之上，儼然朝廷之主的姿態，卻也悲不能抑，抽噎間見曹植、曹彪等兄弟滿面淚痕跪爬至前，忙欲下去攙扶，也不知是悲傷所致還是故意踟躕，身子一晃，竟險些跌下去。劉劭、王昶忙前趨一步，一邊一個死死架住。吳質道：「大王已崩，天下之事皆賴太子。當以社稷為重，瑣碎小事不必親為。」說罷招呼一群侍衛、宦官「照顧」諸王子。曹丕早命宮人趕製孝衣，列卿、侍中等重臣一人披一件，請他們登殿議事，其他官員暫時只纏孝帶；又有侍衛攀上殿頂遍掛白幔白幡，倒也有條不紊。

丁儀也已聞訊，匆忙趕至宮中，才知別的尚書半個時辰前早得到曹丕密告，唯獨瞞他一人，又見曹植等王子被侍衛簇擁著坐於廊下，不得進殿同議喪儀，心中更是惱火；拿定主意，索性入殿大鬧一場，要讓曹丕顏面掃地！哪知還未邁上殿階，又聞身後喧譁聲大作，回頭一看，似一團黑雲從宣明門外湧來。丁儀目力不佳，打量半天才瞧出是一隊鎧甲森然的中軍兵士，霎時間已至聽政門下——原來曹休接管大營，親點隊伍入宮護太子之駕。這陣勢擺出來，莫說無人敢生事，即便有人橫生枝節，立時身首異處！

明知徒勞，再鬧還有什麼意義？丁儀望著那黑壓壓的甲士，殘存的一絲鬥志也瓦解殆盡，眼淚奪眶而出，卻不知是哭曹操、哭曹植，還是哭自己；茫然登上大殿，不聲不響往人群後一站，聽天由命吧！

曹丕畢竟還是太子，不敢僭曹操之座，暫居東側首位；他實是急著奔赴洛陽，但官樣文章總得做圓滿，且身為孝子也不能貪心外露，只得壓抑心情，以袖遮面痛哭不止。

御史大夫華歆、大理卿王朗、郎中令和洽、奉常卿邢貞、中尉徐奕、太僕何夔、少府謝奐、大司農袁霸、侍中衛覬、習綬、留府長史劉曄等皆已入座，連因魏諷之亂罷官的鍾繇也在其列，方才哭一陣，眾人悲意已去了三分，都在盤算續統之事，但曹丕不把話挑明，他們也不便先提，只陪著落淚。司馬孚見此情形匆忙諫言：「大行晏駕，天下恃太子為命。當上為宗廟，下為萬國，奈何效匹夫之孝？恭請早定大事。」他把這層窗紗一捅破，列卿無不附和。

曹丕卻依舊掩面抽泣：「父王撒手而去，留下偌大江山社稷，我哪裡掌控得了？」群臣誰聽不出這是試探？忙一齊起身施禮：「國不可一日無君，冊立儲君便為今日。請太子速做部署，迎接梓宮、早正大位！」

曹丕心裡有底了，漸漸止住悲聲：「既然如此我便斗膽行事，還望諸公多多指教……」

「唯太子馬首是瞻！」

曹丕緩了口氣，開言便道：「中領軍曹休何在？」

「末將在！」曹休撥開眾人擠進殿內，叉手施禮。

「你速點三千精兵城外列隊，護衛我和諸兄弟、幕府群僚往洛陽迎接梓宮。倘有差失唯你是問！」

「諾。」曹休暫拋喪母之痛，領命而去。

曹丕又道：「我雖離去，國都防衛也不可鬆懈。朱鑠何在？」

「在！」朱鑠早躍躍欲試。

「你昔年曾在中軍任司馬，如今可還能領兵？」

「如何不能？」朱鑠腰桿一挺，「現在中軍營裡那幫將佐當年不過是給我牽馬扛槍的，我去管他們，他們得遠接高迎，誰敢不服？」

「這便好。你權領左護軍之職，統轄留守諸軍保衛鄴都。」其實留守將領有的是，選朱鑠是任人唯親，當此危急之時，兵權萬不可落於他人之手。曹丕的目光又掃向校事劉慈，「國喪之時當防小人作祟，還勞你多多掛心，勿使奸邪之徒有機可趁。」

「諾。」劉慈領命，隨即扭頭瞥了站在殿角的丁儀一眼。

武備已畢，曹丕又道：「今相國暫缺，華公乃群臣之首，務必隨我同去，還有常尚書、傅尚書、薛尚書、劉長史……」他每點到一人，那人便起身拱手。

其實種種安排早籌謀好了，諳熟於心信手拈來。安排完畢，群臣無不服從，曹丕沉著不少，招呼吳質攙他起身，踱至列卿面前，給幾位老臣深深作了一揖。群臣哪擔得起？趕忙還禮，口稱不敢。曹丕卻道：「風霜以別草木之性，危亂而見貞良之節。我今奔喪而去，還要請許都天子之詔，至少也需半月，一干國事全賴諸公。還望諸公上思大行舊德，下念孝子拳拳之意，替我曹家穩住社稷！」說罷又施一禮。

鍾繇連忙攙住：「太子但放寬心，我等雖老拙，怎敢忘懷君恩？願陛下早正大位，臣等恭候您歸。」鍾繇雖因魏諷之事罷官，卻仍能影響大政，而且是潁川士人領袖，他率先改口稱曹丕為「陛下」，給曹丕餵了顆定心丸。

和洽所思更周全，主動提議：「朝廷社稷既是國事、亦為家事，當請太傅代表陛下與臣等共參大政。」

曹丕含淚點頭，又道：「太中大夫賈詡處事謹慎、老成謀國，可請其共參政事。」群臣皆感不解，賈詡乃漢官，平素深居簡出心無旁騖，曹丕怎會想起此人？但太子既有此意誰也不好說什麼，皆道：「願遵陛下之意。」

守軍已落於曹丕之手，朝廷政務又在其掌握，鄴城已不會掣肘，曹丕大可安心而去了。吳質又竄出來，高呼：「事不宜遲，請太子與諸王子速速更衣起駕！」用不著再回府了，太子洗馬顏斐早把服飾都捧了來，眾內侍知道曹丕是日後的主子，巴結還巴結不上呢，忙攙扶他到溫室，七手八腳服侍更衣——此去禍福還難測，曹丕內穿軟甲，外罩孝袍，佩劍掩於袍內，對著鏡子整理一陣才覺妥當。方要出殿，忽見一婦人披頭散髮，抱著個孩子跪至面前。

「王昭儀？」曹丕手足無措，不知該不該伸手攙庶母。

王氏摁著曹幹的小腦袋給曹丕磕個頭，泣道：「此兒三歲亡母，五歲失父，先王將其過繼臣妾以慰無依。今大王崩殂，我孤兒寡母就託庇於陛下啦！」說罷連連叩首。

曹丕再不猶豫趕忙攙起：「切莫行此大禮，我為太子也曾賴昭儀之力，自當厚待妳母子。今奔喪事急，日後正位定加封賜，庶母大人但放寬心！」

「謝陛下。」王氏心事落定，抱著曹幹又哭又笑。

曹丕拱手而去，未走幾步又聞女眷呼喚——趙姬也拉著小兒曹茂追來。這女人也連連叩首：「賤妾昔年開罪陛下，願陛下捐棄舊怨，萬萬寬待吾兒。」

曹丕卻陰陽怪氣冷笑道：「庶母何必如此？我哪裡當得起？」又伸手指向曹茂，「茂兒不小了，早非襁褓之童，父王駕崩不可廢禮，還不速速更衣，隨我同去奔喪！」

曹茂才剛十歲，只隱約聽說父親死了，根本不明白怎麼回事，見大哥正顏厲色瞪著自己，忙道：「我不、不……」眾寺人哪管他願不願去，得了曹丕之令齊來拉扯。

「快抱他出城，準備出發。」曹丕甩下這麼句話，任憑他母子哭鬧，頭也不回地去了。

鄴城以南三千甲士早在曹休部署下列好隊伍，洛陽使者也到了，比密報只晚一個時辰——殊不知這寶貴的一個時辰已定下多少大事！使者見鄴城已先舉哀，心中大石頭落定，便也湊到隊伍中準備折返。曹植、曹彪、曹林等王子也已出城，他們的待遇與曹丕天壤之別，一入宮就被侍衛簇擁住，明為伺候實是脅迫，連回府跟妻兒說句話的機會都沒有，就被披上孝袍擁至城外，曹丕防備兄弟竟至如此地步！

曹植遙望群臣如眾星捧月般簇擁兄長而出，心下不禁淒然，一夜之隔換了世道，昨天還是無拘無束的王子，今天卻成了兄長管束下的人臣，明天又會怎樣？想起洛陽酒宴之事，曹植一陣陣心寒，他實在難料這位心胸狹隘、睚眥必報的兄長日後會怎麼作踐他。

「太子起駕……太子起駕……」

留守諸臣拜伏恭送，曹丕騎馬居中，華歆緊隨其後，吳質、司馬孚、王昶、顏斐等親信不離左右出謀劃策，鄧展、王圖、呂昭、任福等將環伺於旁護衛周全，還有秦朗、夏侯楙、曹泰、卞蘭等親戚相伴；常林、傅巽、薛悌、劉曄等各登坐騎，曹休親統先鋒開路，三千士卒頭纏白布，打著白旗白幡，好不威嚴。

曹丕抖開轡繩未行幾步，又從旁奔來二人，前面身披鎧甲的乃中軍將佐段昭，後面跟個布衣佩劍的年輕人。「這便是太子，還不快施禮？」段昭連聲催促年輕人，見動作遲緩，竟一腳踢在他屁股上，「快磕頭！磕頭！」

曹丕不解：「這是何人？」

段昭拱手：「犬子段默，年方弱冠，久欲報效王家。請准其同往護駕，侍奉陛下以償夙願！」這哪是護駕？分明是攀龍附鳳——過了今天曹丕就是魏王，日後九成九還是天子，欲求幸進就剩今日啦！

「沒這規矩！」

段昭軟磨硬泡：「末將效力曹營二十載，又是王家姻親，也願兒孫世世代代侍奉王家，姑念末將這片忠心收留我兒吧！」段默挨了一腳還真開竅，跪在曹丕馬前磕頭不止。

「添什麼亂呀！」曹丕大袖一揮，「給匹馬，掛名算個東宮侍衛，快走快走！」這光還真沾上了。

曹植一下就相形見絀了——今後人家要風得風、要雨得雨，天下人全來巴結，自己卻要身處矮簷下。他左顧右盼，身邊只有「伺候」的侍衛，竟無一個熟人，其他兄弟也被眾士兵隔開，彼此不能交談，更覺淒涼無助；不禁回望送行的群臣，尋覓良久才瞅見丁儀——正茫然踱於城畔，而校事劉慈就寸步不離跟在其身後！

「正禮……」曹植徒勞地呼喊一聲，眼淚奪眶而出，這次卻不是哭父親，而是哭自己——荀惲英年早逝，楊修橫死軍中，眾幕僚七零八落，如今只剩下丁氏昆仲。他隱約感到不祥，可能今日便是永訣，他已失去太多朋友，不能再失去丁儀，孤獨寂寥的日子讓他這個縱情風雅之人怎麼過啊？

這聲呼喚丁儀沒聽見，曹丕卻聽見了，不多時吳質從人群中鑽了過來，施禮道：「臨淄侯乃太子同母弟，太子顧念手足之情，請侯爺並轡而行。」

「手足之情？手足之情？哈哈哈……」曹植除了含淚苦笑，真是一句話都說不出來了。

曹丕也是後來才知內情，洛陽的局勢比他預想的還複雜，自曹操歸天到他抵達洛陽，其間隔了三日，這三日一波三折險象環生，若非鄴城、洛陽、許都三地的老臣效力，他能否登位著實難料。

曹操晏駕，群臣一陣痛哭，直哭得昏天黑地聲嘶力竭，而痛哭過後隨之而來的便是恐慌——大王崩殂於外，太子還在鄴城，眼下之事該怎麼辦？群臣拭去眼淚後第一反應是封鎖消息，洛陽宮權且作靈堂，派出回鄴城報喪之人；給曹操換了王衣、冠冕，停屍殿上，打發僚屬置辦上好棺槨；把啼哭不止的卞王后和眾夫人勸入後殿，委託卞國舅照顧；命人趕製孝衣，大家團坐院中商量應急之策。此時論官爵當屬衛將軍曹瑜身分最高，又是魏王族叔，惜乎疏少才略全無主意。桓階首先倡議：「此事若求穩妥，當緊閉城門祕不發喪，待太子到來靈前即位，再將噩耗公布天下。」

「不妥。」陳群一口否決，「數萬大軍在城外，消息怎易瞞住？況且……」他話說一半戛然而止，伸出兩根手指朝眾人晃了晃。

群臣一見臉色皆變——二王子曹彰！鄢陵侯已受詔令不日將至，見洛陽不報喪、不舉哀，若率將士問罪如何應對？現在的問題不只是何時舉喪這麼簡單。曹操臨終倉促未指明太子如何即位，而最有威望穩住大局的夏侯惇又隨之病倒，曹仁在襄樊、曹洪在武都，連個近親將領都沒有，情勢何其凶險？鄢陵侯好勇鬥狠，又立有戰功頗得諸將崇敬，若祕不發喪，曹彰搶先趕來煽動將士挾以自重，非但群臣招架不住，王位最後歸誰都難說！而公布噩耗也難保無虞，曹軍貌似紀律嚴明，其實說到底皆聽曹操一人之令，曹操一死便如鎮妖石崩塌，誰能駕馭八方武夫？無論曹彰爭位還是兵變，對曹魏社稷都是致命打擊，只怕曹操屍身未僵，一生心血已付諸東流，北方又要回到初平年間的亂象了！

沉默良久，長史陳矯突然一拍大腿站了起來：「既然不免弄險，索性現在就讓太子繼位。」

「啊？」眾人皆是一愣——太子尚在鄴城啊！

陳矯朗朗陳詞：「國不可一日無君，王薨於外，天下惶懼，太子當節哀繼位，以繫遠近之望。且大王愛子在側，久必生變，則社稷危矣！我等立刻舉喪，遙尊太子為王。」他沒直言曹彰，但口稱「大王愛子」大夥都明白說誰。可是明明曹丕不在，卻要讓他隔空繼位，這提議實在大膽。

愣了片刻，諫議大夫賈逵開了口：「也好，至少令出有源。」

「事到如今只能放手一試。」辛毗起身回應，「辛某人立誓，此刻便尊太子為王！」

桓階、陳群、司馬懿等皆曹丕一黨，怎能不依？也跟著回應：「我等願與諸公同心，自即刻起就尊太子為王。」

事已至此，群臣與曹丕是互保關係，曹丕不借他們之力不能搶先正位，他們不借曹丕之名也難壓服三軍。形勢大於人，群臣紛紛表態支持，只魏郡太守徐宣一言不發遠遠躲開——倒不是反對，只因他與陳矯素來不睦，不願跟著摻和。

「好！」陳矯越發篤定，「現在就以太子名義向三軍公布噩耗，以太子署名教令安撫三軍。」

司馬懿補充道：「最要緊的是遣使奔赴許都，請當今萬歲將太子繼承魏王、丞相之事詔告天下。」

黃門侍郎丁廙方才還在竊喜，天賜良機，即便不能扶曹植繼統，叫曹彰奪去也比受曹丕的屠刀強。心裡正撥弄著小算盤，還未想出襄助之策，卻見陳矯已拿定這越俎代庖的主意。若容他們請來詔書，豈不無可挽回？想至此再不能坐視，高聲嚷道：「不可！你這是以臣立君！」

「不錯，我就是以臣立君。」陳矯毫不否認，「國不可無主，不立君主何以安定四境？況太子乃國之副儲，繼承大統理所應當，難道你有異議？」

丁廙當然有異議，但曹丕占著太子名分，他若敢公然反對，這幫大臣立時就會把叛逆之罪扣他頭上。丁廙顧左右而言他：「在下並非反對太子，然國君繼位乃社稷第一大事，豈可僭越亂為？名不正則言不順，言不順則事不成，當候太子到來再行諸事。」

「等太子到來，一切都晚了吧？」司馬懿冷笑著站了起來，「你那點兒鬼魅伎倆當我不知？」

丁廙聞言大怒，二目似要噴火：「司馬懿！你以小人之心度君子之腹！列公看見了吧？大王喪殿之前，此人信口雌黃汙蔑同僚，實乃無父無君之徒！」他這一狀告得也不算無理，但群臣已結同心，誰肯聽他的？

「住口！」辛毗一聲斷喝，「承統之事出自公義，亦為先王所定，誰反對誰是奸邪小人！」別拿禮法當幌子，不就想阻礙曹丕繼位嗎？辛毗一錘定音——誰反對誰就是別有用心，誰就是奸臣。

丁廙祭出最後一件法寶：「如此大事若有差失，誰能擔待？」

陳矯一拍胸脯：「苟利社稷，死生不拒。便千刀萬剮禍滅九族，老夫一力承擔。」

群臣都佩服他老而彌辣心志如鐵，齊聲附和：「願共承擔！」

話說到這個地步，丁廙再無言以對。陳矯、桓階等都是老資格，憑他一己之力怎鬥得過？強辯一句：「只怕你等擔待不起！」拂袖進了偏殿。司馬懿朝站在遠處的校事劉肇使個眼色，劉肇會意，趕緊跟進去監視。

群臣雖壓制住丁廙，卻也來不及鬆口氣，要辦的事還多著呢！先吩咐劉放、孫資以曹丕名義草擬教令，準備喪報文書發往各州各郡，安排使者赴許都懇請天子下詔，祕密召集所有監軍、護軍說明情況，請他們到各營安撫將士；靈堂掛上白幔白幡，設擺供桌燃上香鼎，又在旁邊給曹丕虛設一席，連魏王、丞相印璽都象徵性地擺上，好像已授給曹丕似的，又到後面向王后稟明情勢、請求配合……時過正午終於忙完，大夥換穿孝衣，齊刷刷往靈堂一站，傳令敞開宮門——能辦的都辦了，剩下的就只能祈禱老天保佑啦！

喪報傳出不到一會兒，外面一陣喧譁，八萬將士何等氣勢？有人慟哭、有人悲號、有人呼喊，連洛陽宮中都聽得清清楚楚！膽小的僚屬站在靈堂裡直哆嗦——那不僅是八萬人，還是八萬利器，若是有人挑頭，什麼事不能幹？

怕什麼來什麼，弔喪的將軍緊跟著就到了。於公於私都不能謝絕弔喪，但這會兒怎麼叫他們進來？教令上寫明太子繼位，可孝子卻是個空位子，見不得人！許褚雖悲傷過度連連嘔血，也不得不強打精神出去阻攔，可號哭聲越來越大，繼而就聽有人怒罵：「許仲康，你要做甚？就你能守著大王，我們就不能給大王弔喪麼？是何道理？」

「媽了個巴子的！老子立的功勞不比你少，想哭主子都不成？再廢話，老子跟你動刀！」

趙儼耳力甚佳聽得分明，不禁冷汗直冒：「徐公明、朱文博來了，這倆大個子咱攔不住的。」

桓階搖搖頭：「別攔了，再攔非攔出禍來。叫他們進來哭，哭夠了氣就洩了……放他倆進來。」

吩咐傳下，徐晃、朱靈哀號著衝進宮來！

「大王！您睜眼看看末將……」徐晃一猛子撲到屍身邊，淚光盈盈渾身顫抖，「末將還要陪您打仗，您還記得潼關之戰嗎？天下未平您怎就撒手而去了？」

朱靈跪在堂上以頭撞地，磕得咚咚悶響：「末將不敢再違抗軍令了，大王說什麼我聽什麼！只求您快快醒來……大王醒來啊……」究曹操一生，最得意的壯舉還是在戰場上，除了戰功彪炳，更為可貴的就是馭將之術。這些武夫對曹操簡直愛若父兄、敬若神明，今日他們眼中的軍神轟然倒下了，永成生死之隔。

兩條大漢放聲哀嚎，如虎嘯牛吼一般，震得屋瓦直顫，群臣同情之餘更感害怕，誰敢過去勸他們？所有人都斜眼瞅趙儼。趙儼嚥了口唾沫——都知我性子好，和稀泥的差事全往我身上推。沒辦法，趙儼只得硬著頭皮往前湊，攙是攙不動的，只能在耳畔磨性子：「將軍保重，大王還指望你們輔佐太子呢……」一句話未說完，又傳來一陣更哀慘的哭聲——二將進來哭喪，其他人不服，大夥合力一撞，衝散親兵魚貫而入，殷署、王忠、劉若、賈信、朱蓋、徐商、呂建、馬遵、劉柱等一大幫將領全奔上堂來，霎時間哭喊聲震天價響。

趙儼沒法勸了，眼巴巴瞅著這幫大個子縱聲慟哭，手足無措間又見後面追來一將，乃是中護軍曹真。聽聞噩耗曹真如五雷轟頂，義父待他情深怎能不悲？但他畢竟是曹丕死黨，知道此時當求穩定，故強壓悲痛與眾監軍一同安撫眾將，得知許多人跑到宮門要求弔祭，忙趕來勸阻。怎知群情難抑，大夥撞了進去，也只好跟進來。

曹真不進來還好，一進靈堂看見義父冰冷的屍身，再也矜持不住——想起義父養育之恩，撫養他長大、視若己出、給他富貴、讓他當官，這份恩情比天高比海深！雙膝一軟癱倒在地：「父王！您睜眼看看孩兒……看看孩兒啊！怎麼這就走了……」才哭了兩聲，忽覺被人架住，朦朧淚眼抬頭一看——陳群和司馬懿。

曹真都沒明白怎麼回事就被他倆拖進偏殿，繼而擁進一幫老臣，七八雙手齊下，扒去鎧甲、換上孝袍、套上麻冠。陳群邊給他繫孝帶邊解釋：「太子雖已繼位卻在鄴城，總不能請王后出來跟這幫武夫打交道吧？現在你就是孝子，暫替太子主喪！」

曹真擦擦眼淚：「這行嗎？」

陳矯拍著他肩膀給他打氣：「你乃大王義子，合情合理。別光哭，你跟諸將熟識，勸他們回營守寨，得幫我們穩住大局啊！」

為了群臣更為了曹丕，曹真咬牙應允，由著大夥又攙又架，將他按到曹丕的虛位旁，陪著眾將又號哭又叩頭。司馬懿搞定這邊，猛一抬頭見夏侯尚正伏在階下抽泣不止，忙過去拉扯：「你不能哭！子丹留在這兒，你得回營安撫將士，快去快去！」夏侯尚強忍眼淚，踉踉蹌蹌往外走。司馬懿眼珠一轉，又道：「你把營裡所有曹氏將領都打發過來。」

曹真身穿重孝替曹丕當孝子，趙儼為首的一幫人軟語相勸，總算勉強穩住局面。徐晃、朱靈聲嘶力竭眼淚哭乾，只得愴然而去，不過軍中將校實在太多，來了一撥又一撥，外面還有一大幫，都是別著大刀片子的慓悍武夫，誰敢攔？司馬懿的辦法還真不錯，現在最缺的就是本家，只要是姓曹的，即便八竿子打不著的遠親也扣下，不多時夏侯尚打發來十多位，都換上重孝陪哭，瞅著真像那麼回事。曹瑜也被大夥駕弄著坐了上座，好歹是曹家老人，多少有點兒分量。

如此支應近兩個時辰，總算沒出亂子。陳矯站在堂口翹首觀望：「方才來的都是將軍、校尉，這會兒是軍候、司馬，我看差不多了。」群臣剛鬆口氣，各覓坐榻想休息片刻，哪知屁股沒落定，忽聞外面隱約傳來一陣雜音，似是金鼓之聲！

不打仗何來金鼓之聲？群臣又緊張了，沒來得及打發人出去問，就見夏侯尚滿面驚慌跑上堂來：「大事不妙，青……」諫議大夫賈逵一把捂住他嘴：「別聲張，過來說。」這時候一哄一鬧，叫眾將聽見就亂了！忙拽進偏殿，大夥都湊過來，夏侯尚才道：「青州部臧霸別軍擅鳴金鼓拔營而去。」

青州沿海諸郡是臧霸、孫觀等自治，軍隊也是私屬部曲。老一輩人有感恩之心倒還猶可，新嶄露頭角的唐咨、蔡方等都不買朝廷帳，不過是懾於曹操威嚴。洛陽這支別軍是襄樊告急時從青州抽調的，非臧霸直接統領，這些青州兵見曹操已死，軍中無人做主，再不拿朝廷當回事，自做主張捲鋪蓋回家啦！

群臣不禁惶恐——這支青州兵算不了什麼，才三四千人，但曹操遺命吩咐得清楚，「將兵屯戍者，皆不得離屯部」，他們這是公然違抗命令，他們若能擅自撤兵，別人也敢撤，一哄而散怎麼辦？

賈逵蹙眉道：「大喪在殯，嗣王未立，此時當息事寧人，不妨任他們走，發道命令，就說江東孫權異動，是朝廷讓他們走的，先穩住別的部隊要緊。」孫資手底下麻利，攤開筆墨立刻就寫。

丁廙在後冷眼旁觀，忽然靈機一動——曹丕一派求的是穩，我當求亂；若洛陽兵亂，鄢陵侯便可名正言順整飭軍馬，那時兵權歸於其手，曹丕又怎奈何？雖說兵變凶險，甚至可能禍國，為保日後無虞只能冒險一試啦！丁廙拿定主意，趁眾人不備躡手躡腳繞至正堂，湊到衛將軍曹瑜身邊：「老將軍，您還在這兒哭啊？出大事啦！」

「啊？」曹瑜讓群臣擺弄，已成驚弓之鳥。

丁廙危言聳聽：「青州兵擅鳴金鼓而去，其他人馬也蠢蠢欲動，恐怕要鬧兵變。」

曹瑜立時慌了：「這可如何是好，如何是好？」

「八萬帶甲之士屯於城外，人心不齊終是大患。」丁廙拋出妙計，「當務之急須更換將領，把各部統帥都換成沛國人，最好是曹氏近臣，這才能同心同德轉危為安。」這辦法太險惡——更易將領是軍中最敏感之事，何況居喪期間？徐晃、朱靈、殷署、賈信等雖非曹氏鄉人，二十年效力疆埸素有威望，曹操剛死就換掉他們，豈不是人走茶涼？士兵們能服嗎？這簡直是激他們生事。

曹瑜雖無才幹，卻是曹家長輩，這時任何舉動都極有分量，不知不覺入了丁廙的圈套：「有道理……與大夥商量商量。」

「別商量了，現在除了您，誰敢做主？您老人家若袖手旁觀，還指望誰？」丁廙說罷捅了捅跪在旁邊的孔桂，「孔大人，您說是不是？」

孔桂自清早就跪在曹操屍身畔，眼睛都哭腫了，身為佞臣，曹操是他唯一靠山，故而沒人比他更傷心，自覺難逃曹丕秋後算帳，已是心灰意冷。這會兒見丁廙突然問自己，還擠眉弄眼的，腦筋一轉已明其意。同情相成，同欲相趨，孔桂也覺這是扭轉命運的機會，趕緊把平日能說會道的機靈勁兒拿出來，附和道：「不錯，這事得抓緊辦。您老是魏王叔父，這不光為穩住局面，還是給兒孫謀福。曹家後輩誰不叫您一聲好聽的？他們掌兵權還不感恩您老人家？」

「也對。」曹瑜鬼迷心竅，竟覺有理，「既然如此……」

話未說完就見陳矯怒氣沖沖而來，劈臉喝問：「你等有何勾當？」劉肇盯著丁廙呢，這邊一說話，那邊就報告了。

曹瑜見陳矯大怒，嚇了一跳，趕緊實話實說：「丁大人請求把各部將領都換成沛國同鄉。」

陳矯乃性情中人，簡直氣瘋了，手指丁廙罵道：「你這唯恐天下不亂的小人！」

陰謀敗露，丁廙索性撕破臉面反唇相譏：「陳季弼，你不過一介幕府長史，上躥下跳一整天了，你等今日之舉還是臣子所為嗎？衛將軍乃曹家長輩，此間之事理當由他做主。」

「不錯！」孔桂也幫腔道：「此乃上下之分，魏國是曹氏之魏國，豈由你等說了算？曹氏之人掌兵才是萬安之策。」曹瑜左顧右盼，也不知聽誰的對。

陳矯氣得渾身顫抖，正要撕破臉面大嚷大罵，忽聽身後有個沉穩的聲音道：「二位所言差矣。大王在世時曾有明訓『任天下之智力，以道御之，無所不可』。今遠近一統，人懷效節，何必定用譙沛之人，而使諸將寒心？」

這番話四兩撥千斤，還搬出曹操生前的話，孔桂頓時語塞，丁廙卻還堅持：「我等身為臣子，無大王之才略，焉能蕭規曹隨？」

「哦？」那老臣又道：「丁大人張口閉口君臣道義，豈不聞『三年無改於父之道』？難道大行未僵，你就要撤換先王委派之將，這便是臣子所當為？」一句話問得丁廙啞口無言，只得悻悻地躲開了。

陳矯可解了氣，回頭一看——這位仗義相助的老臣竟是跟他鬥了半輩子的老冤家徐宣！桓階、賈逵、陳群等人也紛紛趕來，七嘴八舌都勸曹瑜不可妄為。曹瑜腦子都亂了，只一個勁拱手作揖：「任憑諸公為之，全聽你們的！」

群臣又逃過一劫，無不暗甩冷汗，徐宣建議：「青州兵此去，我等雖不問罪，只恐騷擾地方，不妨向東州諸郡追加指令，命沿途各地供給糧草，多加撫慰以安其心，待大事了結風平浪靜，再與臧霸秋後算帳。」

「好好好。」陳矯一把拉住他手，「徐寶堅，陳某人謝謝你！方才我若激憤動怒就糟了，多虧你相助！昔年得罪之處你多多原諒。」

徐宣不禁苦笑：「你我雞吵鵝鬥半輩子，其實不都為了公事嗎？大義當前談何恩怨，過去的是非……算了吧。」這對老冤家危急時刻終於殊途同歸，一笑泯恩仇。

遠不止他倆，其實日常鉤心鬥角之事多得很，但為了渡過難關、為了輔保太子，更為了天下不至於再亂，眾老臣都將平素恩怨割捨，擰成一股繩。或許精誠所至，或許真是曹操在天保佑，亂烘烘的一天總算應付過來了，直至金烏西墜夜已更深，靈堂才安靜下來，大夥全累垮了。首功莫過曹真，當了一天孝子，跪酸了膝蓋、哭啞了嗓子。若曹丕在此，有君臣之別禮數可以簡慢；曹真不過是義子將領，一天下來不知磕了幾千個頭，伏在義父屍旁昏昏睡去。夏侯尚裡裡外外跑了幾十趟，早四仰八叉累倒在地；趙儼再會磨性子也已口乾舌燥，還得弄張杌凳坐於門口，勸那幫嚷著要守夜的將領回營；陳矯、徐宣、桓階等都是年近耳順之人，實在打熬不住，到後面給王后請個安，擠在角落瞇著。孫資和劉放卻沒睡，反而眼睜得大大的，兩人回想日間之事都覺後怕，數不清草擬了多少文書命令，雖有群臣撐腰，但深究起來大半屬「矯詔」，哪還睡得著？

曹操足畔燃著長明燈，宦官親兵時時添油，陳群和司馬懿正在壯年精力尚佳，在燈前促膝夜談——群臣大膽行事是出於公義，但對他倆而言其中還摻雜私心，曹丕繼統他們前程似錦啊！

陳群感慨萬千：「一日之間如隔一世，大王就這麼走了。」

司馬懿見旁人皆已入睡，苦笑道：「在世時整死無數人，死了也不省事，丟下這麼個大麻煩。」

陳群雙手加額：「幸而群臣同心。」

「你別忘了，鄢陵侯那關還沒過呢！」司馬懿微合二目，「今日如此，明日未知如何。人活在這世上，永遠是走一步看一步。」

「我不這麼看。」陳群凝望曹操屍身緩緩道：「走一步看一步，終非智者之道。且說大王雖英明一世，過失也不少。不論其殘暴猜忌，單為政之道便有偏頗，亂世雖以兵立國，亦當有法度。大王一生法令皆不能長久，朝令夕改隨心而為，又執法嚴酷，有仁愛之心疏少仁愛之舉，有帝王之術卻無帝王之姿，徒以威福定天下，豈能穩固？倘有個明確的軍制，今日我等還會為城外武夫發愁嗎？倘有森嚴的等級禮法，還會有這麼多紛擾？日後太子繼位若重用於我，我要做的第一件事就是要為國家立法度，取士用人、官員考課皆要遵從，此亦不世之功！你說是不……」陳群自顧自說了半天，再一回頭，司馬懿早倚著殿柱睡著了。

陳群不禁莞爾——我真是呆子，曹丕繼位八字還沒一撇，禍福尚不可測，怎想這麼長遠？還是司馬懿爽快，什麼時候都睡得著。

其實陳群與司馬懿雖同為名門之後，卻非同類。陳群精於典籍、長於政務，司馬懿老於世故、善於謀略，皆因曹丕之故連在一起。故司馬懿能泰然自若，陳群卻浮想甚多，時而擔憂時而憧憬，時而又在暢想自己的不世之功。渾渾噩噩間不知過了多久，他仍無倦意，索性起身舒展臂膀，卻見外面天色朦朧轉亮，手執油燈步出堂外細看——銅壺滴漏正在丑時二刻，再過半個時辰就五鼓天明了。

陳群緊了緊衣衫，吸了兩口清冷的空氣，精神為之一振，在荒草間踱了兩圈，轉身欲再入靈堂，忽聽外院有奔跑之聲，繼而一個親兵從黑暗中浮出：「西面斥候急報！」

陳群舉著油燈的手不禁顫起來：「是何消息？」

「鄢陵侯得聞喪報日夜兼程，現距洛陽已不過二十里！」

呼啦啦一陣騷動，靈堂倦臥的所有人都站了起來——大事當前誰能睡安穩？陳矯咳了兩聲，陰沉沉走了出來：「再探！」繼而轉身掃視眾人，「想不到來得這麼快……」後面的話藏著沒說——來得越快越有問題！

司馬懿不禁蹙眉：「也不知太子啟程沒有。去許都請天子詔書的人已經去了一日一夜，怎麼還不歸來？莫非天子不肯下詔？」

賈逵長歎一聲：「是福不是禍，是禍躲不過。硬頂也要頂一下，這關早晚得過！」

陳矯手撚鬍鬚沉吟半晌，忽然對曹真道：「有勞孝子，到後面請宦官將王后喚醒，沒她老人家坐鎮不行。」

卞后啼哭至夜也才休息不久，大半夜的折騰老人家合適嗎？曹真覺得有些不便，想抗辯兩句，卻見幾位老臣都以嚴厲的目光盯著自己，竟沒敢吱聲，低著頭到後殿去了。

塵埃落定

陽光照耀著洛陽城，越發使這座舊城看起來破爛不堪。群臣平生第一次感覺早晨的陽光原來也這麼令人目眩，固然因為他們昨夜沒有睡好，卻更因為鄢陵侯的鎧甲是那麼奪目！

曹彰趕來奔喪，當然不能穿鎏金鎧甲，卻換了一身亮銀的。雖然披了孝袍，還在兜鍪上繫了孝帶子，但在日光照射下還是熠熠生輝，加之他偉岸的身材、凝重的表情、身後相隨的兵馬，越發顯得威風凜凜。當他馳馬出現在城門前的那一刻，群臣的心都忐忑起來——他們商量了一個多時辰，可現在看來還是有點兒準備不足。

曹彰不是獨自來的，他帶了二百兵士，而且都是騎兵。雖說先前有令命其交出兵馬，可他執意要留二百精銳做護衛，杜襲、夏侯儒也不敢同這位王子較真，原以為他趕到洛陽，曹操勢必將這二百人改派別部，哪知他還沒到曹操就完了！

「臣等參見侯爺。」陳矯、辛毗為首的群臣向他行禮。

曹彰翻身下馬，卻並不搭言還禮。他仰望著斑駁的洛陽城，這兩天發生的事就像是夢，威武的父王這麼突然就駕崩了，他到現在依舊覺得這一切不真實，他還沒有勇氣面對父親的屍身。

可群臣有點兒著急了，因為附近屯駐的士兵認出了曹彰——這位銀甲將軍不就是平叛幽州、一征而服兩夷的二王子嗎？開始只是崇拜性的圍觀，進而有些將佐士兵湊前給曹彰行禮，甚至有人對他哭泣。武夫敬重用兵如神的將軍，在昨天以前他們最敬重的就是他們的大王曹操，大王親手締造了曹軍，身經百戰、決勝千里、令出如山，大王是將中之將、軍中之神！但現在大王駕崩了，就好似廟中缺了神像，誰能替代他的位置？在普通士卒看來，當然要一個同樣善戰的。現在真來了一個，而且是老軍神的兒子，還有比他更合適的嗎？

陳矯眼見士兵越聚越多，趕緊催促：「請侯爺入城。」

曹彰提了一口氣：「走吧。」他說走不要緊，後面他的那些人和後來聚攏的士兵都跟上來。

群臣趕忙喝止：「士卒不得入城！」

如今沒個正式做主的，曹彰成了他們主心骨，哪還在乎這幫文官的話？有個老兵噙著眼淚頂撞道：「我雖只是個伍長，但從軍半輩子，跟著大王幾度出兵放馬，難道連見大王最後一面都不行？

你們這些甩筆桿子的為何像防賊一樣防我們？」此言一出群情激奮，有人倡議：「侯爺給我們作主，我們要隨您一起拜祭大王！」

群臣心中急似火焚——這幫老粗不明此中利害，跟著瞎添亂！可秀才遇見兵，有理說不清，也沒法跟他們解釋。

初時曹彰沉寂在悲痛中，並未理會，繼而見群情難抑，不知是他武人心性被意氣感染，還是真的別有用心，竟凜然道：「好吧！我帶你們一起拜祭父王！」

眼見眾士卒湧過來，群臣心都快涼了，進去就木已成舟了。就在千鈞一發之時，所有士兵又突然定住了，也不再鬧了，全直勾勾望著城門處。陳矯回頭一看——夏侯惇正由李璫之攙扶著站在城門口！

夏侯惇從病榻上掙扎了起來，連眼罩都沒顧上戴，那猙獰的瞎眼就暴露在眾人面前。士兵害怕了——誰不知道這位獨眼將軍是大王的心腹股肱？每逢大王不在軍中都是由他坐纛，莫說普通士兵，曹仁、曹洪、張遼、徐晃那樣的大將見了他也矮三分。

夏侯惇神色冷峻，默默掃視所有士兵，隔了半晌才放開喉嚨道：「大王遺令，所有兵將不得擅離本屯。違令者——斬！」只這一句就管用，那些士兵竟似退潮一般散了。軍中靠的是資歷和威信，夏侯惇無人可及的威望壓倒了一切。

「你的兵也不能進去。」夏侯惇又望向曹彰，「你母后和諸多女眷都在裡面，帶這麼多兵痞子進去不是胡鬧嗎？」他是實在親戚，瞅著曹彰長大的，用不著跟晚輩講什麼虛禮。

曹彰歎口氣：「親兵總可以吧？」

這次夏侯惇不能再阻攔了，只是頗為沉重地囑咐道：「聽你爹娘的話，要當孝順兒子。」

也不知曹彰聽沒聽懂此言深意，帶著十名親兵擦肩而過；群臣也趕緊跟上。夏侯惇卻沒動，眼瞅著眾人走遠，倏然歪倒在李瓚之懷裡——他病勢已很嚴重，是親兵用平板車推來的。雖知進了城還會生出變故，卻也無力支應，只能幫到這兒了。

曹彰邊走邊回憶父親往昔的英雄威武，方才人多地方尚能矜持，這會兒卻再難壓抑，剛過楊安殿已熱淚盈眶，不禁加快腳步，幾乎奔跑著過了複道，三兩步搶上殯殿。但見父親頭頂十二旒王冠、身披玄色蜀錦吉服、足蹬玉帶朱履、腰繫青釭寶劍，面色溫潤、神態安詳、鬢角鬍鬚修得整整齊齊、嘴角略歪塗抹朱砂以作掩飾——還是那麼莊嚴，還是那麼端正，就是那口氣兒沒啦！

「父王啊……」曹彰伏屍慟哭，「孩兒來晚了……您睜眼看看兒啊！孩兒沒辜負您，我在長安練兵……我還派細作搜集了許多蜀中的軍報，都給您帶來了，您看看啊……我再也不招惹您生氣了……孩兒輔佐您打天下，給您當開路先鋒……為什麼您這就走了？為什麼！嗚嗚嗚……孩兒來晚了……」

他是來晚了，而且不止今天來晚了，對於他而言一切都來得太晚了！家中若有三個孩子，老二往往是最不受待見的。父母對於老大是器重，對於最小的是溺愛，上下搆不著的老二總是被忽略。而他恰恰是卞氏第二子，就處在這位置。加之他少時不愛讀書不受曹操喜愛，建安十六年初封諸子，曹丕身為嫡長子、五官中郎將是不能封的，按理就該封二子，但曹操偏偏繞過他封老三曹植；後來最小的弟弟曹幹出世，一落草即被封侯，可他快三十歲了還是白身。他原本沒希望，也不抱希望，只把夢想寄託在沙場上，直到幽州平叛……那真是舉世矚目的豐功偉績，當他聽到將士們真心的稱頌、看到父親嘉許的目光，才發現自己錯了。他內心渴望的遠不止是做衛青、霍去病那樣的將軍！可是晚了，連曹植都已敗北，雖然曹操最後兩年對他傾心，甚至有些溺愛，但他充其量也只能算個重要的局外人——他晚了將近十年！

曹彰哭得昏天黑地，群臣也聽得淒然。但這麼看著也不是事兒，辛毗乍著膽子湊上前，一語雙闗地勸道：「侯爺節哀，切莫哭壞身子，不然先王在天有靈也不會安心的。」

哭聲戛然而止——先王？稱先王必有今王！曹彰強忍淚水抬起頭，這才發現父親腳邊設有一張几案，軍報文書、兵符令箭整整齊齊擺在那裡，更關鍵的是這個座位是空的，只曹真侍立在側。

若曹丕在此自無話可說，但現在繼統的不過是張空位子。曹彰生性好勇爭強，又自恃立有大功，不忿兄長，此刻實在難抑非分之想。昔年小白搶位掌齊國、劉邦竊符令韓信，千古機遇一瞬而熄，至尊之位近在眼前，焉能錯失良機？他雖魯莽卻也粗中有細，暗暗思忖——此刻絕不能問起由誰繼統，群臣一說可就把話坐實了；也不能見母后，若母親恪守禮法公開表態支持大哥，事情就不好辦了……他冷冷地環視在場諸臣，大家卻紛紛低頭回避他目光。見此情形曹彰提了提膽子，繞至几案前，試探著坐下來。

陳矯見他擅坐大王之位便欲阻攔，司馬懿卻暗暗拉他衣袖，朗聲道：「這也好，洛陽並無大王至親，侯爺既來此理應暫代太子主喪。」司馬懿故意把「暫代」二字說得響亮。

曹彰卻無心與他囉唣，仔細審視桌上諸物，發現了毛病——印璽不在，魏王印、丞相印、冀州牧印一塊都不在。沒有印璽什麼令也發不出！

他猛然抬頭，逼視著群臣：「父王印璽何在？」

要來硬的了！大家的心立刻提到嗓子眼。陳矯早料到他不死心，已將印璽盡數藏匿，但這也只是掩耳盜鈴的把戲，曹彰硬生生索要，如何應對？緘口不答總不是辦法，趙儼強打精神往上湊了兩步，滿臉堆笑道：「侯爺不可莽撞，國家事非同兒戲。為臣守節，為弟當悌，須知『不忮不求，何用不臧』，『勇則害上，不登明堂』。自古……」司馬懿在後面聽得直著急——這位侯爺沒讀過什麼書，你跟他講《春秋》、《詩經》那些道理管什麼用啊？

果不其然，曹彰理都不理趙儼，再次喝問：「父王印璽何在？」同時外面他那十餘名親兵也上跨一步，湊到殿門口——這幫小子跟隨他多年，無論日常行獵還是討伐烏丸，時刻不離左右，奴隨主性也是無法無天慣了的。

眼見軟的不行，諫議大夫賈逵站了出來。他在眾官員中是最強硬的，當年直諫觸怒曹操，曾被關進大牢。今天又把勇氣拿出來，抱拳拱手道：「太子在鄴，國有儲副；先王璽綬，非君侯所宜問也！」這就便挑明了硬頂。

曹彰冷冷一笑，反唇道：「我身為王子尚不可問，爾等身為臣子私藏印璽又是何居心？」這話甚是厲害。

賈逵直言相告：「大王駕崩軍中無主，藏玉於匣乃防圖謀不軌之人。為保社稷，權宜之計耳！」

曹彰絲毫不讓：「把印取來，我與諸公共保社稷。」

群臣面面相覷，「共保社稷」是如何的保法？曹彰立過軍功素被士卒所親，倘若由他執掌三軍，必有人跳出來擁立他為國君。曹丕又豈能善罷甘休？目前曹丕尚握有河北之地，軍中也有勢力，曹魏必將走向兄弟相爭毀滅之路，袁家的前車之鑒還不夠慘烈嗎？

賈逵這次再無言可答，只能咬緊牙關搖了搖頭。

「數萬大軍焉能無主，我且執掌一時！」曹彰口氣越發強硬，似不容回絕，門口的親兵也越發向前——群臣再不答應，恐怕他們就要動手搶了。

話說到這份上，所有人的汗都下來了。大家先是以期盼的眼神瞅向曹瑜，可這位叔公實在拿不出長輩威嚴，嚇得連連倒退；繼而又看曹真，但乾兒子再親也是乾兒子，怎能與魏王親生子抗衡？早向卞后稟報過了，可她就是不出來，這老太太若一時糊塗，非要一碗水端平，放著倆兒子的事不管就壞了！後面那麼多女眷又不能硬往裡闖，怎麼辦？十餘名親兵殺氣騰騰，而許褚也領著兵在外面，這要是真動起刀來，靈堂就變戰場啦！曹操死後名譽事小，誰敢去傷王子？若真傷了王子誰擔得起罪名？況乎還有丁廙、孔桂等徒在偏殿伺候，巴不得他們出亂子。這件事善了不得……

曹彰已漸漸失去耐性，索性厲聲恫嚇：「把印璽交出來！」

「好！父王屍骨未寒便來奪璽，好個孝順兒子！」一個陰陽怪氣的聲音打破了僵局。

誰敢在這個節骨眼上做仗馬之鳴？眾人皆是一驚，只見從幔帳後轉出一老者，個子不高身材瘦小，頭纏白布身披重孝，六旬左右花白鬍鬚，站在那橫眉立目咬牙切齒，狠狠瞪著曹彰──正是國舅卞秉！

曹彰不禁皺眉。娘親舅大，況且卞秉素常很疼他，曹彰跟誰都能不講理，跟親舅舅怎麼鬧？只得抱拳施禮：「原來是舅父，孩兒……」

「你還認得我？榮幸榮幸！」卞秉不容他話說完，劈頭蓋臉數落道：「我還以為你小子領了兵、打了仗、當了將軍，就誰都不認了呢！睜眼瞧瞧，大家都累成什麼樣了？陳公、辛公還有徐郡將他們……都一把年紀的人了，自從你父倒頭忙上忙下跑裡跑外，誰喘過一口閒氣？外面還八萬軍兵呢，若非列公老成謀國穩住大局，這會兒早他媽亂了！」群臣一凜──道理不假，可怎麼在殯殿上罵街？但他是國舅，誰也不敢挑眼，反倒希望他懾住曹彰。

「孩兒我……」

「你什麼？你還有理了！進得城來不向大家道聲辛苦，也不給你娘問安，反倒橫挑鼻子豎挑眼，你好大氣派啊！」卞秉把腰一掐，「還敢要印璽？你他媽配摸那玩意麼？」

「孩兒不過權掌一時。」曹彰總算插進一句。

「呸！當老子是三歲孩童？明白告訴你，家有長子，國有儲君，你爹傳位之意已明，沒你的份！」

曹彰再也耐不住激動的心緒，失聲咆哮道：「沒我的份！沒我的份！從小到大什麼好事都輪不到我！可我哪裡不如大哥？是我打敗了烏丸叛軍，拯救了魏國！馳騁天下掃蕩吳蜀，他十個曹子桓也不及我！父王以武略定國，豈是子桓那等唯唯諾諾、中庸之才所能承繼？平定天下靠的是勇武！」

卞秉比他咆哮的聲音還高：「對！靠勇武！當初公孫瓚、呂布都這麼想的，現在他們在哪兒呢？你小子知道天高地厚嗎？你讀過幾本書？普天下地方官你認識幾個？你知道淮南、關中有多少屯民嗎？你知道每年國家花多少糧秣養活兵馬？你知道列侯封邑共是多少嗎？你知道擴建鄴城耗費多少民脂民膏嗎？」

這一連串問題把曹彰難住了，口中吶吶：「我、我……」

「你什麼都不知，就知道打仗！」卞秉又一指門口親兵，「好啊！還帶著兵來的。真好！我都替你爹高興。多虧他嚥氣早，若不然你們是不是要重演古人之事，來一次沙丘宮餓死趙武靈王啊？」這句話太厲害，簡直是把謀反的罪名硬扣到他們頭上。那十幾個親兵趕緊退至階下。

曹彰的銳氣已然被壓下去了，只顧著分辯：「我不是此意！不是此意！」

卞秉根本不給他解釋的機會，搶步上前，指著他鼻子破口大罵：「那你什麼意思？你要印璽做什麼？馬槽子改棺材，你他媽也算成人了。全仗著老爹有勢力，娶個體面的媳婦，在軍中混兩年，你就眼珠子長頭頂上啦！我打心眼裡納悶，龍生九種，種種不同，怎麼我姐姐養下你這麼個不義種呢！當初讓你娶孫權族妹，就他媽沒打算記你這本帳！如今你不是要爭位麼？先殺舅舅我，再一劍把你娘也宰啦！把你那幫兄弟都殺光，方顯你曹家的德行！光宗耀祖給你爹露臉……」他滔滔不絕口若懸河，盡是難以入耳的咒罵之辭，莫說帝王家，民間鬧喪也不過如此了。群臣看得呆若木雞——誰能想到這位平日裡深居簡出的國舅竟有這般伶俐口齒？倚老賣老大耍大鬧，真如瘋魔一般！

曹彰被他罵得體似篩糠，再看左右群臣也不攔阻，頓覺自己顏面掃地，情急之下手按劍柄，卻哆哆嗦嗦怎麼也抽不出，畢竟面前站的是素來疼愛自己的舅舅啊！

卞秉三兩步走到他近前，雖愈加咄咄逼人，卻已眼含熱淚：「小畜生，你不是要幹大事嗎？來！一劍殺了舅舅！你小時候在我懷裡撒過尿，騎著我脖子拉過屎，舅舅最疼你。你把我殺了，我絕不恨你。我死了倒安心，也就看不見你們手足相殘啦！」說著他扭頭望向曹操的屍身，「姐夫，你歷經百戰才打下這片江山，想不到卻要步袁紹之後塵……你睜眼瞧瞧這幫不肖子孫吧！」

曹彰便是鐵石心腸聞聽此言也軟了，手上一鬆，佩劍鏘然落地；卻覺滿心委屈無處去訴，一生抱負無所施展。無可發洩之際忽見後殿幔帳一動，卞后滿面淚痕由侍女攙扶著走出來：「我的兒……」

曹彰總算見到親人了，「母后」二字都不稱了，「撲通」跪倒，大叫一聲：「娘！」以膝代步爬到母親身邊，一頭扎進她懷裡，母子倆抱頭痛哭。

卞后緊緊抱住兒子，嗚咽道：「舅舅罵你是怕你年輕做蠢事，這也是你爹的苦心啊！」

「孩兒委屈……」曹彰泣不成聲

「娘疼你、愛你，但你爹的位子只能傳你大哥，這也是為了曹魏基業長治久安啊……聽你爹的話吧……」

曹彰見母親都這麼說，還有什麼希望？唯有號啕大哭。群臣趕忙跪地勸慰，卞后強掙著抹去眼淚，語重心長道：「列公皆我朝股肱，請你們替哀家擬一道懿旨，即刻立太子丕為王，萬無更變！」眾臣都一愣——太后的心情可以理解，身為三個兒子的母親，再不願看他們兄弟相爭。但太后立新王合規矩嗎？倘若死的是她兒子，又乏嗣無後，她要立誰還勉強說得算；現在先王駕崩，豈能由她做主？群臣明知這不合規矩，卻也硬是把這道懿旨發了，至少它能給曹丕加一道保障。

眼看她母子哭哭啼啼步入後殿，大家懸著的心總算放下。卞秉全身氣力都耗光了，立時癱倒在地，撫著曹操屍身：「姐夫啊姐夫，這等主意虧你想得出來，你交代我的這是什麼差事啊……」

一場風波總算過去，兩天後太子曹丕總算到達洛陽。城內群臣及城外眾將恭敬迎候，如眾星捧月般將其接入宮中。他如此端莊、如此聖潔，雖然重孝在身，依舊難掩他的高貴氣派。他是最後勝利者！

曹丕向群臣道乏、給母后問安，然後跪在父親屍身前哭泣起來，他每個動作、每句言語甚至每聲嗚咽都那麼矜持有度、恰到好處。而那一刻曹彰害怕了，他驟然想起兄長十年來為爭奪王位施展的手段，想起兄長平素為人秉性。曹彰的心緊緊地被恐懼攫住——為社稷安定他最終放手了，但他畢竟曾經爭過，問璽之事不可能掩蓋，今後這位「溫文爾雅」的大哥會如何對待他呢？

曹彰慌了，他悄悄湊到默默垂淚的三弟身邊，低聲道：「父王臨終召我，乃是囑我輔你為主。」他還抱有一絲幻想，如果兄弟合力尚可與大哥一爭，故而編了句謊話拉攏三弟，甚至幻想或許還會有曹彪等其他兄弟站過來幫忙。

曹植卻彷彿對這一切失去興趣，只是頹然搖頭道：「大事定矣，無可再爭。即便可爭，不見袁家敗亡之事乎？」

不知曹丕是不是聽到了兩人的悄悄話，竟倏然止住哭聲，朝隨軍的群臣做了個手勢。只見御史大夫華歆雙手捧著一份明黃的絹帛走出人群：「天子詔書在此。」一群臣顧不得詫異盡數跪倒。華歆清清喉嚨，展開詔書高聲朗讀：

昔皇天授乃顯考以翼我皇家，遂攘除群凶，拓定九州，弘功茂績，光於宇宙，朕用垂拱負扆二十有餘載。天不憖遺一老，永保余一人，早世潛神，哀悼傷切。丕奕世宣明，宜秉文武，紹熙前緒。今使使持節御史大夫華歆奉策詔，授丕丞相印綬、魏王璽紱，領冀州牧。方今外有遺虜，遐夷未賓，旗鼓猶在邊境，干戈不得韜刃，斯乃播揚洪烈，立功垂名之秋也。豈得脩諒闇之禮，究曾、閔之志哉？其敬服朕命，抑弭憂懷，旁祗厥緒，時亮庶功，以稱朕意。

魏國名分上畢竟還是漢室封國，這道詔書比曹操遺令、太后懿旨更加明確了曹丕繼統的合法性。眾文武趕忙表態：「遵命。臣等願從大王之命。」此時這「大王」二字用在曹丕身上已當之無愧，再無人能質疑他的權威！

司馬懿大奇，甚至有點兒懷疑這天子詔書的真實。他舉目四顧，赫然發現多日不見的董昭也在隨曹丕來的隊伍裡，立刻豁然——大王早有籌謀！原來董昭去了許都，在大王未死之前就威逼天子寫好詔書了，接到死訊根本不用管洛陽的事，直奔鄴城方向，與曹丕半路相遇就把詔書傳達了。洛陽表面密雨驚風，其實是虛的，許都發出的詔書才是實；就在他事先安排的卞秉痛罵曹彰之際，其實曹丕早已經接到詔書、名正言順當上魏王了。怪不得大王臨終時對太子如何繼位隻字不提，怪不得他還有心情與姬妾深情作別。原來一切都在他算計之中！

群臣的哭聲再次響起，卻不似先前那麼悲愴，彷彿只是為曹丕的哭泣稍作陪襯，甚至有點兒敷衍的意味。此時此刻再沒人誠心追悼先王，躺在那裡的只是一具失去靈魂的臭皮囊，所有人思忖的都是明天……

尾聲

漢末眾生相

司馬懿

草長鶯飛萬物復蘇，又是生機盎然的陽春。晴空依舊湛藍無際，河流依舊川流不息，萬千生靈也依舊各自奔忙，這世上沒有任何人是不可或缺的。

曹丕渡盡劫波終繼魏統，為其父上諡號曰「武」，《周書・諡法》有云：「克定禍亂曰武」，自此曹操的時代歸於歷史的塵埃，天下改元「延康」，取意延續先王之業；但有識之士都預感到，這個年號恐怕不會像「建安」一樣長久。試想漢室天下要因權臣世襲而改元，這樣的王朝還能延幾日之康？

經過三十餘年戰亂，其實老百姓早已不在乎天子姓什麼，曹操的死並未勾起他們多少哀傷，大家忙於春耕，巴望著好收成，吃得飽飯、繳得起賦、養得起娃，其他的有什麼打緊？中原大地刀耕火耨，男女老幼都在田間忙碌。而洛陽以東官道上匆匆行來一隊人馬，官員士兵盡數白衣服孝，與鄉間景致頗不和諧。

再過幾日魏武王的梓宮就將運回魏國下葬，這些人是奉曹丕之命先行回轉鄴城安排接駕的，為首的正是司馬昆仲。雖只過了一個月，司馬兄弟的身分卻今非昔比。曹丕改祕書為中書，司馬孚任中書郎，司馬懿更一躍成為丞相長史。其他潛龍之交盡得升賞，吳質也升任為中書郎，另外加了都督幽并諸州軍務的頭銜；陳群雖還是尚書，卻加封昌武亭侯，中台諸臣視其為魁首；夏侯尚擔任散騎常侍，成了主上近臣；夏侯楙、朱鑠接任中軍統帥。曹真、曹休更蒙受重任——曹真晉封東鄉侯，拜鎮西將軍，督雍涼諸軍；曹休封東陽侯，拜鎮南將軍，督荊揚諸軍。曹丕用兵不及其父，他用兩位熟諳軍務的心腹兄弟分管東西兩路軍戎之事，確是明智之舉。

望著田野風光，司馬孚心情愜意渾身輕鬆，簡直有點兒春遊的感覺，但他多年讀聖賢書奠定的教養不住提醒他，現在還是武王喪期，要莊重嚴肅。他竭力板住面孔，故作悲痛之色，卻只堅持片刻工夫就裝不下去了，不由自主地小聲哼起了詩歌——本來嘛！他司馬家是曹操之死的受益者，就算司馬孚再知書達理，高興就是高興，以他純真的性格是掩蓋不住的。

司馬懿比弟弟老成多了，雖然他也滿心歡喜，卻精於矯情掩飾，一路低著頭，一言不發只是按轡而行，誰也瞧不清他的表情；這會兒突然聽見弟弟在吟唱，似乎有點兒耳熟，心下好奇仔細傾聽，原來是《詩經》的《鄭風・緇衣》：「緇衣之好兮，敝予又改造兮。適子之館兮，還予授子之粲兮……」（「國卿的黑色官服穿在你身上太合適啦！舊衣服破了，再做件新的給你，還是那麼風光體面。」）

司馬懿不禁失笑——傻兄弟，曹丕穿緇衣能心滿意足？過不多久就要改換龍衣了！他有心戲耍弟弟，問一句「你到底要秉承祖上做漢室忠臣，還是要希圖幸進做曹氏黨羽」，可轉念一想作罷了，他還真怕死腦筋的兄弟鑽進這難題繞不出來。司馬懿無奈搖頭，雖是同胞兄弟性格迥異，有些事情只有他看得明白——

曹丕必然要做皇帝的，這點不容置疑！

一者，曹操在世時就已窺覬龜鼎，只是礙於顏面才沒邁出最後一步。他篡奪了漢室一切權力，對於他而言稱帝只是個名分問題。如果不是當政的最後四年一直被災害、叛亂、敗仗等問題困擾，或許這會兒天下已經姓曹。他一向很務實，主張「不可慕虛名而處實禍」，加之晚年多病，不願找麻煩了。

再者，曹丕的野心不遜其父。三十多歲春秋鼎盛，雄心滿懷欲創先王未成之業，要幹的第一件大事自然是稱帝。如今三分天下的格局基本已定，劉備據蜀道之險、孫權借長江之勢，絕不可能朝夕而定；北方鮮卑、烏丸皆稱藩，唯獨遼東有個公孫氏，道路遙遠土地貧瘠，又已經臣服，拿下來也沒實際意義。莫說曹丕用兵之才遠不如其父，即便青出於藍也沒什麼戰場可供他展現身手了。除了登上帝位，他還能用什麼方法證明自己能超越父親？

當然，最重要的是鑒於天下局勢，曹丕也不得不稱帝！

曹操不稱帝縱有種種好處，但也給曹魏社稷埋下了隱患。他活著的時候顯現不出來，他一死這些問題都暴露了——名不正則言不順，言不順則事不成。曹操死後局勢險些失控，最後憑藉傀儡天子的詔書才徹底解決麻煩，一個掌實權的君位要靠一個沒實權的天子來確認，這是何等凶險之事？

曹魏說到底還只是封國，而封國的權力再大終究不合規範。曹操以臣子之身掌大政，靠的就是許可權的模糊，而他自身權力尚且模糊，就更別提麾下臣僚了。魏廷、幕府兩套班子，不少人身兼兩職，甚至有些還在許都朝廷掛名，互相之間誰管誰啊？多虧陳矯、賈逵、徐宣等人能一心為公達成共識，倘若他們之間就出了分歧，又何以掌控住局面？不稱帝就不能規範官制禮法，不能明確隸屬關係。

而且曹丕的儲君名分明確得太晚，又頗受壓制，沒掌握多少實權，天下人對他還不夠熟悉，正因為如此曹彰才敢嘗試爭位。連自家兄弟都搞不定，如何搞定朝廷、搞定軍隊？曹丕必須走上天子寶座，他當皇帝大家就能攀龍附鳳了，文武群臣水漲船高雨露均沾，這是最方便的籠絡人心之法。只有讓大家感覺到恩德、感到有利可圖，對他萌發歸屬感，他的權力才握得穩！

尋常人都以為當天子是美事，是野心使然，殊不知其中也有許多無奈。所幸曹丕本身是個權力野獸，自樂此，不為疲也……

「兄長，天色變了，好像要下雨。」司馬孚的呼喚擾了他的思緒。

司馬懿抬頭觀看，果然烏雲遮蔽了太陽，迎面吹來陣陣涼風。他趕忙回頭朝隨行之眾嚷道：「大家快點兒！往前再走幾里有座驛站，咱們暫且避一避。」

一行人打馬揚鞭，剛趕到驛亭天邊就響起隆隆雷聲，豆大的雨點隨之而落。司馬昆仲暗叫僥倖，張羅驛丞鍘草餵馬、準備乾糧，隨後各搬了一張杌凳，坐在館驛的門樓之下觀看雨景。這會兒再沒有旁人在側，司馬孚終於可以放開心性，他探出手接著雨水，笑道：「春之甘霖最是難得，今年定能倉廩豐盈！」

司馬懿卻有些擔憂：「這場雨下得真不是時候，我原打算在天黑前趕到孟津，這可耽誤行程了。」

「二哥何必著急？回鄴城又沒有要緊的差事。」

「這可說不準。大王正擬定大行殯儀，或許會叫咱備辦許多珍寶鎧甲，咱早回去兩天做好準備，免得臨時匆忙。」

司馬孚一笑：「二哥糊塗了吧？先王不是吩咐過要薄葬嗎？」

司馬懿也笑了，卻是冷笑：「我看是你糊塗。你現在輔佐的今上還是先王？」

司馬孚不懂：「難道大王不打算遵行薄葬？這件事不是已經寫進遺令……」

「死人做不了活人的主！」司馬懿只能跟弟弟明說了，「昔日光武皇帝首倡薄葬，孝明帝遵行了嗎？」

「似乎沒有，世祖皇陵還是被盜掘了。」

「為什麼不遵行？」

「因為孝明皇帝孝心極重，恩念父親……」

「嘿嘿嘿。」司馬懿笑他天真，「不對！因為孝明帝原不是太子，是後來改換的。他當皇帝兄弟不服，廣陵王在喪期內險些造他的反。所以他必須要隆重給先帝發喪下葬，要天下人都知道他有多孝，都知道先帝有多尊貴、有多英明，把帝位傳給他是多麼正確！」他是以古諷今，暗寓曹氏之事，而且曹丕還要做皇帝，在這個節骨眼上更得給他父親辦一個隆重的葬禮、準備豐厚葬品，只有把他父親抬高，他自己才能隨之提高，才能更順利地圖謀帝位！

司馬孚默然無語了，呆呆望著外面的雨，顯然他對曹丕違背先王遺訓不認同。司馬懿也呆呆望著外面的雨，所想卻截然不同——

曹孟德，你沒想到吧？你英明一世，把身後事算計得那麼好，也終有你無可奈何之處。任憑你強橫一世，任憑你殺人如麻，任憑你恣意妄為，到頭來也不過是後人維繫正統的一個物件。伴著珍寶長眠固然是榮耀，卻也是危險，因為總會要人打它們的主意，也免不得唐突屍身——這也是你獨攬大權稱霸一世所要付出的代價！

不管別人怎麼看，在我眼中，曹孟德並非一位聖明之主。

荀子有云：「恭敬而遜，聽從而敏，不敢有以私抉擇也，不敢有以私取與也，以順上為志，是事聖君之義。調而不流，柔而不屈，寬容而不亂，曉然以至道而無不調和也，而能化易，時關內之，是事暴君之義。」以其臣反視其君，曹孟德是明君還是暴君呢？平心而論恐怕還是更多偏向暴君吧？

不否認曹某人武略出眾，不否認他有滿腔熱忱、救世之志。甚至在我看來他圖謀篡國也無可厚非，人都有野心嘛！

可是做人得懂得識時務……

秦漢以來世家崛起乃不爭之事實，這回避不了、抗拒不了。昔日外戚猖獗之時、宦官抗拒之際，還不是士林群賢維持正義，撐起一片天？當初昏君孝靈帝設鴻都門學重用寒門宵小，你曹某人不也曾大加斥責嗎？可等你掌了權就都變了，所謂唯才是舉與鴻都門學本質有何不同？不過是你招的那幫人是幫你謀天下的，孝靈帝招的那幫人是哄他高興的……

袁紹是英雄也罷，是蠢材也罷，至少他的為政之路沒走偏，現在就是這世道，世家大族掌權大勢所趨！曹某人嚷了一輩子唯才是舉，繞了個大彎，最後還不是要回到這條路上？官渡之戰你贏在戰場上、贏在謀略上，並沒贏在朝堂。

你的理想世道是很美，但王莽的理想世道更美！結局又是怎麼樣？

人得學會放棄理想接受現實，當你掌握了現實再去謀劃理想。你曹某人就不明白這一點，當你發現自己的為政之道不合時宜的時候，你放棄得那麼拖遝，那麼不情不願。朝堂就是這麼個現實的地方，你狠不下心來，在別處叫人情味，在朝堂上那就是修煉不夠！你之所以當不了皇帝就是你沒修煉到家！

遇抵觸你就凶狠暴躁，殺孔融、殺崔琰、殺楊修，殺了多少名士？最後幾年不就是個暴君嗎？理想落空就歸於憤怒，以威權自固，牛不喝水強按頭，那跟董卓有什麼不一樣？殺人不是本事，有權力、有刀就能殺人，讓別人聽你的話、真心跟著你走那才叫真本事。

論統兵馭將，我佩服你十分；論心機策略，我佩服你七分；但論為政之道，我只佩服你三分……

你固然能抵觸一時，可你死以後呢？就在此時此刻，陳群已按照他的理想擬定新的選官制度，喚作「九品中正」，曹丕已經准允了，從此以後州郡推薦的人才要以德才、學識、門第予以評定，分上上、上中、上下、中上、中中、中下、下上、下中、下下九品，按等級授官職。這可又把察舉制往前推了，也等於把唯才是舉的最後一絲痕跡掃得一乾二淨。

曹孟德，別小看你兒子。他比你識時務，他懂得把暴戾野心藏起來，以笑臉示人。現在不是劉邦帶幫窮哥們打天下的時代了，也不是劉秀一手拉著綠林軍、一手牽著世家豪強玩陰陽調和之術的時代了，現在只能把政權綁在我們的馬車上。並不是我身為名門子弟站著說話不腰疼，現在需要我們站在朝堂上，我們必須站出來，你若硬是不讓我們站出來，那打倒你也要站出來；如果有一天不需要我們了，我們也只能退，如果我們戀棧不退，同樣有人回來打倒我們——歷史就是這麼殘酷！

你沒辦到的事你兒子辦到了，所以你視為潛在敵人的那些人，卻成了他的朋友，他站在那些人的肩膀上抓到你的王位……

正想到這裡，從人前來稟報，馬已經餵好了，乾糧也補足了。司馬懿點點頭，見外面的雨勢漸緩——春雨來得快去得快，這會兒已細如牛毛了。他立刻起身：「咱們接著趕路吧！」

司馬孚卻道：「急什麼？等雨停了再走。」

「再耽誤就趕不到孟津了。」司馬懿說罷趕緊招呼從人牽馬。

司馬孚又道：「你急著走，還這麼多隨行之人呢！你也體恤體恤下情，叫大家多歇會兒。」

司馬懿把眼一瞪：「叫你走便走，廢什麼話啊？」率先跨上鞍韂，抖開韁繩馳進雨中。他之所以這麼急著走，還是怕曹丕有後續的差事派給他；而不管曹丕交給他什麼差事，他都要竭盡所能做得越快越好，決不能因為自己是大王的舊交就存有半分僥倖。因為他實在太瞭解曹丕了——

雖然幫曹丕上位了，數載辛苦沒白忙，不過高興也只能高興這麼幾天。志不可滿，樂不可極，以後的日子更得小心。曹丕或許在諸多方面不及其父，但唯有一點有過之——他更懂得如何玩弄威權，更像一個真正的天子。

一個滿懷野心抱負的人在父親陰影下隱忍半輩子，忍得心中溝壑縱橫、千瘡百孔，這種人一旦掌握大權得以宣洩，殺伐之厲必如狂風霹雷，其尊嚴權威必容不得半分褻瀆！

其實報復已經開始了，丁廙已被控制，身在鄴城的丁儀早被投入大獄，莫說他兄弟二人性命，只怕丁氏滿門誰都活不了！孔桂雖還沒治罪，卻被轉任刺奸令史，專門得罪人的官，只要露出一絲把柄小命就難保！楊俊也好不了，不過看在名望極高的份上先放一馬，先給個郡守讓他當，等天長日久世人都忘了過去那點兒恩怨，誰知又會落個什麼下場？臧霸別軍擅鳴金鼓而去，這筆帳也得算，即便不追究其責任，遲早要設法拿掉他兵權，青徐沿海之地自治多年，早該收歸朝廷直轄了……

他對待手足兄弟更是無情，前幾日跟我提及，等喪事一辦完就要讓諸兄弟各赴封國，不得詔令不許入京，在地方上也不能掌軍隊、封官員，比中興以來的諸侯制度更苛刻。還不是怕有人覬覦他這一支的權力？臨淄侯曹植、鄢陵侯曹彰尤其是防範的對象，絕對逃不過他的報復！

即便從龍舊臣又怎樣？鮑勳不可謂功勞不多，但處死郭貴人之弟折了曹丕顏面，還不是要秋後算帳？所有東宮舊僚都升官了，唯獨他非但沒升反而差點兒丟官。只要觸犯曹丕，哪怕只有一丁點兒，有朝一日必遭慘禍——他半輩子修煉矯情詐術，太懂得隱忍，太懂得等待，太懂得如何一步步把人逼入死地啦！

給這樣的帝王當臣子，越是功臣越要小心，哪裡有什麼居功自傲的餘地？曹操在的時候要小心謹慎，曹丕在位更要夾起尾巴做人……新的艱難旅程又要開始了。

唉！曹操、曹丕都是鐵腕強人，其實從我本心論，真的有點兒看不起這對父子。好歹我司馬家是河內名門，老祖宗司馬卬當初是項羽分封的殷王，我曾祖司馬均乃孝安帝時的征西大將軍，祖父曾任潁川太守，父親是京兆尹，現在我們兄弟卻要輔佐贅閹養子之家，實在有點兒彆扭。

但是人總得活著吧？總有所圖，總有理想吧？除了接受現實又能怎樣？進了官場就別打算輕鬆，就是這麼檔子事。我司馬懿最瞧不起某些人了，逢人便講自己多麼多麼不容易、真想歸隱放棄之類的話；可你真要讓他放棄，他又道妻兒父母賴誰，滿口的無奈之詞——呸！不過是出賣自尊博取些同情的眼淚！

還有一等人雖狠得下心來，但處處謀私利，也不過三流貨色——他也就值那點兒錢，沒多大出息啦！

既然做了就別那麼多廢話，既然幹了就幹出個樣來。就算瞧不起曹氏，現在就得為曹家賣力氣。哄得曹丕高興，自己才能有機會進取；能讓曹丕滿意，才能有機會滿自己之意。如今我好歹算是從龍舊臣，日後有望當開國功臣，至少富貴不愁，一步一步走吧！

還是守靈那晚我跟陳群說的那話——今日如此，明日未知如何！道理誰都能說，但人生在世永遠是走一步看一步。世事不會像想像的那麼好，但也不至於像想像的那麼壞！別抱希望，也永遠不要失望，看準腳下的路，把夢想埋在心底別讓人看見，沉住氣往前走就行了。

時乎時乎，會當有變時。命運這玩意邪門得緊，說不定將來一日我司馬氏還能走運呢，這誰說得準啊……

孫權

晚霞紅豔微風過楹，永安城郡府好一派歡悅景象，文士擎酒相讓揖動如雲，武將引吭高歌揮汗如雨。所有人笑著、唱著、鬧著，只不過光陰荏苒物是人非，在此狂歡的再非劉備一黨，而是新主人江東孫氏。

對孫權而言這真是個怎麼慶賀都不過分的日子，一喜奪得荊州據江表之地，二喜晉封驃騎將軍、領荊州牧，三喜平生大敵曹孟德嗚呼哀哉。東風吹盡西風起，一代新人換舊人，老英雄倒下了，而孫權卻正值三十九歲春秋鼎盛，江山如畫前途似錦，豪情壯志運籌於胸。

當然，眼下還有點兒小麻煩，曹操雖然死了，向曹魏「稱臣」的戲卻要演下去。可在孫權看來曹丕根本算不上什麼強大對手——

曾聽人言曹丕才華橫溢，不過在我看來這都不重要。作為王者，最重要的一點他根本不具備——他從未領略過生死存亡的感覺。

昔年兄長遇刺身亡，我不過年方弱冠，偌大一份家業壓在肩上。那時候曹操稱雄於北、劉表窺覬在東，江東豪族人心未附、草莽盜賊四方謀叛，這千斤重擔我哪裡挑得起？我在兄長靈前痛哭不止，哭得昏天黑地……可哭能解決問題嗎？老天爺是聾子，這世上之人都是自私鬼，要生存只能靠自己！

曹丕啊曹丕，你可知二十年來我受了多少磨難？你可知昔日赤壁之役我冒著多大風險？不成功便成仁，你幾曾有過命一線的時候？你生於公侯之家、長於婦人之手，康莊大道早被老爹鋪就，不過秉承父旨按圖索驥，說好聽的是個唯唯諾諾的孝順兒子，說不好聽的就是個紙上談兵、坐享其成的紈絝子弟。莫看我向你稱臣納貢，其實根本沒把你當回事。不經憂患不知珍重，不臨危難不知生死，我比你更瞭解這個世道。若論馳騁天下的心志，我與你父曹孟德是一等，莫看你只比我小五歲，充其量只算晚生後輩。

至於大耳賊……你也老邁困厄了吧？可還有昔日之志？當初你強占荊州百般耍賴，我生氣歸生氣，但若設身處地，換了我在那位置上也只能這麼辦，人不為己天誅地滅，倒也算不得下作。不過你既然能強占荊州渾不論理，我就能背棄盟約奪你之地。誠然這是筆糊塗帳，但失敗就是失敗，這世道只承認強者！

沒有永遠的朋友，也沒有永遠的敵人，雖說荊州易主，並不意味著你我不共戴天。畢竟曹魏才是當今天下最大強敵，你我若聯手北禦自然最好。不過要叫我把荊州吐還給你，休想！咱們是繼續做朋友，先定北方再爭天下；還是就此做仇敵，我繼續向曹魏稱臣牽制於你，你自己掂量著辦！我想你還不至於老糊塗，孰輕孰重會權衡清楚的。曹丕是要當皇帝的，你這半輩子以漢室宗親自居，口口聲聲「漢賊不兩立」，想必也要以承繼漢祚為名躋身天祿。

別著急，孫某人怎能輸於你們兩家？昔項羽稱霸九州、勾踐躍馬中原，難道江東就不是龍興之地？六合八荒何等廣闊，即便同時坐下三個天子也無不可。倒看看誰能笑到最後……

震耳欲聾的喧鬧聲打斷了孫權的心事。他抬眼望去，只見朱然、潘璋等一干武將都已喝得醉眼乜斜，兀自縱情牛飲、仰天大笑。孫權並不在乎他們失儀，反而覺得他們越這樣越好，終究他們是在為孫氏大業慶賀，他們越盡歡則越是忠誠。曹操用人重在權術駕馭，而孫權駕馭臣下不但靠權術，更靠意氣相投。想至此他高擎酒盞：「我有言在先，今日歡宴不醉不歸。我看你們還都沒醉，來來來！咱們同浮三大白！」

眾將齊應一聲，舉酒共飲。有人早已過量，但在他們看來酒場如戰場，既然主公有令，哪怕醉死也要喝乾！於是鼓起腮幫子，強撐著往下灌。孫權一見此景仰天大笑，遍視眾將無不欣喜。不過欣喜之餘又泛起一絲感傷，這酒席宴上少了幾個人。

襲取江陵的第一功臣呂蒙死了。自荊州形勢大定他便一病不起，即使孫權加封他南郡太守、孱陵侯，賜錢一億、賞金五百也未能令他再站起來，短短兩個月時間就抱憾而終，年僅四十歲。緊接著最重要的宗室大將孫皎也染病身亡。

孫權著實難過了一番，回想昔日周瑜、魯肅，老天似乎降下一個魔咒，江東厥功至偉的股肱良將全都英年早逝，怎不叫人扼腕歎息？但孫權並不焦慮，呂蒙臨終之際推薦了朱然；而此番揮兵西進，陸遜也展現了超凡才智。世世不乏英才，只要能善用這些英才，江東便無衰退之勢。平心而論，戰場上的本事孫權比父兄差之千里，但是識人之明、用人之膽可謂青出於藍，或許這才是他振興大業的根本。

三碗酒下肚，眾將叫囂狂笑更加熱烈，可對面的文官們卻甚是沉寂。幕府司馬顧雍天生不飲酒，劉基、諸葛瑾等人也非海量，不過略進兩盞湊湊熱鬧。孫權猛然發覺首席竟空著，被朝野臣民尊為「仲父」的老臣張昭不見蹤影，連忙問道：「張公哪裡去了？」

眾人面面相覷誰也沒注意，最後還是守門衛兵稟奏：「張公方才不聲不響出了府門，在外面門車上坐著呢。」

「又犯脾氣了？」孫權不禁皺眉，「大好的日子，獨自在車裡做什麼？快把他老人家請回來。」不光衛兵去請，不少臣僚也隨之起身迎出去。不多時劉基、薛綜一左一右攙著滿頭白髮的張昭走了進來。張昭陰沉著面孔，眼帶慍色緘口不言。

孫權訕訕道：「我等共相為樂，公為何不悅？」

「哼！」張昭老而彌堅，掙開群臣的攙扶，聲色俱厲道：「昔商紂王以酒為池、懸肉為林，放縱無度做長夜之飲，當時亦以為樂，不以為惡也！」

他這一陣恫嚇聲若洪鐘，繞梁猶有餘音。霎時間樂也不奏了、舞也不跳了，連眾武夫都止住喧譁，所有人的目光都射向他們的主公——須知如今的孫權已是大權獨攬不容觸犯的盛年人主，誰敢在興頭上給他潑冷水？孫權凝視張昭好一陣子，最終只是微微苦笑：「居安思危我始終不敢忘懷，難得今日喜慶，您老人家何必掃大家的興呢？既然如此，大家散了吧……」

「諾。」眾文武紛紛起身告退。孫權朝張昭欣然一笑，緩步出離大堂，立於廊下仰望夜空——

張子布固然曾主張降曹，畢竟是開闢基業的老臣，江東人望所在，況平生之論皆出自公義，未有半分私心。國有諍臣，社稷之幸，此等人物我豈能苛待？昔日曹操因政論不合而逼死功臣荀彧、因諷諫觸怒而誅戮名士孔融，薄情寡義殘暴忒過，我不要學他！

究曹孟德一生，唯其暴虐嗜殺小為過差，論及御將統軍之能，足以與古之名將比肩，縱比之吳起、韓信亦不為過。先父與之同庚，曾以勇悍著稱於世，不過若與曹操相比還是遠遠不及。世道不堪設想，幸乎當年父親依附的是袁術，方有今日之江東，若父親伊始便在曹操麾下，只恐如今我兄弟都成曹家的馬前卒了。

平心而論，當世英雄之魁首非曹操莫屬。這老賊占盡天時、奮寡擊眾、理亂至治，不得不佩服他。可就這麼個一等一的人物，晚年依舊不免過失——驕縱自大遂有赤壁之事，嚴刑酷法導致叛亂連生，猜忌成性屢致功臣慘死，立儲鬧出的波瀾更是天下人盡知。縱有蓋世之才，不能謹慎克己，到頭來還是不能一匡天下。

戒之！戒之！日後千萬不可重蹈他的覆轍……

孫權的眼光不可謂不犀利，他將曹操晚年的過失瞧得一清二楚。驕縱自大、嚴刑酷法、猜忌成性、立儲不決，這些孫權都看清楚了。此時他意氣風發躊躇滿志，決心開創一番帝業的同時也反覆告誡自己將來不要犯這些錯誤。

但此刻他哪裡想到，未來的他也將好大喜功導致將士枉死遼東，也將重用校事搞得朝廷上下人人自危，也將無端猜忌致使社稷重臣憂憤而死。立儲問題上他更是一錯再錯，甚至狠心殺死自己兒子——曹操晚年的所有過失都將在他身上重演！

人啊，永遠是看得清別人，卻看不清自己……

劉備

重山遠隔消息難通，曹操的死訊傳到成都已經是二月末了。出乎所有人意料，漢中王劉備對曹操之死表現得格外痛心，甚至還派幕僚韓冉前往弔喪。蜀中官僚迷惘了，劉備與曹操可謂不共戴天，他們的主子之所以屢經流亡輾轉半生，歸根結柢就是與曹操作對的結果。恐怕這世上沒人能比劉備更恨曹操。

常言人生有起有落，可對劉備而言大起大落實在太快，令他無法接受。八年前他還仰人鼻息，年逾五旬仍為立錐之地發愁，滿腔壯志彷彿是永遠無法實現的奢望。法正的到來簡直似從天而降，蜀道雄關敞開了，川蜀肥沃之地等待著他去擁抱。

前後三年多的時間，他從劉璋手中搶過了益州，其間除了在雒城稍遇小挫、折了智士龐統，基本一帆風順。好運自此開始，後來的事更像是一場美夢，僥倖也好、實力也罷，總之漢中被他拿到手了，硬生生從曹操虎口中拔了顆尖牙，何等快事！劉備越發篤定自己是受老天眷顧之人，他裂土分茅稱雄西南半壁，毫不猶豫地把王者的冠冕戴到頭上。關羽趁南陽叛亂揮師北上，水淹七軍包圍襄樊，中土豪傑聞風而動，當真是威震華夏、撼動天下！

可是……這一切僅僅維持了不到半年，短短半年之後這場美夢就破碎了，他從巔峰跌落到谷底。南郡、武陵、零陵全丟了，最倚重的大將關羽魂歸幽冥，昔日盟友孫權向曹魏稱臣。劉備又一次感覺自己被欺辱、被孤立了，除了那頂華而不實的王冠，他什麼都沒撈到。

劉備與關羽不僅僅是普通的君臣關係，三十多年患難與共，早已結下勝過同胞手足的情誼。可如今生死相隔，劉備連扶著他屍身痛哭一場的機會都沒有，身埋荊州、首葬洛陽，他所能做的也僅僅是為好兄弟在蜀中建一座衣冠塚，加封後人。而相較關羽之死，荊州陷落更令人無法接受。背信棄義、暗箭傷人、卑鄙無恥……他用一切惡毒的語言咒罵孫權，卻不能不正視現實——江峽之險為敵所控，孫、曹的新同盟已經確立，奪回荊州太難了。

所以他要派人給曹操弔喪。弔喪不過是幌子，借此緩和關係才是真正目的。只要能把曹魏的天平拉向自己這邊，甚至退一步講，只要能在曹丕那裡獲得與孫權同等的關係，他就可以挾以自重與孫權討價還價。哪怕討不回原先的三郡，即使只有北邊兩郡，留個東路北伐的突破口也很不錯了！

結果不如所願，使者韓冉終究不敢輕入敵境，在上庸就落了腳，書信禮品由魏臣代為轉上。曹丕完全一副拒人千里的姿態，根本不領劉備的情。他倒不愧為曹操的兒子，老狐狸養下一隻小狐狸。

他洞悉此舉用意，就是不給劉備臺階下，偏要讓孫劉兩家結死仇，他則作壁上觀以待漁翁之利。一點兒斡旋的籌碼都沒有，這可怎麼辦？

拒絕使臣往來也罷了，韓冉回報的有關上庸的消息更令劉備氣憤——先前他派劉封與蜀中舊將孟達鎮守上庸三郡，他倆卻因私人矛盾鬧得水火不容。劉封自恃是劉備義子，作威作福壓制蜀人；孟達又自認為是引劉備入蜀的功臣，不服劉封統轄；還有當地豪族首領申耽、申儀在其中挑撥離間謀取私利，最後竟鬧到劉封擅自褫奪孟達兵權的地步。關羽困守麥城之際，上庸非但沒派一個救兵，反而還在鬧內訌。

劉封、孟達之事給劉備敲響了警鐘，他深刻認識到自己心腹舊部與蜀人的矛盾還遠遠沒有消解，無數禍患隱藏在身邊。更為不利的是，避居江陵的劉璋也落入孫權之手。孫權為其在秭歸建立幕府、表奏其為益州牧，以此否定劉備統治益州的合法性，動搖蜀中人心。

劉備再不能坐視，開始與臣下討論奪回荊州之策。屋漏偏逢連夜雨，這時他帳下第一智囊法正又病倒了，形銷骨立痰中帶血，恐不久於人世。劉備前去探望，法正奄奄一息握著他的手，還不忘勸他慎重行事——很顯然，法正不贊成急於用武荊州。

劉備連連點頭表示允諾，可心下並不安穩，特別是回到朝堂面對一干荊州文武之時，格外不踏實。雖然沒人主動提荊州之事，但他們淒然的目光已說明了一切。

荊州丟不起！

劉備把自己關在宮中，整整一日不見任何人，獨對著荊川地形圖思索用兵之策。荊州幅員廣袤、地形複雜，為天下之通衢衝要，西面重鎮當屬夷陵，若夷陵可下，則北可擊襄樊，東可窺南郡，南部武陵等郡盡在掌握，荊州可復也。然而，現在的局勢是孫權已把兵力布置於江峽，如何才能突破防禦奪取夷陵呢？

他在地圖上尋來找去，想在荊蜀江峽間找個可以穩妥駐兵之處。突然間，有一個地名出現在他視線中——白帝城！

「白帝城……白帝城……」劉備反覆咕噥這地名，心中隱約感到一絲不祥——

昔日新莽末年，蜀軍太守公孫述因巴郡魚復縣有白氣騰空，以為是吉兆，在此築城，命名「白帝城」。公孫述登基於成都，自號白帝，與光武帝爭奪天下。謀士李熊為其謀劃，以蜀地為根基，北據漢中、東下漢水以窺秦地，南順江流以震荊揚。這策略與孔明之隆中對何其相似？

但公孫氏下場如何？荊州敗績，公孫述苦守蜀地王業偏安，最後漢軍兵困成都，公孫述躍馬一搏，勇則勇矣，終因寡不敵眾殞命沙場，雄心壯志化為泡影……歷史相似得可怕，我的策略與白帝公孫氏如出一轍，如今我也把荊州丟了！難道我要重蹈白帝覆轍，偏居蜀地等待滅亡？白帝城……公孫述……難道這是注定的宿命？

劉備狠狠搖頭，似乎要把這可怕想法甩出腦海。可這個想像偏偏揮之不去，反而變得更加真切——

我的情況比公孫述更糟糕！

公孫述本就是王莽一朝的蜀郡太守，可我卻是從劉璋手中奪來蜀地，拿下漢中還不到一年。昔日劉焉父子之時，蜀中士人就分東州、西州兩派，我之心腹又是荊州之士。新人舊人、荊黨蜀黨，真如一團亂麻。最可信賴的當然是孔明為首的荊州士人，可荊州偏偏失守。這意味著什麼？

潘濬乃我看重之人，零陵人士，還是尚書蔣琬的表弟，官居荊州治中，為人耿直中正；孫權襲取荊州時，他涕淚交橫、伏床不起，但大哭一場之後還是降敵了。還有郝普，五年前孫權奪三郡，他中計投降，但一聽說荊州並未全失，又義無反顧回到我麾下；這次荊州完全失守，他又投降孫權，卻再也不歸了……為什麼？因為荊州是他們的家，有他們的親族、他們的田園。潘濬、郝普未嘗不忠我，卻更難捨故土。荊州人的根永遠在荊州，如果失去家鄉，他們便成了無本之木、無源之水，豈能再全心輔佐我？

即便那些追隨我多年的人就一定可靠嗎？士仁乃幽州之將，自我在公孫瓚麾下時就追隨左右，僅僅不忿於關羽權重，就束手降敵了；糜芳乃糜竺之弟，與我本有郎舅之親，結果又怎樣？蜀中之士未全心歸附，荊州之士若再一動搖，我就完了！

不行！荊州一定要奪回來，不但是給荊州之士一個交代，更為鞏固我的王業！

想到這裡劉備深吸一口氣，給自己鼓勁，橫下心繼續觀看地圖；可當他的思緒隨著墨筆勾畫的地形暢想時，這股剛提上來的底氣又漸漸洩了——

若想奪回荊州必須眾兵壓境。滾滾大江一瀉千里，順流而下固然容易，回來就難了。萬一戰事不利，逆流而上回師困難，大軍橫亙於江峽險地，孫權在後面趁勢一掩殺，只恐半世心血毀於一旦！

風險太大，賭這一把要慎重啊……

如果捨棄荊州又當如何？只能在蜀地給荊州之士開闢第二故土，讓他們身居高官、享受田產，但益州人答應嗎？他們的田產、他們的前程又找誰要？他們能甘心讓別人騎在頭上？強權鎮壓固然有效一時，但不可能奏效一世。曹氏早就著手重用地方大族了，孫氏也已與江東郡望融合，我卻還在搞重用心腹壓制土人的把戲，比人家落後十幾年，無異於兵戈未動先輸一招。長此以往，即便我能讓荊州之士公正治國忠心保我，路也會越走越窄，國家將在壓抑中走向沉淪。益州郡望大族被荊州人阻了前程，不會愛這個國家；地方鄉紳更恨我，巴不得換個山高路遠管不了他們的新主子，那時他們更逍遙；至於百姓，要以區區一州之地支撐一個朝廷，還要交賦、種地、打仗，實在太苦太累。

放棄的結果是，我能籠絡住一批荊州死黨，卻將失去益州所有階層的人心。只要他們豎起白旗，所有煩惱都解脫了！或許不斷北伐征戰能轉移矛盾、避免沉淪，但蜀中之險固然把敵人擋在外面，也把自己封在了裡面，域民不以封疆之界，固國不以山溪之險。再說曹氏豈是容易對付的？關中秣馬厲兵，陳倉易守難攻，棧道運糧不便，建功談何容易？眼下比之孫權尚且不及，更不要提曹氏，以一州之力不斷挑戰四海之大，太難了……喪失人心，單單靠對外用武轉移內部憂患，最後的結果只能是內外交困，遲早要走向滅亡！

劉備絞盡腦汁看來看去，發覺左右都是死路，難覓一絲希望，而「白帝城」三字總在眼前晃來晃去。他終於煩了，索性不再看下去，將圖卷一拋仰面躺倒，信手抓過榻邊一面銅鏡，鬱悶地把玩著。

那鏡子一閃一閃，照亮了他的臉——這曾是多麼英俊的一張面孔啊，如今卻兩鬢如霜皺紋累累。風華正茂早成過眼雲煙，光陰竟如此易逝。劉備又想起已經作古的死對頭曹操，不禁歎息感慨——

唉！歲月不饒人……曹孟德，你痛痛快快走了，早晚我也要步你後塵。

如今我大可不必再自欺欺人，我這輩子最忌憚的人是你，但最佩服也是你。莫看劉某人出身低微，一般的人物還難入我之眼，唯獨你絕對稱得起是英雄。兩攻徐州打得我丟盔棄甲，官渡之戰奮寡擊眾、以弱震強；當陽長阪之役何等凶險？追兵遙遙可望，遲緩一步就沒命了。即便有赤壁之勝，若非張松、法正引我入蜀，恐怕我還是逃不出你手心。你有你的霸道，我也有我的夢想，為仇作對乃是天經地義，我並不怨恨你……我恨的是老天爺，恨的是這世道！

你雖生於閹豎之家，好歹也是官宦門庭，蒙祖上恩蔭進入仕途，天下未亂就已歷任州郡、執掌一軍，朝野上下小有名氣。可是我呢？偏偏生在落魄人家，靠織席販屨慘澹營生，能走到今日我比你多吃了十倍的苦。你閒暇之時喜歡吟詩作賦、喜歡寫文章，何等風雅！孫權閒暇之時酷愛遊獵、與眾將飲酒，何等快意！我閒暇之時又幹些什麼呢？其實我這輩子都在奔忙，哪裡有無憂無慮之時？即便一時半刻無事可忙，也只是拾起老本行，取幾條犛牛尾編些飾物。一是為解悶，二是要把親手編的飾物送給士卒佩戴，讓他們時時感到我關心他們。我手下精銳部隊人人佩戴我為他們編制的白旄飾物，蜀人乾脆叫他們「白旄兵」。你們有錢有糧，擁兵無數，恐怕不屑用這等小手段籠絡人心吧？莫看我沒讀過多少書，但我也有我的處世之道。

或許你到死也沒瞧得起我，在你眼中或許我只是個自不量力反覆無常的好亂之徒。其實你不瞭解我……相比早年我過的那種低三下四黯淡窮困的日子，打敗仗又算得了什麼？人過留名雁過留聲，即便劉某人野心難成貽笑大方，好歹青史中記下了劉備這名字，總勝過藉藉無名的草鞋販子吧？這麼一想，我還有什麼豁不出去的？

鼠生廁中，則食汙穢；鼠生官倉，則食積粟。這就譬如你我，你是官倉之鼠，衣食無缺自然可以清高，空談什麼「君子有所為，有所不為」。我是廁中之鼠，若要出人頭地只能不擇手段、反覆無常。別瞧不起窮苦人，嫌他們昧良心喪節操，其實皆非本願，說到底不過是為了活著。所以在我眼中世上無可憎之人，我願意與所有人做朋友，做不成朋友的只是沒緣分罷了，要怪只能怪這個世道……

算了，你瞧得起我也好，瞧不起也罷，如今生死相隔，這些都已不重要了。倒是我由衷地羨慕你，至少你能安安穩穩了無牽掛地去，而且至死未稱帝，保全了「漢室臣子」的最後一層面皮。你有一大群兒子可以擇優立儲，還有允文允武的義子可以用為股肱，更有數不清的社稷重臣共襄國政。而我呢？我的兒子尚是總角之童，我的乾兒子是個麻煩，我手下群臣只一個諸葛亮能放心託以政事。我的最後歸宿還不知什麼樣呢！

韓冉匯報說，你兒子在籌劃稱帝，這又把我難住了。我以匡扶漢室自居，如果漢室沒了，我怎麼辦？只能自己稱帝嘍……身登九五是我平生之宿願，可現在提這事簡直像笑話。荊州丟得那麼慘，如今滿打滿算不過一州之地，還要當天子、置百官、設後宮、封列侯，這個皇帝當不當有何區別，勞民動眾空耗資財！可是沒辦法，要確保我這方勢力名正言順地存在下去，也只能走這條路。關羽已死、法正病篤，不能再這樣下去，我必須給那些追隨我多年的臣僚們一個交代，總得在有生之年給人家個開國元勳的名分吧！

當年我渴望富貴，渴望揚名天下，如今真走到這一步才明白什麼叫騎虎難下。我一生屢戰屢敗越挫越勇，從來不曾氣餒過，可最近也感覺累了、煩了、力不從心了。滿懷壯志的時候總夢想仗劍走天涯，可當我真的疲憊的時候，才發現鑄劍為犁已經成了奢望。內外交困千頭萬緒，叫我如何編這團亂麻？

沒辦法，人生本就是一條不歸路，權力更是一場無法自拔的遊戲。既然一腳踏進來就只能身不由己地走下去，這一點你也深有感觸吧？曹孟德，你若在天有靈千萬要等著我，有朝一日我過去找你，到時候咱握手言和做朋友，再來一次煮酒論英雄……

想著想著，劉備竟酣然睡去——他實在太累了！

曹操終於走了，可劉備也已經年至六旬。子曰「六十耳順」，這個大半輩子都生活在曹操陰影下的男人走到了人生的楚河漢界上，喪失荊州、稱帝立國、東征孫權，無數煩惱糾結。他也只能像曹操一樣，如置身深夜般摸黑前行，直至生命終結的一刻……

人啊，咬緊牙關去迎戰未知的一切吧！

卞太后

這是魏武王在洛陽的最後一晚，他的屍身安祥地睡在梓宮之中，棺槨已永遠地封好，依照他生前的要求，曹丕遵行了薄葬的原則，河北的陵墓周圍也沒有修建太多禮制建築，但依舊準備了不少金銀珠寶，以及他生前使用過的佩劍、大戟等武器一同下葬；對於出殯儀式儀仗的要求更是近乎苛刻，務求隆重莊嚴，為此還命夏侯尚持節引導整個隊伍。曹丕深信，先王喪禮一定會萬眾矚目，一定會給普天之下所有人一個深刻的印象。而他就是這位不朽人物的傳承者，不但傳承了他的血統、他的權力，還傳承著他不可侵犯的威嚴。而接下來一步，這種威嚴將會繼續昇華，乃至打破最後一道君臣的屏障，變得至高無上、唯我獨尊！那一天就快到來了……

此時此刻，曹丕直挺挺跪在棺槨前，鄢陵侯曹彰、臨淄侯曹植分別跪在他左右，以御史大夫華歆、諫議大夫董昭為首的群臣分別跪在兩廂。油燈香燭照如白晝，連道影子都看不見，但這光明卻未能照亮大家心中的陰鬱，氣氛與其說莊重，還不說是沉悶。已經一個月了，除了精神亢奮的魏王曹丕，所有人都快熬不住了，只盼著這一夜快快過去，結束這場漫長的喪事；以後的禍福暫且不管，先痛痛快快歇上幾天才是最要緊的。眼淚早已流盡，沒有人在哭泣，只有一聲聲疲勞的歎息。

梓宮西側垂著一道薄薄的紗簾，王后卞氏也率領著諸位夫人守候在那裡。雖說卞王后快六十歲，又新添喪夫之痛，打熬了這麼多天，精神依舊矍鑠。此時她眼光熠熠、神態祥和，時而伸手輕輕撫摸丈夫的棺槨，口中念念叨叨。但沒人知道她在傾訴什麼，連跪在她身邊的侍女都聽不清——

> 我總想跟你聊聊心裡話，可你總是不耐煩，總不聽我說。現在你終於安靜了，我總算可以向你一訴衷腸了。夫君，如果你還能聽見，別生氣、別著急，靜靜地聽我說，好嗎？
>
> 這輩子真快，有快樂也有悲傷，我與你邂逅彷彿還是昨天的事，一轉眼，你已經不聲不響睡在這裡了。當初你只是個不知天高地厚的官僚子弟，我只是卑賤的歌伎，如今呢？改變得太多、太快，讓人緩不過氣來。我可從沒想過自己能做王后，做夢都夢不到，甚至連當你的正室妻子都沒奢望過，原以為我這種出身的女人只能充當玩物，即便嫁人也只配委委屈屈做小，哪敢設想母儀天下？你真是給我一個天大的意外……這些我當初都沒想到，但平心而論，你當年何嘗想到有朝一日能裂土稱王？
>
> 那些跟隨你打天下的人都說你變了，但我知道，你沒變，你還是當初的曹孟德，或許隨著地位提升對某些事的看法變了、心態變了，但靈魂深處的東西是永遠無法改變的。
>
> 欲望！驅使你這一生的始終是欲望。
>
> 其實你不是很招女人喜歡，你並不高大英俊，風流倜儻更是與你不沾邊。不過你心思靈巧，又有幾分文才，總能給人意外的驚喜，與你一起生活不沉悶，這是優於常人之處，但你的欲望是沒有止境的，活了一輩子，我從沒見你滿足過；你永遠要去爭、要去鬥，要不擇手段去搶！

無論你有多大學識，你有何種藉口、何種理由，都無法否認是欲望驅使著你，你貪名、貪利、貪色、貪口舌之欲……沒有你不貪的東西。

從一介不得志的孝廉，到縣令、到郡守、到司空、到丞相、再到稱公稱王，國家大事我不懂，但對女人你從沒停止過欲望。試問當初你若安於原配夫人丁氏，還會有我邁進曹家門嗎？劉氏、環兒、秦氏、尹氏，你總不滿足，總想得到更多。現在我告訴你，我並非不在意，但有什麼辦法？我既來得，別的女人也來得。

對王氏你就像騙子，花言巧語把人家寡孀弄到手，結果非但致使兵變，連兒子、姪子都連累死了。你總愛講道理，可做事最不講道理的人偏偏是你。對杜氏你像強盜，霸王硬上弓，不管她曾跟過秦宜祿還是呂布，甚至對關羽的許諾也拋到一邊。你總吹捧信義，可最不守信義的人也是你。對臣妾你又像個猛獸，似攫取獵物般一塊一塊吞食著她的美色，但有一天你發現她是個障礙時，就毫不客氣地掐斷她的脖子，奪走她的子嗣。你總指責別人無情，可最無情的還是你，甚至連女兒都被你充當爭奪天下的工具！

我總在想，你對原配丁氏究竟是怎樣一種感情呢？連你自己都不否認，你從來沒愛過她，可為什麼還對她有那麼多羈絆？你所留戀的其實是當初不得志之時她對你的照顧和支持；若不是她將曹昂養大，你對她會高看一眼嗎？我曾經設想，如果曹昂是病死，你是不是早就毫無憐愛地把她休掉了？正因為兒子因你而死，你才會對丁氏愧疚，你才久久不能決斷……面子！說穿了就是面子。你把她轟出家門幾十年都不肯把我扶正，其實也還是為了面子。

正如你自己所說「既無三徙教，不聞過庭語」，你從小沒有娘，其實這決定了你的一切。別小看沒有母親，我是四個兒子的母親，我知道這意味著什麼！這意味著你沒感受過無私的母愛，意味著你幼時不曾被人真心關懷過、理解過，所以你也不懂得怎麼樣理解別人……公爹他老人家其實也是個權力野獸，只是你們選擇的路不一樣罷了；他身為宦官養子，遭受的苦難不比你少，他比你更自私、比你更缺乏感情，能給你多少正面的影響？至於你那個弟弟，彷彿他的存在就是為了襯托你的高明，不否認你們兄弟情深，但你永遠是俯視他，似乎他對你而言只是尋找自信的途徑。這就是你們老曹家，扭曲的家庭，偏激的父子！

你所堅信的一切理念都不是別人教你的，而是自己摸索出來的，所以你才那麼自信、那麼篤定，你才會覺得世上只有你自己是對的。固然你也遍覽詩書、你也廣交友人，但那都不是為了學習，而是為了進一步肯定自己。

不否認你有一副熱忱之心，但是你從來不曾站在別人的立場考慮過問題。哪怕你是為別人好，也只是站在你的角度，覺得怎樣做才是好的，從沒設身處地為別人想過，從沒考慮過別人能否接受。所以在你看來，不接受你的意見就是不識好歹，反對你就是錯誤；甚至對你的朋友，一旦你發現他們與你有分歧，轉而就把他們視為敵人！事後你也會後悔、也會自責，但江山易改本性難移，這些悔恨都只是良心的不安，你所得出的教訓也只是適當克制自己，而不是去體恤別人，這就注定了你在某些方面必然一錯再錯。

你就是個木匠，揮動斧鋸，要把一切都修成你理想的模樣。最後稱了王、開了國，臣子們也漸漸摸透了你的性情，沒人敢發出不和諧的聲音，我們這些女人更噤若寒蟬。可你主得了身前，主得了身後嗎？兒子們能完全如你所期待嗎？

想到這裡，卞太后輕輕抬頭，瞧著跪在靈堂另一側的三兄弟——折騰了這麼多天，三個兒子都瘦了，不過神情卻大有不同。曹丕固是一身重孝滿臉肅穆，卻眼光熠熠，老爹走了，他的時代到來了，恐怕內心裡實是喜大於悲吧！曹彰面無表情跪在那裡，連頭也不低一下，直愣愣盯著棺槨，與其說傷感，還不如說是忿忿。最憔悴的是曹植，愁眉微蹙鬚髮凌亂，兩隻凹陷的眼睛空洞無神，宛如深邃的枯井，這不僅是喪父之痛，似乎世上的一切都令他失望。

令卞太后難受的是，三兄弟雖然並排跪在一起，卻沒任何交流，彷彿臨時湊在一起的陌生人。她心如刀絞，沒有勇氣再面對這情形，於是又把目光轉回到丈夫的棺槨上——

老冤家，兒子們鬧到今天這步田地全都怪你！

你既真心覺得丕兒當立，就該替他著想；你若覺得植兒或彰兒更合適，就該當機立斷。十個指頭還不一樣長呢，想一切都隨你的意，可能嗎？

丕兒成為太子，固然你的權威被他分享了，但好歹沒脫離你曹家的圈子，他是你的繼承者啊！身為父親難道不願自己兒子被人尊敬？你提拔彰兒、愛憐植兒，總該有個限度，有時候我都看不懂，你重視他倆是真心覺得他們可惜，還是僅僅為了壓制丕兒。你逼死兒媳之時何嘗猶豫過？與其事後補償，又何苦做讓孩子痛心的事？

我明白，後來你又希望他們兄弟好，你覺得彰兒、植兒是丕兒的膀臂，讓他們適當掌權是好事，但方式不對，還是那句話——你永遠是站在你的角度看問題。

你不肯做皇帝，人們有種種猜測，但在我看來你也不配當皇帝，單憑你對孩子們的態度，你就不配。你追求的是自己的權威和理想，卻沒看清家族的長遠利益，或許在戰場上你夠明白，在朝堂上也半明半昧，但在傳承方面你完全糊塗。丕兒成為太子後，你就應該讓他有權威，讓他做弟弟的主，你完全可以把提拔彰兒、植兒當做是囑託，私下告訴他，讓他自己去辦。日後你不在了，他親自提拔兄弟、照顧兄弟，植兒、彰兒豈不感恩？他們兄弟之情豈不更深？可你偏偏要擺君王的架子、要擺父親的權威，所有得人心的事都得你自己做，丕兒作何感想？又怎能不使一向驕縱的彰兒萌生非分之欲？丕兒沒走你讓他走的路，你生氣、你失望，可是我真想問問你——當初你走你爹讓你走的路了嗎？

老冤家，你一意孤行隨心所欲，把三個孩子折騰成這樣，如今你撒手閉眼了，我怎麼辦？他們仨都是我生的，你知道我看著他們勢同水火有多痛心嗎？你活著我都管不了他們，你走了我拿他們怎麼辦？你真是個自私鬼啊……沒辦法，管不了就聽之任之吧！未嫁從父，既嫁從夫，夫死從子，這就是我們女人的宿命！

算了，事已至此，埋怨你又有何用？

畢竟你給了我家庭，給了我富貴，我的一切都是你給的，再抱怨你未免不厚道。我和你其他的女人一樣，感念你恩賜的幸福，也承受你給的苦，或許對你而言，只要生時曾經快樂就夠了，根本沒考慮過我們這些感受吧？此生意外太多、驚心動魄太多，雖然我也曾經年輕悸動，但這種日子過久了還是很累，如果有來生，我只願安安穩穩過日子，絕不再嫁你了，就算能當王后我也不嫁。

不過，若真有來世，誰說得準？說不定那時我又心血來潮，又被你花言巧語迷惑，糊裡糊塗地又跟你過一輩子呢！

「嘿嘿嘿……」想到這裡她竟不由自主笑了。

滿堂的姬妾、王子、大臣都是一愣，皆以詫異的目光望著太后。靈前發笑乃是失禮，可誰敢說太后的不是？透過朦朧的紗簾，只見她輕輕撫摸著先王梓宮，臉上的表情似笑非笑、似哭非哭。大家面面相覷，誰也搞不懂這老嫗想些什麼——畢竟他們都是後來的，半路姬妾、半路兒女、半路臣子，除了卞氏還有誰親眼見證了曹操從寒微到尊貴的一生呢？

漢天子

夜幕降臨玉兔東升，皎皎明月照映許都皇宮，彷彿給這座空蕩蕩的朝廷穿上一層朦朧紗衣。

這裡本來是十分寂靜的，甚至可以說是冷清，自耿紀等人叛亂後，大批內侍宮人被曹氏攆走，宮門長期封閉。不過自曹操去世那天起，宮外倏然多了重重衛兵，似乎要把這座本就不甚雄偉的皇宮圍得水洩不通。即便這麼一個安詳的夜晚，士兵依舊不敢鬆懈，在宮牆外來回巡視，兵刃在手如臨大敵——現在是權力過渡的敏感時刻，傀儡天子舉足輕重，倘有不逞之徒劫持天子登高一呼，或一不留神從宮中流出玉帶詔之類的東西，曹丕就如坐針氈了！

高高的宮牆隔絕兩個世界，外面熙熙攘攘，裡面依舊靜謐，莫說內侍稀少，連宮燈都未點上幾盞。此刻天子劉協並沒籌劃什麼，也沒有為時局擔心，而是悠然待在皇后寢宮，與皇后曹節對酌。劉協今年剛好四十歲，當真不惑了。他不再為半生不幸而抱怨，也不再為社稷發愁，他習慣了這種恬淡的生活，更欣慰的是，他得到一位理解他、關懷他的妻子。曹節正是曹操之女，恐怕連曹操都沒想到，女兒竟真的與劉協心貼心走到了一起——其實他們都是無力抗爭命運的人。

劉協親手推開窗櫺，望著天邊明月，嘴角掛著一絲微笑。曹節卻心事重重，想起被逼死的伏皇后和二位皇子，想起剛剛過世的父親、奪權在手的兄長……以後的日子怎麼辦？劉協越是一臉輕鬆，曹節越替他難受，雖然她也無力抗爭，但身為曹氏之女仍不免愧疚。

劉協湊到她身旁，挽著她玉臂悄悄道：「別為朕發愁了，妳看今晚月亮多圓呢！」

曹節哪有心思賞月：「陛下，奴婢想了許久，我兄長曹丕雖不比父親驕橫，卻心機縝密，更不易相處。現今他已開始籌劃逼宮之事，恐怕躲是躲不過了。眼下社稷暫且不論，安危不可不察，陛下有幾位及笄的公主，恕奴婢斗膽，請將公主賜予我兄，續秦晉之好，或可再延幾年太平……」

劉協一笑置之：「今晚不談這些，只管賞月……昔年朕熱衷社稷，多少明月之夜都錯過了。當初不曾與伏后一同賞過一次月，如今朕就摟著妳觀賞，再不要錯失樂趣。」

他這話說得無比恬淡，就如剛從井裡打上來的水一般清亮。曹節聽了卻掉下眼淚：「若奴婢不進宮，伏后也不至於慘遭屠戮……奴婢對不起陛下……」

「別哭，朕說錯話了。」劉協安慰她，「朕現在抱的是妳，愛的也是妳，一切皆天意造就，就別再為過去的事難過了……天色不早，朕今晚不走了，咱們安歇吧。」

拋下殘席，劉協摟著曹節，為她擦著眼淚，夫妻共入羅帷，緊緊依偎著躺下來。劉協雖是一副清閒之態，豈能無絲毫心事？躺在龍榻上，望著幽幽宮燈，不禁遐想——

朕無負於天下！

《易》曰：「積善之家，必有餘慶；積不善之家，必有餘殃。」漢室自孝和帝朝以來外戚、宦官亂政於上，豪強、惡吏縱橫於下，世祖皇帝中興積下的善緣早耗盡了；孝桓帝與父王兩朝昏庸無道，種惡因必有惡果，這餘殃卻報應在朕身上了。或許朕天生就是當傀儡的命，明明皇位已落到皇兄身上，偏偏冒出個董卓，又把這叫天不應、叫地不靈的苦差事扣回朕頭上。可悲！可笑！或許朕還真是得天命啊！

董卓也罷、李傕也罷、曹操也好，走到這一步，朕誰也不怨。天不可以不剛，不剛則三光不明；王不可以不強，不強則宰牧縱橫。既然朕天命不固，豈能怨他們把朕當傀儡？當年東歸之際即便沒曹操，朕也收拾不了這爛攤子，其實漢室天下那時就已經完了。莫看袁紹、劉表他們高喊著效忠漢室，可誰又甘心放棄手中權柄？沒有曹操也會有別人充當權臣，甚至朕可能會死於軍閥惡鬥之中。曹操功大於過，若非他把朕「豢養」起來，天下無主戰亂將更嚴重，死人將會更多。當初朕年少無知，想用董承、王子服收拾曹操，現在想來太天真，除掉曹操又如何？不做他的傀儡，還是要做別人的傀儡。無力反抗，也不能反抗。孔文舉、荀文若，朕永遠感激你們，不論你們是出於對大漢的忠誠，或僅僅是良心的不安，你們對朕的庇護朕永世不忘！不過事到如今，朕已不恨曹操了，即使他欺凌朕、威脅朕，人死恩怨休，罷了！一切就當朕替無道的父王受過吧！

其實父王也非庸主，年幼入宮成為竇氏外戚養子，經歷宮變，小時候受的苦不比朕少。親政後大顯身手，借宦官之手誅滅宋氏外戚，改以屠戶出身的何氏為后；又借大臣之手整垮曹節、王甫兩大宦官，改用張讓、蹇碩等心腹；擴大黨錮壓制士紳、打擊太學，立鴻都門學培植心腹官員。宦官、外戚、黨人三大勢力都被他擺平了，細想起來，自孝和帝之後誰的皇位比他穩固？

可惜啊可惜，論心計父王夠分量，但治天下靠的不是陰謀詭計、不是平衡之術，而要有一顆厚德載物、悲天憫人之心！他是牢牢坐定皇位了，卻不是為民造福，而是為了恣意享受。大興土木、賣官鬻爵、窮奢極欲、醉生夢死……十常侍何罪也？為尊者諱耳！到頭來父王看不起的黎民百姓掀起黃巾之亂，清流士大夫寧可輔佐無才無能的何進也不擁護他，最後連代君受過的十常侍也背棄了他——這都是倒行逆施逼出來的！

治天下者若只關心一己私利，視芸芸眾生如草芥，恣意而為盤剝百姓，最後就是這下場。報應可能會遲來，但終究逃不過劫難，而且來得越晚就越殘酷！子孫也似朕這般遭人欺凌。此乃千載之殷鑒！

至於朕……朕捫心自問，無愧蒼生。

當曹營之人索要冊封曹丕的詔書時，朕雖然無力阻止，但也可以不親自下詔，讓他擔個矯詔之名，但朕給了。日後曹丕要朕遜位時，朕也可賴著不讓，使曹丕斯文掃地，不過真到那一天朕也還是會讓。不是朕貪生怕死，而是為天下蒼生。

名不正言不順，言不順則事不成。曹丕的聲望遠遠比不上曹操，若是朕跟他對著幹，讓他顏面丟盡、聲威大喪，那時勢必反者四起，野心家紛紛跳出，搞得他們兄弟鬩牆，中原之地就又亂了。亂了曹家社稷事小，苦了天下黎民事大。世間王者都自詡為芸芸眾生治天下，但朕要為芸芸眾生而讓天下。

明明人心喪盡、天命不佑，卻賴在台上不下來，仗著祖宗那點兒落滿灰塵的功德耍窮橫，那是無賴。朕乃有修養、有度量之人，不屑為之！無論如何朕是天子，就讓朕用讓出社稷的方式為天下蒼生盡最後一點兒力吧！固然死生禍福尚未可知，可是朕這輩子幾時真的掌握過命運？或許遠不止朕，這世上能掌握自己命運的有幾人？考慮那些又有什麼意義呢？至於青史之筆如何描畫，由著他們吧，捫心無愧就夠了……

想到這裡劉協滿足了，也困了，打個哈欠合上雙眼；卻聽耳畔有抽泣聲——曹節把頭扎在錦被中，正默默流淚。

劉協抱住她腰際，吻著她秀髮道：「哭什麼？還在為朕憂愁？嘿嘿嘿……世人皆慕權貴，豈知權貴之愁？當人一面道貌岸然，背人一面陰謀詭計，到晚來躺在榻上還思忖不止，既要想怎麼算計人，還要防備被別人算計，連安穩覺都睡不了。朕不擔這沉重，妳若要愁，去替妳那個哥哥發愁吧，該輪到他受罪了，朕現在吃得飽睡得著……」喃喃間他雙眼迷離，不一會兒就甜甜地睡去了。

曹節聽耳畔漸漸響起鼾聲，也不再發愁了，臥在他懷中，不多時也睡了——是啊，世人無論貧富貴賤，每晚能問心無愧睡個安穩覺，這是多大福分啊！

仲長統

曹操死了，漢王朝不久也將壽終正寢。而在許都的館驛中，還有一人也已步入彌留之際。但此公無人探望、無人陪伴，甚至沒人在意他的死活——他便是一代文士仲長統。

仲長統自從被曹操逐回許都，便鬱鬱寡歡，終於釀出一場大病，臥於官舍。他乃寒門出身，妻兒家眷又都在山陽郡老家，獨自在許都無人照應。原本就沒朋友，失愛於曹操後，連手下僕僮都不用心伺候他了，久而久之竟棄於榻上無人管，終於病入膏肓。

仲長統不畏死，卻覺得這時候死甚是可笑。曹操死了曹丕繼位，漢室的江山快不保了。他此時一命嗚呼，算是給曹操殉葬還是給漢室殉葬呢？思來想去一陣苦笑，雖然他到死還算漢廷官員，卻從未真的融入過朝廷；雖然曹操曾看重他，卻只是用他的理論打擊漢室天命。誰又真的理解他？

既然他們不在乎仲長統，仲長統也無需在意他們。他甚至不在意妻兒能否趕來見最後一面，他在乎的只有他耗盡心力寫成的《昌言》。這三十四卷文章就鋪散在病榻上，他不停看著、摸著，唯恐自己死後再沒人知道這部書，再沒人明白他對這世道曾有過怎樣的見解——

> 盤古開天闢地，世間之人本無不同，穴居群聚不過便於生計，後神農嘗百草、伏羲演八卦、倉頡造文字，這些身負「異能」之人成了英雄，世人就有了貴賤之別。黃帝、顓頊、帝嚳、唐堯、虞舜，謂之五帝，號為正統；又有東夷、西戎、南越、北狄，於是又生華夷之辨、敵我之見。堯傳舜、舜傳禹，禹卻傳位給兒子夏啟，從此「家天下」，天下也成了有主子的東西。太康失國、少康復國，傳至末主夏桀暴虐無道，商湯伐而代之，世人看到原來天下之主也可以搶。

盤庚遷殷、武丁中興，直至商紂亡國。周文王三分天下有其二，猶以服事殷，他兒子武王便不甘臣位了，牧野之戰天下易主。

周室定爵五等，曰公、侯、伯、子、男，將天下各部首領封個遍，於是又有了國。《左傳》有云：「武王克商，光有天下，其兄弟之國者十有五者，姬姓之國者四十人」，謂之諸侯。天子之下有諸侯，諸侯之下有卿大夫，大夫之下有士，士之下才是百姓。嫡子承統，庶子封國，宗法之制有了。「方里而井，井九百畝，其中為公田。八家皆私百畝，同養公田。」井田制也有了。有了禮、有了詩、有了樂，原來文教也可鞏固權力，可以讓百姓知道尊者想讓他們知道的東西，當然也可粉飾不想讓百姓知道的東西……一切統治手段應運而生。

國家安定了，百姓順服了，可外敵卻打進來了。四夷交侵，中國危矣。周平王東遷洛邑，鄭莊公射王中肩，天子的神聖被戳穿。於是諸侯征戰不休，謂之春秋。齊桓公尊王攘夷，沒能撐起王室；宋襄公空抱仁義，卻被人打倒在地——世道變了，人心不古！秦穆公打不進中原，獨霸西戎。北邊出了個晉，南邊興起個楚，南北爭霸百餘年，最後結果呢？晉國卿大夫做大，郤氏、欒氏、智氏、範氏、中行氏、韓氏、趙氏、魏氏，國君衰而大夫興；吳越本楚國之南蕞爾小邦，卻把南方霸主弄倒了——南北兩霸其實都栽在自己手裡！本來嘛，既然諸侯能推倒天子，大夫憑什麼不能推倒諸侯？禮壞樂崩，越來越甚。

三家分晉，田代齊姜，戴氏奪宋；魯國三桓主政還不算，又冒出個陽虎，大夫篡諸侯還不夠，士又要起來篡大夫的權了，世人野心都暴露出來，這便到了戰國。春秋無義戰，戰國更不可問！百家爭鳴，儒、墨、道、法、名、陰陽、縱橫，滿口仁義道德，滿腹陰謀詭計，強權的世道、武力的世道、血腥的世道。秦能勝利是因它槍矛最利、武力最強，伊闕之戰殺韓魏聯軍二十四萬、長平之戰坑趙國四十萬眾，血雨腥風慘烈至極；燔詩書而明法令，法家鼎盛莫過於斯。

秦嬴政一統天下，廢分封而行郡縣，號稱始皇帝，欲傳之萬世，結果兩代就完了。一味強權不能使人順服，況乎你能為之，別人就不能為之？王侯將相，寧有種乎？項籍本是楚國貴族後裔，高祖的出身不過一亭長，但是迂腐鬥不過機變、意氣鬥不過理智，歷史不可能倒退。高祖雖反秦，卻要當秦始皇那樣一言九鼎的皇帝，於是殺韓信、殺彭越、殺英布，張敖雖是女婿，也被折騰得半死不活。白馬盟誓，非劉不王。可一家子就相安無事嗎？孝文帝逼死淮南厲王劉長，孝景帝防著梁孝王劉武，七國之亂刀劍紛飛，一家子也信不過了。

孝武帝一道推恩令，諸侯都入了圈套，大家子不鬥了，自己小家子鬥去吧！親戚放心了，大臣又不放心，於是有了刺史、有了尚書，丞相都要靠邊站；說是「罷黜百家，表章六經」，此儒非彼儒，不過就是層臉面，告訴世人天子是天之子，必須無異議遵從，造反不得！算緡平準盤剝百姓，征戰匈奴民不聊生，提拔酷吏大興牢獄，巫蠱之禍連太子都逼反了……可是武帝能永遠不死嗎？天子別真把自己當天之子，早晚都有那一天！孝宣帝絕頂聰明，反正不就是內為霸道、外為王道嗎？把兩面都做圓滿不就得了？君不肖，則國危而民亂；君賢明，則國安而民治。用儒士最好，不是才智高，而是好擺布。但若都是這幫圓潤無骨的傢伙當國，他們就該合夥糊弄皇帝了。宣帝明白這道理，遂有漢室之鼎盛，但他兒子元帝卻不明白，好心反辦壞事。你若破罐破摔，老百姓還真就不買你帳了。皇后王政君本一介宮女，誰想到後來那等勢派？王家子姪相繼當政，王鳳、王音、王商、王根直到王莽！

王莽當初還不是被百姓推戴過？說他虛偽，帝王有不虛偽的嗎？說他奸詐，帝王有不奸詐的嗎？崇周復古一場鬧劇，世道是變不回去的。他說「王田私屬」，均天下之財，靠誰？還不是靠官員去搞，叫那些人拿刀割自己肉，可能嗎？天真得可笑，執著得可恨！他稱帝時萬民敬仰，他死時萬民唾罵。好啊！極好！不過大家似乎忘了一點，當初你們不曾對他高喊萬歲？不曾搖旗吶喊、推波助瀾、逢迎歡呼？他倒了，於是大惡已除，大家解脫，一句「情勢使然」便心安理得，難道不必自我反思了？不必摸摸良心嗎？什麼時候天下人都能學會自我反思，這世道就快好了吧！

王莽死了，卻沒死透。最可惜的是他不該死的部分死了，該死的部分卻一點兒沒死。他曾設想一個大同之世，敢為前人不敢為之事，勇於探索新的道路，這些銳意進取之處全死了。活著的卻是他宣揚的讖緯，是他神化的君權，光武帝都保留下來，修明堂、辟雍、靈台，宣布圖讖。不否認光武乃一代明君，但世道卻不復往昔，從此只剩下君權至上，只有墨守成規……決定我們這個國度命運的往往只是個人私欲，那些超越亙古的種種變革，說穿了最初皆是當權者維護自身利益的權宜之計，所以越是重大事件越瞧不清本來面目！

想到本朝之事，仲長統不禁歎口氣，伸出顫抖的手臂，握住自己撰寫的書籍——他們這一派的學者本是起自王莽時重用的揚雄，後有桓譚、王充、王符之流。這一派雖出於儒家，卻是批判武帝以來官家之儒，欲復孔子之真儒！

揚雄擬《周易》而作《太玄》、擬《論語》而撰《法言》；桓譚著《新書》論古今之道，批判讖緯；王充作《論衡》否鬼神之談；王符作《潛夫論》述世情善惡。仲長統堅信《昌言》不輸前人之作，從古至今沒人似他這般勘破乾坤，但他又得到什麼呢？

揚雄之所以顯名一時，只是王莽將其當做改換天命的一顆棋子，最後險些墜樓而死，成了笑柄。桓譚因批判讖緯被光武帝逐出洛陽，憂憤而死。王充才智雖高，仕途不過功曹；王符更是終身不曾為官。即便他們標榜的那位孔夫子，生無尺土、幼年失父、周流應聘、困厄陳蔡、削跡絕糧、死於闕里。聖人先哲盡皆如此，仲長統的落寞結局難道是意外？

他不再奢求什麼，只想死前再看看自己寫的書，唯恐自己將成為這部書的最後一位讀者——因為他明白，後世君王也要以天命自詡，而且也要以世族豪強為政，如果連曹操這等離經叛道之主最終都不能採納他的想法，後世帝王更不會接受了。這部書必將淹沒於歷史長河，洋洋灑灑三十四卷文章，不知千載之下能殘存幾章幾句。仲長統緊緊攥著他的書，對後世充滿了迷茫之亂——

中興二百載，我們做了什麼？無外乎兩件事，以儒家經學為治國之本，以豪強士族為統治之臣，剩下就是無休無止的外戚、宦官之爭，沒完沒了地跟羌人、鮮卑交戰。昔日儒墨兩家並稱顯學，一定是有道理的，儒家重禮法等級，墨家講兼愛尚同。孝武帝獨崇一家本已偏頗，況乎又以公孫弘之類偽學者為儒宗，儒家成了帝王的光鮮臉皮。王莽搞讖緯變本加厲，光武「從善如流」更加推行，皇帝變成了神。連最昏庸的孝靈帝尚要勘定六經，別的他不知道，就知道以官家學術桎梏人心，要保住他那張位子！這豈是儒家本意？

孔夫子言：「夏禮吾能言之，杞不足征也；殷禮吾能言之，宋不足征也，文獻不足故也。」孔夫子也未必非以周禮為尊，不過是周禮臨近可證，若夏禮、殷禮流傳不衰可正世道，又有何不可？古之儒者，執著而不失變通，仁愛而不無剛骨。國家以何種法則治理本無所謂，重要的是使天下安、使百姓安。若一味把某種思想當做自己獨霸天下的擋箭牌，還口口聲聲為百姓、為社稷，那就是獨夫民賊！欲人之愛己也，必先愛人；欲人之從己也，必先從人。無德於人，而求用於人，罪也。人事為本，天道為末。

至於以世家豪門壟斷朝堂，雖屬無奈，但這也是帝王保住其位的辦法。畢竟以所謂經義起家之人還算是自己人，他們固然會侵凌帝王利益，欺壓良善給朝廷招怨，但他們終是一起壓抑芸芸眾生的。雖說秦漢行郡縣已久，但從古至今朝廷的政令都只能推行到縣一級，至於鄉野村莊以下，那就不知究竟是誰的天下啦！

先朝風謠有云：「汝南太守范孟博，南陽宗資主畫諾。南陽太守岑公孝，弘農成瑨但坐嘯」，可天底下有幾個范滂、岑晊那樣的良士？朝廷若不扼制這些郡望豪門，只怕日後地方行政法度的實權都要漸落他們之手了。下有鄉紳土豪，上有郡望之家，結果士族豪門不問賢愚屢任顯職，官位代代傳，門生故吏結黨營私遍布朝野——周天子時代結束了，諸侯、貴族的時代也過去了，又該這群壟斷朝綱的士族官官相護把持天下了。不過別高興得太早，官官相護，還有官官相害呢！高官大族也是各懷異心，爭權奪勢你死我活。成者高高在上，敗者則被冠以社稷罪人的帽子推翻在地，其實不論站著的還是倒下的，皆一路貨色。叔孫穆子有云：「世祿也，非不朽也」，早晚也有走上絕路那一天。

國家是什麼？在我看來國家就像一鍋粥，粥的主人是皇帝，仕途之人便是幫皇帝熬這鍋粥的人，大家看著火，但總有人嘴饞要偷喝。剛開始旁人看見了要指責，時間長了再有人偷，看見全當沒看見，誰也不願為口粥得罪同僚；再往後你偷我也偷，誰也不避諱，彼此心照不宣，不偷的反而是笨蛋。喝著喝著這鍋粥就乾了，可是火還在燒，還越燒越旺，最後鍋就燒炸了——不過炸的是皇帝的鍋，喝粥人毫不憐惜，抹抹嘴再找下一個皇帝繼續喝粥也就罷了！

這一切我看清了，曹孟德也看清了，可他為了他那張帝王的位子只能聽之任之。「唯才是舉」是創舉也好，是亂世的特例也罷，總是這二百年間的一點變革，惜乎僅僅稍縱即逝。或許對一個王朝而言，它本就是刻板的、無情的，激情與自由只是亂世造就的幻夢。說它是夢，因為它只成就了少數人，在名臣良將的光輝外、在豪強大族的莊園下是無數孤魂怨鬼，所謂的偉大不朽其實是矗立在白骨堆上的！

《左傳》有云：「唯聖人能無外患，又無內憂，詎非聖人，必偏而後可。」若以為與世家豪門妥協就太平無事，未免太一廂情願。說穿真相驚破天，在那些不可一世的人眼中，莫說曹家當皇帝，即便成了神仙也是「贅閹遺醜」，照舊是寒門濁流。曹家權勢是武力奠定的，只怕那些名門大族心裡並未高看曹家，不過世道所逼耳——此乃曹氏之一患也。

不獨曹魏，孫權早就開始籠絡江東的豪族，劉備也未嘗不想這麼做，惜乎荊州之失，現在著手籠絡蜀中豪門大族似乎有點兒晚。曹丕必要篡漢，孫劉也勢必稱帝以抗衡，一個天子退位換來三個天子登基，真亙古未有之事。雖說都喊要統一，其實除了三位天子和那些欲建功立業之人，對於各方官僚豪門而言，未必真嚮往天下一統。統一意味什麼？被別人消滅意味著自身利益的喪失，消滅別人意味著外來士人進入他們勢力範圍，權勢競爭更加嚴峻。他們嘴上喊統一，不過是對祖宗有個交代，不擔分裂華夏的千古罪名罷了！若真要統一至少要耗到某一方實在衰微得不行了，才有可能實現。真不知還要耗好久——此乃曹氏之二患也。

或許還不止這些，士族壟斷朝綱暴虐百姓，黎民之火不會再燃？曹氏兄弟鬩牆，只恐曹丕不能優容宗藩，一個寒微之家坐天下，又無強大宗親勢力輔助，豈不堪憂？天下已動亂數十載，民無固主，英雄輩出，士人傾危好亂之心未熄，誰知還暗藏多少窺覬龜鼎的野心家？羌氏與漢室征戰百年，鮮卑又在逐步崛起，他們豈能甘心向魏稱臣？有些事不敢設想，先朝曾發三路大軍北征鮮卑，卻落得個全軍覆沒的結局。僥倖的是鮮卑首領檀石槐死於孝靈帝之前，所以鮮卑內亂早於中原內亂，若孝靈帝死於檀石槐前，天下又怎樣？土廣不足以為安，人眾不足以為強！

不知道，不知道。三足鼎立並不是結束，而是更大憂患的開始，所有的矛盾還在繼續醞釀，真不知道未來會是什麼樣！

怎麼辦，怎麼辦？百弊叢生的世道何時才能解脫？芸芸眾生何時才能走出一亂一治、興亡輪回的寞白？

仲長統瀏覽著書，思索著這些疑問。《損益篇》、《法誡篇》、《理亂篇》看了一卷又一卷；想啊想，卻怎麼也想不出好的答案。其實就算他想通了又如何？他能做到無私諫言，而當權者能無私接受他提出的主張嗎？這些問題其實已困擾了他一輩子，他實在太累了……

夜越來越深，燈中的最後一滴油也即將耗盡。他視線漸漸模糊，只覺身上越來越冷，彷彿墜入無底寒潭之中。慢慢地他鬆開了書卷，眼瞳也漸漸渙散……可直到最後時刻，他的雙目依舊在緊緊盯著《理亂篇》最末尾那句話：

> 嗟乎！不知來世聖人救此之道，將何用也？又不知天若窮此之數，欲何至邪？

賈詡

已是二更時刻，聽政殿依舊燈火通明。曹操的梓宮還在路上，但魏宮的靈堂自曹丕奔喪之日就擺下了，祭品香鼎、白幔帳、長明燈，一樣也不缺，列卿、侍中、尚書等臣都要穿孝服在靈前守喪，這些日子的公務幾乎全是在靈堂中處置的。

元老重臣都是有歲數的人，實在不能夜以繼日這麼熬，沒幾天工夫，中尉徐奕、少府謝奐就病倒了。鍾繇、王朗等人一商量，再這麼熬下去，等到曹操下葬只怕他們這幫老骨頭都得跟著一塊埋啦！於是分做幾班，輪換著休息，總之靈前常有人也就是了。可即便如此，眾老臣還是勞累不堪。

月移花影夜靜更深，鍾繇、袁霸、賈詡雖守在靈旁，但都已在半睡半醒間。這時郎中令和洽邁著羅圈腿晃悠悠上殿來：「列公辛勞，輪到我們幾個了。」寺人一旁打著燈籠，後面跟著何夔、邢顒，是來換班的。

鍾繇費了好大力氣才顫巍巍站起來，和洽一把攙住：「剛才接到揚州刺史溫恢上報，于禁、朱光等人已至河北，怎麼處置？」

鍾繇頭昏腦脹，哪有心思再想這個？只道：「別急，先安排他們住館驛，等大駕回來再處置。大王幾次傳書對于禁之事隻字不提，怕只怕……」說到這兒鍾繇感覺自己話多了，趕緊閉嘴——其實他擔任相國與曹丕共事三年，對曹丕為人處世很瞭解，越輕描淡寫不表態，處置起來越狠，由此推之于禁凶多吉少。這位新王表面儒雅，其實比他老爹更難伺候！

袁霸把白天接的公文歸攏了一下，交給和洽他們，又道：「那邊傳來消息，夏侯惇快不行了，大王叫議一議，看給個什麼封號。依我的意思，乾脆晉封大將軍吧！」這是漢以來的舊例，功勳卓著的大臣一旦病重彌留，朝廷總要給個體面的官職或封號以示厚待，也有沖喜的意味。

「咱曹魏如今也能封大將軍了。」邢顒有些感慨，「昨天我去探望徐奕，病得不輕啊，恐怕熬不了幾個月，那邊夏侯將軍也不行了。唉！先王這一去，帶走這麼多大臣，真是一代新人換舊人……咱這幫老骨頭都多保重吧！」

鍾繇三人下殿休息，出了聽政門、升賢門，鍾繇便欲西轉崇陽門去中台就寢，卻見賈詡慢吞吞還往南走，不禁笑道：「賈公，這麼晚您還回府？」

賈詡回頭道：「犬子差不多該在外面候著了。」

袁霸打個哈欠：「我真服了老兄，這份精神頭我真比不了。中台偏閣早騰出來了，咱一塊住在宮裡多好，明早也省得奔波。」

「你們能住，我不能住。」賈詡笑道：「幾位都是魏國臣宰，老朽一介外臣，守喪雖是奉大王之命，但不該居於宮禁，這是老規矩。」說罷拱手作別。

袁霸望著他蹣跚的背影，不禁搖頭：「規矩雖如此，情理尚在，何必這麼冥頑？此老也忒謹慎，走路都怕踩死螞蟻。」

鍾繇卻道：「大巧若拙，大智若愚。這不是謹慎，是高明……」

賈詡雖年邁，耳朵卻好使得很，隱約聽到他倆的話，卻未加理會繼續往外走，在他看來這些同僚並不真正瞭解自己——其實他也是曹操之死的受益者，因為今後再不會有人找他清算殺子之仇了，而且再熬些日子，等曹丕篡了漢統，昔日兵犯長安禍亂漢室之罪也不會有人再提，這兩個背了半輩子的包袱終於能甩掉了。其實曹丕已經開始報答他協助定嗣之功，不單讓他在喪期內參與國政，最近還把他在外為官的兩個兒子賈穆、賈璣調到鄴城，連未曾入仕的小兒賈訪都被征為郎中，賈氏家族又興旺了。

不過賈詡並未因此而高興。曹操的死使他解脫，但不知為何又覺彷徨，似乎心裡一下子被掏空了，對於一個七十老翁而言，今後還有什麼事可做？謹慎也好，高明也罷，背後隱藏的卻是無奈，這輩子的激情都在亂世的捭闔和隱忍中消磨殆盡了。

走出宣明門，燈光明顯黯淡下來，賈詡也覺累了，正想手扶宮門歇一會兒，卻聽有人呼喚——兒子賈訪來接他了，還帶個小孩，乃是賈璣之子，他的小孫兒賈延。

賈詡蹙眉，正想斥責兒子不該帶小孩入宮，可是三兩步湊過去，一把摁在孫子肩上，突然明白過來，這是拐杖！一干老臣還沒有當眾用拐杖的，賈詡也不便用，若叫兒子攙扶未免有擺譜托大之嫌；孫子不過六七歲，扶著他肩膀正好當拐杖，即便叫別的大臣看見也不至於說閒話，反而顯得他祖孫親近。賈詡欣賞地瞥了賈訪一眼——好小子，不枉你伺候我多年，謹慎之道學了不少，總算夠火候了。

燈火闌珊難掩賈訪臉上喜色，如今他已是郎中，有入宮宿衛之權，進身有階自是一喜，不過今晚他高興的還不止於此：「父親，我聽說大王打算拜您為太尉。」

「嗯？」賈詡有些意外，「怎會輪到我？天下無人了嗎？」他有自知之明，曾輔佐董卓、李傕，名聲不好。

賈訪道：「父親忒謙，現今除了華歆、王朗、鍾繇之流，誰能與您相提並論？再說您歲數在這兒擺著，不用您用誰？」

賈詡想得很周全：「華王二人不必說，即便鍾繇因魏諷之亂暫時不能任顯職，長安還有個楊彪，四世三公漢室遺臣，改朝換代還不得拿楊家充充門面？」

賈訪卻道：「我聽朱鑠說，大王念及楊修之事是曾有意以楊彪為公，祕密派人問去訪，老人家卻說：『遭世傾亂，不能有所補益。耄年被病，豈可贊維新之朝？』楊彪不肯當，鍾繇又暫時不能當，這位子可不就是您的？」

賈詡哭笑不得——曹丕確實欣賞他、感激他，但畢竟沒把他看成什麼有德之人，最後是混到問鼎三公的地步了，卻還是「朱砂不足，紅土為貴」，頗有湊數之嫌。這輩子就這命了！

「無論如何，父親有三公之分，這是您老人家虔心所致，也是咱賈氏的福分。」

「唉！就那麼回子事，為父早不在乎了。」賈詡低頭看看孫子，「當著孩子的面，不提這些……延兒，今天有沒有好好念書啊？」

小賈延仰頭看著爺爺，咧開小嘴笑道：「延兒可聽話了。今天把《孝經》通篇背熟，開始讀《論語》了，『學而時習之，不亦說乎』，孔子是聖人。」

「呵呵呵……」賈詡笑了，摸摸孫子的頭。

哪知賈延又道：「我聽人言，剛晏駕的武王也是聖人。」

「聖人？」賈詡一怔，繼而搖頭，「不知何人發此諂媚之言。先王又怎稱得上聖人？若硬說他是聖人，頂多算卑鄙的聖人吧！」

「卑鄙的聖人？」賈訪不禁插言，「何為卑鄙的聖人？」

賈詡的笑容收斂起來：「卑鄙的聖人……其實就是常人。」

賈延拍手而笑：「那依祖父之言，我也算小聖人啦？」

賈詡微微點頭：「不錯，但凡世間之人皆可為聖，也皆有齷齪之處，魏武王也不過如此。雖有聖人之情懷，而不脫世人之俗；雖有卑鄙行徑，卻未泯仁愛之心。世人每天每事都在抉擇，是當聖人還是當小人，或此時為聖、彼時卑鄙，或於此事下作、於彼事超脫，人人皆是聖人，但人人也都卑鄙，永遠偉大正確的人這世上根本沒有！至於作古之人能否稱之為『聖』，全憑後人一張嘴。太史公說孔子『高山仰止，景行行止；雖不能至，然心嚮往之』，他畢竟未至，何嘗超凡入聖？武王總愛自比周公，難道周公就無可挑剔？《尚書．洛誥》載周公與成王議政，周公云：『孺子其朋，孺子其朋，其往！』他公然稱天子為孺子，又云：『朕教汝於棐民彝，汝乃是不蘉，乃時惟不永哉！』這是為臣者該有的口氣？這便是聖人所為？三分賢德，倒有七分是附會。這世道挺無聊的，非要把人分出善惡，似乎除了好人就是壞人，但凡壞人總被批得不是人，好人總被捧得不像人……」

賈延尚幼，不懂祖父說些什麼，眨巴著黑豆般的小眼睛；賈訪卻聽得心驚肉跳，簡直不相信這話是從一向謹小慎微的父親嘴裡說出來的，想起孔融之死，不免心頭一凜，道：「父親不可聲張，這話若被潁川儒士聽去，只怕會說您詆毀聖賢……」

「聽見又怎樣？」賈詡倏然停住腳步，拍著胸口道：「老子忍了半輩子！而今七十有四，難道有生之年連幾句心裡話都不能說麼？」

賈訪凝望父親，見他蒼老混濁的眼中竟閃著淚光，不禁沉默了——父親非迂腐保守之人，昔年獻計李傕劫持天子、輔佐張繡三抗曹操，何等瀟灑俊逸、膽大妄為？但降曹以來提心吊膽、如履薄冰。孔融、荀彧、許攸、毛玠、崔琰、路粹、婁圭，多少人被逼上了絕路？張繡父子這麼給曹家賣力氣，最後都沒逃出來，張泉被殺距曹操之死不過百日，就差這一百天。父親身背兩項「大罪」，與虎同眠二十載，能熬過來真是奇跡！如今總算解脫了，可他也已年逾古稀黃土埋頸，性格都快磨圓了。父親這輩子不容易啊！

「祖父……叔父……你們怎都不說話了？」孩童怎知世事艱難？

賈詡簡直有些羨慕孫兒的無憂無慮，摸著他的小臉道：「延兒，你知道祖父為什麼給你取名為『延』嗎？」

賈延輕輕搖頭：「孩兒不知。」

「延者，長行也。祖父不求你建功立業聞達四方，但能延我賈氏之血脈，我便心滿意足了。甘井近竭，秀木近伐，這世上最平凡的人或許才最幸福。」賈詡歎了口，「不要像你祖父這樣為名所累、因才招忌。」

賈延卻不滿足，撅著嘴道：「延兒不願碌碌無為，我要當英雄！」

「英雄？」賈詡愣住了。

「對！」賈延童言無忌，手指樓臺殿宇，「孩兒要像武王一樣當個大英雄……」

「別胡說。」賈訪趕忙捂住孩子嘴。

賈詡不禁回頭，望著燈火朦朧的聽政殿。一陣清風吹過，宮內的槐樹輕輕搖曳，發出沙沙的響聲。賈詡感覺自己眼花了，那黑叢叢的樹木彷彿化作一個個若隱若現的人影，他全都認得，是董卓、袁紹、張邈、袁術、劉表、呂布、孫堅、韓遂、張魯……都來了，是來迎接他們的老友曹操嗎？

賈詡揉揉老眼，幻覺不見了，心下卻不免浮想聯翩——

飲鴆止渴者如張角、智小謀大者如何進、負薪救火者如董卓、揠苗助長如王允、反覆不決者如呂布、德高才寡者如劉虞、迷信武力者如公孫瓚、妄自尊大者如袁術、剛愎自負者如袁紹、抱殘守缺者如劉表、仁懦迂腐者如劉璋、目光短淺者如韓遂、左道廢法者如張魯，還有生不逢時者如當今的傀儡天子……無論他們犯下怎樣的錯誤，不可否認他們都期望天下安定，都想讓世道變得美好，都曾有凌雲壯志。只不過他們或選錯了路、或資質不夠、或命運不濟罷了。若論英雄，他們誰不是英雄？

世上沒有完美之人、完美之事，欲望永遠無止境，過分苛求只能使人陷入迷惘。

但是不完美，其實也很美啊……

賈詡緩緩回過頭來，又仰望著明月——

我是不容易，但這世上之人有活得容易的嗎？孟子曰：「天將降大任於斯人也，必先苦其心志，勞其筋骨，餓其體膚，空乏其身，行拂亂其所為。」人之立業以勤為本。但勤修之人便一定能成功嗎？

知之者不如好之者，好之者不如樂之者。昔日張良數以《六韜》說沛公，沛公善之，常用其策；為他人言，皆不悟，故張良言：「沛公殆天授矣！」人總有天賦高低，孔夫子尚言「朽木不可雕也」，可即便有其天授，又精於業，就可成就嗎？

天與弗取，反受其咎；時至不行，反受其殃。孟子又云：「天時不如地利，地利不如人和。」審時度勢何其難也？而且不能損名敗德，不能失孝敬於父母，不能悖綱常於手足，不能割情誼於賓友，不能負恩遇於師長……仁義禮智信，溫良恭儉讓。這個不能丟，那個也不能棄。舉目四顧盡是不能！

勤奮不懈、天資聰穎、掌握際遇、愛惜名節……人人言成功之道，無外乎也就這些，可普天之下幾人做到？班固著《漢書》，說太史公「博物洽聞，而不能以知自全」，可班固遭竇氏牽連橫死獄中，下場還不如司馬遷呢！說是一回事，能否做到是另一回事。即便都做到就能成功嗎？誰知天壽如何？多少豪傑英年早逝？即便不死，眼前還有多少座大山擋路呢，得把壓在你頭上的人都熬死，才輪到你出頭呢！

幾人有幸熬到那一天？或如董卓一般，錯看幾個人就完了；或如鮑信一般，冒進一步就完了；或如韓馥一般，一時糊塗就完了；或如孫策一般，結個仇家就完了；或如陳登一般，什麼也不為，只因愛吃生魚，這輩子就完了！何其可怖！

英雄……英雄……莫要小覷了英雄，須知為英雄者必有一番壯志情懷。可到頭來真做了英雄又怎樣？似曹孟德這般，朋友情、父子情、夫妻愛、君臣義都毀了。所謂蓋世英雄，所擁有的也不過只是蓋世的孤獨罷了……

「父親，」賈訪輕聲呼喚，「您又在想什麼？」

「嘿嘿嘿……明月依舊，生生不息。」賈詡蒼老的臉上擠出一絲嘲弄的笑容，「今夕何夕，不知世上多少痴人還在做英雄夢呢！」

（全書完）

後記

曹魏的歷史結局

建安二十五年（西元二二〇年）曹丕嗣位為丞相、魏王，改元延康；僅三個月後便正式頒布了陳群提出的「九品官人法」，新制度擦去了「唯才是舉」的最後一抹痕跡，變相承認世家大族仕途特權，並按公卿以下官吏等級分給牛畜和佃戶，在經濟上予以優待。曹丕以此獲得世家大族普遍擁護，也拉開了魏晉南北朝士族門閥社會的序幕。七個月後，即延康元年（西元二二〇年）十一月，在曹氏集團逼迫下，漢帝劉協禪位魏王，曹丕終於登上皇帝寶座，建立魏帝國（後世多稱曹魏、前魏），追尊其父曹操為魏武帝，再度改元黃初，修復洛陽定為都城。中國歷史正式步入三國時代。

翌年，占據益州的漢中王劉備以延續漢統為名自立稱帝，國號仍稱漢（後世多稱蜀漢、季漢），改元章武。孫權雖有九五之志，但已向曹操父子稱臣，暫時屈居王爵，直至八年後（西元二二九年）才正式稱帝，國號為吳（後世多稱孫吳、東吳），改元黃武。

曹丕爭奪儲君的道路走得異常崎嶇，但實際在位僅七年。其當政期間最受後人詬病的是對孫劉戰爭的立場問題——襄樊之戰後劉備喪失荊州，又因內部矛盾導致孟達叛投曹魏，上庸之地也隨之落入曹魏之手。劉備震怒，處死義子劉封，雖為親生子解決了潛在的爭位對手，但蜀漢勢力已陷入困境。他稱帝後三個月立刻發動東征，意圖奪回荊州，卻被江東大將陸遜以逸待勞，用火攻之法擊敗，幾乎全軍覆沒，史稱「夷陵之戰」。

整個戰爭期間曹丕始終處於觀望姿態，後世諸多論者指責他未能乘劉備伐吳之際直搗江東，僅滿足於孫權稱臣的表面勝利，錯失了統一天下的良機。但三國的關係是此消彼長離強和弱的，曹丕如果趁火打劫也極有可能導致劉孫之間的妥協，相反坐山觀虎鬥至少可以保證劉孫某一方受到削弱，不失為穩妥之策，以此指摘曹丕缺乏遠見未免過苛。他在位期間注重民生、禁止厚葬淫祀、防止外戚宦官干政、重視水利建設，在黃初五年（西元二二四年）、黃初七年（西元二二六年）先後兩次發動廣陵之役，表面向孫氏用武，實際卻趁機解除青徐豪族首領臧霸的兵權，繼而平滅唐蔡方、唐咨等殘餘勢力掀起的「歷城兵變」，將青徐沿海收歸朝廷直轄。客觀來講，曹丕之才略雖不及其父，卻仍不失為明主，在文學詩賦方面的造詣也很高，況乎掌國只七年，又在稱帝問題上耗費不少精力，歷史舞臺並沒給他多少表演時間。

但曹丕睚眥必報的狹隘性格在其當權後表現得淋漓盡致：曾給他繼位造成危機的丁儀、丁廙兄弟滿門抄斬；孔桂雖被任為駙馬都尉，但沒過多久曹丕就抓個受賄的罪名將其處死。楊俊也因擁護曹植遭到忌恨，卻礙於其廣有賢名暫時未加處置，轉任南陽太守，三年後曹丕南巡，借口南陽治理不佳逼迫其自盡。鮑勳因處死郭氏之弟也被曹丕懷恨在心，又因屢次直諫開罪更深，終被曹丕以欲加之罪處死。對手足兄弟曹丕也頗為刻毒，雖不吝冊封王爵，卻將他們遣往封國，不准他們擅離封地、不能掌握封國軍政，由朝廷派遣相國，形同軟禁。但這也使得曹魏宗室勢力衰弱，為後來埋下隱患。

曹彰受封任城王，封邑達一萬戶，但黃初四年（西元二二三年）入京朝覲期間暴斃於府邸，年僅三十五歲，野史傳說他是被曹丕毒害的，未知真假。曹植雖不似民間傳說的那樣被逼作七步詩，卻也飽受欺凌，初封安鄉侯，又改鄄城侯、鄄城王，於文、明兩朝數次徙封，歷雍丘、東阿、陳郡等地，落寞漂泊，直至太和六年（西元二三二年）在憂鬱中病逝，終年四十一歲。

相反的是，被廢的漢天子劉協，結局反倒比曹丕的大多數兄弟要好。退位後劉協改封山陽公，遷徙至山陽國居住。由於其妻曹節乃曹氏公主，這位被廢的君王在許多方面待遇還算不錯，山陽國可以給宗族子弟開設學校，劉協後來喜好醫術，據說還專門設立過醫館。劉協卒於青龍二年（西元二三四年），比曹丕三兄弟都長壽，終年五十四歲，追諡為漢孝獻皇帝。由於嫡子早亡，公爵之位由其孫劉康繼承。

曹丕在位七年，黃初七年（西元二二六年）病逝，終年四十歲，廟號世祖，諡號文皇帝；帝位由其子曹叡繼承，是為魏明帝。曹叡字元仲，曹丕長子，生於建安十年。其母甄宓，原為袁紹中子袁熙之妻，建安九年為丕所納。雖然甄氏在曹丕稱帝后被立為皇后，但轉年即在複雜的後宮爭寵中失勢，被賜自盡，皇后之位被郭氏取代。曹叡因此未能得封太子，不過他幾乎憑藉著與當年父親取悅祖父一樣的手段，以「仁孝」打動父親，終於入主東宮，繼位時年僅二十一歲。

這位年輕帝王執政的前八年表現很出色，為政勤勉，明察秋毫，尊重元老大臣，頗能聽取直諫，諸多方面優於其父。但隨著曹魏勢力的增強，曹叡也日漸懈怠。青龍二年（西元二三四年）幾乎是明帝朝的分水嶺，這一年屢次北伐的蜀漢丞相諸葛亮病逝，孫權也日趨老邁政局動盪。曹叡以為天下事已不足為慮，開始驕奢淫逸、追求浮華、大興土木、耽愛美色，不但勞民傷財惹得群臣不滿，也搞壞了身體，五年後便因病而終，年僅三十四歲。

曹叡在位十二年，卻始終無子，按理說他應從父、祖後嗣中擇賢而立，可他卻任性地從民間抱養了曹芳、曹洵兩個嬰孩作為己子。景初三年（西元二三九年）他臨終指定齊王曹芳為太子，繼承帝位時年僅八歲。其時曹丕留下的四大重臣中曹真、曹休、陳群皆已過逝，唯司馬懿官居太尉聲望無人能及。曹叡曾經想讓平素親睦的叔父燕王曹宇、曹真之子曹爽、曹休之子曹肇、夏侯氏族人夏侯獻與司馬懿共同輔佐少主；但他臨終之際僅草草任命了曹爽、司馬懿兩個顧命大臣，這為曹魏政權埋下了巨大危機。

八歲的曹芳不可能掌握偌大的國家，曹爽與司馬懿都加侍中、假節鉞、都督中外諸軍、錄尚書事。二人共同主政。曹爽因宗親身分位列威望老臣之前，這種格局必然產生矛盾。曹爽表面尊敬司馬懿，表奏其為太傅，實際卻將其排擠出決策中心。雖然曹魏在軍事國力等方面相對吳蜀有極大優勢，但內部豪族勢力也日漸坐大，加之曹叡後期濫用民力，許多問題有待解決。客觀來講曹爽是想力挽狂瀾有一番作為的，但其人資歷平庸才智不高，大肆提攜幾個資歷更低的弟弟，所親信者也多是有才無德、崇尚浮華之輩，這些人掌握權柄引起群臣不滿，也將高柔、王觀、盧毓、孫禮、劉放等一大批原本忠於社稷的元老大臣推到了對立面上。

司馬懿被架空後，整日閒居不出，假裝重病以慢曹爽戒心。終於在嘉平元年（西元二四九年）趁曹爽離京拜謁明帝陵寢之際，聯合一干老臣發動政變，史稱「高平陵政變」。事變之後曹爽兄弟及其親信黨羽皆被冠以謀反罪族滅，但曹魏的軍政實權也落入了司馬氏手中。司馬懿死後其子司馬師、司馬昭相繼掌權，將曹氏子孫玩弄於股掌之上，亦如當年曹操篡奪漢室一般。

INK PUBLISHING

從前 38

卑鄙的聖人 曹操10
大結局，梟雄的宿命

作　　者　王曉磊
總 編 輯　初安民
導　　讀　陳明哲
責任編輯　孫家琦　陳健瑜
美術編輯　陳淑美　黃昶憲
校　　對　孫家琦

發 行 人　張書銘
出　　版　INK 印刻文學生活雜誌出版有限公司
新北市中和區建一路249號8樓
電話：02-22281626
傳真：02-22281598
e-mail:ink.book@msa.hinet.net
網　　址　舒讀網 http://www.sudu.cc

法律顧問　巨鼎博達法律事務所
施竣中律師
總 代 理　成陽出版股份有限公司
電話：03-3589000（代表號）
傳真：03-3556521
郵政劃撥　19785090 印刻文學生活雜誌出版有限公司
印　　刷　海王印刷事業股份有限公司

港澳總經銷　泛華發行代理有限公司
地　　址　香港新界將軍澳工業邨駿昌街7號2樓
電　　話　852-2798-2220
傳　　真　852-2796-5471
網　　址　www.gccd.com.hk

出版日期　2018年9月 初版
ISBN　978-986-387-215-3
定　　價　490元

國家圖書館出版品預行編目(CIP)資料

卑鄙的聖人 ： 曹操. 10：大結局，梟雄的宿命 /
王曉磊著. -- 初版 --新北市 ： INK印刻文學，2018. 09
面； 17 × 23公分. --（從前；38）
ISBN 978-986-387-215-3（平裝）

1.（三國）曹操 2.傳記 3.三國史

782.824　　106021337